U0443245

法政文库
教育教学系列

MINFA YU MINSHI SUSONGFA
ANLI JIAOCHENG

民法与民事诉讼法
案例教程

梁平 / 编著

法律出版社
LAW PRESS·CHINA
北京

图书在版编目（CIP）数据

民法与民事诉讼法案例教程 / 梁平编著. -- 北京：法律出版社, 2025. -- ISBN 978-7-5197-9695-2

Ⅰ. D923.05;D925.105

中国国家版本馆 CIP 数据核字第 2024TM8294 号

民法与民事诉讼法案例教程　　　　　梁　平 编著　　　　　责任编辑　章　雯　慕雪丹
MINFA YU MINSHI SUSONGFA ANLI JIAOCHENG　　　　　　　　　　　　　　装帧设计　鲍龙卉

出版发行	法律出版社	开本	710 毫米×1000 毫米 1/16
编辑统筹	法商出版分社	印张	30　　字数 490 千
责任校对	赵明霞	版本	2025 年 4 月第 1 版
责任印制	胡晓雅	印次	2025 年 4 月第 1 次印刷
经　　销	新华书店	印刷	北京建宏印刷有限公司

地址:北京市丰台区莲花池西里 7 号(100073)
网址:www.lawpress.com.cn　　　　　　　　　销售电话:010-83938349
投稿邮箱:info@lawpress.com.cn　　　　　　　客服电话:010-83938350
举报盗版邮箱:jbwq@lawpress.com.cn　　　　　咨询电话:010-63939796
版权所有·侵权必究

书号:ISBN 978-7-5197-9695-2　　　　　　　　定价:108.00 元

凡购买本社图书,如有印装错误,我社负责退换。电话:010-83938349

前　言

民法与民事诉讼原理与实务是法律硕士最重要的专业课程之一。民事纠纷既有实体问题也有程序问题，需要民法和民事诉讼法的共同调整。本科阶段的专业课程按部门法分门而设，对法律规范进行孤立的学习，不利于学生全面解决具体纠纷的实践能力的培养。为解决这一问题，法律硕士阶段的课程设置回归民事纠纷解决的真实场景，将解决纠纷不可缺少的实体法和程序法知识合并为一门课程，即同时开展民法与民事诉讼原理的学习及实践。

针对民法与民事诉讼原理与实务课程，本案例教程在编写上做了以下设计：首先，结合《民法典》主要内容，选择典型案例；其次，以要件分析九步法对案例进行分析，展示具体规范在特定案例中的适用方法；再次，在特定案例的教学指导手册中对案例涉及的争点问题、民事诉讼法问题进行详细分析，实现对相关知识的深入理解；最后，结合案例的主要争点，提出思考题和推荐课后阅读，以促进对相关知识点的深入思考。

本教程的主要内容包括物权编、人格权编、新型权益编、合同编和侵权责任编。由于民法内容庞大，本教程无法涵盖所有的知识，但力图以"面—线—点"的方式呈现民法知识。面，即先以思维导图的方式呈现每编的知识体系，展示该编内容的理论谱系。线，即就每编的重点内容进行理论导读，引导读者更全面地理解相关知识。点，即精选与每编重点内容相关的典型案例进行要件分析，得出裁判结果，并编写案例教学指导手册，详细解析案例中相关的民法与民事诉讼法律知识。

本教程对案例的分析采用了要件分析九步法。该案例分析法源自上海市高级人民法院原副院长撰写的《要件审判九步法》，该方法是作者借鉴请求权方法、演绎推理法等,根据我国审判现状,再结合自身多年审判经验形成的。该方法在我国法院审判实践中不断得以运用,该专著在2010年第一次出版后,2015年已经是第12次印刷。为了培养出更符合我国司法现状、更能满足我国审判需要的法律人才,笔者选择要件审判九步法为本教程案例的分析方法。我国许多法学院校在开展案例教学之时,选择了德国的鉴定式案例分析法并组织了相关的训练营。但是该方法产生于德国,依据德国的判例与法律规范,在方法的学习上具有天然的屏障,并且与我国的司法实务相去甚远,故本教程并未采纳这一分析方法对案例进行分析。

本教程在对特定案例进行简要的要件分析之后,参照中国专业学位案例中心颁布的《法律硕士专业学位案例库编写规范》撰写了教学指导手册。在相关案例的教学指导手册中对案例涉及的民法和民事诉讼法知识点、争点进行讲解分析,并精心设计了思考题,精选了相关文献,呈现在"推荐阅读"中。

民法和民事诉讼法无疑是法学领域内最具难度的学科之一,本教程编写组成员李庆保、刘宇晖、安文靖、于晴晴、苗春刚等人开展了长期的相关课程的教学工作和学术研究,撰写了特定案例的分析和教学指导手册,在此表示感谢。但本书编写组仍学识有限,本书内容必然有所疏漏,敬请广大学者、读者不吝赐教,以使我们对相关知识的理解更上一层楼。

梁 平

目　录

民事诉讼法知识点索引　　001

1. 物权编　　001
　　思维导图　　001
　　1.1　物权通则　　002
　　　　理论导读　　002
　　　　　　章公祖师像物权保护纠纷案　　003
　　　　　　章公祖师像物权保护纠纷案教学指导手册　　008
　　1.2　所有权　　021
　　　　理论导读　　021
　　　　　　北京邦泰兴业投资集团有限公司等与北京市海淀区长银大厦业
　　　　　　　主委员会建筑物区分所有权纠纷案　　022
　　　　　　北京邦泰兴业投资集团有限公司等与北京市海淀区长银大厦业
　　　　　　　主委员会建筑物区分所有权纠纷案教学指导手册　　031
　　　　　　陈某武、顾某江等相邻关系纠纷案　　043
　　　　　　陈某武、顾某江等相邻关系纠纷案教学指导手册　　049
　　1.3　用益物权　　061
　　　　理论导读　　061
　　　　　　冯某鹏、冯某彦等居住权纠纷案　　062
　　　　　　冯某鹏、冯某彦等居住权纠纷案教学指导手册　　066
　　1.4　担保物权　　079

理论导读　079
　　　郭某东、赵某等返还原物纠纷案　080
　　　郭某东、赵某等返还原物纠纷案教学指导手册　086
2. 人格权编　098
　思维导图　098
　2.1　一般人格权　099
　　理论导读　099
　　　孟某贵与邹城市大束镇东山头村村民委员会等一般人格权纠纷案　100
　　　孟某贵与邹城市大束镇东山头村村民委员会等一般人格权纠纷
　　　　案教学指导手册　103
　2.2　健康权　113
　　理论导读　113
　　　尹某淼与韩某、罗某浩、翁某艳等人格权纠纷案　115
　　　尹某淼与韩某、罗某浩、翁某艳等人格权纠纷案教学指导手册　122
　2.3　姓名权　132
　　理论导读　132
　　　朱某荣与朱某增姓名权纠纷案　134
　　　朱某荣与朱某增姓名权纠纷案教学指导手册　137
　2.4　隐私权　150
　　理论导读　150
　　　丁某与赵某某隐私权纠纷案　152
　　　丁某与赵某某隐私权纠纷案教学指导手册　155
　2.5　人格权禁令　165
　　理论导读　165
　　　刘某与广州妮尔进出口贸易有限公司等人格权禁令纠纷案　167
　　　刘某与广州妮尔进出口贸易有限公司等人格权禁令纠纷案教学
　　　　指导手册　170
3. 新型权益编　182
　思维导图　182
　3.1　商业秘密　183

理论导读 183
　　　　麦达可尔公司等与华阳公司侵害商业秘密纠纷再审案 185
　　　　麦达可尔公司等与华阳公司侵害商业秘密纠纷再审案教学指导手册 190
　3.2　域名 203
　　理论导读 203
　　　　浙江孟乐公司等与RealMe重庆移动通信有限公司等网络域名权属纠纷案 205
　　　　浙江孟乐公司等与RealMe重庆移动通信有限公司等网络域名权属纠纷案教学指导手册 210
　3.3　网络虚拟财产 224
　　理论导读 224
　　　　长沙长郡网络科技有限公司诉廖某虚拟财产侵权责任纠纷案 225
　　　　长沙长郡网络科技有限公司诉廖某虚拟财产侵权责任纠纷案教学指导手册 228
　3.4　个人信息 237
　　理论导读 237
　　　　广州唯品会电子商务有限公司与周某聪个人信息保护纠纷案 239
　　　　广州唯品会电子商务有限公司与周某聪个人信息保护纠纷案教学指导手册 245
　3.5　数据 257
　　理论导读 257
　　　　淘宝(中国)软件有限公司与安徽美景信息科技有限公司涉数据产品案 258
　　　　淘宝(中国)软件有限公司与安徽美景信息科技有限公司涉数据产品案教学指导手册 261

4. 合同编 283
　思维导图 283
　4.1　买卖合同 285
　　理论导读 285
　　　　胡某瑞诉王某买卖合同纠纷案 286

胡某瑞诉王某买卖合同纠纷案教学指导手册　　290
　4.2　建设工程合同　　300
　　理论导读　　300
　　　福建建中建设科技有限责任公司诉力波酿酒（上海）有限公司建
　　　　设工程合同纠纷案　　301
　　　福建建中建设科技有限责任公司诉力波酿酒（上海）有限公司建
　　　　设工程合同纠纷案教学指导手册　　305
　4.3　物业服务合同　　318
　　理论导读　　318
　　　北京鑫隆基物业管理有限责任公司与周某物业服务合同纠纷案　　319
　　　北京鑫隆基物业管理有限责任公司与周某物业服务合同纠纷案
　　　　教学指导手册　　323
　4.4　中介合同　　334
　　理论导读　　334
　　　万某宝与泉顺公司中介合同纠纷案　　335
　　　万某宝与泉顺公司中介合同纠纷案教学指导手册　　339
　4.5　不当得利　　348
　　理论导读　　348
　　　李某全与任某华不当得利纠纷案　　349
　　　李某全与任某华不当得利纠纷案教学指导手册　　352

5. 侵权责任编　　363
　思维导图　　363
　5.1　提供劳务者致害责任　　364
　　理论导读　　364
　　　宋某侠与宋某利等提供劳务者致害责任纠纷案　　365
　　　宋某侠与宋某利等提供劳务者致害责任纠纷案教学指导手册　　369
　5.2　建筑物和物件损害责任　　380
　　理论导读　　380
　　　杨某晶与北京市八大处均胜投资管理公司侵权责任纠纷案　　381
　　　杨某晶与北京市八大处均胜投资管理公司侵权责任纠纷案教学

  指导手册 387
5.3 饲养动物损害责任 400
理论导读 400
  欧某珍与高某饲养动物损害责任纠纷案 402
  欧某珍与高某饲养动物损害责任纠纷案教学指导手册 406
5.4 环境私益侵权责任 419
理论导读 419
  刘某洪与陆良金瑞达瓷业有限公司水污染责任纠纷案 420
  刘某洪与陆良金瑞达瓷业有限公司水污染责任纠纷案教学指导手册 426
5.5 环境公益侵权责任 445
理论导读 445
  环友研究中心与壶镇精饰厂环境污染责任纠纷民事公益诉讼案 446
  环友研究中心与壶镇精饰厂环境污染责任纠纷民事公益诉讼案教学指导手册 451

民事诉讼法知识点索引

	知识点	所在目次	所在案例指导手册
诉权	合理行使诉权与滥诉	1.2	北京邦泰兴业投资集团有限公司等与北京市海淀区长银大厦业主委员会建筑物区分所有权纠纷案教学指导手册
	环境公益诉权	5.5	环友研究中心与壶镇精饰厂环境污染责任纠纷民事公益诉讼案教学指导手册
管辖	信息网络侵权案件的地域管辖	3.5	淘宝(中国)软件有限公司与安徽美景信息科技有限公司涉数据产品案教学指导手册
	涉外物权纠纷管辖权	1.1	章公祖师像物权保护纠纷案教学指导手册
	管辖权异议	4.1	胡某瑞诉王某买卖合同纠纷案教学指导手册
审判组织	独任制	5.2	杨某晶与北京市八大处均胜投资管理公司侵权责任纠纷案教学指导手册
诉讼参加人	适格当事人	2.3	朱某荣与朱某增姓名权纠纷案教学指导手册
	村民委员会诉讼主体资格问题	1.1	章公祖师像物权保护纠纷案教学指导手册
	业主委员会的产生及其诉讼主体资格	1.2	北京邦泰兴业投资集团有限公司等与北京市海淀区长银大厦业主委员会建筑物区分所有权纠纷案教学指导手册

续表

	知识点	所在目次	所在案例指导手册
	诉讼参加人	2.1	孟某贵与邹城市大束镇东山头村村民委员会等一般人格权纠纷案教学指导手册
	诉讼中的第三人	4.2	福建建中建设科技有限责任公司诉力波酿酒(上海)有限公司建设工程合同纠纷案教学指导手册
证据	证据规则	2.2	尹某森与韩某、罗某浩、翁某艳等人格权纠纷案教学指导手册
	证据资格	3.4	广州唯品会电子商务有限公司与周某聪个人信息保护纠纷案教学指导手册
	证据交换制度	5.4	刘某洪与陆良金瑞达瓷业有限公司水污染责任纠纷案教学指导手册
	本证、反证	5.4	刘某洪与陆良金瑞达瓷业有限公司水污染责任纠纷案教学指导手册
	司法鉴定制度	5.4	刘某洪与陆良金瑞达瓷业有限公司水污染责任纠纷案教学指导手册
	倒签合同与民事诉讼中的证据伪造	1.4	郭某东、赵某等返还原物纠纷案教学指导手册
举证责任	举证责任	5.4	刘某洪与陆良金瑞达瓷业有限公司水污染责任纠纷案教学指导手册
	举证责任分配	4.3	北京鑫隆基物业管理有限责任公司与周某物业服务合同纠纷案教学指导手册
	举证责任倒置	5.4	刘某洪与陆良金瑞达瓷业有限公司水污染责任纠纷案教学指导手册
时效	诉讼时效规则	4.3	北京鑫隆基物业管理有限责任公司与周某物业服务合同纠纷案教学指导手册
	持续性侵权之债债权请求权诉讼时效的起算	1.2	北京邦泰兴业投资集团有限公司等与北京市海淀区长银大厦业主委员会建筑物区分所有权纠纷案教学指导手册

续表

	知识点	所在目次	所在案例指导手册
保全	保全的理解与适用条件	3.2	浙江孟乐公司等与 RealMe 重庆移动通信有限公司等网络域名权属纠纷案教学指导手册
	人格权禁令与先予执行	2.5	刘某与广州妮尔进出口贸易有限公司等人格权禁令纠纷案教学指导手册
公益诉讼	环境民事公益诉讼时效或起诉期限	5.5	环友研究中心与壶镇精饰厂环境污染责任纠纷民事公益诉讼案教学指导手册
	环境公益诉讼中实体要件举证责任分配规则	5.5	环友研究中心与壶镇精饰厂环境污染责任纠纷民事公益诉讼案教学指导手册
	环境民事公益诉讼特殊证据规则	5.5	环友研究中心与壶镇精饰厂环境污染责任纠纷民事公益诉讼案教学指导手册
	环境民事公益诉讼中的特殊程序制度	5.5	环友研究中心与壶镇精饰厂环境污染责任纠纷民事公益诉讼案教学指导手册
审判程序	诉讼请求变更	4.1	胡某瑞诉王某买卖合同纠纷案教学指导手册
	上诉的相关法律规定	4.4	万某宝与泉顺公司中介合同纠纷案教学指导手册
	实现担保物权的程序问题	1.4	郭某东、赵某等返还原物纠纷案教学指导手册
	审判监督程序	3.1	麦达可尔公司等与华阳公司侵害商业秘密纠纷再审案教学指导手册
审判程序改革	诉讼程序繁简分流	5.2	杨某晶与北京市八大处均胜投资管理公司侵权责任纠纷案教学指导手册
	多元化纠纷解决机制	3.2	浙江孟乐公司等与 RealMe 重庆移动通信有限公司等网络域名权属纠纷案教学指导手册
执行措施	加倍支付迟延履行期间债务利息	5.3	欧某珍与高某饲养动物损害责任纠纷案教学指导手册

1. 物权编

□ 思维导图

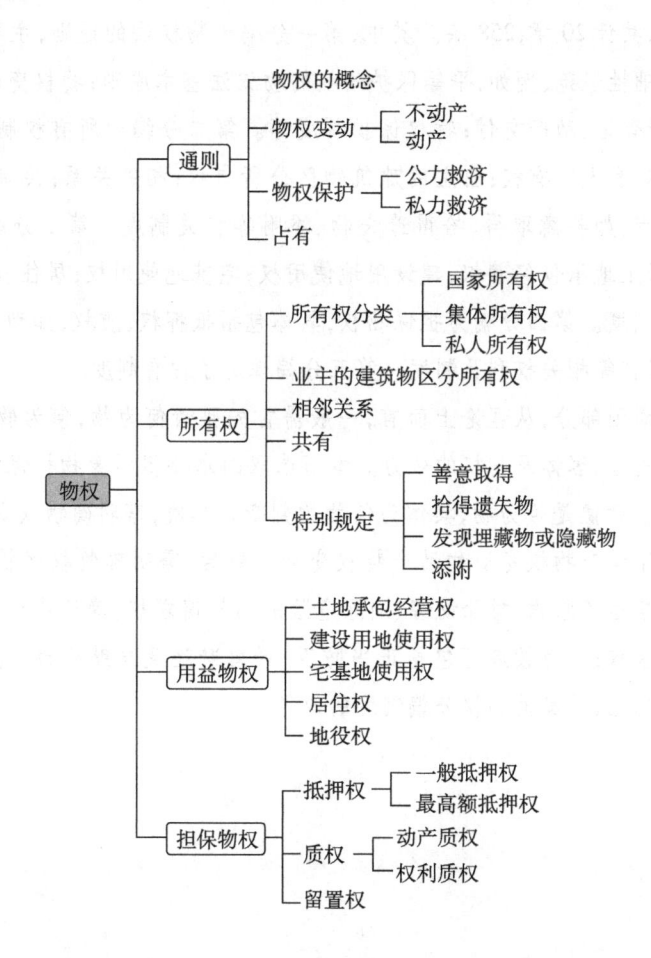

物权
- 通则
  - 物权的概念
  - 物权变动
    - 不动产
    - 动产
  - 物权保护
    - 公力救济
    - 私力救济
  - 占有
- 所有权
  - 所有权分类
    - 国家所有权
    - 集体所有权
    - 私人所有权
  - 业主的建筑物区分所有权
  - 相邻关系
  - 共有
  - 特别规定
    - 善意取得
    - 拾得遗失物
    - 发现埋藏物或隐藏物
    - 添附
- 用益物权
  - 土地承包经营权
  - 建设用地使用权
  - 宅基地使用权
  - 居住权
  - 地役权
- 担保物权
  - 抵押权
    - 一般抵押权
    - 最高额抵押权
  - 质权
    - 动产质权
    - 权利质权
  - 留置权

1.1 物权通则

◻ **理论导读**

　　物权法,是调整人对物支配关系的法律规范的总称。从形式上而言,物权法在我国主要是指《民法典》物权编。物权编位列《民法典》第一编总则之后的第二编,从其在《民法典》所在位置足见物权法在整个民法中的重要地位。物权编又分为五个分编,共计20章,258条。其中,第一分编为物权法的通则,主要规定了物权制度的基础性规范,例如,平等保护物权的物权法基本原则;物权变动的具体规则,如不动产登记、动产交付;物权保护制度等。第二分编为所有权制度,具体包括国家、集体、私人所有权;业主的建筑物区分所有权;相邻关系;共有;所有权取得的特别规定,如善意取得、拾得遗失物、添附等相关制度。第三分编为用益物权,主要包括土地承包经营权;建设用地使用权;宅基地使用权;居住权;地役权等相关权利及制度。第四分编为担保物权,具体包括抵押权;质权,如动产质权与权利质权;留置权等相关权利及制度。第五分编规定了占有制度。

　　在物权通则部分,从理论上而言,一般需首先厘清何为物,何为物权,具体可包括物权的类型、客体及物权的效力。本书选取的章公祖师像物权保护纠纷案即涉及对章公祖师像是否为物,具体为何物的判断。其次,需明确物权变动的模式,具体可包括不动产物权变动和动产物权变动。最后,需明确物权保护方式,如公力救济可包括返还原物、排除妨害、消除危险的物权请求权,确认物权请求权以及损害赔偿请求权;私力救济可包括正当防卫、紧急避险及自助行为等。通则部分是物权法的基础,是其他物权分编制度的统领。

章公祖师像物权保护纠纷案

摘要：章公祖师像物权保护纠纷案是一则涉及追索海外流失文物的较为复杂的物权纠纷案例，章公祖师像首先为人类遗骸，其次为文物。从物权法的角度来看，该案涉及章公祖师像是否可以作为物权法中的"物"。章公祖师像被盗后流入海外，后被荷兰人奥斯卡购买，因此本案又涉及盗赃物能否适用善意取得的问题。因文物是在海外由荷兰人购买，还涉及涉外物权诉讼中如何适用法律等问题。从程序法的角度来看，本案中的诉讼主体为此前供奉章公祖师像的两个村的村民委员会，其是否可以作为章公祖师像的所有权人以及是否具有诉讼主体资格。此外，中国法院因何对该案享有管辖权，也是本案需关注的问题。

关键词：人类遗骸；文物；盗赃物；善意取得；村民委员会

一、引言

章公祖师像物权保护纠纷案是我国第一起通过国内诉讼的方式追索海外流失文物的案例，开创了成功追讨海外流失文物的先河。该案涉及涉外物权纠纷法律适用问题，盗赃物能否适用善意取得，肉身佛像在物权法上的性质等多重问题。其所涉纠纷具有典型的代表性与开创性，对相关纠纷的妥善处理具有较大的参考价值。

二、案件当事人

一审原告：福建省大田县吴山乡阳春村民委员会、福建省大田县吴山乡东埔村民委员会

一审被告：奥斯卡·凡·奥沃雷姆（以下简称奥斯卡）、设计及咨询私人有限公司、设计咨询奥斯卡·凡·奥沃雷姆私人有限公司

三、案情简介

本案当事人分别是一审原告福建省大田县吴山乡阳春村民委员会、东埔村民委员会；一审被告荷兰人奥斯卡及其投资的两家公司。章公祖师约出生于11—12世纪，其出家后在我国福建闽南地区行医问药，诵经修行，被当地百姓称颂，影响

深远。根据当地习俗,章公祖师坐化后被制成肉身佛像,供奉在当地阳春村与东埔村共同拥有的普照堂。1995 年,该佛像被盗,当地村民向公安机关报案后,该案始终未能侦破。1996 年,荷兰人奥斯卡在荷兰阿姆斯特丹购买了该佛像。2015 年,该佛像在匈牙利某博物馆展览后,原告两村村民委员会发现该佛像即 1995 年被盗佛像,因此向中国法院及荷兰法院提起了平行诉讼,诉请奥斯卡归还该佛像。荷兰阿姆斯特丹法院以两村村民委员会不具有诉讼主体资格为由驳回了起诉。福建省三明市中级人民法院受理该案并支持了原告的诉讼请求,要求被告奥斯卡及其两公司返还佛像。被告不服提起上诉,福建省高级人民法院驳回上诉,维持原判。

四、案件审理情况

(一)诉讼请求权

返还原物请求权。

(二)请求权基础规范及要件分析

1.《民法典》第 235 条:无权占有不动产或者动产的,权利人可以请求返还原物。

(1)要件分析。

要件一:无权占有不动产或动产。

要件二:主体为不动产或动产权利人。

要件三:救济方式为请求返还原物。

(2)法律效果:权利人对无权占有物可以行使请求返还原物的救济。

2.《涉外民事关系法律适用法》第 37 条:当事人可以协议选择动产物权适用的法律。当事人没有选择的,适用法律事实发生时动产所在地法律。

(1)要件分析。

要件一:涉外动产物权关系。

要件二:当事人可以协议选择适用的法律。

要件三:当事人未选择的,适用法律事实发生时动产所在地法律。

(2)法律效果:涉外物权的法律适用的确定,遵循当事人意思自治或法律事实发生时动产所在地法。

3.《民法典》第 261 条第 1 款:农民集体所有的不动产和动产,属于本集体成员集体所有。

(1)要件分析。

要件一:农民集体所有的动产和不动产。

要件二:属于本集体成员集体所有。

(2)法律效果:农民集体所有的不动产和动产,所有权归属于本集体成员。

(三)抗辩权基础规范及要件分析

《民法典》第311条:无处分权人将不动产或者动产转让给受让人的,所有权人有权追回;除法律另有规定外,符合下列情形的,受让人取得该不动产或者动产的所有权:

(一)受让人受让该不动产或者动产时是善意;

(二)以合理的价格转让;

(三)转让的不动产或者动产依照法律规定应当登记的已经登记,不需要登记的已经交付给受让人。

受让人依据前款规定取得不动产或者动产的所有权的,原所有权人有权向无处分权人请求损害赔偿。

当事人善意取得其他物权的,参照适用前两款规定。

1.要件分析。

要件一:无处分权人转让动产或不动产。

要件二:受让人受让该不动产或者动产时是善意。

要件三:以合理的价格转让。

要件四:转让的不动产或者动产依照法律规定应当登记的已经登记,不需要登记的已经交付给受让人。

2.法律效果:受让人取得该不动产或者动产的所有权。

(四)诉讼主张的检索

主张:两村村民委员会主张奥斯卡返还佛像,停止侵害,支付精神损害赔偿金及实现债权的费用。

(五)争点整理

原告、被告双方的争议焦点主要为:(1)作为涉外物权纠纷,该案是否可以适用中国法?(2)两村村民委员会是否对佛像享有所有权?(3)奥斯卡可否因其购买行为取得佛像的所有权?奥斯卡应否返还该佛像?

争点一：作为涉外物权纠纷，该案是否可以适用中国法？

事实证明：1995年之前，章公祖师像一直供奉于福建省大田县吴山乡阳春村和东埔村共有的普照堂内。1995年12月，当地村民报案称佛像被盗，佛像一直未找到。1996年，荷兰人奥斯卡在荷兰阿姆斯特丹购买到该佛像。2015年，佛像在匈牙利某博物馆展出，新华社驻当地记者拍摄了相关照片。2016年，中国国家文物局出具了关于章公祖师像的一份说明，根据我国《文物保护法》及相关标准，该佛像从未获得过出境许可。2018年，福建省文物鉴定中心也出具了专家意见书，证明匈牙利某博物馆展出的佛像即1995年丢失的章公祖师像。

事实认定：法院认为，本案是因佛像被盗引起的涉外物权保护纠纷，需明确法律适用问题的连接点。佛像作为文物属于特殊的动产，其在流转过程中涉及多个涉外连接点，如佛像被盗地、从我国流出海外的出口地、在海外的买受地以及后续作为文物的展出地等。本案中法律事实发生的地点，以佛像被盗地来认定最为适宜。因本案解决的是被盗文物的返还问题，若以奥斯卡买受文物地点确定法律事实发生的地点不利于文物所有国追索。因此，确定佛像被盗地中国作为法律事实发生的地点，进而根据《涉外民事关系法律适用法》适用中国法最为适宜。

争点二：两村村民委员会是否对佛像享有所有权？

事实证明：章公祖师像自宋代形成以来，一直供奉于两村共有的普照堂中，一千多年来，两村村民一直保管、供奉该佛像直至被盗。以上事实有两村村民证人证言、视频资料、公安机关立案材料、大田县政府的相关说明等材料作为证据。

事实认定：法院认为，以上事实可以证明，两村村民对章公祖师像享有集体所有权，两村村民委员会代表集体行使所有权，并且两村村民委员会成立后一直在保管、供奉该佛像，两村村民委员会有权代表村民就章公祖师像的所有权纠纷提起诉讼。

争点三：奥斯卡可否因其购买行为取得佛像的所有权？奥斯卡应否返还该佛像？

事实证明：通过前述事实已经表明，该佛像属于非法出口的盗赃文物。我国《文物保护法》及相关规则规定，禁止将文物私自出售给外国人，禁止私自携带出境。

事实认定：法院认为，佛像属于被盗窃后流入海外的文物，奥斯卡虽是买受人，但根据中国相关法律，文物不得擅自出售给外国人，因此，佛像也不会适用民法中的善意取得制度。此外,该佛像本身也是人类遗骸,基于伦理、道德、宗教等多重因素的考虑,其与原属社群的关联最为紧密,因此也不适宜适用善意取得制度,因此奥斯卡不应取得该佛像的所有权。作为最后占有人,奥斯卡应当返还该佛像给所有权人两村村民委员会。

五、结尾

关于争点一:作为涉外物权纠纷,该案是否可以适用中国法?

《涉外民事关系法律适用法》第37条规定:"当事人可以协议选择动产物权适用的法律。当事人没有选择的,适用法律事实发生时动产所在地法律。"原告、被告未就法律适用问题作出选择,反而各自主张适用各自的本国法,因此法院依据该条进行了分析。根据该法条的要件三"当事人未选择的,适用法律事实发生时动产所在地法律","法律事实发生时"在本案中最为适宜的时间即文物被盗时,若认定为奥斯卡购买文物时,则会适用荷兰法,不利于文物流失国即我国对文物的追讨。因此,法院认定,法律事实发生时即文物被盗时,当时文物身处中国,因此本案应适用中国法加以裁判。

关于争点二:两村村民委员会是否对佛像享有所有权?

《民法典》第216条第1款规定:"农民集体所有的不动产和动产,属于本集体成员集体所有。"本案中,法院认为,相关证据证明佛像一千年以来一直由两村村民保管、供奉,该佛像属于村民集体所有,此情形符合该条要件一和要件二的规定,两村村民委员会对佛像享有所有权。

关于争点三:奥斯卡可否因其购买行为取得佛像的所有权?奥斯卡应否返还该佛像?

《民法典》第311条规定了一般动产或不动产的善意取得制度,但是对于盗赃物,法律中并无明文规定。从《民法典》对遗失物、漂流物、埋藏物问题的规定可以发现,法律对上述特殊的物均未适用善意取得制度,由此也可推断立法原意,上述特殊的物均属于脱离原权利人占有而原权利人并无意抛弃之物,被盗之物对权利人来讲,其更无抛弃之意,因此盗赃物一般也不宜适用善意取得制度。此外,本案中的盗赃物是具有珍贵历史意义与宗教价值的重要文物,其承载着闽南地区特有的文化,若适用善意取得使外国人获得该文物,也不利于对文物流失国历史与文化的传承。因此本案不符合《民法典》第311条的构成要件,荷兰人奥斯卡无权取得佛像的所有权,其应将佛像返还给所有权人即两村村民委员会。

六、附录

福建省三明市中级人民法院民事判决书,(2015)三民初字第 626 号。

福建省高级人民法院民事判决书,(2021)闽民终 302 号。

章公祖师像物权保护纠纷案教学指导手册

▣ 教学具体目标

本案例主要就章公祖师像在物权法中的性质、盗赃物善意取得问题、村民委员会可否代表村民集体行使所有权,其是否具有诉讼主体资格以及涉外动产物权纠纷的法律适用等问题进行教授,其中涉及物权法、民事诉讼法中的诸多实体性与程序性问题,以及国际私法中的法律适用等问题。具体问题包括:(1)涉外动产物权纠纷的法律适用问题;(2)章公祖师像在物权法中的性质;(3)盗赃物善意取得问题;(4)村民委员会代表集体行使所有权的诉讼主体资格问题;(5)涉外物权纠纷管辖权问题。

▣ 教学内容

一、涉外动产物权纠纷的法律适用问题

首先,本案属于涉外物权纠纷,故有必要从国际私法角度分析其法律冲突与法律适用问题,这是本案涉及的一个重要的焦点问题。只有先确定了适用哪国的法律,才可以确定具体的法律规则为何。因在中国法院起诉,涉及中国与荷兰两个国家的当事人,法院首先需要考察是否有统一实体法的公约可以适用。本案发生时并无中国、荷兰共同参加的公约,因此法院需要进一步通过中国的冲突规范指引到适用某一国的国内法。

根据我国的法律规定,案件发生时,我国并无涉外物权的冲突规范,因此可以参照适用 2010 年出台的《涉外民事关系法律适用法》的规定。根据该法第 37 条的规定,涉外动产物权的案件,当事人首先可以根据意思自治选择法律。本案中,两村村民委员会选择适用中国法,奥斯卡选择适用荷兰法来判断其是否享有佛像的所有权,可见当事人并未就法律适用问题达成一致。因此按照《涉外民事关系法律适用法》第37条的规定,当事人未达成一致的,适用法律事实发生时动产所在地的法律。关于"法律事实发生时",原告、被告对此问题存在较大争议。奥斯卡主张应是其购买该佛像时,因其是通过购买获得了佛像所有权,此时佛像所在地为荷兰,因此本案涉及物权的部分应适用荷兰法。法院通过分析认为,本案中佛像发生过多个法律事实,其在跨国流转中涉及多个地点,按照发生的先后顺序,可以包括文物的被盗地、出口地、文物首次的买受地、与奥斯卡发生交易的地点、文物的展出地以及诉讼发生时文物的所在地等,适用不同地点的法律,会形成不同的物权认定规则。

法院认为,本案应以文物的被盗地作为法律事实发生时的动产所在地,而并非奥斯卡购买该佛像的地点。因本案的原告是主张物权保护,要求奥斯卡返还佛像至其原归属地。佛像之所以最终会流出中国,根源在于文物的被盗、非法出口,因此本案中最重要、最关键的转折点即佛像的被盗,佛像之后的流转地点具有极大的不确定性,作为物权保护纠纷,返还原物的法律事实是被盗的行为,因此法院认定本案中法律事实发生时的动产所在地为佛像被盗地即中国,本案的实体法规则应适用中国法。若依据奥斯卡交易该佛像时的所在地法,则不利于对文物跨境非法交易的打击,会助长文物非法跨境交易行为,也与后续达成的国际公约中关于文物保护、便利文物返还的宗旨相违背。法院最终认定本案实体问题适用中国法,本部分以下实体问题的分析皆以中国法为背景展开。

二、章公祖师像在物权法中的性质

本案中,案涉佛像具有特殊性质,其是动产还是不动产,是一般的物还是文物抑或人类遗骸,诸多问题存在争议,而此类争议通常也存在于其他具有类似性质的文物追索案件中,这些问题需结合物权法一一厘清。

(一)动产与不动产的判断标准

物权法中将物划分为动产与不动产,这一划分是物权法对物最为重要的一种分类,其会直接影响物权变动的方式。然而各国对何为动产、何为不动产的判断标准并不一致。我国《民法典》对何为不动产并未有明确的界定,《不动产登记暂行条例》第2条第2款从外延角度对不动产进行了规定,是指土地、海域、房屋、林木等定着物。不动产之外为动产。此规定并未从其本质特征方面加以规定,因此在判断一些特殊的情形时会存在争议。例如,与本案类似的文物保护纠纷案件,若文物是从某些不动产上切割、分离而来,则其性质究竟为何会存在争议,如圆明园兽首、石窟上分离而来的佛像等。可见,原本是不动产的文物从不动产上被分离之后,在法律的判断上会存在争议。法国有一经典案例"阿布格诉日内瓦村案",争议的客体为墙壁上剥离下来的壁画,本案的初审法院根据其性质认为,壁画应为不动产;上诉法院认为根据其用途,壁画应为不动产;而最高法院最终认定该壁画为动产,其理由为:依性质为不动产者,在真正分离后会成为动产。但若壁画作为动产,法国的规定对其的保护力度相较于不动产会大打折扣,该案因此饱受争议与批判。[1] 我国《文物保护法》中将壁画归入了不可移动文物加以保护。可见,不同国家对不同文物的判断标准不尽相同。章公祖师像物权保护纠纷案虽不涉及对动产、不动产之分的判断,但对于文物这类特殊的物,尤其是从不动产上被分离的物的判断,对后续文物的保护及相关法律的适用影响深远,这一问题值得进一步研究与明确。

(二)一般的物与文物的区别

《民法典》通过第二编"物权"对一般的物进行保护,调整因一般的物的归属和利用而产生的各种民事关系。而文物属于物的一种,但其属于一种特殊的物,因其蕴含着独特的文化、艺术、历史、宗教等特殊的价值,其对所属的国家、地区、民族有深远的意义和影响。因此,各国通过公法性质的法律对文物进行特殊的保护与管理,对文物的买卖,就不同于一般的物的买卖,其加入了诸多的限制因素。例如,我国通过《文物保护法》对文物进行特殊管理,可以买卖的文物有范围限制,买卖途径与方式也有特殊规定,其与一般物的买卖相去甚远。对于国家禁止出境的文物,禁止出售、出租、质押、抵押给外国人。此外,对于文物的出入境,各国对此进行了特殊规定,在我国,国有文物、非国有文物中的珍贵文物以及国家禁止出境的其他文物均不得出境,允许出境的文物也需办理各种审批手续。本案中,法院认为,章公祖师像不应被界定为一般的物,而应认定为具有宗教、历史、文化等特殊价值的传世文物。根据中国国家文物局出具的一份说明,章公祖师像从未办理过出境手续,因此该佛像出境未得到我国许可,作为我国的文物,其应受到我国文物保护法律的管理与保护。

---

[1] 参见霍政欣、陈锐达:《跨国文物追索:国际私法的挑战及回应——从"章公祖师肉身坐佛案"展开》,载《国际法研究》2021年第3期。

(三)人类遗骸、人体器官等能否成为物权客体

物权法的通说认为,物需存在于人体之外,人是主体而非客体。[1] 活着的人体不能成为物,人对于自身身体的决定权来源于人格权的规定,不适用于所有权的规定,因此《民法典》人格权编会有关于身体权的规定。《民法典》第1007条第1款规定,禁止买卖人体细胞、组织、器官和遗体。对于脱离了人体的细胞、组织与器官,其与遗体又存在不同之处,以下分别就其性质加以讨论。

1. 脱离了人体的细胞、组织与器官的法律性质

脱离了人体的细胞、组织与器官一般是指具有生命的、具有生理机能的细胞、组织与器官,其主要功能在于移植于患者体内,用于疾病治疗、生命延续或生育需要等,如血液、骨髓、心脏、肝脏、肾脏、精子、卵子等;或者其被制作成标本等用于教学、病理实验等。通说认为,在细胞、组织、器官未脱离人体时,其属于人体的一部分,属于人格权的调整范围。但脱离人体之后,重新植入人体之前,其具有相对的独立性,可以为人所掌控,此阶段的细胞、组织与器官具有物的特性。当重新植入人体之后,其又与人体融合为不可分割的整体,此时的细胞、组织与器官不再具有独立性,也不再具有物的特性。

司法实践中曾出现过一些具有争议的案例,涉及人体冷冻胚胎等特殊的人体细胞组织的法律性质。如在冷冻胚胎第一案即沈某某等与刘某某等胚胎继承纠纷案[2]中,一对小夫妻因生育困难欲通过人工辅助生育技术繁育后代,在医院准备进行胚胎移植手术的前一日,夫妻二人发生车祸去世。二人各自的父母欲通过诉讼方式继承夫妻二人留下的四枚冷冻胚胎,医院认为双方父母均无权继承冷冻胚胎。目前,我国法律对胚胎的法律性质并无明确规定,即便《民法典》出台后,对此问题也未作直接规定。学者对此问题有多种观点,争议主要涉及其是否可以被界定为物,目前学界主要有主观说、客观说、阶段说以及折中说等观点。主观说认为,从使用价值上来讲,民法上的物具有消费性,而人体胚胎不能用于消费,其更接近于人,而非物,其是承载着伦理意义的生命体。因此人体胚胎是不能够被视为物来继承的。客观说则认为,人体胚胎不具有民事权利能力,不能视为民法上的人。民法上的物可以分为普通的物、伦理物与特殊的物。人体胚胎可以归入伦

---

[1] 参见王利明等:《民法学》(第6版)(上),法律出版社2020年版,第318—319页。
[2] 参见江苏省无锡市中级人民法院民事判决书,(2014)锡民终字第1235号。

理物,其仍然是民法上的客体,而非主体,因此可以作为物而发生继承。阶段说将胚胎划分为不同阶段,在未植入人体之前,其为物的一种,但植入母体14天后,其会生长发育为人的生命组织,进而会具有生命体的特征,因此植入母体14天之前,可以将胚胎视为物。折中说则认为,胚胎是一种介于人与物之间的特殊的物,其既不适用人格权法,也不适用物权法。总之,对于胚胎的法律性质,学者争议不断,其相较于一般的人体器官、细胞与组织更为复杂。司法实践中,法院并未直接对胚胎性质加以界定,而是从监管权与处置权的角度进行了分析,最终认定夫妻二人的父母无论是从伦理、情感还是特殊利益保护角度,均对胚胎享有监管权与处置权。由此可见,对于涉及伦理、情感等要素的人体胚胎的法律性质的判断,学理及司法实践中目前仍无确切的定论。而一般脱离了人体的细胞、组织与器官,通常会被认定为特殊的物,但一旦植入人体,与人构成一个整体之后,其也就丧失了继续成为物的基本要素。

2. 遗体、人类遗骸的法律性质

《民法典》中提及的遗体与本案中涉及的章公祖师遗骸也有不同。一般的遗体,主要指人去世之后失去生命特征的尸体。关于遗体的法律属性,学者争议颇多,如有学者认为,遗体为物,但其与一般的物有较大区别,其承载了伦理与道德因素。也有学者认为,遗体不能成为物权的客体,不能对其主张所有权。《民法典》在物权编对遗体并无明确规定,而是在人格权编就禁止买卖遗体问题进行了规定。本案中涉及的人类遗骸与一般的遗体有所不同,其是历史上通过特殊处理而形成的,一般遗体主要涉及近亲属是否享有处置权、安葬祭奠等权利的问题,而本案中涉及的章公祖师遗骸已经构成文物,同埃及木乃伊、新西兰毛利人头骨等性质相同。此外,章公祖师像作为祖师信仰的信物,承载了当地的文化与宗教信仰,因此本案一审法院将其认定为传世文物、作为人类遗骸的文化财产以及祖师信仰的信物,其是一种不同于普通遗体的特殊的物,其所有权应归属于该佛像的诞生地与长期保存地,以此才能最大限度地体现其文化、宗教价值。

因此在本案中,法院最终认定章公祖师像是兼具文物、人类遗骸等特殊因素的物,其所有权应归属于其诞生地与长期保存地的两村村民所享有,两村村民委员会可代表村民行使所有权。

三、盗赃物善意取得问题

本案中,章公祖师像于1995年在中国被盗,1996年,荷兰人奥斯卡在荷兰阿姆斯特丹购得该佛像,但其未提供该佛像的购买凭证,即奥斯卡购买该佛像并不确定是通过拍卖还是其他方式得以实现。本案涉及佛像的所有权归属问题,即盗赃物是否可以适用善意取得问题。盗赃物善意取得无论是在立法中还是司法实践中均存在诸多争议。

(一)盗赃物善意取得问题的立法沿革

盗赃物是以盗窃、抢夺或抢劫等刑事犯罪形式而取夺的物,其所有权人丧失该物并未出于本意,该物属于脱离物。因此在善意取得制度设立时,对于脱离物的善意取得,各国理论观点及立法并不一致。有些国家否定盗赃物可以善意取得,仅在例外情形下才肯定该制度。《德国民法典》《瑞士民法典》《日本民法典》均对盗赃物善意取得采原则上否定的态度,《德国民法典》规定,只有在标的物为金钱或无记名债券,或者通过公开拍卖取得标的物时,可以适用盗赃物善意取得。《瑞士民法典》与《日本民法典》从时间上也有所限制,分别规定在动产被窃后5年内或2年内,权利人可请求返还,因此该阶段不适用善意取得。但在拍卖或专营市场上购得该标的物的,保护善意取得人的利益,除非赔偿其已支付的价金,否则不得请求返还该标的物。

我国民法立法对于盗赃物善意取得并未有明确规定,最高人民法院只在不同时期针对审理不同类型的刑事案件而制定的司法解释中对此问题进行过规定,但观点并不一致,从时间上看,对于盗赃物善意取得,司法解释经历了从不适用到适用,再到不适用,再到适用的变化,并且有些矛盾的规定并未废止。[①]《刑法》中也有法条虽未直接规定盗赃物善意取得问题,但有针对赃物的处理规定,如《刑法》第64条的规定,在诸多案例中被援引,作为否定盗赃物善意取得的理由。第64条规定,犯罪所得的财物应当予以追缴,对被害人的合法财产要及时返还,没收的财物不得挪用和自行处理。可见,虽然该条未从民法角度明确第三人取得该财物如何处理,但通过追缴、返还被害人,从侧面否定了第三人的权利。在2014年公布施行的《关于刑事裁判涉财产部分执行的若干规定》中,第11条对赃款赃物何种情况下需要追缴进行了明确规定。该条第2款中提到,对于第三人善意取得的赃款赃物,不予追缴,但原权利人可以通过诉讼方式加以解决。从此条款规定可

---

① 参见朱庆、王萍萍:《盗赃物善意取得之法构造——兼论〈民法典〉相关规则法律适用》,载《安徽大学学报(哲学社会科学版)》2020年第5期。

见,刑事法律对此问题采取了较为谨慎的态度,具体权利归属还是留待法院通过审理最终确定,其不会通过执行途径直接剥夺第三人善意取得的财物。2016 年公布施行的《关于办理电信网络诈骗等刑事案件适用法律若干问题的意见》最后一部分针对被诈骗财物也作了类似规定。

原《物权法》在草案阶段,也曾经将遗失物与盗赃物均作为脱离物来进行处理,主要借鉴了域外立法。但最终将对盗赃物的处理进行了删除。立法者主要考虑到对于被盗、被抢的财物,可通过《刑法》或《刑事诉讼法》等的规定进行追缴,对于善意受让人的保护也可以通过相关法律的完善来进行,因此原《物权法》可以对此不作规定。① 因此,在原《物权法》第 107 条中,仅规定了遗失物的善意取得问题,并且对遗失物的处理,更多地倾向于保护所有权人,即所有权人有权追回遗失物。善意第三人通过拍卖或者向具有经营资格的经营者购买该遗失物的,所有权人仍可将遗失物追回,但需支付给善意第三人购买此物所付的费用。可见,在立法层面,我国原《物权法》更侧重于保护所有权人的利益,即使对善意取得的第三人进行保护,所有权人仍可取回该物。《民法典》立法仍然延续了原《物权法》的规定,并未将盗赃物善意取得纳入其中。在盗赃物的处理上,公法对私法的影响深远,因此在司法实践中,对盗赃物善意取得的处理,仍存在不同观点。

(二)盗赃物善意取得问题的司法实践

在"法信"数据库以"赃物""善意取得"等关键词进行检索发现,不同法院对此问题的观点差异较大,具体解释角度也不尽相同。

1. 肯定盗赃物善意取得的观点

在肯定盗赃物善意取得的案例中,有法院认为,在刑事案件中,如果第三人的行为构成了善意取得,则赃款赃物不再追究。在谷某合同诈骗案②中,谷某骗租了几十辆车,之后将车辆抵押,骗得 400 余万元,除支付租车费用外,其余钱款用于个人挥霍。法院认为,车主收取的租金,属于善意取得,虽然是以诈骗所得赃款支付,但对善意的车主应加以保护。法院在评论该案时,援引了 1965 年发布的《关于没收和处理赃款赃物若干问题的暂行规定》(已失效)以及 1996 年的《关于审理诈骗案件具体应用法律的若干问题的解释》(已失效)的规定,对于买主不知道是

---

① 参见胡康生主编:《中华人民共和国物权法释义》,法律出版社 2007 年版,第 244 页。
② 参见北京市第二中级人民法院刑事判决书,(2004)二中刑初字第 1281 号。

赃物而购买的,应由罪犯按照原价买回后返还给原主。上述提及的 2014 年和 2016 年发布的司法解释中也有类似的规定,既要保护所有权人的权益,也要维护善意受让人的合法权益。此外,还有法院对何为"赃物"以及其何时转变为"赃款"进行了分析。在郎某某、蔡某某诉北京市阜昌典当行有限责任公司、北京市阜昌典当行有限责任公司新兴分公司返还原物案①中,梁某、唐某将诈骗所得金条绝当给典当行,受害人要求返还金条。法院认为,"赃物"是指犯罪人员通过犯罪直接获取并占有的他人的财物,如本案中通过诈骗获得的金条,但在金条被典当之后,梁某、唐某并未赎回,通过绝当,典当行已经取得了金条的所有权,梁某和唐某通过绝当获得了相应的钱财,此处的钱财为"赃款",是由"赃物"演变而来的。此时的金条已经通过民事行为进行了交易,并且金条属于种类物,善意的典当行已经取得了金条的所有权。而受害人因已经获得了被发还案款的权利,因此无权再要求返还原物。本案中法院通过"赃物"到"赃款"的转化,肯定了典当行的善意取得。与此相对应,还有一起第三人在典当行购买典当物的案例,也被认定为善意取得。在云南省汽车工业贸易总公司诉昆明市华盾典当行返还财产案②中,一辆桑塔纳轿车被犯罪人员骗走,被其典当至典当行,典当行不知该车为案涉汽车,支付了相应对价,之后第三人通过典当行购买了该车,价格合理,手续齐全。法院认为,此种情况下,应保护第三人的合法权益,其购买的虽为赃车,但仍可构成善意取得。可见,在典当行购买当物,类似于在有经营资格的经营者处购买,易被认定为善意取得。在另一起执行案件中,法院还建议将赃款赃物的善意取得进行扩展解释。在太平洋证券股份有限公司与嘉兴融仁投资管理合伙企业申请实现担保物权案③中,涉案股票属于赃款赃物,但在该股票上设置了担保物权,法院最终判定,担保物权人的优先债权应当及时兑现,不能以刑否民或先刑后民,凡是具有善意取得实质要件的当事人,应在刑事追缴时予以排除。可见,该案中也谈及了在民刑交叉案件中,对于当事人民事权利的保障问题,而这正是盗赃物善意取得涉及的更本质的问题所在。

---

① 参见北京市第一中级人民法院民事判决书,(2012)一中民终字第 14495 号。
② 参见云南省昆明市中级人民法院民事判决书,(1999)昆民终字第 543 号。
③ 参见上海市浦东新区人民法院民事裁定书,(2019)沪 0115 民特 271 号;上海市浦东新区人民法院执行裁定书,(2019)沪 0115 执 15669 号。

2. 否定盗赃物善意取得的观点

在否定盗赃物善意取得的案例中,一些法院对"赃物"的界定显然与上述法院有所区别。在马某某诉雷某某等不知是赃物在购买后被追回赔偿案[①]中,法院认为,赃物在法律上禁止流转,无论其在现实中流转过几手,都改变不了其"赃物"的性质,因此赃物不适用善意取得。显然,这与北京市第一中级人民法院的观点相左,北京市第一中级人民法院在前述梁某、唐某绝当金条给典当行的案例中认为"赃物"通过民事交易转变为正常物品,获得的价金转化为"赃款",而之前的"赃物"通过正常的民事交易已经可以善意取得。从司法实践来看,认为"赃物"属于禁止流转之物的观点为诸多法院认可。例如,在四川省成都市中级人民法院刑事追赃与广州市中级人民法院民事执行争议案[②]中,法院认为,赃款赃物的追缴并不仅限于针对犯罪分子本人,其转移、隐匿赃款赃物的,应该一追到底,即使有权利人善意取得也应当予以追缴。该案被收入最高人民法院的《强制执行参考与指导》中,可见当时的司法实践中,法院对盗赃物善意取得持否定态度与做法。

通过上述司法实践观点的对比可见,实务部门对于盗赃物善意取得的认定观点并不一致,肯定或否定的原因也各有差别,在具体的案例中,需结合案情加以分析判断。本案所涉的章公祖师像更为特殊,因其属于历史文物,根据《文物保护法》的规定,其也未曾办理过出境手续,该佛像被盗后通过非正常途径流入国外,法院因此认为,佛像属于禁止出口、禁止出售给外国人的文物。根据已有证据可知,章公祖师像从未在国内进行过公开拍卖,公安机关的证据表明该佛像确系被盗,奥斯卡也无文物合法出入境的证明,由此可见奥斯卡购买章公祖师像的行为属于非法交易,不应适用善意取得制度。

此外,该佛像反映的是闽南地区的历史文化与宗教信仰,而且作为人类遗骸,归还至其原属地也有相应的国际法依据,根据 2006 年国际法协会的《保护与转移文物的合作原则》,对于与遗骸间存在可论证的紧密联系的请求方,可以向该请求方转移该文物。章公祖师像在闽南的两村落已被保管、供奉千年,直至佛像被盗,因此该佛像理应回归原属地,而不得因善意取得而为奥斯卡所有。本案例为我国

---

① 参见马某某诉雷某某等不知是赃物在购买后被追回赔偿案,载最高人民法院中国应用法学研究所编:《人民法院案例选》1997 年第 2 辑,人民法院出版社 1997 年版。
② 参见四川省成都市中级人民法院刑事追赃与广州市中级人民法院民事执行争议案,载最高人民法院执行工作办公室编:《强制执行参考与指导》2004 年第 1 集,法律出版社 2004 年版。

流失海外的文物跨国追索提供了新的思路。本案虽为民事纠纷,但其中夹杂着国家、集体利益,对于被盗文物这一类特殊的物,不能简单适用善意取得而助长文物盗窃、走私行为,其中不仅涉及民事权利的归属,也涉及国家利益、公共利益。因此对于盗赃物善意取得的认定,应慎之又慎。

四、村民委员会代表集体行使所有权的诉讼主体资格问题

本案中,两村村民委员会曾在荷兰法院提起过民事诉讼,但被荷兰阿姆斯特丹法院以村民委员会不具有诉讼主体资格为由驳回了诉讼,而村民委员会在中国的诉讼并未被驳回,由此引发了我们对村民委员会民事诉讼主体资格问题的思考。

(一)村民委员会在《民法典》中的性质界定

村民委员会在我国民事立法中最初并无明确界定,导致其在很多情况下不能顺利参加民事活动。因此在原《民法总则》立法时,立法者明确了村民委员会具有法人资格,属于特别法人。《民法典》延续了原《民法总则》的立法模式,从体系上来看,特别法人是与营利法人和非营利法人并列的第三类法人,因此其既不属于营利法人,也非一般意义上的非营利法人。[①]《民法典》肯定了村民委员会可以从事为履行其职能而进行民事活动的权利。村民委员会的职能在《村民委员会组织法》中有明确规定,根据第8条的规定,村民委员会可以管理本村属于村农民集体所有的土地和其他财产。在本案中,章公祖师像自宋代时即被供奉在普照堂,传承千年,至今普照堂是阳春村和东埔村两村集体所有的林氏宗祠。两村村民委员会自成立以来一直保管、供奉该佛像。根据我国法律规定,我国的文物可以分为国家所有、集体所有、私人所有。其中集体所有的文物,可以包括祖传的文物,即由先人传承至今的文物,如章公祖师像即可归入此类,属于村集体所有。因此,根据法律规定,章公祖师像属于两村集体所有,而村民委员会可以管理村民集体所有的财产,因此两村村民委员会有管理章公祖师像的权利,当章公祖师像涉及民事纠纷时,村民委员会有权依法代表村民集体行使章公祖师像的所有权。

(二)村民委员会在民事诉讼法中的地位

村民委员会的法人地位虽在2017年《民法总则》出台后才得以明确确立,但在2017年之前,村民委员会在民事诉讼中作为当事人的案件已层出不穷。根据

---

① 参见屈茂辉:《基层群众性自治组织法人制度三论》,载《现代法学》2022年第1期。

"北大法宝"数据库提供的数据,2017年村民委员会作为民事诉讼当事人的案件达到21万余件。而2017年至今的案件更是多达50万余件,可见村民委员会在民事诉讼中是一类较为活跃的主体,涉及的案件类型主要为合同纠纷与物权纠纷。其作为法人,在我国民事诉讼中是适格的诉讼当事人。当然,由于村民委员会是我国特有的一类主体,《民法典》《民事诉讼法》赋予了其特殊的民事法律地位和民事诉讼主体资格,其在其他国家不被赋予诉讼主体资格也属正常。然而,荷兰法院驳回起诉的理由是存在争议的。根据荷兰法律,认定一个主体是否具有诉讼主体资格,需根据荷兰法来判断。荷兰法中规定,民事诉讼主体包括自然人、法人,也包括以国家为代表的公共机构等。荷兰法院在本案中并未完全排斥中国法的规定,其对我国原《民法总则》进行了援引,但其援引该法的原因是为说明原《民法总则》出台于该案之后,故不具有法律溯及力,由此认为村民委员会不具有诉讼主体资格。我国学者认为,这样的论证是令人费解的。[①] 因此,为维护自身合法权益,两村村民委员会除在荷兰起诉外,还在中国提起了平行诉讼,虽然在荷兰被驳回起诉,但在中国起诉并无任何主体资格方面的障碍。可见,在涉外民事案件中,当事人可以讲求诉讼策略,选择对己有利的法院维护自身合法权益。

五、涉外物权纠纷管辖权问题

本案中,两村村民委员会先在荷兰提起诉讼,被驳回后又诉至中国法院,两国法院是否享有对案件的管辖权也是在跨国文物追索纠纷中常见的焦点问题。结合我国《民事诉讼法》在2023年针对涉外民事诉讼所做的修正,以下展开对涉外物权纠纷管辖权问题的分析。

本案发生时,《民事诉讼法》涉外诉讼部分还未进行修正。根据各国立法以及司法实践,本案涉及的跨国文物追索管辖权问题,一般遵循的是文物所在国法院管辖原则。对于不动产类的文物,该原则被各国普遍接受。而针对动产文物,案件是由文物所在国管辖还是由文物原属国管辖,在近些年出现了一些不同的观点。尤其是文物原属国,近年来开始出现由该类国家进行管辖的司法实践,以此便于流失文物的追索与返还。

本案中,两村村民委员会先在文物所在国即荷兰提起了诉讼,但根据前文分

---

① 参见霍政欣、陈锐达:《跨国文物追索:国际私法的挑战及回应——从"章公祖师肉身坐佛案"展开》,载《国际法研究》2021年第3期。

析，荷兰法院以村民委员会不具备诉讼主体资格驳回了诉讼。因此村民委员会才回到中国提起诉讼。本案中，中国法院受理该案的原因具有偶然性，主要是因为被告在法定期限内未提出管辖权异议，而且委托了律师进行应诉答辩，因此符合2012 年《民事诉讼法》第 127 条的规定，因此中国法院对该案的管辖属于应诉管辖。有学者分析认为，随着文物原属国管辖案件数量的增加，未来，跨国文物追索案件的管辖权会变得更加复杂。文物原属国可能会因为应诉管辖或者依据原告住所地确定管辖权，以此维护本国在文物追索方面的权益。甚至还有可能会依据协议管辖获得管辖权。当然，在跨境文物追索纠纷中，依据协议管辖的情形较难实现，因双方矛盾冲突比较激烈，较难会同意选择文物原属国法院管辖。但普通的涉外物权纠纷通过协议管辖确定法院管辖权存在较大的可能性。

我国《民事诉讼法》2023 年修改之后，在涉外民事诉讼管辖方面做了较大调整，总体上扩大了我国法院对于涉外民事案件的管辖权。首先，在第 276 条第 1 款修改了原"合同纠纷或者其他财产权益纠纷"的表述，扩大至除身份关系以外的所有"涉外民事纠纷"，只要这类纠纷的合同签订地、合同履行地、诉讼标的物所在地、可供扣押财产所在地、侵权行为地、代表机构住所地之一与我国存在法律上的联系，我国法院即享有管辖权。此外，该条第 2 款还增加了我国法院的"适当联系"原则，进一步扩展了我国法院对涉外民事案件的管辖权。其次，在第 277 条增加了涉外民事纠纷协议管辖的规定，并且未限制当事人可以协议选择的法院范围，即当事人即便选择了与案件并无实际联系的法院，也应遵循当事人的意思自治。最后，对于应诉管辖，《民事诉讼法》专门增加了第 278 条的规定，明确了在涉外诉讼中，如果当事人未提出管辖异议，并且应诉答辩或者提出反诉的，即认定该法院享有对该涉外民事纠纷的管辖权。此外，此次修改还增加了平行诉讼、不方便法院原则等问题的规定。我国《民事诉讼法》的此次修改，为扩大我国法院对涉外民事纠纷的管辖权，维护我国当事人在涉外纠纷中的合法权益，扩大我国司法在国际社会的影响力与公信力起到了重要的推动作用。

---- 思　考　题 ----

[1]《民法典》关于物的分类为何？章公祖师像有何特殊之处？
[2] 人类遗骸是否为物权法中的"物"？

[3] 文物与一般的物有何区别?

[4] 盗赃物是否可以善意取得? 司法实践中对此的观点为何?

[5] 我国立法中是否有必要规定盗赃物善意取得?

[6] 盗赃物与遗失物有何异同之处?

[7]《民法典》为何明确了村民委员会特别法人的性质? 该规定有何种意义?

[8]《民事诉讼法》对涉外民事诉讼部分的修改有何意义?

———————— 推荐阅读 ————————

[1] 霍政欣、陈锐达:《跨国文物追索:国际私法的挑战及回应——从"章公祖师肉身坐佛案"展开》,载《国际法研究》2021年第3期。

[2] 王利明等:《民法学》(第6版)(上),法律出版社2020年版。

[3] 朱庆、王萍萍:《盗赃物善意取得之法构造——兼论〈民法典〉相关规则法律适用》,载《安徽大学学报(哲学社会科学版)》2020年第5期。

[4] 胡康生主编:《中华人民共和国物权法释义》,法律出版社2007年版。

[5] 屈茂辉:《基层群众性自治组织法人制度三论》,载《现代法学》2022年第1期。

[6] 最高人民法院民法典贯彻实施工作领导小组主编:《中华人民共和国民法典物权编理解与适用》(上),人民法院出版社2020年版。

[7] 杨立新:《物权法》(第8版),中国人民大学出版社2021年版。

[8] 尹田:《物权法》(第3版),北京大学出版社2022年版。

[9] 梁慧星、陈华彬:《物权法》(第7版),法律出版社2020年版。

[10] 崔建远:《物权法》(第5版),中国人民大学出版社2021年版。

1.2 所 有 权

◻ 理论导读

《民法典》物权编第二分编为所有权,所有权是最核心、最基础的物权。其他物权如用益物权、担保物权等皆是从所有权中派生的权利。作为人类社会生活中最基本也是最重要的一项权利,所有权在人类历史发展的长河中始终发挥着至关重要的作用。

我国《民法典》在所有权部分共有六章规定,从第四章至第九章。第四章为一般规定,其就所有权的概念、客体以及基于公共利益对所有权的限制如征收、征用进行了明确规定。第五章为对所有权的分类。我国《宪法》规定,我国实行公有制为主体,多种所有制经济共同发展的基本经济制度,《民法典》物权编第二分编以此为基础,根据主体不同,将所有权分为国家所有权、集体所有权与私人所有权,通过立法明确三类主体享有的所有权,有利于各种所有制经济利用其各自优势,共同发展。第六章是对业主的建筑物区分所有权的规定,具体可包括业主对建筑物内的住宅、经营性用房等的专有权以及业主的共有权,如对建筑区划内的道路、绿地、公共设施、停车位等的共有权。本书选取的案例北京邦泰兴业投资集团有限公司(以下简称邦泰公司)等与北京市海淀区长银大厦业主委员会(以下简称长银业委会)建筑物区分所有权纠纷案中主要涉及的问题即小区停车位归属问题。第七章是对相邻关系的规定,相邻关系本身并非一种独立的物权类型,其是通过法律对利益的协调而对不动产物权作出的限制,具体可以包括用水排水关系,通行关系,相邻土地的利用关系,通风、采光和日照关系,环境保护关系以及危险预防关系等。本书选取的案例陈某武、顾某江等相邻关系纠纷案即为相邻关系纠纷的典型案例。第八章共有又具体分为按份共有与共同共有,主要明确了两个以上民事主体对同一物共同享有一个所有权问题的规定。第九章主要涉及所有权取得的特别规定,重点涉及善意取得、拾得遗失物、发现埋藏物或隐藏物、添附等相关制度。本书选取的章公祖师像物权保护纠纷案即涉及对善意取得制度的探讨。

北京邦泰兴业投资集团有限公司等与北京市海淀区长银大厦业主委员会建筑物区分所有权纠纷案

摘要：建筑物区分所有权纠纷是物权法关注的重点问题，也是日常生活中常见的物权纠纷类型，其中地面公共停车位纠纷层出不穷。本案以一个小区内业主委员会和开发商、物业管理机构之间就公共停车位引发的多次争议为背景，重点探讨占用公共道路划定停车位的归属问题、在公共停车位设置围挡应否拆除问题以及侵害公共停车位共有权的损害赔偿问题等。

关键词：建筑物区分所有权；业主委员会；业主共有权；停车位

一、引言

随着我国经济的快速发展，人民生活水平的不断提高，私家车的数量在急剧增长。小区公共区域停车位的数量越来越无法满足众多业主的需求，业主与开发商、物业管理机构之间就小区公共停车位的纠纷也在日益增多。原《物权法》第74条首次对停车位的归属等问题进行了界定，《民法典》第275条和第276条亦对该问题的规定进行了完善。然而实践中仍有大量关于停车位的纠纷存在，本教学案例选取了相互关联的5个具体司法案例，涉及停车位归属的确认、排除妨害、侵害建筑物区分所有权的损害赔偿等多方面的法律问题，较为全面地反映了现实生活中常见的公共停车位之争，对相关纠纷的妥善处理具有一定的参考价值。

二、案件当事人[①]

一审原告：长银业委会

一审被告：邦泰公司；北京邦维商业管理中心

三、案情简介

本案当事人分别是一审原告长银业委会；一审被告邦泰公司和北京邦维商业管理中心（以下简称邦维中心）。邦泰公司是北京市海淀区永定路88号长银大厦

[①] 本案当事人先后共提起5次诉讼，此处是指2021年最后一次诉讼中的一审原告及被告。

（以下简称长银大厦）的开发商。长银大厦建成于 2004 年 10 月，所有业主均于 2004 年年底前入住。长银大厦停车场（包括地面停车位和地下停车位）在 2005 年 5 月 17 日经有关部门备案后由邦维中心进行经营、收取停车费。长银业委会在 2013 年经长银大厦业主大会换届选举产生。长银业委会认为长银大厦建筑区划内占用业主共有道路划定的停车位（地面停车位）应属于全体业主共有，不应由邦维中心经营并收取停车费。长银业委会要求开发商邦泰公司与经营停车场的邦维中心停止侵害、排除妨害并给付其在侵权期间收取的停车费。原告、被告双方由此产生纠纷，自 2013 年至 2022 年分别进行了 5 次诉讼。因 5 次纠纷具有一定的关联性，在此一并加以分析。5 次诉讼的基本情况如下所述。

案例一：2013 年，长银业委会将邦泰公司诉至北京市海淀区人民法院，要求法院认定长银大厦建筑区划内占用业主共有道路用于停放汽车的 37 个地面停车位属于全体业主共有，并要求交由其管理使用。

案例二：2014 年，长银业委会将邦泰公司、邦维中心诉至北京市海淀区人民法院，案由为建筑物区分所有权纠纷，要求邦泰公司、邦维中心连带给付自 2005 年 1 月 1 日至 2015 年 9 月 17 日收取的地面停车位的停车费共计 6,842,500 元。本案之后被上诉至北京市第一中级人民法院。

案例三：2016 年，长银业委会将邦泰公司、邦维中心诉至北京市海淀区人民法院，案由为物权保护纠纷，要求两公司将长银大厦建筑区划内所有占用业主共有道路及绿化的地面停车位及相关设施交付给长银业委会，并将建筑区划内西南方及北门的两处停车收费岗亭拆除，地面停车围挡也一并拆除。本案之后被上诉至北京市第一中级人民法院。

案例四：2017 年，长银业委会将邦泰公司、邦维中心诉至北京市海淀区人民法院，案由为建筑物区分所有权纠纷，要求邦泰公司、邦维中心连带给付 2015 年 9 月 18 日至 2018 年 7 月 18 日收取的地面停车费 1,914,750 元。本案之后被上诉至北京市第一中级人民法院。

案例五：2021 年，长银业委会将邦泰公司、邦维中心诉至北京市海淀区人民法院，案由为建筑物区分所有权纠纷，要求两公司连带给付长银业委会自 2018 年 7 月 19 日至 2021 年 7 月 18 日收取的地面停车费共计 90 万元。本案之后于 2022 年被上诉至北京市第一中级人民法院。

四、案件审理情况

(一)诉讼请求权

案例一:业主共有权的确认

案例三:基于物权的排除妨碍请求权

案例二、案例四、案例五:建筑物区分所有权侵权损害赔偿请求权

(二)请求权基础规范及要件分析

1.《民法典》第 275 条第 2 款(原《物权法》第 74 条第 3 款):占用业主共有的道路或者其他场地用于停放汽车的车位,属于业主共有。

(1)要件分析。

要件一:占用业主共有的道路用于停放汽车的车位。

要件二:占用业主共有的其他场地用于停放汽车的车位。

(2)法律效果:上述两类车位属于业主共有。

2.《民法典》第 276 条(原《物权法》第 74 条第 1 款):建筑区划内,规划用于停放汽车的车位、车库应当首先满足业主的需要。

(1)要件分析。

要件一:建筑区划内规划用于停放汽车的车位、车库。

(2)法律效果:首先满足业主的需要。

3.原最高人民法院《关于审理建筑物区分所有权纠纷案件具体应用法律若干问题的解释》第 14 条第 1 款:建设单位或者其他行为人擅自占用、处分业主共有部分、改变其使用功能或者进行经营性活动,权利人请求排除妨害、恢复原状、确认处分行为无效或者赔偿损失的,人民法院应予支持。[1]

(1)要件分析。

要件一:主体为建设单位或者其他行为人。

要件二:行为一:擅自占用、处分业主共有部分。

要件三:行为二:改变业主共有部分使用功能。

要件四:行为三:对业主共有部分进行经营性活动。

(2)法律效果:权利人可以请求排除妨害、恢复原状、确认处分行为无效、赔偿

---

[1] 此为案例三、案例四的请求依据。2021 年被修改为《关于审理建筑物区分所有权纠纷案件适用法律若干问题的解释》,其中第 14 条第 1 款新增"物业服务企业"。

损失。

(三)抗辩权基础规范及要件分析

1.原《民法通则》第135条:向人民法院请求保护民事权利的诉讼时效期间为2年,法律另有规定的除外。(案例二被告提出的抗辩)[①]

(1)要件分析。

要件一:当事人向法院请求保护民事权利。

要件二:期间为2年。

(2)法律效果:超过2年,法律无其他规定的,已过诉讼时效,法院不予保护。

2.《民法典》第277条第1款(原《物权法》第75条第1款):业主可以设立业主大会,选举业主委员会。业主大会、业主委员会成立的具体条件和程序,依照法律、法规的规定。

(1)要件分析。

要件一:主体为业主。

要件二:通过具体程序设立或进行选举。

(2)法律效果:业主大会或业主委员会成立。

(四)诉讼主张的检索

主张一:原告请求认定长银大厦建筑区划内占用业主共有道路用于停放汽车的37个地面停车位属于全体业主共有。

该主张的依据为原《物权法》第74条第3款:占用业主共有的道路或者其他场地用于停放汽车的车位,属于业主共有。此主张的另一依据为原《物权法》第74条第1款:建筑区划内,规划用于停放汽车的车位、车库应当首先满足业主的需要。

主张二:原告请求将长银大厦建筑区划西南方及北门的两处停车收费岗亭拆除,并拆除地面停车围挡。

该主张的依据为原最高人民法院《关于审理建筑物区分所有权纠纷案件具体应用法律若干问题的解释》第14条第1款:建设单位或者其他行为人擅自占用、处分业主共有部分、改变其使用功能或者进行经营性活动,权利人请求排除妨害、恢复原状、确认处分行为无效或者赔偿损失的,人民法院应予支持。

[①] 此条为案例二被告提出的抗辩依据。《民法典》实施后第188条第1款已将诉讼时效期间改为3年。

主张三：原告请求邦泰公司、邦维中心连带给付自 2005 年 1 月 1 日至 2015 年 9 月 17 日收取的停车费共计 6,842,500 元（案例二）；2015 年 9 月 18 日至 2018 年 7 月 18 日收取的地面停车费 1,914,750 元（案例四）；2018 年 7 月 19 日至 2021 年 7 月 18 日收取的地面停车费共计 90 万元（案例五）。

该主张的依据为原最高人民法院《关于审理建筑物区分所有权纠纷案件具体应用法律若干问题的解释》第 14 条第 1 款。

主张四：被告在案例二中主张部分赔偿额已过诉讼时效，不应由被告承担赔偿责任。

该主张的依据为原《民法通则》第 135 条：向人民法院请求保护民事权利的诉讼时效期间为 2 年，法律另有规定的除外。

主张五：被告在案例三中主张原告长银业委会没有诉讼主体资格，无权代表全体业主。

该主张的依据为原《物权法》第 75 条第 1 款：业主可以设立业主大会，选举业主委员会。（《民法典》第 277 条第 1 款第 1 句）

（五）争点整理

对于原告及被告的主张，双方皆有争议。

争点一：长银大厦建筑区划内占用业主共有道路用于停放汽车的 37 个地面停车位是否属于全体业主共有？（此为 2013 年审理的案例一所涉争点）

事实证明： 对于车位的具体个数，原告根据法院依职权向北京市海淀区市政市容管理委员会①查知：长银大厦停车场备案车位数 330 个，其中地面车位 37 个，地下车位 293 个，初始备案日期为 2005 年 5 月 17 日。建设工程规划许可证附图证明，长银大厦建筑区划内并无规划用于停放汽车的地面车位，登记备案的地面车位以及实际划定的地面车位所在区域规划用途为道路、绿地。因此，原告主张长银大厦建筑区划内占用业主共有道路用于停放汽车的 37 个地面停车位属于全体业主共有。

事实认定： 由于地面停车位规划图与实际并不相符，法院于 2013 年进行了现场勘验，所见长银大厦建筑区划内以挡车器、车位线实际划定用于停放汽车的地面车位共 21 个，位置、数量与备案登记的地面停车场规划图所示均有出入。综合

---

① 现为北京市海淀区城市管理委员会。

原告提供的证据，法院认定长银大厦建筑区划内以挡车器、车位线划定用于停放汽车的地面车位共 21 个，此 21 个地面车位属于全体业主共有。

争点二：邦维中心是否有权在长银大厦地面区域设置收费岗亭、围挡等设施？（此为 2016 年审理的案例三所涉争点）

事实证明： 被告邦维中心主张其现只就地下停车场进行管理，邦维中心及邦泰公司均认可邦维中心在长银大厦建筑区划内的西南方及北门建造了收费岗亭 2 个和停车围挡。邦维中心主张收费岗亭仅用于收取地下停放车辆停车费，拆除围挡可能会造成交通拥堵和秩序混乱，可能会影响邦维中心、邦泰公司使用地下停车位。

原告长银业委会主张邦泰公司和邦维中心系关联公司，实际控制人相同，故应就拆除围挡等共同承担责任。

事实认定： 法院认为，邦维中心及邦泰公司均认可邦维中心在长银大厦建筑区划内的西南方及北门建造了收费岗亭 2 个和停车围挡。邦维中心在业主共有区域设置收费岗亭和围挡的行为，并未经全体业主或业主委员会依法授权，邦维中心也无证据证明其经过了授权。由于停车收费岗亭和围挡系由邦维中心设置，故应由邦维中心承担拆除义务。邦泰公司无须承担责任。

争点三：邦泰公司、邦维中心是否应就侵犯全体业主地面车位共有权承担赔偿责任？（此为 2014 年审理的案例二、2017 年审理的案例四、2021 年审理的案例五所涉争点）

事实证明： 长银业委会通过提供证人证言主张邦维中心实际经营地上停车位，并且其行为未经过长银业委会的授权，侵犯了全体业主的权利。邦泰公司与邦维中心为同一控制人，因此应承担连带责任。邦泰公司主张，其基于业主身份和相邻关系进行的修缮道路、恢复绿化、人车分流等行为，并未阻碍长银大厦业主对地上停车位的使用，更没有构成侵权。关于地面停车场收费情况，原告、被告就 2011 年之前的收费标准予以认可，但对之后年份的收费标准存在争议。长银业委会提供了人证，邦维中心提供了停车场收费证明、发票、收费协议等证据，但因地面停车位无单独记录，双方争议较大，故无法证明具体收费标准。此外，邦维中心主张应扣除其管理停车场的必要成本费用，并提交了劳动合同书、保洁服务协议、工资表等证据。

事实认定： 法院认为，邦维中心实际经营地上停车位的行为，并未得到长银业委会的授权，构成对全体业主地面车位共有权的侵权。邦泰公司、邦维中心的管理和收支未完全分离且两公司的实际控制人相同，因此两公司需就侵权行为承担连带赔偿责任。关于停车场收费标准，因双方提供的证据相互冲突，法院认定应按照北京市有关部门核准的标准加以认定，同时认定可以扣除合理成本。

争点四：案例二中长银业委会关于侵权损害赔偿的部分主张是否已过诉讼时效？

事实证明： 原告提供证据证明邦维中心自2005年地面车位经有关部门备案之后一直进行实际经营，因此邦维中心应就其对全体业主共有车位的侵权承担损害赔偿责任，计算时间应从2005年1月1日至2015年9月17日。被告则主张，原告的诉求部分已经超过诉讼时效，被告就已过诉讼时效的部分无须承担责任。

事实认定： 法院依职权向北京市海淀区市政市容管理委员会查知，长银大厦停车场备案车位数共计330个，其中地面车位37个，地下车位293个，初始备案日期为2005年5月17日。因此认定被告侵权起始日应为2005年5月18日。该侵权行为具有持续性，从2005年5月18日一直延续到2015年。

争点五：长银业委会是否有权代表全体业主？

事实证明： 根据双方出具的证据可知，长银大厦初始登记房屋所有权证载明建筑面积合计57,861.8平方米，其中地下室含车库面积4089.25平方米，1—3层含商业面积11,708.98平方米。据2013年《业主委员会备案单》记载，长银大厦业主于2008年5月选举长银业委会并进行了备案，2013年业主大会换届选举长银业委会并于2013年5月7日完成备案。2013年的《业主委员会备案单》中记载的建筑物总面积为38,039.52平方米，与初始登记面积并不一致。关于建筑面积的差额，长银业委会辩称，换届选举业委会时业主都办理了分户房产证，但有9000平方米房屋业主既提供不了产权证也不出席，业委会所代表的3万多平方米房屋的业主都参加了选举。邦维中心由此认为，长银业委会备案登记的建筑物总面积与长银大厦实际总面积不符，因此无权代表全体业主。

事实认定： 法院认为，邦泰公司、邦维中心未能提交证据证明长银大厦分属两个以上物业管理区域，一个物业管理区域成立一个业主大会，而长银业委会是经长银大厦业主大会选举成立并已备案的，因此有权履行相应职责。

五、结尾

关于争点一：长银大厦建筑区划内占用业主共有道路用于停放汽车的37个地面停车位是否属于全体业主共有？

此为2013年审理的案例一所涉争点。原《物权法》第74条第3款规定："占用业主共有的道路或者其他场地用于停放汽车的车位，属于业主共有。"原告的主张符合该条款所列要件一的规定。对于车位的具体个数，法院于2013年进行了现场勘验，确认长银大厦建筑区划内以挡车器、车位线划定用于停放汽车的21个地面车位属于全体业主共有。

此外，法院查明，根据建设工程规划许可证附图，长银大厦建筑区划内并无规划用于停放汽车的地面车位，登记备案的地面车位以及实际划定的地面车位所在区域规划用途为道路、绿地，因此不符合原《物权法》第74条第1款之规定，该区域并非规划的地面车位。但可根据第74条第3款认定该区域为业主共有的道路或其他场地，用于停放汽车的车位，应属于业主共有。

判决可确认如下权利：长银大厦建筑区划内以挡车器、车位线划定用于停放汽车的21个地面车位属于全体业主共有。

关于争点二：邦维中心是否有权在长银大厦地面区域设置收费岗亭、围挡等设施？

此为2016年审理的案例三所涉争点。根据原最高人民法院《关于审理建筑物区分所有权纠纷案件具体应用法律若干问题的解释》第14条第1款，原告的主张符合该条款所列要件一和要件二的规定。经过调查，登记备案的地面车位以及实际划定的地面车位所在区域规划用途为道路、绿地。长银大厦地面和地下车位曾由邦维中心经营管理。邦维中心作为长银大厦地面车位的经营管理机构，符合上述司法解释第14条第1款要件一的主体要求。法院查明，邦维中心在长银大厦建筑区划内的西南方及北门建造了收费岗亭2个和停车围挡。邦维中心主张其只就地下停车场进行管理，收费岗亭仅用于收取地下停放车辆停车费。然而，邦维中心未经全体业主同意，在业主共有区域设置收费岗亭和围挡的行为，符合上述司法解释第14条第1款要件二"擅自占用业主共有部分"的要求。其行为未经全体业主或业主委员会依法授权，已经妨害了全体业主的物权。

判决应承担如下法律责任：邦维中心无权在长银大厦地面区域设置收费岗亭、围挡等设施，应予以拆除。

关于争点三：邦泰公司、邦维中心是否应就侵犯全体业主地面车位共有权承担赔偿责任？

此为2014年审理的案例二、2017年审理的案例四、2021年审理的案例五所涉争点。根据原最高人民法院《关于审理建筑物区分所有权纠纷案件具体应用法律若干问题的解释》第14条第1款，原告的主张符合该条款所列要件一和要件四的规定。邦维中心作为地面车位的实际经营管理者，符合要件一的主体要求。此外，邦维中心未经长银业委会授权，擅自经营地面停车位的行为，符合要件四"对业主共有部分进行经营性活动"的构成要件。

判决应承担如下法律责任：经营管理者邦维中心未经许可擅自经营业主共有停车位，需承担侵犯业主建筑物区分所有权之共有权责任。邦维中心与邦泰公司管理和收支未完全分离且两公司的实际控制人相同，因此两公司需就侵权行为承担连带赔偿责任。对于赔偿金额，双方证据存在矛盾冲突之处，故未采纳任何一方的主张，法院按照经营性停车设施的标准计算赔偿金额，同时就管理停车场的必要成本予以扣除，判定侵权人承担侵权损害赔偿责任。因邦维中心一直经营该地面停车场，长银业委会通过三次诉讼分别要求被告承担2005年1月1日至2015年9月17日、2015年9月18日至2018年7月18日以及2018年7月19日至2021年7月18日三个阶段的赔偿金。

关于争点四：案例二中长银业委会关于侵权损害赔偿的部分主张是否已过诉讼时效？

此为2014年审理的案例二所涉争点。原《民法通则》第135条规定：向人民法院请求保护民事权利的诉讼时效期间为2年，法律另有规定的除外。被告提出抗辩，认为原告要求被告从2005年开始赔偿的部分主张已过诉讼时效。根据诉讼时效认定的要件，对于具有持续性的侵权行为，应当在该侵权行为停止之日开始计算诉讼时效，被告的侵权行为从2005年开始后一直未停止，因此被告以原告部分主张已过诉讼为由加以抗辩的理由并不成立。

判决应驳回被告关于已过诉讼时效的抗辩。

关于争点五：长银业委会是否有权代表全体业主？

此为2016年案例三所涉争点。原《物权法》第75条第1款规定，业主可以设立业主大会，选举业主委员会。《物业管理条例》（2016年修订）第9条第1款规定，一个物业管理区域成立一个业主大会。第16条规定，业主委员会应当自选举产生之日起30日内，向物业所在地的区、县人民政府房地产行政主管部门和街道办事处、乡镇人民政府备案。长银业委会是由已办理产权证的业主通过设立业主大会选举产生的业主委员会，被告并未能证明该区域存在两个或两个以上的物业管理区域，并且该业主委员会已经经过了备案，符合原《物权法》第75条的规定。

判决应驳回被告关于长银业委会无权代表全体业主的抗辩。

六、附录

案例一：北京市海淀区人民法院民事判决书，(2013)海民初字第20324号。

案例二：北京市海淀区人民法院民事判决书，(2015)海民初02489号；北京市第一中级人民法院民事判决书，(2016)京01民终1306号。

案例三：北京市海淀区人民法院民事判决书，(2016)京0108民初6015号；北京市第一中级人民法院民事判决书，(2017)京01民终1985号。

案例四：北京市海淀区人民法院民事判决书，(2017)京0108民初43935号；北京市第一中级人民法院民事判决书，(2020)京01民终2721号。

案例五：北京市海淀区人民法院民事判决书，(2021)京0108民初27440号；北京市第一中级人民法院民事判决书，(2022)京01民终7719号。

北京邦泰兴业投资集团有限公司等与北京市海淀区长银大厦业主委员会建筑物区分所有权纠纷案教学指导手册

▣ 教学具体目标

本案例主要就物权法中建筑物区分所有权中有关停车位问题的理解和适用进行教授，本案例由一系列关联案例构成，历时时间较长，牵涉的法律问题众多，其中既涉及物权法中建筑物区分所有权的相关实体性问题，也涉及民事诉讼程序性问题，具体问题包括：(1)小区停车位的归属问题；(2)对《民法典》第276条"首先满足业主的需要"规范的理解；(3)业主委员会的产生及其诉讼主体资格；(4)持续性侵权之债的债权请求权诉讼时效的起算；(5)合理行使诉权与滥诉。

📖 教学内容

一、小区停车位的归属问题

本案中，开发商邦泰公司与物业管理机构邦维中心未经业主委员会长银业委会同意，擅自占用公共道路划定地面停车位，并收取停车费，侵犯了全体业主对公共停车位的共有权。实践中，对于小区停车位的归属，经常会产生争议。我国《民法典》第 275 条分两款对停车位归属进行了明确规定，其中第 1 款规定："建筑区划内，规划用于停放汽车的车位、车库的归属，由当事人通过出售、附赠或者出租等方式约定。"第 2 款规定："占用业主共有的道路或者其他场地用于停放汽车的车位，属于业主共有。"通过对该条的分析，结合相关司法实践，停车位的类型可分为以下几种。

（一）地面停车位

根据《民法典》第 275 条的规定，地面停车位又可以划分为经过规划的车位和未经规划的车位。第一类为经过规划的车位，根据《民法典》第 275 条第 1 款的规定，规划车位应归开发商所有，当事人可以通过出售、附赠或出租方式对车位、车库归属加以约定。最高人民法院民法典贯彻实施工作领导小组主编的《中华人民共和国民法典物权编理解与适用》一书认为，"第 275 条第一款规定的规划内的车位、车库，是建设单位在建造之初经规划部门批准，并于建造完成后可以办理产权登记的车位。按惯常做法，初始登记时，整个项目的权属证明是整体办理至建设单位名下的，即建设单位因建设事实行为而享有这部分车位、车库的所有权"[1]。根据这一解释，规划内的车位可办理产权登记，若办理了产权登记，则此类产权归属问题一般不会产生争议。但实践中存在此类车位因各种原因无法办理产权登记的问题，由此容易产生权属纠纷。

第二类为未经规划的车位。此类车位可根据《民法典》第 275 条第 2 款规定的"占用业主共有的道路或者其他场地用于停放汽车的车位，属于业主共有"加以判定。本案中争议的地面停车位为此种情形，在建设规划中，地面停车位原本规划为公共道路、绿地，而后开发商邦泰公司与物业管理机构将其划定为停车位并

---

[1] 最高人民法院民法典贯彻实施工作领导小组主编：《中华人民共和国民法典物权编理解与适用》（上），人民法院出版社 2020 年版，第 361 页。

进行经营,法院因此判定该车位属于全体业主共有,开发商邦泰公司与物业管理机构未经业主同意擅自从事经营性活动构成侵权。

(二)地下停车位

地下停车位按照其是否具有人防功能可以分为人防地下停车位和普通地下停车位。人防地下停车位一般通过涂刷颜色和标识与普通地下停车场进行区别。人防工程平时用作停车场的,墙体、柱子上会涂有橙色的腰线,印有"人防墙体、严禁破坏"等字样。

第一类人防地下停车位因与国防安全、群众生命财产息息相关,属于国防资产的组成部分,属于国家所有。《人民防空法》第5条规定:"国家对人民防空设施建设按照有关规定给予优惠。国家鼓励、支持企业事业组织、社会团体和个人,通过多种途径,投资进行人民防空工程建设;人民防空工程平时由投资者使用管理,收益归投资者所有。"由此可见,人防地下停车位权属归国家所有,使用、管理、收益的权利归投资者即开发商所有。

第二类普通地下停车位的归属首先可以根据《民法典》第275条第1款的规定判断是否属于规划内停车位,此外,在实践中也可根据容积率、公摊面积以及建设成本的分摊情况等加以具体判定。首先,规划内的地下停车位因在建设规划时已被计入整个宗地的建筑面积,在法律上是具有独立使用价值的"物"。在开发商未将地下车位出售给业主以前,所有权属于开发商,开发商可以出售、赠与或者出租。而业主购买地下车位后,车位的所有权即归属于业主。

其次,对非规划内的普通地下停车位,需要结合是否纳入公摊面积、是否计入建设成本等加以判断。如在深圳市瑞征物业管理有限公司、深圳市元盛实业有限公司物业服务合同纠纷案[(2018)最高法民再263号]中,最高人民法院认定"因案涉地下停车场既没有计入容积率即并未占用案涉小区土地的使用权,现开发商也未提交证据证明案涉地下停车场开发成本已相应分摊到各个商品房的出售价格之中,因此不宜认定案涉车位已随广场项目所有权的转让,一并转移给全体业主"。可见,若地下停车位未计入容积率,停车位面积未纳入业主公摊面积,并且由开发商投资建设,建设成本由开发商支付,则地下车位应归开发商所有。反之,若业主在购房时已经分摊地下车位的建筑成本且开发商未取得产权证明,则停车位应归全体业主所有,开发商无转让使用权。关于举证责任,对于地下停车位建设成本是否已分摊到商品房的出售价格的事实,业主通常难以举证,司法实践中通常认为，由开发商承担举证责任更符合实际情况及公平合理原则。

（三）架空层停车位

架空层停车位，是指楼房首层架空的停车位，一般是指用小区建筑物的地表第一层房子建成的停车位。架空层车位的归属认定与普通地下停车位的归属认定类似，依然可以根据容积率、公摊面积以及建设成本的分摊情况等加以具体判定。若架空层未计入公摊面积，建设成本由开发商承担，则架空层车位由开发商拥有初始所有权。反之则由业主共同共有。此外，若架空层占有了公用道路或其他场地，则可根据《民法典》第275条第2款，认定该架空层车位属于业主共有。

（四）楼房屋顶平台停车位

楼房屋顶平台停车位是在商品房的楼顶建成的专用停车位。目前对此类停车位的归属争议较大，一种观点认为，此类停车位应属于该楼房最高一层的区分所有人所有，理由是顶楼部分相当于房屋的附属部分，理应由最高一层的区分所有人所有。另一种观点认为，此类车位占用了建筑物的共有区域，应当归建筑物的全体区分所有人共有。至于是由小区所有业主共有还是由该栋楼的业主共有也存在争议。在司法实践中，此类纠纷尚不常见。

可见，对于现实生活中存在的多种类型的停车位，《民法典》第275条并未能将其全部纳入法律的规定，对于一些类型的停车位，《民法典》并未加以明确规定，需要通过司法实践，结合具体案情加以综合判断。

二、对《民法典》第276条"首先满足业主的需要"规范的理解

本案中，一审法院认定开发商邦泰公司侵犯了业主对公共道路停车位的共有权。法院援引了《民法典》第276条的规定，但未对该条适用的理由作详尽分析。第276条规定：建筑区划内，规划用于停放汽车的车位、车库应当首先满足业主的需要。本案中的车位，应属于第275条第2款规定的"占用业主共有的道路……用于停放汽车的车位"，是前述第一个问题中提及的"未经规划的车位"。此类车位是否为《民法典》第276条的适用对象，法院未作说明，而对法条直接进行了援引，似有不妥。从判决结果来看，法院认定开发商邦泰公司未经长银业委会同意，擅自经营地面停车位的行为侵权，该行为也未满足业主需要。实践中，规划内的车库、车位未首先满足业主需要的案例大量存在，以下以《民法典》第276条规定的规划内车库车位为研究对象，探讨对"首先满足业主的需要"规范的理解。

(一)"首先满足业主的需要"的文义解释

"首先满足业主的需要"的表述最早出现在原《物权法》第 74 条第 1 款,之后在《民法典》立法时被单独规定在第 276 条。该条款自产生之初即产生了较多争议,关于本条款的文义解释,便存在诸多不同的观点。就何为"首先""业主""业主的需要",学者观点各异。

1. 对"首先"的理解

就"首先"一词的理解,第一种观点认为,小区规划内的车位车库,应首先由业主购买或承租,不能高价出售或出租给业主以外的第三人;[①]第二种观点认为,"首先"相当于"优先",开发商或其他产权人在出租出售车位时,应通知业主,在同等条件下,业主享有优先购买权或优先承租权;[②]第三种观点认为,"首先"不是"优先",但也强调在同等条件下,应优先考虑业主享有车库车位的使用权。[③] 学者们对上述观点均存在争议,第一种观点过于僵化,而第二、第三种观点强调同等条件,开发商完全可以通过抬高价格轻易突破规定,使业主无能力购买而将车位出售给第三人,显然均不合适。有学者建议,可以通过设计较为缓和的制度加以化解,如设置一定的购买期间,若该期间内业务无意购买或承租,则可以允许开发商出租或出售给第三人。此外,也可通过限制开发商对外出售或出租车位的方式与期限,在已满足业主现实需求的基础上,为满足业主变化的新需要,可以限制开发商对第三人出售车位,只允许业主外的第三人承租车位,不得购买,而且租赁期也不宜设置得过长,以保障对业主新需求的满足。

2. 对"业主"的理解

根据最高人民法院《关于审理建筑物区分所有权纠纷案件适用法律若干问题的解释》第 1 条第 1 款的规定,依法登记取得或者依据《民法典》第 229 条至第 231 条规定取得建筑物专有部分所有权的人,应当认定为业主。该司法解释第 2 条对建筑物专有部分进行了界定,包括建筑区划内的房屋,以及车位、摊位等特定空间。而对于《民法典》第 276 条中的业主,学者普遍认为,此处的业主应作限缩解释。有学者认为,根据上述司法解释第 1 条和第 2 条的规定,只购买小区内车位、

---

① 参见王利明:《物权法研究》(修订版上卷),中国人民大学出版社 2007 年版,第 605 页。
② 参见雷斌:《住宅小区停车库(位)若干问题研究——兼评〈物权法〉的有关规定》,载《现代物业》2007 年第 8 期。
③ 参见朱岩、高圣平、陈鑫:《中国物权法评注》,北京大学出版社 2007 年版,第 269 页。

车库等建筑物专有部分的主体也可以成为本小区的业主。但在《民法典》第276条的规定中,业主应是指那些购买了住宅、经营性用房的人,而不包括只购买了小区内车位、车库的人,否则将与《民法典》第276条"首先满足业主的需要"的立法精神相悖。"首先满足业主的需要"的立法目的将无法得到保障。

3. 对"业主的需要"的理解

对于"业主的需要",学者们普遍认为,可以分为"现实需要"与"潜在需要","购买需要"与"使用需要"等不同需要。具有"现实需要"和"使用需要"的,即有车的业主满足其停车需要的要求,应予以满足。对于目前尚未购车未来可能会购车的业主,或者想通过购买车位用来投资的业主,此种"潜在需要"或"购买需要"是否应予满足尚存在争议。对于业主的潜在需求,可以通过限制开发商向业主外第三人出售车位等方式加以限制,正如前文提及的,可以只允许开发商出租车位给业主外的第三人,而不得出售车位。此外,出租的期限也可作限制,第三人承租的时间不宜过长,如最长为2年,若再行租赁,可根据具体情形决定是否续租,前提为首先满足业主彼时的现实需要。此外,最高人民法院《关于审理建筑物区分所有权纠纷案件适用法律若干问题的解释》第5条第1款规定:建设单位按照配置比例将车位、车库,以出售、附赠或者出租等方式处分给业主的,应当认定其行为符合《民法典》第276条有关"应当首先满足业主的需要"的规定。可见在司法实践中,可根据配置比例,综合考虑各类业主的需求。

(二)"首先满足业主的需要"规则的性质之争

对于《民法典》第276条"应当首先满足业主的需要"的规定,学者对其性质的界定亦存在争议。有学者认为,该条属于强制性规定,违反该规定订立的合同应属无效。原因在于,若不认定此为强制性规定,则开发商可以任意处置车库、车位给业主外的第三人,结果会使业主利益受损,而开发商不必承担责任,此结果与《民法典》第276条的立法目的相悖。最高人民法院民法典贯彻实施工作领导小组主编的《中华人民共和国民法典物权编理解与适用》一书赞同此观点,认为该条属于调整小区公共利益的条款,如果开发商违反了此规定,有利害关系的业主可以请求车位的买卖行为无效或请求终止租赁关系。[①] 另有学者认为,该条属于授

---

① 参见最高人民法院民法典贯彻实施工作领导小组主编:《中华人民共和国民法典物权编理解与适用》(上),人民法院出版社2020年版,第369页。

权第三人规范。若将其认定为强制性规定,则过于严格,只有在严重损害了国家或公共利益,存在严重违法行为时才会被认定无效,开发商向第三人出售车位的行为显然并不会涉及国家或公共利益的严重损害,因此将其认定为强制性规定显得过于严苛。因此学者认为,可以赋予交易关系之外的特定第三人撤销权,或者请求法院认定交易行为无效的权利,以此来实现对业主的救济。①

三、业主委员会的产生及其诉讼主体资格

本案涉及业主委员会的产生及其诉讼主体资格的问题,在连续5次的审理过程中,被告开发商邦泰公司及车位管理机构均就业主委员会的诉讼主体资格提出过异议。在早期的案件中,被告曾以长银业委会备案登记的建筑物总面积与长银大厦实际总面积不符,无权代表全体业主为由进行抗辩,但未被法院采信。以下就业主委员会的产生及其是否具有诉讼主体资格进行分析。

(一)业主委员会的产生

本案中,开发商邦泰公司抗辩称长银业委会备案登记的建筑物总面积与长银大厦实际总面积不符,长银大厦初始登记房屋所有权证载明的建筑面积合计57,861.8平方米,其中地下室含车库面积4089.25平方米,1—3层含商业面积11,708.98平方米。而长银业委会备案登记的建筑物总面积为38,039.52平方米。长银业委会称在选举长银业委会时业主都办理了分户房产证,但有9000平方米房屋业主既提供不了产权证也不出席,业委会所代表的3万多平方米房屋的业主都参加了选举。

原《物权法》第75条第1款规定,业主可以设立业主大会,选举业主委员会。此外,《物业管理条例》(2016年修订)第9条第1款规定,一个物业管理区域成立一个业主大会。第16条规定,业主委员会应当自选举产生之日起30日内,向物业所在地的区、县人民政府房地产行政主管部门和街道办事处、乡镇人民政府备案。长银业委会是由已办理产权证的业主通过设立业主大会选举产生的业主委员会,被告并未能证明该区域存在两个或两个以上的物业管理区域且该业主委员会已经经过了备案,符合原《物权法》第75条的规定。根据《物业管理条例》的规定,选举业主委员会应当经专有部分占建筑物总面积过半数的业主且占总人数过半数的业主同意。业主委员会执行业主大会的决定事项,履行法定职责。因此,

---

① 参见王轶:《论物权法的规范配置》,载《中国法学》2007年第6期。

本案中，长银业委会的成立符合法律规定的条件，其备案登记面积虽与实际的总面积不符，但不影响其合法成立。

（二）业主委员会是否具有诉讼主体资格

就立法层面而言，《民法典》对业主委员会的性质及诉讼主体资格并未有明确的规定。《民法典》第277条规定，业主可以设立业主大会，选举业主委员会。地方人民政府有关部门、居委会应当对设立业主大会和选举业主委员会基于指导和协助。最高人民法院民法典贯彻实施工作领导小组主编的《中华人民共和国民法典物权编理解与适用》就该款的释义强调："从《物权法》的立法过程和司法实践看，目前不宜确定业主大会和业主委员会具有民事诉讼主体资格。"可见《民法典》对此问题采取了回避的态度。

目前，各地方立法如北京、福建、广西等地的物业管理条例中明确规定了业主委员会的诉权。但也有诸多地区如广东、贵州、内蒙古等地的条例中并未赋予业主委员会诉权。地方立法对此问题的规定并未统一。司法实践中，各地法院的观点逐渐趋于一致，大多数法院并不会以业主委员会不具有诉讼主体资格为由驳回起诉。但具体观点仍存在差异。有法院持肯定说，认为业主委员会具有诉讼主体资格。而另有法院持限制说，虽认可业主委员会的诉讼主体资格，但其只能在其职权范围内，就与物业管理有关的、涉及业主共同利益的事项向物业公司提起诉讼，其他情形下，并不赋予业主委员会诉讼主体资格。

业主委员会参与诉讼有其现实的需求。对于侵害全体业主利益的行为，如本案所涉情形，由单个业主或业主团体提起诉讼无法代表全体业主的利益。司法实践中已有判决提出此观点。[①] 此外，若否定业主委员会诉权，则全体业主的共同利益会一直置于风险之中，不利于公平正义的实现。本案中，法院也未采信被告的观点，可见本案中法院认为，长银业委会具备诉讼主体资格，本案涉及的是关乎全体业主共同利益的事项，业主委员会可以代表业主进行诉讼。多数学者认为，可将业主委员会认定为非法人组织，其虽无独立财产，责任归于全体业主，但可具有独立的诉讼主体资格，如此更有利于维护全体业主权利。

四、持续性侵权之债的债权请求权诉讼时效的起算

持续性侵权是指对同一权利客体持续地、不间断地进行侵害的行为。[②] 本案

---

① 参见王迎付、席飞：《业主委员会的诉讼主体资格及其限度》，载《人民司法》2022年第7期。
② 参见李群星：《论持续性侵权之债债权请求权诉讼时效的起算》，载《法律适用》2011年第11期。

中,占用公共道路划定的地面停车位应属于业主共有,但开发商邦泰公司的关联公司在经营地下停车场的同时,对地面停车位也进行收费经营,因此侵犯了业主的共有权。该行为自地面停车位在2005年5月17日登记备案后一直持续。原告长银业委会于2015年将开发商邦泰公司及关联公司诉至法院,要求二被告连带给付自2005年至2015年9月17日收取的停车费。被告以部分诉讼请求已过诉讼时效为由进行抗辩,法院认为,被告擅自经营地面停车场并从中获益的行为持续存在,对于被告的抗辩法院未予采纳。在后两次的诉讼中,被告的侵权行为仍未停止,原告每隔3起诉被告一次,要求被告赔偿3年内(2015—2018年、2018—2021年)因侵权造成的损失,因未超过3年的时间,在后两次诉讼中,被告便未以诉讼时效进行抗辩。本案涉及的问题,即在持续性侵权中,债权请求权诉讼时效应从何时起算。

持续性侵权在下列场合较为常见,如知识产权侵权、姓名权肖像权等人格权侵权或持续占有或使用他人的动产不动产侵权等。关于持续性侵权损害赔偿请求权的诉讼时效起算,学界存在较大的争议,主要包括以下几种观点:第一种观点为统一起算说,该观点根据起算点的不同又可分为两种情形,有学者认为,应自侵权开始之日起算,因侵权发生之时,权利人的权利就已经受到侵害,其应享有请求权。另有学者认为,应自侵权行为终止之日起算,因在终止之前,并不能确定确切的损害。① 第二种观点为区分处理说,该观点认为不应设置单一的起算标准,应根据侵权行为终了的不同阶段,分别确定不同的起算点。② 第三种观点为逐次计算说,该观点认为,时效的起算点是权利人知道或应当知道侵权行为发生时,时效起算超过3年当事人才起诉的,以起诉之日为起点向前推算3年,超过3年的部分损失不再予以赔偿。在知识产权领域,最高人民法院《关于审理专利纠纷案件适用法律问题的若干规定》等司法解释中采纳了第三种观点。有学者认为,这属于知识产权领域的特殊规定,不宜作为一般标准。③

本案中,被告在以诉讼时效已过为由进行抗辩时,便是参考了第三种观点。

---

① 参见张雪楳:《诉讼时效审判实务与疑难问题解析:以〈民法总则〉诉讼时效制度及司法解释为核心》,人民法院出版社2019年版,第276页。
② 参见李群星:《论持续性侵权之债债权请求权诉讼时效的起算》,载《法律适用》2011年第11期。
③ 参见杨巍:《〈民法典〉第188条第2款第1、2句(诉讼时效起算)评注》,载《法学家》2022年第5期。

而从法院对此问题的回应来看,法院认为被告的侵权行为持续性存在,原告的诉讼请求是基于业主共有权利提出的,被告关于部分主张已过诉讼时效的抗辩理由无法律依据,因此未予采纳。而从最后两次原告诉讼的时间来看,原告每隔3年便提起一次诉讼,要求被告赔偿近3年侵权造成的损害,似乎也是在防范诉讼时效已过的诉讼风险。可见,对于持续性侵权损害赔偿请求权诉讼时效的起算,司法实践目前并未形成定论。在早期的司法实践中,逐次计算说适用较多,并且被写入了知识产权相关司法解释中,但有学者认为,因逐次计算说在理论和实务上存在诸多弊端,在逐渐被统一起算说(以侵权行为终止之日起算)所取代。本案的审理,也证明了统一起算说在维护业主地面车位共有权方面所起到的重要作用。

五、合理行使诉权与滥诉

本案中,因开发商邦泰公司及其关联企业即停车位管理经营者长期侵犯业主地面停车位共有权,长银业委会共提起了5次诉讼,2013年的第一次诉讼确认了业主地面车位的共有权,2014年的第二次、2017年的第四次和2021年的第五次诉讼则要求被告赔偿不同时间段因被告侵权所造成的损失,2016年的第三次诉讼是因开发商邦泰公司及关联企业在地面车位上设置围挡阻碍了业主权利的行使,长银业委会诉请要求排除妨害。5次的审判法院支持了原告的大部分诉求,被告皆败诉。被告在2021年的第五次诉讼的上诉理由中提出,法院的一审判决没有兼顾法律效果和社会效果的有机统一,不利于定分止争,不利于民营企业和民营经济发展,只能纵容原告长银业委会更进一步变本加厉滥用诉权,假司法之公权,以谋一己之私利。

本案争议由来已久,从2005年车库登记备案时便已开始,时至2022年10月的第五次诉讼二审审结,虽然法院5次确认了业主享有地面车位的共有权,但被告的侵权行为并未停止,因此也导致原告5次代表业主提起了诉讼。本案的原告是否在合理行使诉讼权利,其5次起诉行为是否属于滥用诉权的行为值得思考。

诉权是指当事人为维护自己的合法权益,要求法院对民事争议进行裁判的权利。[①] 而"滥诉"可以概括为:当事人出于不合理或不合法的目的,在知道或应当知道自己不具备诉权行使要件、缺乏经由诉讼保护的利益、没有提起诉讼必要性

---

① 参见李晓倩:《虚假诉讼的本质与边界》,载《中外法学》2022年第4期。

的情况下行使诉权的行为。① 滥诉行为侵害他人利益，损害司法权威，浪费司法资源。有学者提出了判断一诉讼行为是否会构成滥诉的几个要素。② 本案也可以结合这些要素加以分析。

首先，从主观方面来看，要结合案情判断当事人在提起诉讼时是否具有主观恶意，是否为了谋取不正当利益。本案中，原告长银业委会代表全体业主提起诉讼，主要是因为被告长期以来一直未将地面车位划归业主共有，而是成立了专门的经营公司来有偿经营，虽然经过了数次的诉讼，被告依然未将地面停车位归还全体业主，因此原告出面代业主提起诉讼并无不当，也不存在主观恶意。

其次，要审视请求权的基础是否具有正当性和必要性，当事人是否适格。本案中，就长银业委会是否适格，双方曾产生争议，从法院判决结果来看，根据《民法典》物权编和《物业管理条例》的规定，长银业委会完全有权代表全体业主就小区地面停车位纠纷提起诉讼。本案的请求权主要是基于业主共有权的确认、物权的排除妨害请求权、建筑物区分所有权侵权损害赔偿请求权，虽然就损害赔偿先后提起了3次诉讼，但针对的是3个不同时期的侵权损害赔偿，请求权基础相同，但并不是基于一个时期的事实；只要被告不停止侵权行为，原告就可以基于被告持续性侵权再次提起损害赔偿。因此，本案中请求权基础具有正当性，也具有必要性；若长银业委会只追究最初几年的损失，对后续的损失不闻不问，才是真正损害了全体业主的共同利益。

最后，要审查当事人行使诉权是否具有必要性，要探究该诉讼是不是明显不必要的、多余的。本案中虽然被告认为原告多次起诉，滥用了诉讼权利，但是分析案情就可知，原告之所以先后提起5次诉讼，原因不在于原告的纠缠，而在于被告在法院判决作出后，并未很好地执行判决内容，本应归还给全体业主的地面停车位，在前四次判决作出后都没有真正执行。开发商邦泰公司虽然主张曾向业主实际交这涉案区域内停车位，但其未能提供充分证据予以佐证，并且法院查明，开发商邦泰公司存在擅自设置围挡土堆，阻碍业主使用停车位的行为。由此可见，原告行使诉权并不是多余的、明显不必要的，就算已经提起了5次诉讼，还是没有能够彻底纠正被告的侵权行为，因此本案原告提起诉讼并不构成滥诉，而被告长期

---

① 参见沈佳:《防范与规制滥诉问题研究》,载《法律适用》2021年第12期。
② 参见沈佳:《防范与规制滥诉问题研究》,载《法律适用》2021年第12期。

擅自经营停车位侵犯业主权利的行为如何制止，也是我们应该思考的问题之一。

本案由一系列相关案例构成，涉及民事实体法律、程序问题众多，有些问题需要结合具体案情综合考量。例如，关于持续性侵权行为的诉讼时效、原告是否构成滥诉等问题，从法院受理案件的情形来看，其并未对后来的诉讼加以排斥。这也从另一个角度说明，原告并未构成滥诉，法院应对原告因侵权遭受的持续性损失作出公平合理的裁判。然而，对于此类持续性侵权纠纷，若侵权人虽然对之前的侵权损害进行了赔偿，但并未停止侵权行为，这便意味着对于纠纷的解决并未彻底结束。我们也可以思考，针对此类纠纷，法院采取何种责任承担方式会更加有效地化解矛盾，在执行环节，可以再通过哪些具体的工作彻底解决此类问题，避免下一次类似纠纷的提起。

思 考 题

[1] 未经规划的车位的类型及其权属？
[2] 如何认定《民法典》第 276 条规定的"应当首先满足业主的需要"的标准？
[3] 如何认定建设单位已经履行了《民法典》第 276 条"首先满足业主的需要"的规定？
[4] 是否有法律规定支持业主委员会享有诉讼主体资格？
[5] 持续性侵权的类型及其诉讼时效确定需注意哪些问题？
[6] 司法实践中包含哪些类型的滥诉？针对不同的类型应如何应对？

推荐阅读

[1] 最高人民法院民法典贯彻实施工作领导小组主编：《中华人民共和国民法典物权编理解与适用》（上），人民法院出版社 2020 年版。
[2] 王利明：《物权法研究》（修订版上卷），中国人民大学出版社 2007 年版。
[3] 雷斌：《住宅小区停车库（位）若干问题研究——兼评〈物权法〉的有关规定》，载《现代物业》2007 年第 8 期。
[4] 朱岩、高圣平、陈鑫：《中国物权法评注》，北京大学出版社 2007 年版。
[5] 王轶：《论物权法的规范配置》，载《中国法学》2007 年第 6 期。
[6] 王迎付、席飞：《业主委员会的诉讼主体资格及其限度》，载《人民司法》2022 年第 7 期。
[7] 李群星：《论持续性侵权之债债权请求权诉讼时效的起算》，载《法律适用》2011 年第

11 期。

[8] 张雪楳:《诉讼时效审判实务与疑难问题解析:以〈民法总则〉诉讼时效制度及司法解释为核心》,人民法院出版社 2019 年版。

[9] 杨巍:《〈民法典〉第 188 条第 2 款第 1、2 句(诉讼时效起算)评注》,载《法学家》2022 年第 5 期。

[10] 李晓倩:《虚假诉讼的本质与边界》,载《中外法学》2022 年第 4 期。

[11] 沈佳:《防范与规制滥诉问题研究》,载《法律适用》2021 年第 12 期。

陈某武、顾某江等相邻关系纠纷案

摘要:相邻关系纠纷是日常生活中常见的物权纠纷类型,《民法典》对相邻关系问题的规定与原《物权法》的规定变化不大,该类纠纷在司法实践中案例较多。本案以小区一、二楼居民建造室外楼梯纠纷为背景,重点探讨相邻关系中容忍义务的限度、相邻关系与地役权的区别、《民法典》绿色原则的适用等法律问题。

关键词:相邻关系;容忍义务;地役权;绿色原则

一、引言

相邻关系制度由来已久,早在罗马十二铜表法中,就有邻人果树结果,土地所有人应允许邻人通过其土地收取果实的规定。无论是英美法系还是大陆法系,均有对相邻关系加以调整的制度。随着现代社会的发展,来自邻人干扰的形式愈加多样化,大气、噪声、光辐射、电磁辐射等污染导致相邻不动产权利人之间的矛盾和冲突越发尖锐。我国《民法典》通过专章 9 个条款对相邻关系进行了规范,力图缓解这一矛盾冲突。同时,《民法典》写入了绿色原则,从生态文明角度进一步强调了治理各类污染,保护生态环境的重要性,这也为解决相邻环境利益冲突奠定了基础。本案例选取了较为常见的小区住户相邻关系纠纷,同时涉及相邻关系与地役权的比较,以及绿色原则适用问题的分析。本案所涉纠纷具有代表性,对相关纠纷的妥善处理具有一定的参考价值。

二、案件当事人

一审原告:陈某武

一审被告:顾某江、沈某

三、案情简介

本案当事人分别是一审原告陈某武;一审被告顾某江、沈某。陈某武是温州市鹿城区某小区9号楼104室房产购买人,顾某江、沈某是9号楼204室房主,双方为上下楼邻居。2014年10月,一楼业主陈某武签署了一份《单方申请暨承诺书》,同意在9号楼北侧一层至二层增设室外楼梯供二楼业主单独使用,陈某武承诺并保证优化改造后的后果由其自行承担。2017年9月,二楼业主顾某江、沈某将之前交付的水泥简易楼梯改造成了金属盘旋梯。顾某江又在陈某武房屋墙壁外不属于陈某武建筑物区分所有权专有部分的公共区域安装了水管和电线管。双方因金属盘旋梯等问题发生纠纷,经社区等部门调解无效后诉至浙江省温州市鹿城区人民法院。一审法院于2021年判决二楼业主拆除金属盘旋梯。顾某江、沈某不服,向浙江省温州市中级人民法院提起上诉,二审法院于2022年9月作出判决,认为一审判决结果不当,应予以改判,二审法院驳回了陈某武的一审诉讼请求。

四、案件审理情况

(一)诉讼请求权

侵害物权;排除妨害请求权。

(二)请求权基础规范及要件分析

1.《民法典》第236条:妨害物权或者可能妨害物权的,权利人可以请求排除妨害或者消除危险。

(1)要件分析。

要件一:他人妨害物权或可能妨害物权。

要件二:主体为权利人。

要件三:救济方式为请求排除妨害或者消除危险。

(2)法律效果:权利人可对妨害物权行为行使请求排除妨害或消除危险的救济。

2.《民法典》第238条:侵害物权,造成权利人损害的,权利人可以依法请求损害赔偿,也可以依法请求承担其他民事责任。

(1)要件分析。

要件一:侵害物权。

要件二:权利人有损害。

要件三:主体为权利人。

要件四:请求损害赔偿。

要件五:请求承担其他民事责任。

(2)法律效果:对侵害物权造成损害的行为,权利人可以请求侵害人承担各类民事责任。

3.《民法典》第288条:不动产的相邻权利人应当按照有利生产、方便生活、团结互助、公平合理的原则,正确处理相邻关系。

(1)要件分析。

要件一:主体为不动产的相邻权利人。

要件二:按照有利生产、方便生活、团结互助、公平合理原则处理相邻关系。

(2)法律效果:相邻权利人需遵守基本原则。

4.《民法典》第293条:建造建筑物,不得违反国家有关工程建设标准,不得妨碍相邻建筑物的通风、采光和日照。

(1)要件分析。

要件一:建造建筑物。

要件二:不得违反国家有关工程建设标准。

要件三:不得妨碍相邻建筑物的通风、采光和日照。

(2)法律效果:对相邻权利人通风、采光、日照等相关权利的保障。

5.《民法典》第296条:不动产权利人因用水、排水、通行、铺设管线等利用相邻不动产的,应当尽量避免对相邻的不动产权利人造成损害。

(1)要件分析。

要件一:主体为不动产权利人。

要件二:在因用水、排水、通行、铺设管线等利用相邻不动产时。

要件三:尽量避免对相邻的不动产权利人造成损害。

(2)法律效果:对相邻权利人用水、排水、通行、铺设管线等相关权利的保障。

6.《民法典》第9条:民事主体从事民事活动,应当有利于节约资源、保护生态环境。

(1)要件分析。

要件一:民事主体从事民事活动。

要件二:有利于节约资源、保护生态环境。

(2)法律效果:民事主体从事民事活动需遵循绿色原则。

(三)抗辩权基础规范及要件分析

本案被告未提出抗辩,不存在抗辩权。

(四)诉讼主张的检索

主张一:陈某武请求拆除私自加装的金属盘旋梯。

主张二:陈某武请求拆除私自加装在其房屋院内的水管、电线管。

(五)争点整理

原告、被告双方的争议焦点主要为:(1)二楼业主改造的金属盘旋梯是否在一楼业主基于相邻关系的容忍义务范围之内?是否在楼梯噪声以及通风、采光、日照等方面已经影响了一楼业主陈某武的日常生活?(2)顾某江在陈某武房屋墙壁外面的公共区域安装水管、电线管,陈某武是否可以基于相邻关系要求排除妨害?

争点一:二楼业主改造的金属盘旋梯是否在一楼业主基于相邻关系的容忍义务范围之内?是否在楼梯噪声以及通风、采光、日照等方面已经影响了一楼业主陈某武的日常生活?

事实证明: 一楼业主陈某武于2014年10月签署了《单方申请暨承诺书》,同意在9号楼北侧一层至二层增设室外楼梯。二楼业主顾某江、沈某2017年9月将原本的水泥楼梯改造成了金属盘旋梯。楼梯造型、结构、材料及占用空间等物理状况发生了重大变化,金属盘旋梯实际占用空间明显更小且无楼阶挡板,在通风、采光、日照等方面明显优于原L形水泥楼梯。二审期间,顾某江在金属楼阶面铺设粘贴消音棉垫后,经现场测试,上下楼时已不产生噪声。此外,法院查明,该小区二楼业主将水泥结构楼梯改造为金属盘旋梯的现象大量存在。

2020年9月,温州市鹿城区综合行政执法局作出《限期拆除告知书》,要求二楼业主顾某江、沈某拆除金属盘旋梯,二人不服该决定,于2021年2月向温州市鹿城区人民政府申请复议。行政复议决定书认定"被申请人在办案过程中以造价评估问题及春节期间原因中止案件办理,但未提供相应的法律依据,根据《行政复议法实施条例》第四十六条规定,应视其中止程序无法律依据,程序违法"。随后该行政机关未再重新作出行政处罚决定。

事实认定: 一审法院认为,陈某武签署《单方申请暨承诺书》应视为其已充分知晓增设室外楼梯在通风、采光、噪声等方面带来的不利影响且对不利影响的容忍义务应当高于普通人。之后二楼业主顾某江、沈某改造水泥楼梯为金属盘旋梯,在造型、通风、采光、噪声等方面与先前的水泥楼梯存在诸多差异。陈某武认为金属盘旋梯易产生铁锈脱落,镂空楼梯在雨天带来落水及污渍,上下镂空楼梯带来视觉压抑,金属楼梯噪声以及通风、采光等方面均与水泥楼梯差异极大,并且不能将其对水泥楼梯的容忍义务理解为对金属盘旋梯的容忍义务。因此一审法院认为,金属盘旋梯已严重影响了陈某武的日常生活,应予以拆除。

二审法院认为,室外搭建使用楼梯是基于双方购房时的明确承诺与约定,本案因增设室外楼梯发生的争议有别于普通相邻关系纠纷。其是基于房屋出卖人与买受人之间的约定而搭建使用室外楼梯,故二楼业主使用室外楼梯在一定程度上带有《民法典》规定的地役权的外观属性。一审判决仅以楼梯外观改变来认定本案相邻方的容忍义务之内涵,在理解认定上显然过于简单机械,改造后的金属盘旋梯在采光、通风、噪声方面较之前有明显改善。此外,在行政机关限期拆除的行政决定被确认违法后未重新作出前,二楼业主使用该室外楼梯的权利,仍应予确认。因此,二审法院认为,陈某武以金属盘旋梯影响通风、采光,并产生噪声为由,请求排除妨碍的法律要件事实不成立。

争点二:顾某江在陈某武房屋墙壁外面的公共区域安装水管、电线管,陈某武是否可以基于相邻关系要求排除妨害?

事实证明:二楼业主顾某江改造金属盘旋梯之后,又在陈某武房屋墙壁外面的公共区域(不属于陈某武建筑物区分所有权专有部分)安装了水管、电线管。

事实认定:一审法院认为,顾某江在陈某武房屋墙壁外面的公共区域安装水管、电线管,上述区域不属于陈某武建筑物区分所有权专有部分。法院认为,如安装水管、电线管的行为存在安全隐患,可及时向相关政府部门或社区举报整改,消除安全隐患。陈某武并未举证证明安装水管、电线管的行为影响了其正常生活。二审法院未提及此问题。

五、结尾

关于争点一:二楼业主改造的金属盘旋梯是否在一楼业主基于相邻关系的容忍义务范围之内?是否在楼梯噪声以及通风、采光、日照等方面已经影响了一楼业主陈某武的日常生活?

《民法典》第293条规定:"建造建筑物,不得违反国家有关工程建设标准,不得妨碍相邻建筑物的通风、采光和日照。"原告的主张不符合该条所列要件的规定。被告顾某江、沈某改造楼梯的行为符合该条要件一建造建筑物的要求。但原告陈某武并无证据证明被告违反了国家有关工程建设标准,因此其主张不符合该条要件二的规定。此外,陈某武提出的金属盘旋梯影响其通风、采光和日照的问题,经法院现场调查对比发现,金属盘旋梯相较于之前的水泥楼梯在上述方面反而有所改善。陈某武并未能够证明金属盘旋梯妨碍了其通风、采光和日照,因此其主张不符合该条要件三的要求。

二审判决最终驳回了原告陈某武的诉讼请求:诉争金属盘旋梯铁锈脱落、雨天落水及污渍、视觉压抑,均不应被认定为构成《民法典》规定的相邻权排除妨害之法益。陈某武主张以侵害其相邻权为由请求排除妨害的诉请不成立。

关于争点二:顾某江在陈某武房屋墙壁外面的公共区域安装水管、电线管,陈某武是否可以基于相邻关系要求排除妨害?

《民法典》第296条规定:"不动产权利人因用水、排水、通行、铺设管线等利用相邻不动产的,应当尽量避免对相邻的不动产权利人造成损害。"本案中,水管、电线管是安装在陈某武房屋墙壁外面的公共区域的,该区域并非陈某武可以享有建筑物专有权的部分,因此其主张不符合该条要件一的要求,即陈某武并非该区域的不动产权利人。此外,针对该条要件三,从相邻关系角度而言,陈某武并无证据证明顾某江、沈某安装水管、电线管的行为影响了其正常生活或造成损害,因此其主张也不符合第296条要件三的条件。

因此,在一审判决中,法院驳回了陈某武的此项诉讼请求,法院认为如安装水管、电线管的行为存在安全隐患,可及时向相关政府部门或社区举报整改,消除安全隐患。但陈某武并无权基于相邻关系要求顾某江、沈某拆除在公共区域的水管、电线管。

六、附录

浙江省温州市鹿城区人民法院民事判决书,(2021)浙0302民初12644号。

浙江省温州市中级人民法院民事判决书,(2022)浙03民终4105号。

陈某武、顾某江等相邻关系纠纷案教学指导手册

◉ 教学具体目标

本案例主要就物权法中相邻关系与地役权问题的理解和适用进行讲授,其中既涉及物权法中诸多实体性问题,也涉及民法总则部分的基本原则问题,具体问题包括:(1)相邻关系中容忍义务的限度;(2)相邻关系与地役权的区别;(3)《民法典》绿色原则在相邻关系中的适用。

◉ 教学内容

一、相邻关系中容忍义务的限度

本案中,原告、被告系一、二楼的邻居,一楼住户陈某武认为二楼住户顾某江、沈某将房开公司交付的水泥简易楼梯改造成本案诉争的金属盘旋梯的行为明显超出其对室外楼梯的合理预期。陈某武虽签署了《单方申请暨承诺书》,同意增设室外楼梯,但改造后的金属盘旋梯与之前的水泥楼梯在造型、通风、采光、噪声等方面存在诸多差异。陈某武认为金属盘旋梯易产生铁锈脱落,镂空楼梯在雨天带来落水及污渍,上下镂空楼梯带来视觉压抑,金属楼梯噪声以及通风、采光等方面均与水泥楼梯差异极大,并且不能将其对水泥楼梯的容忍义务理解为对金属盘旋梯的容忍义务。基于相邻关系,陈某武请求拆除金属盘旋梯。实践中,对于不动产相邻关系,经常会在邻居之间产生争议。《民法典》第288条至第296条对相邻关系进行了规定。以下重点就相邻关系中的核心问题,即容忍义务展开分析。

(一)相邻关系的含义及特征

1. 相邻关系的含义

相邻关系是指两个或两个以上相互毗邻不动产的所有人或使用人,在行使不动产的所有权或使用权时,如通风、采光、用水、排水、通行等,相邻各方形成的相

互给予便利和接受限制而产生的权利义务关系。[①] 相邻关系源自罗马法中的法定地役权，原始意义上的地役权分为法定地役权和约定地役权，《德国民法典》中规定的相邻关系就是罗马法中的法定地役权，而现代意义上的地役权主要是约定地役权。我国立法借鉴了《德国民法典》，将相邻关系与地役权分别进行了规定。相邻关系在原《民法通则》中就已经有了明确规定，至原《物权法》，再到《民法典》，我国立法对相邻关系进行了较为详尽的规定，《民法典》通过专章9个条文对相邻关系加以界定。随着现代社会的发展，相邻关系涉及的问题日益复杂，不仅包括传统的在通风、采光、通行等方面给予便利，也包括如在光辐射、电磁辐射等方面加以限制。

2. 相邻关系的特征

第一，相邻关系的主体为不动产相邻权利人。以下分别就何为"不动产"，何为"相邻"以及权利人具体的类型加以具体分析。首先，不动产可以包括土地，也可以包括土地上的建筑物。因为相邻关系涉及的内容丰富，包括通风、排水、采光、大气污染、噪声污染、光辐射、电磁辐射等多个方面，所以其涉及的不动产不仅包括土地，也包括土地上的定着物，尤其是建筑物等。例如，本案中涉及的即同一栋建筑中上下楼的邻居就楼梯问题发生的纠纷。其次，相邻关系一般是指相互毗邻的不动产权利人之间的权利义务关系，本案中涉及的情形就非常典型，纠纷双方为一楼和二楼的住户。当然，相邻关系中也有并不相互毗邻的特殊情形存在，如河流上游的权利人要排水就需要流经下游的土地，两块土地不是相互毗邻，但行使的权利是相互邻接的。最后，权利人可以为不动产的所有权人，也可以是不动产的用益物权人或者占有人。本案中，对于建筑物专有部分涉及的相邻关系问题，一楼和二楼的住户均为各自住宅的所有权人，属于适格主体，因此就楼梯改造产生的纠纷，属于相邻关系调整的对象。但对于二楼住户顾某江、沈某在公共区域铺设水管、电线管的问题，一楼住户陈某武对此区域并非基于建筑物专有部分享有所有权，只是基于共有部分享有权利。因此陈某武以自身名义提起相邻关系之诉，并不恰当。因此，法院建议如安装水管、电线管的行为存在安全隐患，陈某武可及时向相关政府部门或社区举报整改，消除安全隐患。但将该问题归入相邻

[①] 参见最高人民法院民法典贯彻实施工作领导小组主编：《中华人民共和国民法典物权编理解与适用》(上)，人民法院出版社2020年版，第432—433页。

关系之诉并不符合法律对相邻关系主体的要求。

第二,相邻关系的客体并非不动产本身。相邻关系本身是法律规定的物权客体,其本质为毗邻各方在行使其财产权利时发生的权利义务关系,相邻关系一般以不动产的毗邻作为前提。由此可见,相邻关系是依附于不动产而存在的,若不动产灭失,则相邻关系也随之灭失。本案是较为典型的一种相邻关系,是同一栋建筑物内相邻住宅所有权人之间的相邻关系。

(二)容忍义务的限度

相邻关系中的容忍义务,是指对于来自邻地的对所有权的妨害;如果该干涉是轻微的或为当地通行的,则所有权人不得就该妨害提起诉讼。[①] 王泽鉴先生认为,"不动产所有人依法律规定使用邻地,为必要的通行,或者安装管线等,邻地所有人有容忍的义务,此在性质上系所有权的限制"[②]。司法实践中,涉及相邻关系中容忍义务的案例众多,如在"法信"数据库中检索"相邻关系"与"容忍义务",案例多达4000余件。本案即涉及对一楼住户陈某武容忍义务的判定。一审法院与二审法院得出了截然相反的观点。由此可见,容忍义务限度问题的判断在解决相邻关系纠纷中至关重要。

1. 立法对容忍义务的规定

容忍义务是相邻关系的核心问题,这一观点得到学界的普遍认可。但对于《民法典》物权编的哪些条款规定了容忍义务,学者观点并不一致。首先,有学者认为,《民法典》第288条关于相邻关系的总括性规定蕴含着对容忍义务的原则性规定,如其中"有利生产、方便生活、团结互助、公平合理"的表述,可视为对相邻权利人处理相邻关系时负有容忍义务的一般性规定。其次,有学者认为在建筑物区分所有权的相关规定中,也含有对业主负有容忍义务的规定,如《民法典》第279条对业主不得违反法律、法规及管理规约,将住宅改为经营性用房的规定。再如,《民法典》第286条对于保护生态环境等方面的规定,也保证了业主可持续的正常生活的需要,是对业主负有容忍义务的隐含规定。最后,"相邻关系"一章的诸多条款含有对容忍义务的规定,如第290条对用水、排水的规定中提到不动产权利

[①] 参见[德]鲍尔、[德]施蒂尔纳:《德国物权法》(上册),张双根译,法律出版社2004年版,第532页。

[②] 王泽鉴:《民法物权:通则·所有权》(修订版第1册),中国政法大学出版社2001年版,第211页。

人应"提供必要的便利"。类似规定还出现在第291条关于通行的规定、第292条关于铺设各种管线的规定中:不动产权利人必须利用相邻土地、建筑物的,应当提供必要的便利。此外,第293条和第294条还规定了不动产权利人不得违反国家有关标准和规定的内容,有学者认为,这也属于对容忍义务的规定,主要涉及通风、采光、日照,以及各种污染的情形。第295条关于不得危及相邻不动产安全的规定,也隐含着对容忍义务的要求。有学者认为,从一般到具体规定,在相邻关系的规制中,均能反映出容忍义务的核心地位。[1] 然而也有学者认为,《民法典》对相邻关系中的容忍义务缺乏具体规定,并无明文阐述。具体的认定规则,还需借助司法案例逐渐加以明晰。

2. 司法实践中对"容忍义务"的认定

对相邻关系中的容忍义务的判定在司法实践中已有诸多案例涉及,并形成了一系列的裁判规则。通过在"法信"数据库的检索可以发现,针对相邻关系中容忍义务的裁判规则主要涉及以下几个方面的问题。

第一,若建筑物符合国家有关规定或标准,则一般认为属于容忍义务可以承受的范围。例如,在柴某某诉北京鲁能陶然房地产开发有限公司相邻通风、采光和日照纠纷案[2]中,原告认为被告建造的建筑物影响了原告采光和日照,法院经审理认为,被告楼房建造后,原告所有的房屋在大寒日最短日照时间为5.07小时,该日照时长符合国家有关工程建设标准的规定。原告未能证明被告建造楼房的行为违反国家有关工程建设的标准,法院认为该行为虽然在一定程度上对原告房屋的日照造成了遮挡,但该遮挡程度是在国家相关规定允许的合理范围之内的,因此,原告对于被告的遮挡行为应当负有一定的容忍义务。可见,是否符合国家相关规定,是容忍义务的一个重要判定标准。此外,裁判规则总结认为,不同地区、不同功能区涉及的相邻关系容忍义务也不尽相同。如工业区、商业区相邻关系的容忍义务要高于居民区,一线发达城市要高于二三线中小城市,旧区改造项目要高于新开发区域的容忍义务。类似观点在郑某某、广元市万信实业有限公司相邻采光、日照纠纷案[3]中也有所体现。该案中的审理法院认为,相邻一方的楼房虽然在一定程度上对另一方的房屋通风、采光和日照造成了遮挡,有一定的影响,

---

[1] 参见王利明:《论相邻关系中的容忍义务》,载《社会科学研究》2020年第4期。
[2] 参见北京市宣武区(现西城区)人民法院民事判决书,(2009)宣民初字第762号。
[3] 参见四川省广元市中级人民法院民事判决书,(2021)川08民终232号。

但是另一方并未提供证据证明,因此也应负有一定的容忍义务。在本案即陈某武、顾某江等相邻关系纠纷案中,法院同样基于类似理由认为,陈某武并无证据证明顾某江、沈某改造楼梯的行为违反了国家有关工程建设标准,因此陈某武需承担适当的容忍义务。

第二,若相邻关系中的一方当事人利用不动产的行为违反了有利生产、方便生活、团结互助、公平合理的精神,可认定为超出了另一方必要的容忍义务的范围。例如,在金某诉金某旺相邻通行纠纷案[1]中,金某旺家门口所砌水泥砖墙对过往车辆和邻居金某的通行造成了影响,对金某的正常生活造成了不便,法院判决金某旺不得损害公共利益和他人利益,判令其拆除水泥墙,恢复通行。在赵某某诉李某某排除妨害纠纷案中,李某某在自家车库内安装空调,空调外机放置在赵某某一楼外墙,机器运行产生的噪声严重影响了赵某某的日常生活。法院认为李某某的行为违背了相邻关系中"方便生活"的内涵,超出了相邻关系容忍义务的范围。在王某某诉刘某、王某相邻通行纠纷案[2]中,原告、被告是门对门的业主,被告王某增设了外开纱窗门,原告再开门会出现"门打门"的情况,并且必须将被告的纱窗门完全关闭才能通行。法院认为,被告增设外开纱窗门给相邻方造成了生活不便或严重影响,超出了容忍义务的范围。上述案例皆是对《民法典》第288条关于相邻关系的总括性规定的解读,因此在司法实践中,可通过判断当事人的行为是否"有利生产、方便生活、团结互助、公平合理"来判断容忍义务的限度。

第三,符合公共利益的行为,应属于相邻关系中容忍义务的合法范畴。例如,在李某某诉福建省厦门电业局排除妨碍案[3]中,法院认为,不危害影响居民生活的架设高压线等公益项目,属于相邻关系中居民容忍义务的合法范畴。而对于老旧小区加装电梯问题,法院一般也认为小区住户应有适度的容忍义务。例如,在陈某、卢某等诉焦某某相邻建筑物利用关系纠纷案[4]中,法院认为,在加装电梯规划设计方案符合标准、业主共同决定、职能部门审批通过的情形下,焦某某阻扰单元楼入口处公共通行区域范围内的电梯加装,既有违文明和谐,亦不符合道德诚信

---

[1] 参见云南省昆明市中级人民法院民事判决书,(2020)云01民终9549号。
[2] 参见湖南省高级人民法院:《增设外开纱窗门影响邻居通行,邻居诉至法院,判了!》,载微信公众号"湖南高院"2022年12月7日,https://mp.weixin.qq.com/s/psd4nkFjkuql980jL_z-pg。
[3] 参见福建省厦门市中级人民法院民事判决书,(2005)厦民终字第2211号。
[4] 参见湖北省高级人民法院:《小区加装电梯,一楼住户不同意,襄阳中院这么判……》,载微信公众号"湖北高院"2022年9月4日,https://mp.weixin.qq.com/s/LpJxYZeDu3C2ueywr-56YA。

与公序良俗,更有悖于改善人口老龄化的民生工程与襄阳都市圈高质量发展的社会趋势,应根据社会效益最大化原则、两权相利取其重原则,认定相邻关系人对工程的合理容忍义务。可见,对于社会公共利益的维护,也会成为判断容忍义务限度的一个参考标准,裁判者会适当考量公益项目对社会公共利益的保障,从而对相邻关系中的容忍义务限度作出合理判定。

由上述法院的司法实践可见,《民法典》的规定虽具有一定的原则性,但在具体实践中逐渐形成可供参考的裁判规则,如果未违反法律规定,未违反有利生产、方便生活、团结互助、公平合理的精神,符合社会公共利益,一般认为相邻关系人需承担合理的容忍义务。

二、相邻关系与地役权的区别

本案中,二审法院认为,案涉楼梯是基于房屋出卖人与买受人之间的约定而搭建使用的室外楼梯,二楼业主使用室外楼梯在一定程度上带有《民法典》规定的地役权的外观属性。相邻关系与地役权从表面上看有类似的地方,都是以他人的不动产为自己的不动产提供便利,但两者有明显的区别。

首先,我国《民法典》规定的地役权为约定地役权,并未规定法定地役权,未对地役权的类型和具体适用情形加以细化。在我国,地役权需合同明确约定。前文已述及,相邻关系源自罗马法中的法定地役权,发展至今,其与地役权存在明显区别。相邻关系无须约定,而是由法律直接加以规范。相邻关系涉及的权利义务是法定的,是为了维护正常生产、生活的最低需要。相比之下,地役权应被视为一种特殊需求,其要比相邻关系涉及的基本需求高出一个层次。地役权的生效、期限,供役地的利用等皆需依据合同加以约定。相比之下,相邻关系的内容等并不会因当事人的意愿而有所改变。

其次,《民法典》第374条明确规定,当事人要求地役权登记的,可向登记机关申请登记,未登记的,不得对抗善意第三人。相邻关系则无此要求。由此可以发现,地役权是一项独立的权利。而相邻关系并非一种独立的权利,其并无登记的必要。

最后,地役权一般为有偿设立,而相邻关系中当事人之间为对方的不动产提供便利为无偿,并且应承担适当的容忍义务,这与地役权和相邻关系满足的是不同层次的对不动产利用的需求有关。

司法实践中,也出现了就相邻关系与地役权进行比较分析的案例。例如,在甲某诉乙某相邻关系纠纷案中,原告、被告系同村邻居,被告在原告房屋西面建房入住,之后未经村集体同意,也未征求原告意见,就擅自在其与原告西门相邻的公共通道修建了约1米高的围墙(围墙距离原告房屋0.8米宽)。原告认为,被告的行为影响了其房屋的日常通行以及房屋的通风和采光,请求被告立即拆除堆砌在原告大门的围墙并恢复4米宽的公共通道。法院认为,被告的行为并没有影响到原告的通风、采光和通行,而原告提出"4米宽通道"已超出相邻通行权的范围,属于"提高自己的不动产的效益",可以通过与被告签订合同进行约定,形成地役权,提高自己房屋的效益。可见,地役权的设立通常是在高于最低生活、生产需求时提出的,因此需要双方当事人的一致同意。

综上可见,在本案中,一楼业主陈某武于2014年10月签署了《单方申请暨承诺书》,同意二楼业主顾某江、沈某在9号楼北侧一层至二层增设室外楼梯。法院认为,该行为具有地役权的权利外观。笔者认为,尽管存在陈某武的承诺,本案所涉及的仍然为相邻关系。首先,对于上下楼楼梯的使用主要是满足基本的生活需要;其次,此约定并非有偿设立,虽然一方签署了承诺书,但并不是针对金属盘旋梯所作的承诺,而是针对最初修建水泥楼梯签署的文件,因此并不能将该承诺书视为就金属盘旋梯所涉及的地役权问题达成的合同。

三、《民法典》绿色原则在相邻关系中的适用

本案中,当事人认为,若拆除金属盘旋梯,重建水泥结构楼梯,将造成资源浪费,不符合《民法典》绿色原则。通过"北大法宝"数据库的检索,截至2023年7月,司法案例中谈及绿色原则的民事案件已达1300余件。可见司法实践中,法院及当事人对该原则的援引在日渐增多。相邻关系作为与环境保护密切相关的一个问题,其适用绿色原则的案例也在日益增加。

(一)《民法典》中的绿色条款

绿色原则被写入民法几经波折,折射出对其作为民法基本原则是否合适的争议。[1] 从世界角度来看,越来越多的国家开始注重对环境的保护,以及将环境保护、绿色原则等写入本国立法。据相关学者的统计,在制定了民法典的91个国家或地区中,目前有14部民法典中以不同形式体现了绿色原则,[2]其中即包括中国

---

[1] 参见肖峰:《论民法绿色原则的规范结构及其授权本质》,载《中南大学学报(社会科学版)》2022年第2期。

[2] 参见徐国栋:《民法典整体贯彻绿色理念模式研究》,载《中国法学》2023年第2期。

的《民法典》。我国《民法典》除在总则中规定了绿色原则外,在物权编、合同编、侵权责任编等的具体条文中皆有所体现。例如,在物权编中,第322条增加了对添附的规定,体现了充分发挥物的效用的原则,避免物的浪费。又如,在合同编中,第619条规定包装应有利于节约资源和保护生态环境;第558条规定,在合同终止的环节,当事人应当根据交易习惯履行旧物回收等义务。再如,在侵权责任编中,绿色原则最为直接的体现即新增的生态破坏责任。此外,《民法典》还规定了故意污染环境、破坏生态行为的惩罚性赔偿等制度。总之,绿色原则在我国《民法典》多个条款中均有所体现,其在日益发挥愈加重要的作用。同时,绿色原则也越来越受到更多国家的关注。

(二)相邻关系中绿色原则的体现

在《民法典》相邻关系的规定中,有多个法条体现了绿色原则。第290条规定了用水、排水、对自然流水的利用。该条规定,对自然流水的排放,应当尊重自然流向,这体现了对生态环境保护的理念。第293条对通风、采光、日照进行了规定。该条对原《物权法》相关规定进行了修改,将通风、日照、采光领域的相邻妨害与国家标准的违反脱钩,使得在判断通风、日照、采光等相邻关系时,可以遵循"超过国家标准需要承担责任,但未超过国家标准不一定免除责任"的规定,提升了公民对通风、日照、采光等方面私益性权利的保护。[①] 第294条更是直接体现了绿色原则。该条规定,不动产权利人不得违反国家规定弃置固体废物及排放有害物质等。有害物质在原《物权法》第90条的表述为"大气污染物、水污染物、噪声、光、电磁波辐射等有害物质",在《民法典》第294条修改为"大气污染物、水污染物、土壤污染物、噪声、光辐射、电磁辐射等有害物质"。可见,此条有细微变化:一是增加了"土壤污染物",增加了有害物质的类型。二是将"光"改为"光辐射","电磁波辐射"改为"电磁辐射",表述更加准确。相邻关系涉及对不动产的利用,其是与环境保护密切相关的领域,因此,无论是立法还是司法实践均体现了对绿色原则的适用。

(三)绿色原则在相邻关系案例中的司法适用

通过在"北大法宝"数据库中对"绿色原则"及"相邻关系"进行同段检索,截

[①] 参见吕忠梅:《民法典绿色条款的类型化构造及与环境法典的衔接》,载《行政法学研究》2022年第2期。

至2023年7月,已有12个案例中涉及相关问题的讨论。绿色原则在相邻关系案例中更多是体现在防止资源浪费、体现经济性等方面,法官需根据具体情形判断应否适用绿色原则。

1. 相邻关系中适用绿色原则的案例

在相邻关系案件中,存在诸多适用绿色原则的案例。该类案例主要涉及相邻关系中一方对其不动产的利用是否对另一方生产、生活造成不便,构成侵权的判断。关于采光、日照等问题的纠纷,例如,在江苏省徐州市中级人民法院审理的丁甲诉丁乙财产损害赔偿案①中,丁乙在田间种植杨树一排,数年后杨树高达20米。丁甲认为该排杨树遮挡阳光,影响了丁甲责任田种植农作物的生长,因此请求法院判令丁乙砍伐该排杨树。法院经审理认为,在田间地头栽植农田防护林,对于改善农田小气候,促进农业生产能起到有益的作用。农田防护林有可能对农田内的农作物生长产生日照与采光方面的局部影响,但与有益的作用相较,后者显然是主要的。丁乙植树行为并未违反法律规定,丁甲也未能证明丁乙不砍伐树木的行为会对其造成损害,因此根据绿色原则,法院驳回了丁甲的诉讼请求。又如,在北京市第三中级人民法院审理的陈某霞等与吴某礼等相邻关系纠纷案②中,张某英、吴某礼为改善其生活居住环境,在一层建筑上建造了房屋的第二层,资金投入较大且已经建成。房屋建成后对邻居吴某龙、陈某霞宅院内南侧房屋采光、日照造成了不利影响,因此吴某龙、陈某霞诉请法院要求吴某礼等拆除二楼房屋。法院经审理认为,张某英、吴某礼在其宅院内建造二层房屋用于改善生活居住环境具有一定的合理性,如若拆除会造成一定的资源浪费,不符合节约资源之绿色原则。因此,虽然第二层房屋修建对吴某龙、陈某霞房屋采光与日照造成了影响,但在张某英、吴某礼家建房时,吴某龙就提出让张某英、吴某礼向前挪2米,张某英、吴某礼家前院也与张某英、吴某礼签订了要建二层楼房的协议。可见,在建房时,吴某龙、陈某霞为满足自身房屋采光、日照需要,其在建房时就应予以充分规划。现在二层楼房建成后再予以拆除,实属对资源的浪费。

关于排水、通行等问题的相邻关系纠纷,如在芦某梅、芦某绍相邻关系纠纷案③中,芦某梅与芦某绍两家房屋均在同村同一条东西方向的胡同内,系邻里关

---

① 参见江苏省徐州市中级人民法院民事判决书,(2018)苏03民终2745号。
② 参见北京市第三中级人民法院民事判决书,(2023)京03民终595号。
③ 参见河南省焦作市中级人民法院民事判决书,(2021)豫08民终3982号。

系。因农村盖房习俗，翻盖新房时地基均高出村内道路路基，所以，芦某绍盖房时，路面也是比照其西邻路面，基本与其西临路面持平，并未明显增高，但即使这样也确实给芦某梅家出行造成了一定不便。因此，芦某梅认为芦某绍家地基过高，影响了其通行、排水，要求芦某绍宅基地地基下降70厘米。法院经审理认为，芦某绍为了保证芦某梅的正常通行，已经在其门口与芦某梅家地基落差部分修筑了斜坡，在斜坡上还刻印了防滑格纹，芦某绍已经尽到了保障邻里之间通行的相应义务。若要求芦某绍宅基地地基下降70厘米，不符合经济、绿色原则，因此最终未支持芦某梅的诉讼请求。又如，在厉某宾、古某光相邻关系纠纷案[1]中，厉某宾、古某光系上下楼邻居。厉某宾在装修过程中发现其卫生间上方古某光家的下水管因锈蚀而漏水。之后，厉某宾与古某光协商维修事宜，厉某宾要求古某光更换全部管道，古某光不同意，遂诉至法院。法院认为，古某光家专用下水管道在厉某宾家卫生间，现部分管道因锈蚀漏水，古某光应当予以维修。关于维修方式，厉某宾要求更换全部管道，不符合绿色原则；但古某光应当以适当方式进行维修，确保不再发生漏水，而且应当维持管道与地面的现有距离以保障厉某宾家吊顶有充足的高度。因此，本案通过适用绿色原则，并未完全支持原告的诉讼请求，更换全部管道会造成资源浪费，实无必要，但法院也提出了最为适宜的解决方案。

由此可见，在法院适用绿色原则的案例中，主要考虑现有情形是否会构成对相邻关系另一方当事人权利的侵害；若实质影响并不大，则根据绿色原则，考虑到经济性，不会判定排除妨害、拆除已有建筑等。本案也是类似情形，金属盘旋梯已建成，并且从各方面来看，其与之前的水泥楼梯相比占地更小，对采光、通风等的影响差别也不大，因此考虑到绿色原则，无须拆除已建成的金属盘旋梯。

2. 相邻关系中不适用绿色原则的案例

在相邻关系的案例中也存在诸多不适用绿色原则的案例。该类案例中，相邻关系一方当事人对不动产的利用影响了另一方当事人的正常生产生活，因此，即便拆除障碍物会增加一定成本，仍应保障被侵权人的生活便利。例如，在张某、孙某仁侵权责任纠纷案[2]中，张某与孙某仁系上下楼邻居，孙某仁居住在一楼，其在涉案房屋南面外墙安装空调外挂机，张某在其房屋对应的外墙面安装广告支架及

---

[1] 参见山东省五莲县人民法院民事判决书，(2022)鲁1121民初3226号。
[2] 参见山东省烟台市中级人民法院民事判决书，(2022)鲁06民终3907号。

广告牌,但该支架与广告牌遮挡了孙某仁的空调外挂机,严重影响了空调的使用,孙某仁要求张某拆除支架及广告牌,张某以不符合绿色原则予以抗辩。但法院认为,张某安装广告牌的行为本身虽具有合理性,但因其行为影响了孙某仁对空调的正常使用,已侵犯了孙某仁作为相邻关系一方的权益,因此应将该支架与广告牌拆除,将外墙恢复原状。可见在该案中,虽然拆除行为从表面上看似不符合绿色原则,但因相邻关系就是为了保障相邻关系人的基本生活;若影响了当事人的基本生活,则不得援引绿色原则作为抗辩理由。

在另一起关于树木栽种的相邻关系纠纷即李某子、朱某恬等相邻关系纠纷案①中,李某子与朱某恬、陈某系两栋别墅的邻居,李某子房屋的花园内靠近朱某恬、陈某房屋花园处种植了一棵香樟树。樟树高度已超过朱某恬、陈某、李某子的房屋,树枝可延伸至朱某恬、陈某房屋的上方。随着树木的生长,李某子确实无法保障日后能通过定期修剪枝叶而不影响朱某恬、陈某的房屋,并且樟树的枝叶还影响了其他邻居正常使用花园。因此朱某恬、陈某请求李某子将该香樟树移除。李某子提出,继续加建挡根墙,定期修剪枝叶是彻底解决相邻关系问题的最优、不利影响最小、最符合绿色原则且最公平合理的方法。法院经审理后认为,当事人提供的证据证明樟树树根已经长向了朱某恬、陈某的房屋方向,并且樟树处于不断生长的过程,如不移除,将进一步危及朱某恬、陈某所居住房屋的安全,可见涉案樟树对朱某恬、陈某的房屋存在较大安全隐患。虽然移除该树还需经过政府审批,并且个人能否自行移除尚未可知,但因该树已严重影响了朱某恬、陈某的房屋安全,影响了当事人的正常生活,所以法院并未采信李某子提出的适用绿色原则的主张而保留该树。该案与前文提及的丁甲诉丁乙财产损害赔偿案形成鲜明对比,同样涉及树木栽种的问题,丁甲诉丁乙财产损害赔偿案中的一排杨树并未构成对丁甲正常生产的实质影响,因此适用绿色原则不必将树移除。而李某子、朱某恬等相邻关系纠纷案涉及的虽只有一棵树,但已严重影响邻居房屋安全,因此不宜再适用绿色原则。

可见,对于绿色原则的适用,需结合具体案情,把握相应尺度,并非所有案件均适宜适用绿色原则。在相邻关系纠纷中,若无法保障相邻关系当事人正常生产生活需求,则更宜认定当事人构成侵权,进而排除妨害、消除危险等。

---

① 参见广东省广州市中级人民法院民事判决书,(2021)粤01民终22967号。

――――― 思 考 题 ―――――

[1]《民法典》相邻关系适用于哪些范围？

[2]适用邻地相邻关系行使的条件是什么？

[3]什么是容忍义务？其在不动产相邻关系中有何意义？

[4]地役权与相邻关系有何联系与区别？

[5]地役权设立的条件为何？

[6]《民法典》在哪些方面体现了绿色原则？绿色原则是否构成民法的基本原则？何时可以适用绿色原则？

――――― 推荐阅读 ―――――

[1]最高人民法院民法典贯彻实施工作领导小组主编:《中华人民共和国民法典物权编理解与适用》(上),人民法院出版社 2020 年版。

[2][德]鲍尔、[德]施蒂尔纳:《德国物权法》(上册),张双根译,法律出版社 2004 年版。

[3]王泽鉴:《民法物权:通则·所有权》(修订版第 1 册),中国政法大学出版社 2001 年版。

[4]王利明:《论相邻关系中的容忍义务》,载《社会科学研究》2020 年第 4 期。

[5]肖峰:《论民法绿色原则的规范结构及其授权本质》,载《中南大学学报(社会科学版)》2022 年第 2 期。

[6]徐国栋:《民法典整体贯彻绿色理念模式研究》,载《中国法学》2023 年第 2 期。

[7]吕忠梅:《民法典绿色条款的类型化构造及与环境法典的衔接》,载《行政法学研究》2022 年第 2 期。

1.3 用益物权

◻ 理论导读

用益物权属于他物权,是以占有、使用、收益为内容的定限物权。因为我国土地等自然资源实行公有制,私人是无法获得该自然资源所有权的,所以为最大限度利用自然资源,用益物权的制度设计必不可少。我国的用益物权制度同实行土地私有制国家的制度有较大差异,在我国《民法典》中,主要包括土地承包经营权、建设用地使用权、宅基地使用权、居住权、地役权等用益物权。

我国《民法典》物权编关于用益物权的规定在第三分编,从第十章至第十五章,其中第十章是关于用益物权的一般性规定。第十一章为土地承包经营权,该权利是指权利人依法享有的对其承包经营的耕地、林地、草地等进行占有、使用和收益的权利。土地承包经营权是我国独有的一类用益物权。第十二章为建设用地使用权,其是指单位或者个人依法享有的在国家或集体所有的土地上建造建筑物或其他附着物,并进行占有、使用、收益的权利。该权利具体又可以分为国有建设用地使用权和集体建设用地使用权。国有建设用地使用权具体包括出让的、划拨的以及转让的国有建设用地使用权。集体建设用地使用权具体包括乡(镇)村公共设施、公益事业建设用地使用权,乡(镇)企业建设用地使用权以及集体经营性建设用地使用权。第十三章为宅基地使用权,是指农村集体组织的成员依法享有的在宅基地上建设住宅及其附属设施的权利。第十四章居住权是我国《民法典》编纂时新增的一项用益物权,主要是指居住权人依据合同或遗嘱取得的,对他人的住宅进行占有、使用,以满足其生活居住需要的用益物权。本书选取的案例冯某鹏、冯某彦等居住权纠纷案即该类纠纷的典型案例。第十五章为地役权的规定,地役权是指不动产的所有权人或使用权人为了便利地利用不动产,通过法律行为设立或取得的对他人不动产加以利用,从而提高自己不动产效益的权利。地役权有时会与相邻关系在界定中发生混淆,本书选取的陈某武、顾某江等相邻关系纠纷案中谈及了相邻关系与地役权的区别。

冯某鹏、冯某彦等居住权纠纷案

摘要:居住权纠纷是物权法关注的重点问题,也是日常生活中常见的物权纠纷类型。随着《民法典》对居住权问题的明确规定,该类纠纷在司法实践中的认定思路日益明晰。本案以离婚纠纷中对居住权的设立为背景,重点探讨居住权的认定、居住权的设立登记、居住权与抵押权的关系等法律问题。

关键词:居住权;居住权登记;抵押权

一、引言

居住权制度起源于罗马法,最初是以人役权的形式出现的。在古罗马,丈夫或家主可以为妻子或被解放的奴隶设置家产的使用权、收益权、居住权等,保障他们在家主死后生活有所依靠。发展到近代,法国、德国、意大利等国家的民法典均对居住权作出了规定。我国在原《物权法》立法时曾将居住权写入《物权法(草案)》,但在 2007 年《物权法》正式颁布时并未规定该制度。2020 年《民法典》出台时将居住权制度纳入,将其作为用益物权的一种进行规定。实践中,在《民法典》颁布之前,我国就已经存在诸多有关居住权的纠纷,主要集中于离婚、继承、赡养等纠纷中。《民法典》的出台为居住权纠纷的审理提供了明确的法律依据。本部分选取了《民法典》颁布前当事人约定设立居住权的案例,具体涉及当事人是否享有居住权、居住权与在房屋上设置的抵押权是否冲突以及《民法典》是否可以适用等问题,该案所涉纠纷具有典型的代表性,对相关纠纷的妥善处理具有一定的参考价值。

二、案件当事人

一审原告:冯某彦

一审被告:冯某鹏

一审第三人:杨某珍

三、案情简介

本案当事人分别是一审原告冯某彦,一审被告冯某鹏,一审第三人杨某珍。冯某彦与杨某珍于 1994 年登记结婚,婚后育有一子冯某鹏。2009 年 9 月 15 日,二人在法院主持下达成离婚调解协议,约定双方离婚,儿子冯某鹏由父亲冯某彦抚养,杨某珍每月承担 300 元抚养费至儿子独立生活为止。位于无锡市锡山区柏庄一村的面积为 94.72 平方米的房产系夫妻共同财产,双方同意将该房产赠与冯某鹏,并于冯某鹏年满 18 周岁之日起 3 个月内办理过户手续。冯某彦对该房产有终身使用权,杨某珍对该房产的阁楼部分享有使用权,直至其再婚。若杨某珍未在阁楼居住,则冯某彦有权出租,并用每月租金折抵杨某珍应承担的抚养费。2010 年,冯某彦与王某结婚,王某与前夫有一女王某涵,由王某抚养。王某与冯某彦婚后育有一女冯某心。现冯某彦、王某、王某涵、冯某心户籍均在案涉房屋所在地。2017 年 5 月 2 日,该房屋由冯某彦变更登记至冯某鹏名下。

2021 年 4 月 22 日,冯某鹏与无锡农村商业银行签订了《消费借款合同》和《借款抵押合同》,约定冯某鹏将名下案涉房屋抵押给无锡农村商业银行作为借款担保。抵押后,非经抵押权人书面同意,抵押人不得对该抵押物做任何形式的处分,包括设立居住权等。

王某名下有一套建筑面积为 36.51 平方米的非住宅商品房,冯某鹏也购买了一套面积为 44.74 平方米的非住宅商品房,冯某鹏表示愿意在此套房屋内为冯某彦设立居住权,保障冯某彦与新家庭的居住。冯某鹏认为冯某彦并非只有案涉 94.72 平方米的一处房产可以居住,因此表示想将案涉房屋出售以购买新房结婚,冯某彦则表示其对案涉房产享有终身居住权,并要求冯某鹏配合办理居住权登记事宜,冯某鹏不得在冯某彦有生之年对案涉房屋实施买卖及抵押行为。双方由此发生争议,于 2021 年 5 月诉至江苏省无锡市锡山区人民法院。法院判决后,冯某鹏提起上诉,2022 年 9 月,江苏省无锡市中级人民法院二审驳回上诉,维持原判。

四、案件审理情况

(一)诉讼请求权

居住权的确认。

(二)请求权基础规范及要件分析

1.《民法典》第 366 条:居住权人有权按照合同约定,对他人的住宅享有占有、使用的用益物权,以满足生活居住的需要。

(1)要件分析。

要件一:主体为居住权人。

要件二:形式为通过合同进行约定。

要件三:客体为他人的住宅。

要件四:目的为满足生活居住的需要。

(2)法律效果:居住权人享有占有、使用的居住权。

2.《民法典》第367条:设立居住权,当事人应当采用书面形式订立居住权合同。居住权合同一般包括下列条款:①当事人的姓名或者名称和住所;②住宅的位置;③居住的条件和要求;④居住权期限;⑤解决争议的方法。

(1)要件分析。

要件一:居住权合同需采取书面形式订立。

要件二:合同条款需包含当事人的姓名或者名称和住所、住宅的位置、居住的条件和要求、居住权期限、解决争议的方法等内容。

(2)法律效果:当事人可以约定设立居住权。

3.《民法典》第368条:居住权无偿设立,但是当事人另有约定的除外。设立居住权的,应当向登记机构申请居住权登记。居住权自登记时设立。

(1)要件分析。

要件一:居住权原则上无偿设立,也可根据当事人的约定设立。

要件二:应向登记机构申请居住权登记。

(2)法律效果:居住权自登记时设立。

(三)抗辩权基础规范及要件分析

本案被告未提出抗辩,不存在抗辩权。

(四)诉讼主张的检索

主张一:冯某彦请求认定其对案涉房屋享有终身居住权,并请求冯某鹏配合办理居住权登记。

主张二:禁止冯某鹏在冯某彦有生之年对案涉房屋实施买卖及抵押行为。

(五)争点整理

原告、被告双方的争议焦点主要为:(1)冯某彦对案涉房屋是否享有居住权?如享有,其居住条件、期限如何确定?家庭成员能否同住?(2)在案涉房屋上设立抵押权与居住权是否存在冲突?

争点一:冯某彦对案涉房屋是否享有居住权?如享有,其居住条件、期限如何确定?家庭成员能否同住?

事实证明:冯某彦向法院提交了与杨某珍离婚时的民事调解书,调解书中约定,冯某彦与杨某珍将夫妻共有财产即案涉房屋赠与冯某鹏,同时附加了条件,即冯某彦有权与现在的家庭成员共同居住在案涉房屋内,其与妻子王某的居住权期限为终身,冯某心的居住期限应至 24 周岁。杨某珍再婚前可享有案涉房屋阁楼的居住权。冯某鹏提及的王某购买的非住宅商品房是王某的婚前财产且已出售。而冯某鹏购买的非住宅商品房面积仅 44.74 平方米,无法满足冯某彦及与其一起生活的家人居住。

事实认定:冯某彦享有案涉房屋的居住权。该案对于居住权的约定虽发生在《民法典》生效之前,但冯某彦与杨某珍在调解书中关于房屋赠与的约定属于附条件赠与,该条件即涉及对冯某彦、杨某珍居住权的赋予。法院认定,调解书可以约定冯某彦以生活居住为目的占有、使用该房屋,并且双方在调解书中已经对房屋使用权人的姓名、住宅的位置、居住条件和期限都进行了明确的约定,符合《民法典》第 367 条关于居住权设立要件的规定。冯某彦可以居住的区域为除杨某珍再婚前可以使用的阁楼之外的房屋的其他区域。冯某彦再婚后,其亲属也享有居住的利益,因居住权是为满足生活居住的需要,所以应当包括一同生活的家人的居住利益。

争点二:在案涉房屋上设立抵押权与居住权是否存在冲突?

事实证明:冯某鹏与无锡农村商业银行于 2021 年签订的《消费借款合同》和《借款抵押合同》约定在冯某鹏房屋上设置抵押权。之后于 2021 年 4 月 26 日,无锡农村商业银行在抵押物上办理了抵押登记。合同中约定,抵押人不得对抵押物做任何形式的处分,其中包括设立居住权。冯某彦主张禁止冯某鹏就该房屋设置抵押权,禁止冯某鹏出售该房屋。

事实认定:法院认为,冯某彦基于调解协议对案涉房屋享有终身居住权,冯某鹏在明知冯某彦享有居住权的前提下,就该房屋设置抵押权,两种权利并不冲突,但会造成担保物价值的贬损。

五、结尾

关于争点一:冯某彦对案涉房屋是否享有居住权?如享有,其居住条件、期限如何确定?家庭成员能否同住?

《民法典》第 366 条规定:"居住权人有权按照合同约定,对他人的住宅享有占有、使用的用益物权,以满足生活居住的需要。"原告的主张符合该条所列要件的规定。冯某彦与杨某珍通过调解协议约定的对案涉房屋居住权的设置满足该条要件一和要件二的要求。该房屋通过协议赠与冯某鹏,因此冯某彦是对冯某鹏住宅主张的居住权,该项满足该条要件三的要求。冯某彦主张居住权是基于对生活居住的需要,其并无其他合适的房屋供其和家人生活居住,因此该情况满足该条要件四的条件。

判决最终确认了以下权利:冯某彦享有涉案房屋的居住权,范围是房屋内除阁楼以外的其他区域,居住权期限是终身,其再婚的妻子及子女也享有居住的权益。

关于争点二:在案涉房屋上设立抵押权与居住权是否存在冲突?

根据《民法典》对居住权和抵押权的规定可知,居住权是一项用益物权,其以追求物的使用价值为内容,而抵押权是一项担保物权,以物的交换价值和优先受偿为内容,二者所对应的所有权权能并不一致,因此可以在同一物上并存设立,两者并不冲突,但冯某鹏在明知案涉房屋已设置居住权的前提下设置抵押权,会减损抵押物的价值,若因此造成抵押权人的损失,冯某鹏需承担相应责任。

因此判决驳回了冯某彦的此项诉讼请求,并未禁止冯某鹏在案涉房屋上设置抵押权。

六、附录

江苏省无锡市锡山区人民法院民事判决书,(2021)苏 0205 民初 3239 号。

江苏省无锡市中级人民法院民事判决书,(2022)苏 02 民终 4564 号。

冯某鹏、冯某彦等居住权纠纷案教学指导手册

▣ 教学具体目标

本案例主要就物权法中居住权问题的理解和适用进行教授,其中涉及物权法中诸多实体性问题,具体问题包括:(1)居住权的构成;(2)居住权的合同设立与登记;(3)居住权与抵押权的关系。

▢ 教学内容

一、居住权的构成

居住权制度源自罗马法,是大陆法系民法常见的制度。法国、德国、日本等国家均对此有所规定,我国居住权制度入典的过程较为曲折。2002 年《物权法(征求意见稿)》首次以 8 个条文规定了居住权问题,之后在 2005 年《物权法(草案)》中增加到 12 个条款,但在 2007 年《物权法》出台时因适用范围较窄被立法者删除。[1] 最终,在 2020 年出台的《民法典》中,居住权以 6 个条文加以规范。在我国《民法典》中,居住权是指按照合同的约定,为满足生活居住的需要,对他人所有的住宅享有占有、使用并排除房屋所有权人干涉的用益物权。[2]《民法典》第 366 条规定:"居住权人有权按照合同约定,对他人的住宅享有占有、使用的用益物权,以满足生活居住的需要。"该条从主体、客体、居住权的权能、功能等方面对居住权构成进行了界定。以下重点结合冯某鹏、冯某彦等居住权纠纷案探讨我国《民法典》第 366 条对居住权构成问题的规定。

(一)居住权的主体

关于居住权的主体,《民法典》中明确规定为居住权人。有学者认为,享有居住权的主体应为自然人,因居住权设立的目的是满足特定权利人生活居住的需要,因此只有自然人能够成为居住权的主体。

此外,根据居住权不得继承、居住权人死亡时居住权消灭等《民法典》的规定也可以推知,居住权人应为自然人。但有学者认为,居住权人主要是自然人,[3]而允许非自然人主体享有居住权并无制度障碍。现实生活中,法人或者其他组织设立居住权的例子屡见不鲜,[4]如企业将其享有居住权的住宅作为福利分配给员工居住。[5]《民法典》第 367 条第 2 款对居住权合同包括的条款进行规定时,第 1 项关于合同主体的表述为"当事人的姓名或者名称和住所"。当事人的"名称"是在 2019 年 12 月公布的《民法典(草案)》中特意增加的一个表述,有学者认为,这显

---

[1] 参见申卫星:《〈民法典〉居住权制度的体系展开》,载《吉林大学社会科学学报》2021 年第 3 期。
[2] 参见崔建远:《物权法》(第 5 版),中国人民大学出版社 2021 年版,第 341 页。
[3] 参见梁慧星、陈华彬:《物权法》(第 7 版),法律出版社 2020 年版,第 298 页。
[4] 参见马强:《民法典居住权规定所涉实务问题之研究》,载《法律适用》2022 年第 5 期。
[5] 参见申卫星:《〈民法典〉居住权制度的体系展开》,载《吉林大学社会科学学报》2021 年第 3 期。

然意味着法人或非法人组织也可以成为居住权合同中的所有权人或居住权人。①

此外,诸多学者认为,居住权人的家庭成员如配偶、子女及其必需的服务人员如保姆、护理人员等也有权享有居住的利益。例如,在本案中,法院认为,居住权人的亲属也可以享有居住利益。居住权的功能在于满足生活居住的需要,自然应当包括家庭生活,因此,居住权人的家庭成员也应当享有居住利益。冯某彦作为居住权人再婚后,其再婚的妻子王某、继女王某涵、与再婚妻子所生女儿冯某心等与其共同生活的家庭成员均享有在案涉房屋居住的权利。但从《民法典》第369条的规定可知,居住权不得转让、继承,因此,居住权人享有的权利与居住权人的家庭成员并不等同,居住权人的家人的居住权益以居住权人享有的居住权为依托;一旦居住权人死亡,根据《民法典》第370条的规定,此时居住权会消灭,居住权人的家庭成员享有的居住权益也随之消灭。居住权人的家人并非居住权合同的当事人,因此其权利的享有和义务的承担也不同于居住权人。

(二)居住权的客体

关于居住权的客体,《民法典》第366条规定为"他人的住宅"。住宅与商品房、房屋等概念不同,只能是可以用于居住的房屋,包括但不限于商品房、经济适用房、限竞房、两限房、共有产权房以及农村宅基地上所建房屋等。② 然而对于一些具体类型的房屋可否设立居住权,学者观点并不统一。

1.商品房或可以转化为商品房的房屋

普通商品房是可以依法取得不动产权属登记,可以上市交易、用于居住的房屋,实践中还可以细分为存量房与预售商品房。对于存量房,其是居住权最典型的客体,此处不再赘述。而对于预售商品房是否为居住权的客体,学界存在争议。否定说认为,居住权并不具有期待物权的性质,预售商品房不能满足《民法典》第366条关于"满足生活居住的需要"这一要求,因此不能在预售商品房上设立居住权。而肯定说则认为,"满足生活居住的需要"并不全然是现实需要,法律也未明确规定其为现实需要,此类需要也可能在未来才会出现。比如,父母给子女购买预售商品房,同时希望未来在该套商品房中保留某一部分为自己设立居住权,保障其未来的居住利益,这一要求并无不妥。至于预售商品房上设立居住权的登记

---

① 参见汪洋:《民法典意定居住权与居住权合同解释论》,载《比较法研究》2020年第6期。
② 参见最高人民法院民法典贯彻实施工作领导小组主编:《中华人民共和国民法典物权编理解与适用》(下),人民法院出版社2020年版,第863页。

方式,可以通过预告登记制度加以保护。①

此外,可以转化为商品房的房屋,如经济适用房、共有产权房,该两类房屋在购买5年之后,可以上市进行交易,受让人可以取得完全产权,此时该类房屋转化为普通商品房,因此当然可以在此类房屋上设立居住权。

2. 商务公寓、酒店式公寓、服务公寓等各类公寓

对于商务公寓、酒店式公寓、服务公寓等各类公寓,各地的地方性规定中对其性质的认定并不统一。例如,对于商务公寓占用的土地,有些地方规定将其归入商业用地,如2018年的《汕头经济特区城乡规划管理技术规定》;还有的地方将其归入居住用地,如2022年《湛江市市区人才公寓管理办法(修订稿)》,该办法所称的住房包含商务公寓,可以上市交易。对于酒店式公寓,2008年舟山市《规范酒店式公寓等物业建设管理意见》中指出,酒店式公寓,是指按酒店式管理的公寓,属于居住建筑,土地性质为居住用地,土地使用年限最高为70年。而2010年《南京市规划和自然资源局关于调整酒店式公寓规划管理相关规定的通知》中指出,酒店式公寓可以配建于商业办公用地内,规划居住用地的出让条件中不再安排酒店式公寓。2021年《沈阳市公寓项目及商业项目规划管理规定》中规定,该市公寓项目是指具有居住功能的非住宅项目。包括"商业、商务办公"用地上的"公寓式办公楼"("酒店式办公楼""酒店式公寓""服务型公寓"等)。可见,对于各类公寓的性质,各地观点并不一致。有学者认为,对于住宅类公寓,其同普通商品房在设立居住权方面并无明显区别。但对于非住宅类公寓,可否设立居住权,学者观点各异。否定说认为,该类房屋并非住宅,不符合《民法典》第366条规定的"他人的住宅"的设立条件。肯定说认为,该类公寓本就是商住两用,虽未定义为住宅,但若具有居住功能,当其具备上市、转让条件时,在该类房屋上设立居住权并未违反居住权的立法目的。

对于本案中提及的非住宅商品房,因其不适宜居住,原则上不能设立居住权。本案中,法院也就此问题进行了分析,冯某鹏购买的五洲国际房屋系非住宅商品房,是否适宜设立居住权需要结合房屋实际用途和法律、行政法规的规定以及实际情况进行衡量。冯某鹏购买的44.74平方米的非住宅商品房与案涉94.72平方米的房屋相去甚远,无法满足冯某彦再婚后其和与其一起生活的家人居住,并且

---

① 参见王荣珍:《解释论视角下的居住权客体》,载《比较法研究》2021年第6期。

冯某彦明确表示不同意在冯某鹏购买的房屋上设立居住权,因此法院认为冯某鹏提供的非住宅商品房不适宜为冯某彦设立居住权。可见,两类房屋在性质、功能、面积上具有不可替代性,因此法院认为冯某鹏提供的非住宅商品房不具备替代履行性。

3. 农村村民住房

农村村民住房,以宅基地为基础,可以包括多种具体形式。2019年,中央农村工作领导小组办公室、农业农村部发布的《关于进一步加强农村宅基地管理的通知》中规定,宅基地是农村村民用于建造住宅及其附属设施的集体建设用地,包括住房、附属用房和庭院等用地。城镇建设用地规模范围内,可以通过建设农民公寓、农民住宅小区等方式,满足农民居住需要。其具体形式可以包括独立庭院住房、农民公寓、农民住宅小区等。宅基地所附土地性质为集体所有,农民享有的是土地的使用权。对于宅基地上所建的房屋,农民享有所有权,国家通过登记进行确权。对于经过登记确权的宅基地上所建房屋,设立居住权并无法律障碍。虽然我国法律规定农村村民一户只能拥有一处宅基地,但宅基地上所建房屋数量并无具体限制,因此,为因分家、离婚、扶养等而对房屋有居住需求的主体设立居住权并无不妥。但是,对于可以在宅基地所建房屋上享有居住权的主体,理论上尚存在争议。焦点主要集中在可否为城镇居民在农村宅基地房屋上设立居住权。根据我国法律规定,农民对宅基地享有使用权,严禁城镇居民到农村购买宅基地。可见,一般的城镇居民无法取得宅基地使用权。城镇居民若想在农村居住,目前可行的途径是通过租赁方式。此外,2020年自然资源部等七部门明确了农民的宅基地使用权可以由具有城镇户口的子女继承。在此背景之下,城镇居民可通过此种方式获得宅基地使用权。但此种方式仅限于农民的子女,该政策是为保障农民合法权益,推进乡村全面振兴而制定的。至于农民可否为城镇居民设立居住权目前尚无定论。

此外,对于"小产权房",国务院有关部门多次重申农村集体土地不得用于经营性房地产开发,建设、销售和购买"小产权房"均不会受到法律的保护。因此,"小产权房"本身作为违法建筑,根本无法完成确权登记,更遑论在其上设立居住权。

本案中,案涉房屋位于无锡市锡山区柏庄一村,但并未言明具体是何种性质的房屋。根据案情介绍,该房屋可以办理过户登记手续,因此可以判断该房屋必然属于位处农村地区的合法建筑。通过合同方式对该房屋设立居住权,在法律上并无障碍。冯某彦与杨某珍在离婚时是该房屋的共同共有人,离婚时有权就该房屋的居住权问题进行约定,离婚协议中约定该房屋待冯某鹏18周岁后所有权转至冯某鹏名下,但冯某彦保留对该房屋的终身使用权。该约定是在《民法典》出台前达成的,但并未违反当时的法律规定,当时虽不存在居住权的概念,但法院对此约定予以认可。

对于杨某珍的居住权,法院也予以了认可。根据冯某彦与杨某珍在离婚调解书中的约定,杨某珍在再婚前可以享有对案涉房屋阁楼的居住权,因此,冯某彦享有的居住权在杨某珍再婚前限于除阁楼外的其他部分,当事人的约定并无不妥。房屋所有权转至冯某鹏名下之后,根据《民法典》关于居住权登记的有关规定,冯某鹏有义务配合办理居住权登记事宜。

(三)居住权的权能

关于居住权的权能,《民法典》第366条仅规定了占有、使用的权能,第369条规定居住权不得转让、继承,原则上禁止出租,但当事人另有约定的除外。

首先,居住权不得转让与继承的规则来源于罗马法的规定。居住权最早可归属于罗马法中的人役权,人役权是为特定的人设立的,是为了该类主体的利益和方便而利用他人动产或不动产的权利。在罗马法中,人役权不可转让。居住权在欧洲各国的民法典中也具有此类特性。例如,《德国民法典》在第1092条中规定限制人役权不得转移,而第1093条确认了居住权属于限制人役权。也有些国家的立法作出了变通规定,如《埃及民法典》《阿尔及利亚民法典》规定,若当事人有明确约定或重大理由,仍可以转让居住权。我国居住权立法坚持了居住权不得转让与继承的规定,主要是考虑到居住权人役权的属性。在我国《民法典》正式出台之前,草案中曾将转让、继承与出租作了同样的规定,均为原则上禁止,但当事人可以通过约定作出变通。但在最后正式的文本中,《民法典》将转让与继承作了绝对禁止的规定。对于此项规定的认识,学界观点不一。有学者认为,因"不得转让"涉及的利益冲突是在居住权人、所有权人与受让人之间,所以获得所有权人的同意或者追认后,居住权人与受让人可以通过让与转让居住权。[1] 同理,继承若得到所有权人的同意或者追认,继承人也可取得居住权。可见,对于该条规定,学界

---

[1] 参见申卫星:《〈民法典〉居住权制度的体系展开》,载《吉林大学社会科学学报》2021年第3期。

仍存在诸多争议。

其次,居住权不得出租,但当事人另有约定的除外。有学者认为,这一问题相较于不得转让与继承更为复杂。转让与出租,都体现了所有权的收益权能,而《民法典》第366条只规定了居住权人享有占有权和使用权,并未规定收益权,为何法律只禁止转让和继承,并未完全禁止出租行为。也有学者认为,可能是因为在出租关系中,居住权人的主体地位并未发生变化,居住权的人身属性未被破坏,但转让后,居住权的主体会发生变化,居住权的人身属性就会被完全打破。此外,随着时代的发展,居住权除具备人身属性外,其财产属性也日益凸显。而财产利用的重要方式为流通,通过出租方式赋予其一定的流通性,可以使得居住权发挥其更大的价值。例如,在以房养老的情形下,若房屋面积较大而老人经济存在困难,允许老人出租一部分房屋,获得更多收益,似乎更可以体现以房养老的价值。

本案中,冯某彦与杨某珍约定案涉房屋的阁楼若杨某珍不居住,冯某彦可以出租并获取收益,并用每月租金折抵杨某珍应承担的每月抚养费,杨某珍有权要求入住,但要考虑租房协议的期限,并自入住之日起按月支付儿子抚养费。这一约定是在《民法典》颁布之前完成的。法院分析认为,《民法典》中的居住权一般仅指权利人为生活居住需要占有、使用他人房屋,在无特别约定情况下不享有收益权。两相对比,案涉房屋使用权在权利内容上大于居住权,但对于双方的此项约定,从价值取向上看,杨某珍陈述,保留房屋使用权是为了保障冯某彦离婚后的基本生活居住利益。这也正与居住权制度在法制史上的创设目的相吻合,因此法院并未否认冯某彦的居住权。杨某珍根据协议约定享有对房屋阁楼的居住权,其不居住时,可以由冯某彦帮其出租并收取租金,可见在司法实践中,已存在居住权人将房屋出租的问题,法院并未否认杨某珍享有的这一权利。这也与《民法典》对居住权上住宅可以通过当事人约定出租的规定相吻合。

(四)居住权的功能

关于居住权的功能,法律规定为"满足生活居住的需要"。司法实践中,越来越多的案例表明,居住权主要是为了赡养、抚养、扶养等生活需要而设立的,以保障弱势群体住有所居。[①] 本案中,对冯某彦居住权设立的目的也正是保证其在离婚后有居住的地方,满足其基本生活居住的利益。因此,虽然冯某彦与杨某珍在

---

① 参见付一耀:《论裁判方式设立居住权》,载《社会科学研究》2022年第6期。

《民法典》出台前对居住权进行了约定,但法律没有规定也并不妨碍约定权利的行使,并且根据最高人民法院《关于适用〈中华人民共和国民法典〉时间效力的若干规定》第3条规定,《民法典》施行前的法律事实引起的民事纠纷案件,当时的法律、司法解释没有规定而《民法典》有规定的,可以适用《民法典》的规定。一审法院在审理该案时也援引了这一规定,认为冯某彦与杨某珍的离婚调解协议对居住权的约定符合《民法典》居住权的设立要件,因此冯某彦享有案涉房屋的居住权。

二、居住权的合同设立与登记

关于居住权的设立,《民法典》规定了合同设立与遗嘱设立两种方式。此外,在司法实践中还存在通过法院判决来设立居住权的情形,但立法对此并无明确规定。本部分重点探讨居住权的合同设立问题。关于合同设立,《民法典》第367条与第368条分别就居住权设立时签订的合同以及登记问题进行了规定。

(一)合同设立居住权

关于居住权合同设立的形式,根据《民法典》第367条第1款规定,设立居住权应当采用书面形式订立居住权合同。该款强调当事人"应当"采用书面形式,因此可以理解为,若当事人采用了口头方式订立居住权合同,则该合同原则上无效。当然,有学者认为,在实践中也存在例外情形,如当事人虽订立的是口头居住权合同,但双方均已履行了合同的主要义务,即房屋所有权人已将房屋交付给居住权人占有使用,则可以根据"履行治愈"规则,认可该合同已经成立。[①]

关于居住权合同的内容,《民法典》第367条第2款规定了订立居住权合同需载明的条款,具体包括:当事人的姓名或者名称和住所;住宅的位置;居住的条件和要求;居住权期限;解决争议的方法。有学者认为,合同条款可以分为必备条款与非必备条款。最高人民法院民法典贯彻实施工作领导小组认为,居住权合同的必备条款应包括约定明确的当事人与标的物即住宅的基本信息。而非必备条款主要包括居住条件和要求、居住期限和解决争议的方法。[②]

根据《民法典》的规定,居住权的设立前提为针对"他人的住宅",关于对"他人的住宅"的理解,本案涉及以下问题:一是冯某彦与杨某珍可否就当下属于夫妻

---

① 参见焦富民:《我国〈民法典〉居住权设立规则的解释与适用》,载《政治与法律》2022年第12期。

② 参见最高人民法院民法典贯彻实施工作领导小组主编:《中华人民共和国民法典物权编理解与适用》(下),人民法院出版社2020年版,第872页。

二人共有的住宅为自己设立居住权;二是可否就住宅的一部分设立居住权。首先,冯某彦与杨某珍在达成离婚协议时,针对夫妻共有的房屋设立了居住权,当时二人系案涉房屋的所有权人,房屋的所有权需待儿子成年后才能转移给儿子。《民法典》对居住权的设立明确规定为在他人住宅上设立,表面上看,所有权人自己是无法在自己的房屋上设立居住权的。但有学者认为,此种情形与《民法典》规定的在他人的住宅上设立居住权并不矛盾,冯某彦与杨某珍实际上是在将房屋赠与儿子冯某鹏的同时附加了一个前置性条件,即冯某鹏在获得赠与房屋的同时,需为父亲冯某彦设立终身居住权,为未再婚的母亲设立居住权。

其次,针对可否就住宅的一部分设立居住权的问题,学者存在争议。有学者认为,住宅的一部分可以设立居住权,从立法例来看,《德国民法典》第1093条第1款规定,"排除所有权人而将建筑物或者建筑物的一部分作为住房使用的权利,亦可以设定为限制人役权"。就厨房、厕所等满足权利人生活需要的空间及相应的设备设施,该条第3款进行了明确,"此项权利限于建筑物的一部分的,权利人可以共同使用供居住人共同使用的设施和设备"。可见德国立法支持就住宅的一部分设立居住权。否定说的观点认为,住宅是一个整体,作为物权的客体,其具有独立性与特定性,登记实务部门有观点认为,整套住宅中的单个房屋不能作为居住权登记的客体。从这个角度来看,在居住权登记时,是对整个住宅的居住权登记,住宅的一部分是无法进行居住权登记的,但可以将居住权人的使用范围限定在住宅的一部分。[①] 此外,还有学者认为,因居住权是由合同约定,所以,若合同中当事人可以共同使用住宅或住宅的一部分,则可以依据该约定进行设置。[②]

本案中,冯某彦与杨某珍就案涉房屋居住权的约定明确,冯某彦就案涉房屋享有终身居住权,杨某珍在再婚前就案涉房屋的阁楼享有居住权。可见,当事人就住宅具体如何使用进行了明确规定,就居住期限以及居住范围的约定,并未违反法律的强制性规定与法律的基本原则,因此本案涉及的居住权方面的约定被法院认可。法院的观点与上述一些学者的观点不同,其认为,居住权的客体可以是住宅的一部分,而且住宅内可以有数个居住权人,居住权人的权利也可以及于附属设施,即对于为全体居住人共同使用而设的设施设备,居住权人可以共同利用。

[①] 参见王荣珍:《解释论视角下的居住权客体》,载《比较法研究》2021年第6期。
[②] 参见焦富民:《我国〈民法典〉居住权设立规则的解释与适用》,载《政治与法律》2022年第12期。

此观点与《德国民法典》较为一致。法院认为，即便杨某珍也需要在案涉房屋内设立居住权，其与冯某彦的居住权内容也并不冲突。可见，法院对离婚协议中约定的杨某珍的居住权予以了充分认可。

(二) 居住权登记

居住权登记的问题主要规定在《民法典》第368条。居住权原则上应无偿设立，但当事人可以另有约定。设立居住权，应当向登记机构申请居住权登记，居住权自登记时设立。由法律规定可见，《民法典》实施后，对于居住权的设立，我国采用的是登记生效的物权变动模式。[①] 首先需要明确的是，需要登记的是居住权本身，居住权合同无须登记。居住权合同属于私法自治领域，公权力干预的是居住权是否设立的问题。因此，居住权合同签订后，居住权并未设立，需持居住权合同到登记机构登记之后，居住权才得以设立。当然，根据物权债权相区分原则，居住权合同的成立生效不以居住权设立登记为必要条件，居住权合同签订后，当事人即负有申请办理居住权登记的义务。但当事人不得以居住权未登记为由，主张居住权合同不成立或无效。[②] 对于何人可以成为申请居住权登记的主体，法律未作明确规定。《不动产登记暂行条例》第14条第1款规定："因买卖、设定抵押权等申请不动产登记的，应当由当事人双方共同申请。"有学者认为，此处的"等"字可以认为是包含了居住权登记事项的。因此，可以认为，居住权登记，应由所有权人与居住权人双方共同申请。

本案中，冯某彦与杨某珍达成的离婚调解协议中载明了居住权的设置问题，该权利设置并无不妥，因此冯某彦作为居住权人提出依据调解协议的约定要求房屋所有权人冯某鹏配合办理居住权登记手续并无不妥。该居住权虽在《民法典》出台前即已约定，但不妨碍该约定的效力。因此，在《民法典》出台后，居住权人有权要求房屋所有权人配合其办理居住权登记手续，以符合《民法典》对该权利设置的要求。

三、居住权与抵押权的关系

本案中涉及在同一房屋上设置居住权和抵押权的情况，居住权人诉请法院禁

---

① 参见黄薇：《中华人民共和国民法典释义（上）：总则编·物权编》，法律出版社2020年版，第713页。

② 参见最高人民法院民法典贯彻实施工作领导小组主编：《中华人民共和国民法典物权编理解与适用》（下），人民法院出版社2020年版，第880页。

止房屋所有权人在已经设置了居住权的房屋上设置抵押权,由此引发我们对房屋上能否同时设置居住权与抵押权问题的思考。

根据我国《民法典》的规定,居住权属于用益物权,抵押权属于担保物权。有学者认为,居住权属于有期限的物权,在已经设置了抵押权的物上,并无碍于居住权的设置;而已经设置了居住权的房屋,也并不否认其抵押能力。[1] 物权相较于债权,具有优先效力,而当同一物上存在多个彼此相容的物权时,先成立的物权有优先于后成立物权的效力。[2] 因依合同设立的居住权与抵押权均采取登记生效主义,所以当两种权利竞合时,可根据其登记的先后顺序确定两种权利的优先顺位。此处需注意依合同设立的居住权与依遗嘱而设立的居住权的区别。对于依遗嘱设立居住权的,虽然《民法典》第371条规定其"参照适用本章的有关规定",但最高人民法院民法典贯彻实施工作领导小组认为,基于继承发生的物权变动,不同于一般的物权变动模式。根据《民法典》第230条的规定,因继承取得物权的,自继承开始时发生效力。因此可以认为,依遗嘱设立的居住权,当事人在被继承人死亡后即可取得遗嘱中规定的居住权,此时登记并非生效要件,而是可以起到强化物权公示的效力。[3] 因此依遗嘱而设立的居住权与抵押权在确定先后顺序时,是以继承开始时间与抵押登记时间来判断两者的优先顺序的。由此可见,无论是基于合同设立的居住权,还是基于遗嘱设立的居住权,对于居住权与抵押权是否冲突的问题,学者普遍认为两项权利是可以在同一物上并存的。

实践中,实务部门如广州市不动产登记中心认为,房屋已进行抵押的,可以设立居住权,但需先行通知抵押权人并取得抵押权人同意,方可办理居住权登记。有学者对此持反对意见,认为居住权的设立,可不通知抵押权人并经其同意,[4]但实践中在已经设置了抵押权的房产上设立居住权,确实会对抵押权的行使造成障碍。

本案是在已约定设立居住权的房屋上再设置抵押权,法院因此认为,所有权人在明知房屋已设置居住权的情形下设置抵押权,会造成担保物价值的减损,由

---

[1] 参见高圣平、范佳慧:《不动产上抵押权与利用权的冲突与协调》,载《山东大学学报(哲学社会科学版)》2020年第6期。
[2] 参见谢在全:《民法物权论》(修订5版),中国政法大学出版社2011年版,第25—26页。
[3] 参见最高人民法院民法典贯彻实施工作领导小组主编:《中华人民共和国民法典物权编理解与适用》(下),人民法院出版社2020年版,第899页。
[4] 参见王荣珍:《解释论视角下的居住权客体》,载《比较法研究》2021年第6期。

此产生的民事责任由所有权人承担。然而本案也存在特殊情况,即关于设立居住权的协议是在 2009 年达成的,当时《民法典》并未出台,也并未在法律层面要求居住权设立需要登记。冯某鹏在房屋上设立抵押权是在 2021 年,并且办理了抵押登记,此时,若按照居住权、抵押权登记生效主义的观点,则抵押权生效时间早于居住权。本案法院并未采纳此观点,并且因《民法典》出台后才要求居住权设立需要办理登记,所以法院认为冯某彦享有居住权益的时间远早于冯某鹏为房屋设立抵押权的时间,冯某彦主张在案涉房屋上办理居住权登记以完成物权设立和公示符合《民法典》的规定,亦不存在主观恶意,因此不受抵押权的影响。

此外,最高人民法院民法典贯彻实施工作领导小组在分析《民法典》第 369 条时也提及另一个问题,即居住权本身可否设定抵押权的问题。根据《民法典》第 369 条的规定,居住权不得转让、继承。一般设立了居住权的住宅也不得出租,但当事人另有约定的除外。因此本案中冯某彦与杨某珍约定杨某珍若再婚,居住权人冯某彦可将案涉房屋阁楼出租,该约定本身也未违反《民法典》的规定。关于居住权本身能否抵押,最高人民法院认为,抵押与转让均属于处分行为,将不可转让的财产设定担保的,担保合同无效,因居住权不得转让,所以居住权本身也不得设定抵押。[1] 此处的抵押权与前述提及的在已设定居住权的房屋上设置抵押权是两个问题,需注意区分。

思 考 题

[1] 居住权的权利属性为何?
[2] 居住权人的权利范围为何?
[3] 对于《民法典》生效前已经设立的居住权如何看待?
[4] 居住权的客体为何?

推 荐 阅 读

[1] 申卫星:《〈民法典〉居住权制度的体系展开》,载《吉林大学社会科学学报》2021 年第

---

① 参见最高人民法院民法典贯彻实施工作领导小组主编:《中华人民共和国民法典物权编理解与适用》(下),人民法院出版社 2020 年版,第 887 页。

3 期。

[2] 崔建远:《物权法》(第 5 版),中国人民大学出版社 2021 年版。

[3] 梁慧星、陈华彬:《物权法》(第 7 版),法律出版社 2020 年版。

[4] 马强:《民法典居住权规定所涉实务问题之研究》,载《法律适用》2022 年第 5 期。

[5] 汪洋:《民法典意定居住权与居住权合同解释论》,载《比较法研究》2020 年第 6 期。

[6] 最高人民法院民法典贯彻实施工作领导小组主编:《中华人民共和国民法典物权编理解与适用》(下),人民法院出版社 2020 年版。

[7] 王荣珍:《解释论视角下的居住权客体》,载《比较法研究》2021 年第 6 期。

[8] 付一耀:《论裁判方式设立居住权》,载《社会科学研究》2022 年第 6 期。

[9] 焦富民:《我国〈民法典〉居住权设立规则的解释与适用》,载《政治与法律》2022 年第 12 期。

[10] 黄薇:《中华人民共和国民法典释义(上):总则编·物权编》,法律出版社 2020 年版。

[11] 高圣平、范佳慧:《不动产上抵押权与利用权的冲突与协调》,载《山东大学学报(哲学社会科学版)》2020 年第 6 期。

[12] 谢在全:《民法物权论》(修订 5 版),中国政法大学出版社 2011 年版。

1.4 担保物权

▣ 理论导读

担保物权是以担保债的实现而设立的一项物权,其是重要的债的担保制度。根据该权利,当债务人不履行到期债务或发生当事人约定的实现担保物权的情形时,担保物权人有权就担保财产变价并优先受偿。同用益物权类似,担保物权也属于限制物权,其本质是通过赋予权利人对担保财产的交换价值的控制而确保债权的实现。在我国《民法典》物权编中,担保物权分为抵押权、质权和留置权。

《民法典》物权编第四分编专门规定了担保物权,具体包括第十六章至第十九章。其中第十六章是担保物权的一般规定,主要涉及担保物权的概念、设立、范围、消灭等相关问题。第十七章是关于抵押权的规定,又分为一般抵押权和最高额抵押权。抵押权是指债权人对债务人或第三人不转移占有而提供担保的财产,于债务人不履行债务或者发生当事人约定的实现抵押权的情形时,依法享有的就该财产变价并优先受偿的权利。最高额抵押是一种特殊形式的抵押,是为一定期间内将要连续发生的债权提供的担保。本书选取的郭某东、赵某等返还原物纠纷案即涉及最高额抵押问题。第十八章规定的是质权,具体又包括动产质权与权利质权,动产质权是需转移占有的担保物权。第十九章规定的是留置权,具体是指债务人不履行到期债务,留置权人可以留置已经合法占有的该债务人的动产,并有权就该动产优先受偿。可见担保物权与用益物权虽同属他物权,但价值与功能差异明显,本书选取的冯某鹏、冯某彦等居住权纠纷案通过对居住权与抵押权问题的分析,对比了用益物权与担保物权之间的关系。

郭某东、赵某等返还原物纠纷案

摘要：抵押权纠纷是日常生活中常见的物权纠纷类型，最高额抵押权是一种特殊的抵押权。《民法典》第420条至第424条对最高额抵押问题进行了明确规定，该类纠纷在司法实践中案例众多。本案中当事人在案涉房地产上设置了最高额抵押，在抵押物拍卖后，房产承租人以租赁合同进行抗辩，拍卖购得该房地产的所有权人要求承租人返还原物，搬离案涉房产。本案重点探讨了最高额抵押、买卖不破租赁、在先设立的抵押权与租赁权的关系、倒签合同与民事诉讼中的证据伪造、实现担保物权程序等法律问题。

关键词：担保物权；最高额抵押；买卖不破租赁；倒签合同

一、引言

最高额抵押权是一种特殊形式的抵押权，属于担保物权的一种。我国《民法典》在"担保物权"分编第十七章之下对抵押权进行了规定，其中第一节为"一般抵押权"，第二节为"最高额抵押权"。由此可见，最高额抵押权有着与一般抵押权不尽相同的特殊性。本案中，当事人为取得银行融资，多次在房产上设立最高额抵押，由此可见，最高额抵押在实践中的确为"今日金融市场之宠儿"。本案的特殊之处为，当事人在设立抵押权之后，又对抵押房产进行出租，由此产生了在先设立的抵押权与租赁权如何协调的问题。该案所涉纠纷具有典型的代表性，对相关纠纷的妥善处理具有一定的参考价值。

二、案件当事人

一审原告：赵某

一审被告：郭某东

一审第三人：中国农业机械华北集团有限公司（以下简称华北农机公司）

三、案情简介

本案当事人分别是一审原告赵某，一审被告郭某东，一审第三人华北农机公司。华北农机公司在天津市北辰区北仓道南有85,989.2平方米土地使用权，土地上有建筑物。为获得银行融资，华北农机公司先后6次与银行签订最高额抵押合同，约定华北农机公司向银行借款，华北农机公司以案涉房地产提供最高额抵押担保，并办理抵押登记，前五次因贷款还清，办理了抵押权注销手续。第六次最高额抵押合同是与民生银行签订的，华北农机公司未按时还款，被诉至法院，法院判决华北农机公司相应借款合同到期并承担还款付息等责任，确认民生银行对华北农机公司案涉抵押的房地产享有抵押权，就债款最高本金余额170,429,000元以及所产生的利息、罚息、复利等，以折价或者拍卖、变卖该抵押财产所得价款优先受偿。华北农机公司未履行给付义务，民生银行申请强制执行。天津市第一中级人民法院拍卖被执行人华北农机公司名下北辰区北仓道南土地使用权及地上物，赵某以128,000,000元的最高价竞得上述土地使用权及地上物。

一审被告郭某东自称是案涉房产的承租人，其与华北农机公司签订了《关于华北农机集团北仓道仓库办公楼的租赁协议》《关于华北农机集团北仓道仓库办公楼租赁协议的补充协议》《关于华北农机集团天津一汽"4S"店的租赁协议》《关于华北农机集团天津一汽"4S"店租赁协议的补充协议》等多份租赁合同。被告郭某东陈述租赁合同签订时间早于该房产第六次设立最高额抵押的时间，其有权按照租赁合同占有该房产进行经营活动。但经司法鉴定，租赁合同形成时间晚于最高额抵押设立时间，房产所有权人赵某要求郭某东搬离并返还案涉房屋，就此争议诉至法院，一审法院天津市北辰区人民法院于2020年判决支持原告诉讼请求，被告郭某东不服，向天津市第二中级人民法院提起上诉，二审法院于2022年12月作出判决，驳回上诉，维持原判。

四、案件审理情况

（一）诉讼请求权

返还原物请求权，排除妨害请求权。

（二）请求权基础规范及要件分析

1.《民法典》第235条：无权占有不动产或者动产的，权利人可以请求返还原物。

（1）要件分析。

要件一：无权占有不动产或动产。

要件二：主体为不动产或动产权利人。

要件三：救济方式为请求返还原物。

(2)法律效果:权利人对无权占有物可以行使请求返还原物的救济。

2.《民法典》第236条:妨害物权或者可能妨害物权的,权利人可以请求排除妨害或者消除危险。

(1)要件分析。

要件一:他人妨害物权或可能妨害物权。

要件二:主体为权利人。

要件三:救济方式为请求排除妨害或者消除危险。

(2)法律效果:权利人可对妨害物权行为行使请求排除妨害或消除危险的救济。

3.《民法典》第229条:因人民法院、仲裁机构的法律文书或者人民政府的征收决定等,导致物权设立、变更、转让或者消灭的,自法律文书或征收决定等生效时发生效力。

(1)要件分析。

要件一:人民法院、仲裁机构的法律文书或者人民政府的征收决定等导致物权设立、变更、转让或者消灭。

要件二:物权变动自法律文书或者征收决定等生效时发生效力。

(2)法律效果:物权发生设立、变更、转让或消灭等法律效力的特殊情形。

4.《民法典》第405条:抵押权设立前,抵押财产已经出租并转移占有的,原租赁关系不受该抵押权的影响。

(1)要件分析。

要件一:抵押权设立前。

要件二:抵押财产已经出租并转移占有。

(2)法律效果:在先设立的租赁关系不受之后设立的抵押权影响。

5.原《物权法》第190条:订立抵押合同前抵押财产已出租的,原租赁关系不受该抵押权的影响。抵押权设立后抵押财产出租的,该租赁关系不得对抗已登记的抵押权。

(1)要件分析。

要件一:订立抵押合同前抵押财产已出租的,原租赁关系不受该抵押权的影响。(《民法典》第405条对此进行了修订)

要件二:抵押权设立后抵押财产出租的,该租赁关系不得对抗已登记的抵押权。

（2）法律效果：抵押权与租赁的关系，抵押权设立在先，租赁关系不得对抗已登记抵押权（《民法典》对此问题无规定）；抵押权设立在后，租赁关系不受抵押权影响。

（三）抗辩权基础规范及要件分析

《民法典》第725条：租赁物在承租人按照租赁合同占有期限内发生所有权变动的，不影响租赁合同的效力。

1. 要件分析。

要件一：租赁物发生所有权变动。

要件二：时间为在租赁合同占有期限内。

2. 法律效果：所有权变动不影响租赁合同的效力，即买卖不破租赁。

（四）诉讼主张的检索

主张：赵某请求判令郭某东排除妨害，搬离案涉房产。

（五）争点整理

原告、被告双方的争议焦点主要为：（1）本案是否适用买卖不破租赁规则？（2）被告是否应当排除妨害，返还所占用的场地？

争点一：本案是否适用买卖不破租赁规则？

事实证明：按照时间先后顺序，首先，关于最高额抵押的设置，2015年3月10日，民生银行与华北农机公司签订最高额抵押合同，约定华北农机公司向民生银行借款，华北农机公司以案涉房地产提供最高额抵押担保，并办理抵押登记，其中他项权登记申请书上记载房地产无出租。此前，华北农机公司还与其他银行签订过5份最高额抵押合同，在他项权登记申请书中均记载为房地产无出租。前五份合同因华北农机公司归还贷款而终结，抵押权登记已注销。

其次，关于郭某东与华北农机公司签订的租赁合同问题，郭某东陈述《关于华北农机集团北仓道仓库办公楼的租赁协议》与《关于华北农机集团天津一汽"4S"店的租赁协议》于同一天签订，落款日期为2010年5月28日。《关于华北农机集团北仓道仓库办公楼租赁协议的补充协议》与《关于华北农机集团天津一汽"4S"店租赁协议的补充协议》于同一天签订，落款日期为2011年5月9日。但经南京师范大学司法鉴定中心鉴定，《关于华北农机集团天津一汽"4S"店的租赁协议》《关于华北农机集团北仓道仓库办公楼租赁协议的补充协议》《关于华北农机集团天津一汽"4S"店租赁协议的补充协议》的公章形成时间均晚于 2017 年 2 月 10 日,《关于华北农机集团北仓道仓库办公楼的租赁协议》公章形成时间无法进行比对,由此可以反映已得出形成时间结论的 3 份协议的真实形成时间与被告对该 3 份协议陈述的签订时间不一致,租赁协议的形成时间存疑。

最后,关于该房产的归属问题,赵某于 2019 年 5 月 9 日通过司法拍卖竞得案涉房产,天津市第一中级人民法院于 2019 年 5 月 27 日出具(2019)津 01 执恢 8 号执行裁定书,裁定房产归赵某所有,该裁定已经生效。赵某依据执行裁定书向房管部门申请注销案涉房地产的抵押登记信息,抵押权登记现已注销,案涉不动产目前尚登记在华北农机公司名下。

事实认定: 一审法院认为,赵某通过司法拍卖竞得案涉房产,法院已发出执行裁定且裁定已生效,该房产应归赵某所有。郭某东提供的 4 份租赁合同经司法鉴定发现合同形成时间与郭某东陈述并不一致,郭某东主张租赁合同形成于 2010 年,2011 年作过补充协定,但司法鉴定显示其中 3 份合同形成时间晚于 2017 年,另一份合同无法鉴定确切时间。民生银行与华北农机公司于 2015 年签订最高额抵押合同,他项权登记中并未注明该房产出租等事项。法院因此认定,即使存在租赁关系,租赁合同形成时间也晚于民生银行与华北农机公司设立最高额抵押的时间。二审法院对一审法院的事实认定予以确认。法院认为,房产已归赵某所有,租赁合同形成时间晚于最高额抵押设立时间,租赁会受到在先设立的抵押的影响。本案与典型的买卖不破租赁并不相同,其中夹杂了抵押权的设置,抵押权的设立先于租赁合同的成立,因而最终并不适用传统的买卖不破租赁的规定。

争点二: 被告是否应当排除妨害,返还所占用的场地?

事实证明: 基于争点一提及的各项事实,郭某东提供的 4 份租赁合同形成时间存疑,晚于其主张的形成时间,因此租赁合同有效性也存疑。赵某享有房产所有权是基于司法拍卖,并且执行裁定书已生效。最高额抵押设立时间确定且登记中并未记载房产已出租。

事实认定: 法院认为,若租赁合同无效,则郭某东为无权占有不动产,理应返还原物给赵某;若租赁合同有效,但事实证明其形成时间晚于最高额抵押设立时间,抵押权设立后抵押财产出租的,该租赁关系不得对抗已登记的抵押权,抵押权实现后,租赁合同对受让人不具有约束力。因此郭某东不得以租赁合同对抗赵某,租赁合同对赵某不具有约束力。

五、结尾

关于争点一：本案是否适用买卖不破租赁规则？

原《物权法》第 190 条规定："订立抵押合同前抵押财产已出租的，原租赁关系不受该抵押权的影响。抵押权设立后抵押财产出租的，该租赁关系不得对抗已登记的抵押权。"郭某东的主张不符合该条款所列要件二的规定。郭某东未能举证证明租赁合同先于抵押合同签订，司法鉴定意见证实租赁合同形成时间晚于最高额抵押设立时间，因此根据原《物权法》第 190 条的规定，租赁关系不得对抗已登记的抵押权。当然，原《物权法》第 190 条第 2 句的规定在《民法典》中未得到延续，《民法典》第 405 条只规定了在先设立的租赁关系与后设立的抵押权的关系，将第 2 句的规定予以删除。因此在《民法典》实施后的司法实践中，该问题存在立法缺失的问题。

关于争点二：被告是否应当排除妨害，返还所占用的场地？

《民法典》第 229 条规定："因人民法院、仲裁机构的法律文书或者人民政府的征收决定等，导致物权设立、变更、转让或者消灭的，自法律文书或者征收决定等生效时发生效力。"本案中，法院认为，赵某经司法拍卖，并经由法院发布的执行裁定书，已取得案涉房产的所有权。此情形符合该条要件一和要件二的规定。但本案仍有一细节需要关注，《民法典》第 232 条规定，处分依照物权编第一分编第二章第三节"其他规定"的规定（包括第 229 条）享有的不动产物权，依照法律规定需要办理登记的，未经登记，不发生物权效力。本案中，赵某已将抵押权登记注销，但尚未完成房产过户登记，案涉房产仍登记在华北农机公司名下，根据第 232 条的规定，不动产未经登记，不发生物权效力，可见法院对此问题并未予以特别关注。而此问题会直接影响到赵某是否为案涉房产的所有权人。若为所有权人，其有权要求根据《民法典》第 236 条的规定，请求排除妨害，要求郭某东搬离案涉房产。

六、附录

天津市北辰区人民法院民事判决书,(2020)津 0113 民初 5729 号。

天津市第二中级人民法院民事判决书,(2022)津 02 民终 6761 号。

郭某东、赵某等返还原物纠纷案教学指导手册

▣ 教学具体目标

本案例主要就物权法中最高额抵押、在先设立的抵押权与租赁权的关系问题以及倒签合同与民事诉讼中的证据伪造问题的理解和适用进行教授,其中涉及物权法、合同法及民事诉讼法中的诸多实体性与程序性问题,具体问题包括:(1)最高额抵押问题;(2)在先设立的抵押权与租赁权的关系问题;(3)倒签合同与民事诉讼中的证据伪造问题;(4)实现担保物权的程序问题。

▣ 教学内容

一、最高额抵押问题

本案中,华北农机公司就北辰区北仓道南 85,989.2 平方米的土地使用权及地上物多次与银行设立最高额抵押,最终因到期无法偿还银行借款由法院拍卖该土地使用权及地上物给赵某。实践中,最高额抵押被称为"今日金融市场之宠儿"。[1] 最高额抵押权,指的是在最高债权额限度内,为了担保将来一定期间内将要连续发生的债权,债务人或第三人提供抵押物而设立的特殊的抵押权。如果债务人不履行到期债务或者发生当事人约定的实现抵押权的情形,最高额抵押权人可以在最高债权额限度内就该担保财产优先受偿。[2] 最高额抵押权,相较于一般抵押权而言,是一种特殊的抵押权。其最大的特殊之处在于可以担保将来一定期间内连续发生的债权,而不需要在每一个债权上设立一个担保物权,而现代商业中的交易相当比例为连续的交易往来,如银行授信,经销商与制造商之间的交易等。如果采取最高额抵押的方式,则可以简化手续,减少交易成本,进而加速资金

---

[1] 参见谢在全:《银行联贷与最高限额抵押权》,载《法律适用》2018 年第 13 期。
[2] 参见最高人民法院民法典贯彻实施工作领导小组主编:《中华人民共和国民法典物权编理解与适用》(下),人民法院出版社 2020 年版,第 1146 页。

的融通,促进经济的繁荣发展。

（一）最高额抵押的立法沿革

在我国,最高额抵押制度的发展经历了从原《担保法》到原《物权法》再到《民法典》的不同发展阶段。在1995年颁布的原《担保法》中,最高额抵押首次出现,规定在第三章"抵押"之下的第五节"最高额抵押"中,具体涉及4个条款,分别就最高额抵押的定义、适用范围,最高额抵押的主债权禁止转让,最高额抵押的法律适用问题进行了规定,相关规定较为简单、抽象。从总体结构上看,第三章"抵押"的前四节主要规定的是"一般抵押权"的相关问题,"最高额抵押"与前四节并列,并不凸显。

在2000年出台的原最高人民法院《关于适用〈中华人民共和国担保法〉若干问题的解释》（以下简称原《担保法司法解释》）中,最高人民法院对最高额抵押担保的债权范围作了进一步明确,同时就最高额抵押中的最高限额和抵押期间的变更、最高额抵押权的实现等问题进行了细化规定。

到2007年原《物权法》出台时,最高额抵押有了更加成熟的规定。首先,从结构上看,其规定在第四编"担保物权"之下的第十六章"抵押权"之中,第十六章经过合并,只分成了两节,即第一节"一般抵押权"和第二节"最高额抵押权",由此可见立法层面对最高额抵押权的重视程度在提升。其次,从具体内容上看,原《物权法》关于最高额抵押的规定相较原《担保法》有了新的提升。原《物权法》第203条是对最高额抵押的界定,相较原《担保法》的规定,该定义的描述更加具体、明确。就最高额抵押所担保的主债权及最高额抵押权转让的问题,原《物权法》对原《担保法》进行了修改,改变了之前最高额抵押的主债权禁止转让的规定,赋予了当事人更多的意思自治。关于抵押权人与抵押人协议变更最高额抵押的问题以及何种情况下抵押权人的债权确定,原《物权法》也相较原《担保法》有了明确规定。

2021年《民法典》正式实施,最高额抵押问题基本延续了原《物权法》关于最高额抵押的规定,只在一些表达及细节问题上作了完善,如将抵押财产被查封、扣押时抵押权人的债权确定又进一步修改为"抵押权人知道或者应当知道抵押财产被查封、扣押"时抵押权人的债权确定。因此,在《民法典》实施后,只有在抵押权人知道或应当知道抵押财产被查封或扣押时,最高额抵押担保的债权才确定。在最高人民法院《关于适用〈中华人民共和国民法典〉有关担保制度的解释》中,又对最高额抵押中最高债权额的范围进行了明确,除主债权外,利息、违约金、损害赔偿金、保管担保财产的费用以及实现债权或者担保物权的费用都可以包括在内,当事人可以约定。

总之,从立法变迁来看,最高额抵押制度在我国立法中从无到有,从抽象到细化,最高额抵押的法律地位也得到了进一步的明确和强化。当然,作为特殊的担保物权,其在无特殊规定的问题上,仍需遵守关于抵押权及担保物权问题的一般性规定。

(二)最高额抵押的特征

最高额抵押是一种特殊的担保物权,其设置更加灵活、方便,可以减少交易成本,简化相关手续,与一般抵押相比,最高额抵押具有以下特点。

首先,最高额抵押担保的债权具有不特定性。一般的抵押在设立时已经确定其担保的债权具体的额度是多少,但最高额抵押所要担保的是在未来的一段时期内将会连续发生的债权,因此其必然具有一定的时间跨度,并不只是某一时间点发生的债权。该段时间可以由当事人在合同中具体约定,若当事人无约定,也可以根据《民法典》第423条加以确定,如自最高额抵押权设立之日起满2年。最高额抵押在设立时其担保的债权其实并没有实际存在。

其次,最高额抵押权有最高债权额的限制,因最高额抵押具有不确定性,但担保物的价值是确定的,如果其担保的债权最终超过了抵押物的价值,则超过的部分不享有优先受偿权,这显然对债权人不利。因此最高额抵押在设立时,会确定一个最高债权额限度,保障债权人的利益。

最后,最高额抵押权虽然具有从属性,但其从属性较为缓和。一般抵押权具有从属性,其从属于主债权,若主债权消灭,则抵押权随之消灭。但最高额抵押却是对一般抵押权从属性的突破。例如,最高额抵押的设立时间会早于主债权产生的时间,其保障的是未来产生的一系列债权。因此,若其担保的债权中有一部分债权消灭,最高额抵押权并不会消灭,只有在最高额抵押担保的债权确定之后,债权全部消灭时,最高额抵押权才会最终消灭。

本案中,由于最高额抵押的便利性,华北农机公司与多家银行依次设立过最高额抵押。华北农机公司与银行是借贷关系,华北农机公司还清银行贷款之后,最高额抵押权消灭,抵押权登记被注销。在最后一次最高额抵押中,华北农机公司无法还清民生银行的贷款,因此需要通过确定最高额抵押担保物的价值,最终通过拍卖,民生银行实现了优先受偿权。当然,本案中,民生银行的债权为1.7亿余元,华北农机公司案涉抵押的房产最终拍卖价为1.2亿余元,民生银行就所得价款优先受偿,但显然本案中案涉房产价值并不足以清偿全部债务。民生银行还可向华北农机公司就剩余债务继续追偿。

(三)最高额抵押权的设立

最高额抵押权的设立需基于当事人之间的合同约定,当事人需就未来将要连续发生的一定期间的债权设立最高额抵押。当事人之间的合同需为书面形式,具体的约定内容需要包括最高债权额的限度以及未来将要发生的债权的期间。在最高额抵押制度中,《民法典》赋予了当事人充分的意思自治,如在最高额抵押担保的债权确定之前,当事人可以通过合同变更债权确定的期间、债权的范围、最高债权额的限度等,当然,此种变更不得损害第三人利益,如不得对其他抵押权人产生不利的影响。此外,根据抵押权的一般规定,对于不动产抵押,应当办理抵押登记,不动产抵押权是自登记时设立;对于动产抵押,也可进行登记,但动产抵押是自抵押合同生效时设立,若未登记,只是不得对抗善意第三人,但对合同双方仍有法律效力。

本案中,华北农机公司就案涉房产与银行签订了多次最高额抵押合同,同时按照法律规定及时办理了抵押权设立登记,当华北农机公司还清主债务之后,也及时办理了抵押权注销登记。在最后一次最高额抵押中,华北农机公司无法清偿银行债务,被法院强制执行,抵押房地产被拍卖。赵某拍得该案涉房产后,根据法院的执行裁定书向房管部门申请注销了案涉房地产的抵押登记,此时,最高额抵押权消灭。只是到二审审理期间,赵某仍未就案涉房地产进行所有权转移的登记,其以房屋所有权人的名义向房屋承租人提出要求返还原物,法院虽未就此问题提出异议,但从理论上来说,赵某需办理完房屋所有权登记后才能成为没有争议的案涉房地产的所有权人。

(四)最高额抵押担保的债权范围

关于最高额抵押担保的债权范围,在《民法典》起草过程中,曾有学者提出不同建议。学者们就能否扩张最高额抵押担保的债权范围有不同观点,学界就利息、违约金等能否纳入最高额抵押担保的债权范围存在争议。有学者主张,若利息、违约金等加上本金未超过最高债权额的限度,则可将其纳入最高额抵押担保的范围。另有学者主张,最高额抵押担保的债权必须登记,债权优先受偿的范围以登记为准,因此若想将利息、违约金等纳入,则应在登记时将该事项进行登记,否则不得以此对抗善意第三人。最终,《民法典》延续了原《物权法》关于最高额抵押担保债权范围的规定,仅规定若当事人同意,可以将最高额抵押权设立前已经存在的债权纳入最高额抵押担保的债权范围,对于是否包括利息、违约金等,并未在"最高额抵押权"一节中进行专门规定。结合《民法典》第 389 条对担保物权担保范围的规定,在担保物权的一般规定中,担保范围应包括主债权及利息、违约金、损害赔偿金等各项费用,同时充分尊重当事人的意思自治。因此,为明确最高额抵押的特殊情形,最高人民法院《关于适用〈中华人民共和国民法典〉有关担保制度的解释》对此问题进行了明确。其第 15 条规定,最高额担保中的最高债权额,既包括主债权,也包括利息、违约金、损害赔偿金等费用。该条规定与《民法典》第 389 条规定的范围保持了一致,同时尊重了当事人意思自治,允许当事人就此进行约定。当然,就登记与约定不一致的问题,司法解释中也明确指出,若登记的最高债权额与当事人约定不一致,法院应以登记为准。由此可见,如果当事人想将利息、违约金等纳入最高债权额,在登记时最好作出明确约定,防止出现其约定不被认可的情况。

本案中,法院确定民生银行享有的抵押权本金为 1.7 亿余元,同时其所产生的利息、罚息、复利等,也可通过拍卖案涉房产所得价款优先受偿。法院的执行裁定书对此予以明确。可见,本案中,最高债权额包括了主债权以及其产生的利息、罚息以及复利,这在司法实践中是较为常见的确定最高债权额的情形。例如,在湖北盘古市政工程有限公司与湖北升辉房地产有限责任公司(以下简称升辉公司)在建建筑物抵押权纠纷案[①]中,中国农业银行洪山支行与升辉公司签订了《最高额抵押合同》,升辉公司以其部分在建工程为中国农业银行洪山支行与武汉新创建设集团有限公司自 2012 年 11 月 29 日起至 2015 年 11 月 28 日止办理约定的各类业务所形成的债权在最高额内提供抵押担保,并办理了期房抵押登记,《最高额抵押合同》中约定的担保范围包括借款本金、利息、罚息、复利等,最终,法院认定当事人有权就期房抵押证明所载抵押物折价或者拍卖、变卖所得价款优先受偿债权转让本金 3000 万元及转让之后的利息。可见,在《民法典》出台前,在司法实践中,法院已经形成了如下裁判规则:当事人之间签订的《最高额抵押合同》约定

---

① 参见湖北省武汉市中级人民法院民事判决书,(2017)鄂 01 民初 4318 号。

的担保范围包括借款本金、利息、罚息、复利的,有权要求在最高余额内就期房抵押证明所载抵押物折价或者拍卖、变卖所得价款优先受偿。

二、在先设立的抵押权与租赁权的关系问题

本案中,在当事人设立了最高额抵押权后,又在案涉不动产上设置了租赁权。经法院拍卖实现最高额抵押后,租赁关系该如何处置,此情形下是否可以适用买卖不破租赁规则成为本案的焦点。被告即承租人郭某东认为其租赁权应得到保障,并提交了4份租赁合同作为证据;而原告即拍卖获得案涉房地产所有权的赵某认为,郭某东的租赁权不得对抗其因获得抵押物所享有的所有权。此问题实质为在先设立的抵押权与租赁权的关系问题。

(一)先抵押后租赁问题的立法沿革

关于先抵押后租赁问题的立法规定,我国立法经历了从无到有,再到删除的发展变化。最初规定此问题是在原《担保法司法解释》中。原《担保法司法解释》第66条明确规定,先抵押后出租的,抵押权实现后,租赁合同对受让人不再具有法律上的约束力。根据抵押人是否书面告知承租人财产抵押的情况,其责任承担又有所不同,若抵押人已书面告知抵押情形,承租人仍然愿意租赁该财产,则在抵押权实现中造成承租人损失的,该损失由承租人自己承担;反之,若抵押人未书面告知,承租人不知财产的抵押情况,则抵押人需对出租该抵押物对承租人造成的损失承担责任。

2005年最高人民法院《关于人民法院民事执行中拍卖、变卖财产的规定》第31条也规定了此问题,即在法院司法拍卖时,若拍卖财产上原来已有租赁权或者其他用益物权,则这些权利不会因拍卖而消灭。但如果该权利继续存在于拍卖财产上,对于在先的担保物权或者其他优先受偿权的实现有影响,此时法院应当依法将该项权利除去后再进行拍卖。可见,此司法解释确立了"租赁权对在先担保物权的实现是否有影响"这一判断标准,有影响的,需除去该租赁权,无影响的可以保留。

原《物权法》对该问题也作了规定,第190条第2句明确规定,抵押权设立之后对抵押物进行出租的,该租赁关系是不得对抗已经登记的抵押权的。从上述规定来看,司法解释与立法规定并不完全一致。2009年出台的最高人民法院《关于审理城镇房屋租赁合同纠纷案件具体应用法律若干问题的解释》中对已设立抵押的房屋租赁问题进行了规定,其在第20条明确指出,房屋在出租前已设立抵押

权,因抵押权人实现抵押权发生所有权变动的,不受买卖不破租赁的约束。总之,《民法典》出台前,立法与司法解释的总体观点是租赁关系不会影响在先设立的抵押权,但对于租赁权是否需要去除,并无明确标准,对担保物权实现是否有影响是较为模糊的判断标准。

在《民法典》制定过程中,对该问题的规定也有诸多争议,最终《民法典》第405条仅规定了先租赁后抵押问题,删除了原《物权法》第190条第2句先抵押后租赁问题的规定。最高人民法院《关于适用〈中华人民共和国民法典〉有关担保制度的解释》中对先抵押后租赁问题也无明确规定。最高人民法院《关于人民法院民事执行中拍卖、变卖财产的规定》对此问题进行了修正,现行版本于2021年施行,其第28条作了与此前版本第31条同样的规定。最高人民法院《关于审理城镇房屋租赁合同纠纷案件具体应用法律若干问题的解释》也进行了修正,2020年修正后其观点未发生变化,即房屋的先抵押后租赁,不受买卖不破租赁的约束。可见,司法实践中仍在适用"租赁权对在先担保物权的实现是否有影响"这一判断标准以及针对房屋租赁问题的具体规定,除此之外,立法中对先抵押后租赁问题缺乏明确规定。此情况导致在司法实践中,法院的做法与观点并不统一。

(二)先抵押后租赁问题的司法实践

由于立法先前的不统一以及《民法典》缺乏明确的规定,在司法实践中,法院的做法存在诸多争议,[①]法院在审理相关案件时观点并不一致。

首先,对于原《物权法》中"租赁关系不得对抗已登记的抵押权"的理解。此为《民法典》实施前,法院在判断先抵押后租赁问题时对原《物权法》第190条的解读与适用。在浙江勤丰海运有限公司诉周某某等光船租赁合同纠纷案[②]中,法院认为在先抵押后出租的情况下,抵押权优先于承租权,抵押权人在债权无法实现时,将抵押物变卖,购得该抵押物的买受人不受原租赁合同的约束,只要买受人不愿履行原租赁合同,承租人就不得以租赁关系的存在来对抗买受人。法院对此问题的判定,有一点需要注意,需要看买受人的意愿,即承租人是否可以以租赁关系

[①] 参见赵秀梅:《抵押权除去租赁权问题研究——以〈民法典〉第405条的解释论为中心》,载《社会科学》2021年第11期。

[②] 参见宁波海事法院民事判决书,(2015)甬海法台商初字第270号。

对抗,取决于买受人的意愿。在另一起案例即王某诉张某房屋租赁合同纠纷案①中,法院经审理认为,房屋抵押在先,出租在后,抵押权实现后,租赁合同不得对抗受让人,抵押权人有权解除租赁合同。此观点与上述光船租赁合同纠纷案的观点类似,租赁合同并非直接无效或解除,租赁合同是否存续取决于抵押权人的意愿。

其次,司法实践中有观点认为抵押在先租赁在后的问题,属于买卖不破租赁的例外;若租赁权对抵押权的实现存在不利影响,则需先除去租赁权,保证变价能够成功。例如,在工商银行某支行诉代某借款合同纠纷案②中,双方当事人于2011年9月19日办理案涉房屋抵押登记,抵押房屋于2013年3月1日出租,抵押权的设立早于承租权,故法院评析认为承租人租赁权不得对抗抵押权的实现。为保证变价能够成功,本案中法院应当裁定除去租赁权后再对抵押房屋进行变卖。法院对此案的评析认为,承租权是一种债权,抵押权是担保物权,根据物权优于债权的一般原理,抵押权本应优于承租权。但法律为保护承租人权益,专门规定了买卖不破租赁的特别规定。但在本案的情形中,即抵押权设立在先,租赁关系成立在后时,承租人明知房屋设立了抵押还承租,其本身不具有值得保护的"善意"。当然,若强制除去拍卖财产上的租赁权往往会引发承租人的怠于配合或激烈反抗,不利于法院执行工作的展开,加大执行工作的难度和成本。在该案中,法院对抵押房产进行带租约拍卖并无不妥。但当租期较长、租金偏低明显成为影响抵押物的价值和变价的重要因素时,租赁权的存在对抵押权的实现实际上已构成了不利影响,在此情况下法院应当裁定除去这一妨碍再继续对抵押房产进行变卖。

最后,认为租赁权不必去除的观点,即租赁权并未对抵押权的实现造成影响的案例。例如,在2020年大连海事法院审理的一则案例即原告胡某与被告王某、被告王某某、被告郑某、第三人沈阳金属材料总厂、第三人周某、第三人沈阳佳点物流有限公司、第三人曲某执行异议之诉案③中,法院认为,案涉不动产抵押在先,租赁在后,法院在征得抵押权人同意后拍卖该不动产,对抵押权人而言是行使抵

---

① 参见蚌埠法院网:《王某诉张某房屋租赁合同纠纷案》,载法信数据库2011年6月13日,https://www.faxin.cn/。
② 参见重庆法院网:《工商银行某支行诉代某借款合同纠纷案》,载法信数据库2016年1月8日,https://www.faxin.cn/。
③ 参见大连海事法院:《原告胡某与被告王某、被告王某某、被告郑某、第三人沈阳金属材料总厂、第三人周某、第三人沈阳佳点物流有限公司、第三人曲某执行异议之诉案》[案号:(2020)辽72民初527号],载法信数据库,https://www.faxin.cn/。

押权以实现债务清偿的具体方式。拍卖所得价款优先清偿抵押权人的债权,租赁权本身并未对在先的抵押权实现造成不利影响,不适用最高人民法院《关于人民法院民事执行中拍卖、变卖财产的规定》关于租赁权"继续存在于拍卖财产上,对在先的担保物权或者其他优先受偿权的实现有影响的,人民法院应当依法将其除去后进行拍卖"的规定,故拍卖无须征得次承租人的同意并去除承租权后再进行。可见,法院主要分析了租赁权对抵押权实现是否会造成不利影响。

此种做法在司法实践中得到诸多法院的支持,有法官认为,原《担保法司法解释》与最高人民法院《关于审理城镇房屋租赁合同纠纷案件具体应用法律若干问题的解释》的观点较为绝对,只要抵押权设立在先、租赁权设立在后,租赁合同对抵押物的受让人均不具有约束力,租赁关系均可去除。法官认为,与此相比,最高人民法院《关于人民法院民事执行中拍卖、变卖财产的规定》的规定更加灵活,也更加合理,不考虑租赁权对在先抵押权的实现是否有影响,而一律将其除去的做法,只保护了抵押权人的利益,却完全忽略了承租人的利益,只关注了抵押物的交换价值,忽视了抵押物的使用价值,没有充分顾及抵押物交换价值与使用价值的平衡,不利于在实现交换价值的同时,兼顾使用价值的实现。因此,在司法实践中,诸多法院并未对在后设立的租赁权一律去除,而是根据实际情况,选择带租拍卖,如此既实现了抵押权,也保护了承租人的利益。

总体而言,从司法实践来看,对于先抵押后租赁问题的处理,部分法院较为谨慎,通常会根据最高人民法院《关于人民法院民事执行中拍卖、变卖财产的规定》审查租赁关系对实现抵押权的影响,若并无实质影响,则可以保留租赁关系。但部分法院会先除去租赁关系,再实现抵押权。总体而言,大部分法院认可先抵押后租赁属于"买卖不破租赁"的例外规定。

三、倒签合同与民事诉讼中的证据伪造问题

本案中,被告承租人郭某东提供了数份租赁合同及补充协议作为证据,证明其与华北农机公司之间签订了房屋租赁合同,并且租赁时间要早于华北农机公司向民生银行抵押房产的时间。郭某东想以此作为其抗辩抵押权实现的依据,适用买卖不破租赁原则。原告赵某就被告郭某东提交的租赁协议及补充协议等证据的形成方式(包括朱墨时序)、真实性、印章形成时间等申请鉴定。法院依法委托南京师范大学司法鉴定中心进行鉴定。经鉴定后发现,郭某东提交的租赁合同及补充协议的形成时间要远远晚于抵押权设立的时间。最终法院采信了司法鉴定

意见,结合其他证据,如银行抵押登记的记录,六次抵押权登记中均未记载该房屋有出租记录,由此并未采信郭某东提交的证据,甚至郭某东是否真的与华北农机公司存在租赁关系,法院也未得出确切结论,只是分成两种情形进行了分析,一是假设租赁合同无效,二是假设租赁合同有效,最终结论均为支持原告的观点。本案法院并未就被告提交证据的真实性问题作过多评价,也未提及其是否构成对证据的伪造,但从判决书陈述的事实来看,即使租赁关系真实存在,郭某东在事后拟定租赁合同的行为也已构成了倒签合同;若租赁关系不存在,则其构成对证据的伪造。

(一)倒签合同的法律风险

倒签合同主要是指在合同履行过程中或履行完毕后补签合同的行为。有些企业为提高效率或资金的应用率,与对方在签订合同时采取了倒签的方式,为抓住商机,先实际履行,后续再补签合同。这样的方式虽然短期来看提高了效率,但存在极大的法律风险。未签订合同,拟定合同具体内容,一旦在履行过程中出现严重违约,很难确定当事人具体的权利义务,进而追究当事人的责任。尤其是当合同成立、生效时间会影响后续当事人权利义务的情形时,倒签合同的危害性更加严重。本案即一个非常典型的案例。租赁合同是在抵押权设立前还是设立后成立,直接影响承租人和抵押权人的权利,先租赁后抵押,要遵循买卖不破租赁的规定,维护承租人的合法权益;先抵押后租赁,会打破买卖不破租赁原则,更多地保护抵押权人的利益,保证抵押权的顺利实现。因此在本案中,承租人郭某东与抵押财产最终的购买人赵某会就租赁合同成立时间产生严重分歧。从判决书陈述的事实来判断,郭某东极有可能是事后补签租赁合同。在司法实践中,这种通过虚构倒签租赁合同或补签租赁合同损害他人权益的现象大量存在。本案中,法院最终未采信被告提交的证据,但也仅此而已,对于被告提交虚假证据的行为并未进行处罚。

(二)民事诉讼中的证据伪造

在《民事诉讼法》中,对证据的伪造问题有原则性规定。具体规定在《民事诉讼法》第114条中,该条指出:对在民事诉讼中伪造、毁灭重要证据,妨碍人民法院审理案件的,以及以暴力、威胁、贿买方法阻止证人作证或者指使、贿买、胁迫他人作伪证的,法院可以根据情节轻重予以罚款、拘留;构成犯罪的,依法追究刑事责任。有学者认为,对于在民事诉讼中作伪证的,法律对其的制裁方式规定较为单一，使得在实践中对于诸多在民事诉讼中作伪证的行为并未得到应有的处罚。有学者统计，民事诉讼中对作伪证行为的处理，85%会处以不采纳其伪证，只有15%左右的案件中会对提供伪证的当事人进行一定的处罚，并且即便处罚，各地处罚标准并不统一，法院对民事诉讼中的作伪证行为处罚金额较低。司法实践中出现伪证较多的主要是民间借贷纠纷案件，如在武汉市江岸区人民法院审理的肖某、王某与于某等民间借贷纠纷案[1]中，原告伪造了借条，借条签名是由他人代写的，法院查明事实后未采信该证据，但也未对原告伪造证据的行为予以处罚。在陶某诉某单位房屋买卖合同纠纷案[2]中，面对一审败诉的结果，上诉人陶某未在二审中进一步举证证明自己的主张，而是私自雕刻被上诉人的公章，并在一份伪造的"和解协议"和"撤诉申请书"加盖此公章，想以这两份伪造的证据骗取法院出具民事调解书或准予撤诉裁定。在查明事实后，法院依法决定对陶某罚款300元。本案中，鉴于陶某的行为未造成实际损害后果且及时承认了自己的错误并道歉，法院依法从轻作出处罚。

对于民事诉讼中的伪造证据，目前立法对其的规定较为原则性，处罚规定较为轻微，并且在具体处罚力度上缺乏较为统一的标准，不利于对民事诉讼中存在的作伪证行为进行有效治理。未来，可明确对民事诉讼中作伪证行为的处罚标准，同时利用社会征信体系，将作伪证的人员纳入失信人加以惩处，更好地维护程序正义与实体正义，真正维护诉讼当事人的合法权益。

四、实现担保物权的程序问题

关于担保物权的实现，本案担保物权通过诉讼方式以及强制执行程序实现。《民事诉讼法》规定了实现担保物权的程序。该程序是一种特别程序，当事人在实现担保物权时，可以选择此特别程序，也可以选择一般诉讼程序。

《民事诉讼法》在2012年修正时加入了实现担保物权的特别程序，用于快速解决不存在争议的担保物权实现问题。这对于帮助债权人尤其是银行等主体快速回笼资金，盘活被低效占用的金融资产起到了很大的促进作用。《民事诉讼法》相关司法解释中也就该程序进行了细化规定，当事人对实现担保物权无实质性争议且实现担保物权条件成就的，法院可裁定准许拍卖、变卖担保财产。目前，在司

---

[1] 参见武汉市江岸区人民法院民事判决书，(2017) 鄂0102民初3760号。
[2] 参见安徽法院网：《陶某诉某单位房屋买卖合同纠纷案》，载法信数据库2012年11月8日，https://www.faxin.cn/。

法实践中已有诸多案例通过实现担保物权的特别程序,实现了抵押物的快速变现。当然,若当事人对实现担保物权有实质性争议,则法院会裁定驳回申请,并告知申请人到法院起诉。本案中,当事人就最高额抵押与租赁权问题产生了争议,影响了担保物权的实现,此时不适宜选择实现担保物权的特别程序,当事人选择一般诉讼程序更有利于纠纷的解决。

------- 思 考 题 -------

[1]《民法典》最高额抵押适用于哪些范围?
[2]最高额抵押权如何设立?
[3]最高额抵押权的性质为何?
[4]在先设立的抵押权与租赁权是何种关系?
[5]倒签合同存在何种法律风险?应如何防范?
[6]如何看待民事诉讼中伪造证据的行为?
[7]何种情形下可适用实现担保物权程序?

------- 推荐阅读 -------

[1]谢在全:《银行联贷与最高限额抵押权》,载《法律适用》2018年第13期。
[2]最高人民法院民法典贯彻实施工作领导小组主编:《中华人民共和国民法典物权编理解与适用》(下),人民法院出版社2020年版。
[3]赵秀梅:《抵押权除去租赁权问题研究——以〈民法典〉第405条的解释论为中心》,载《社会科学》2021年第11期。
[4]武亦文:《〈民法典〉第420条(最高额抵押权的一般规则)评注》,载《南京大学学报(哲学·人文科学·社会科学)》2021年第6期。
[5]程啸:《论抵押财产出租时抵押权与租赁权的关系——对〈物权法〉第190条第2句的理解》,载《法学家》2014年第2期。

2. 人格权编

▢ 思维导图

```
人格权
├── 一般人格权：人格利益
│   ├── 人身自由
│   ├── 人格尊严
│   └── 生命尊严
│       ├── 人体基因
│       ├── 胚胎
│       └── 胎儿
└── 具体人格权
    ├── 生命权、身体权和健康权
    │   ├── 生命权
    │   ├── 身体权
    │   └── 健康权
    ├── 姓名权和名称权
    │   ├── 姓名权
    │   └── 名称权
    ├── 肖像权
    │   ├── 肖像
    │   └── 声音
    ├── 名誉权和荣誉权
    │   ├── 名誉权
    │   └── 荣誉权
    └── 隐私权和个人信息保护
        ├── 隐私权
        └── 个人信息
```

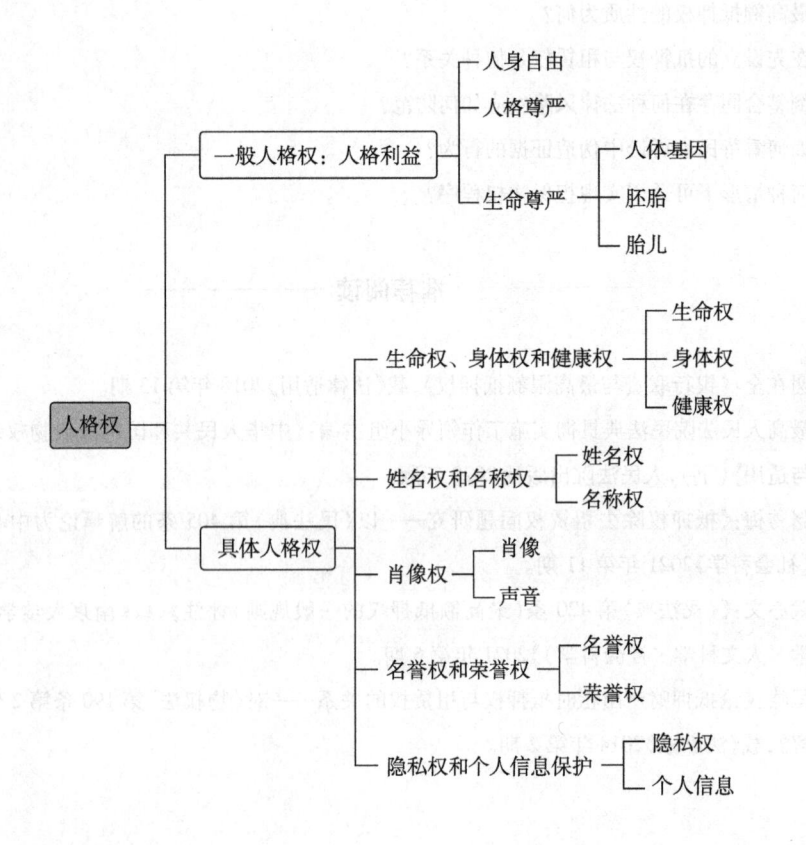

2.1 一般人格权

理论导读

　　一般人格权是指民事主体享有的，概括人格独立、人格自由、人格尊严全部内容的一般人格利益，并由此产生和规定具体人格权的基本权利。

　　一般人格权具有以下几个特征：主体普遍性、权利内容的广泛性。主体普遍性，指凡是民事主体，都有一般人格权；权利内容的广泛性，指一般人格利益高度概括，包括人身自由、人格尊严等。人身自由，指自然人在法律规定范围内享有人身不受侵犯和自主行为的自由。广义上的人身自由包括自然人的人身自由不受侵犯、住宅不受侵犯、通信自由和通信秘密受法律保护、享有婚姻自主权利等。人格尊严是具有伦理性、道德性品格的权利，是自然人自尊和获得他人尊重的统一，是对个人价值和外在形象主客观评价的结合。人格尊严具有极大的包容性，很多具体人格权如名誉权、隐私权的内涵都属于人格尊严的范畴。

　　这些高度概括的人格利益为根本性的人格利益。从权利内容上看，一般人格权的内容是无法事先确定，也不应当事先确定的。对于一般人格权所保护的人格利益，学术界进行了激烈的讨论。例如，学者张红认为一般人格权保护的人格利益包括祭奠利益、生活安宁利益、性自主利益、欺诈性抚养侵害之亲子利益等内容。

　　一般人格权有以下三项功能：其一，产生具体人格权。一般人格权所保护的具体人格利益会随着社会的发展，上升为具体人格权。在我国，隐私权的保护便是从司法解释中首先保护隐私这种人格利益开始的；其二，解释具体人格权；其三，补充具体人格权的权利内涵。司法实践中，判定是否构成侵害人格权，一般考虑两方面因素。其一，加害行为不构成对其他具体人格权的侵害；其二，加害行为侵害了人格独立、人格自由、人格尊严、人格平等一般人格利益。

　　从域外法规定看，《德国民法典》对人格权未设一般规定，为列举式立法。德国联邦法院在司法实践中创设一般人格权。我国《民法典》第990条明确规定了一般人格权。司法实践中，我国法院也在不断强化一般人格权的保护。2016年最高人民法院发布的弘扬社会主义核心价值观典型民事案例之一邓某某诉某速递公司、某劳务公司一般人格权纠纷案，为法院审理一般人格权纠纷提供了良好的示范。

孟某贵与邹城市大束镇东山头村村民委员会等一般人格权纠纷案

摘要: 2018年,原告孟某贵女儿孟某茹因病去世。被告东山头村村民委员会(以下简称东山头村委会)委托被告刘某胜操办孟某茹遗体迁葬事宜,刘某胜在被告邹城市殡仪馆对孟某茹的遗体进行火化后,将孟某茹骨灰领走并丢弃。孟某贵遂向法院请求判令三被告连带赔偿其精神损害抚慰金和医药费。法院经审理后认定:骨灰的毁坏、丢弃使原告失去了祭奠的特定物,造成原告不可逆转的精神痛苦,原告应当得到精神损害赔偿;但刘某胜的行为是在履行东山头村委会的委托事项中作出的,其赔偿责任应由委托人东山头村委会予以承担;邹城市殡仪馆对孟某茹进行火化的行为不存在过错。因此,判决仅东山头村委会对孟某贵承担精神损害赔偿责任。

关键词: 一般人格权;死者人格利益保护;精神损害赔偿

一、引言

人格权作为民事权利,其享有者应该为生者。但人死亡后,死者的遗体、遗物等对于死者的近亲属具有十分重要的情感寄托价值。自古以来,传统文化中对于死者遗体、遗骨有着特殊的情感价值。但这方面的侵权由于各种原因却屡见不鲜,极大地损害了近亲属的利益。因而如何更好地保护死者的人格利益就显得尤为重要。目前,达到这一目的的有效方式就是让行为人承担对死者近亲属的精神损害赔偿责任。

二、案件当事人

一审原告:孟某贵

一审被告:东山头村委会、刘某胜、邹城市殡仪馆

三、案情简介

2018年2月,原告之女孟某茹因病去世,其近亲属未将遗体火化而直接葬于东山头村。因担心环境污染问题,被告东山头村委会同原告父亲孟某营达成协议,换地埋葬。同年4月,被告东山头村委会委托刘某胜具体操办并支付相关费

用。同时,东山头村委会法定代表人孟某田最初告知刘某胜的是孟某茹的骨灰不要了,之后经刘某胜的提议,双方商定寄存半年。2018年4月5日,被告刘某胜凭相关证明,在被告邹城市殡仪馆办理了火化手续。遗体火化后,被告刘某胜将骨灰领走后丢弃。

因此,孟某贵向一审法院起诉请求:(1)依法判令被告连带赔偿原告精神损害抚慰金、医药费200,478元;(2)诉讼费由被告承担。诉讼过程中,原告将第1项诉讼请求数额变更为206,375.12元,其中精神抚慰金20万元,医药费6375.12元。

四、案件审理情况

(一)诉讼请求权

侵权责任损害赔偿请求权。

(二)请求权基础规范及要件分析

《民法典》第994条:死者的姓名、肖像、名誉、荣誉、隐私、遗体等受到侵害的,其配偶、子女、父母有权依法请求行为人承担民事责任;死者没有配偶、子女且父母已经死亡的,其他近亲属有权依法请求行为人承担民事责任。

1. 要件分析。

要件一:死者的姓名、肖像、名誉、荣誉、隐私、遗体等受到行为人的侵害。

要件二:请求权人是死者的配偶、子女、父母;死者没有配偶、子女且父母已经死亡的,请求权人是死者的其他近亲属。

2. 法律效果:死者的配偶、子女、父母或者其他近亲属有权依法请求行为人承担民事责任。

(三)抗辩权基础规范及要件分析

本案被告未提出抗辩,不存在抗辩权。

(四)诉讼主张的检索

主张一:刘某胜丢弃死者的骨灰,东山头村委会是刘某胜的委托人,邹城市殡仪馆主任张某国玩忽职守,三人共同造成对死者孟某茹遗体的侵害。

主张二:原告孟某贵是死者孟某茹的父亲。

(五)争点整理

本案争点为:(1)上诉人东山头村委会是否应承担赔偿责任?若应赔偿,数额应如何认定?(2)被上诉人刘某胜是否应承担赔偿责任?(3)被上诉人邹城市殡仪馆是否应承担赔偿责任?

争点一:上诉人东山头村委会是否应承担赔偿责任?若应赔偿,数额应如何认定?

事实认定:亲人骨灰是亲属寄托哀思的载体,骨灰的丢失将会给死者亲属造成极大的精神创伤。东山头村委会在处理孟某贵女儿遗体的火化及其法定代表人孟某田在告知刘某胜骨灰处理时直接告知骨灰不要了,存在明显过错。尽管之后在刘某胜的提议下,孟某田和刘某胜商定寄存半年,但在孟某茹遗体火化后,东山头村委会并没有确切核实骨灰寄存事宜,并给孟某贵方一个交代,而是轻易相信刘某胜已经寄存的口述,最后导致孟某茹的骨灰灭失,给其亲属造成精神创伤和痛苦,东山头村委会在整个事件过程中存在明显过错。对于赔偿责任:(1)关于精神损害抚慰金,骨灰作为具有强烈社会伦理意义的特殊物,东山头村委会的明显过错给原告造成了不可逆转的精神痛苦,理应承担赔偿责任,但原告要求20万元的精神损害抚慰金偏高,根据山东省高级人民法院《关于印发全省民事审判工作会议纪要的通知》规定的"侵权人是自然人的,一般精神损害,赔偿标准为1000—5000元;严重精神损害,赔偿标准为5000—10,000元。侵权人是法人或其他社会组织的,一般按照自然人赔偿标准的五至十倍予以赔偿。损害后果特别严重的,可在上述基础上适当提高赔偿标准",结合原告、被告之间的过错程度等有关情况,酌定判令东山头村委会承担6万元的精神损害赔偿金。(2)关于医疗费,原告主张其系刘某胜撒了其女儿的骨灰后患上了精神分裂症,由此产生住院治疗费用,但未提交证据证明本次住院与本案存在因果关系,并且其在故意伤害孟某亮一案中自认长期患有精神疾病,故对该项主张不予支持。

争点二:被上诉人刘某胜是否应承担赔偿责任?

事实认定:在刘某胜已经和东山头村委会商定将孟某茹的骨灰寄存半年的情况下,刘某胜又擅自将孟某茹的骨灰丢弃,其存在明显过错,因此应承担赔偿责任。但刘某胜的该行为是在履行东山头村委会的委托事项中作出的,其该赔偿责任应由委托人东山头村委会予以承担,东山头村委会承担赔偿责任后可以另行向刘某胜进行追偿,因此,刘某胜在本案中不应再向孟某贵方承担赔偿责任。

争点三:被上诉人邹城市殡仪馆是否应承担赔偿责任?

事实认定:根据刘某胜的陈述及邹城市殡仪馆的证据,足以认定东山头村委会就孟某茹的火化事宜向邹城市殡仪馆出具了孟某茹的死亡证明,并且在人死后进行火化系法律规定,邹城市殡仪馆对孟某茹进行火化的行为并不存在过错。孟某贵主张邹城市殡仪馆在没有死亡证明的情况下对孟某茹进行了火化,存在过错,证据不足,不予采信;孟某贵据此主张邹城市殡仪馆应承担赔偿责任,不予支持。

综合以上考虑,应当由东山头村委会承担对孟某贵的精神损害赔偿责任。

五、结尾

对部分被告的诉请满足《民法典》第994条的适用要件,形成判决。

依照《民法典》第8条、第994条、第1165条,2001年最高人民法院《关于确定民事侵权精神损害赔偿责任若干问题的解释》①(以下简称原《精神损害赔偿司法解释》)第3条、第10条、第11条,2015年最高人民法院《关于适用〈中华人民共和国民事诉讼法〉的解释》②(以下简称《民诉法司法解释》)第108条之规定,判决:被告东山头村委会于本判决生效之日起10日内赔偿原告孟某贵精神损害抚慰金60,000元;驳回原告孟某贵的其他诉讼请求。

六、附录

邹城市人民法院民事判决书,(2019)鲁0883民初5758号。

山东省济宁市中级人民法院民事判决书,(2020)鲁08民终3039号。

孟某贵与邹城市大束镇东山头村村民委员会等一般人格权纠纷案教学指导手册

▣ 教学具体目标

本案例用于分析健康权的法律保护问题,具体包括六个问题:第一,一般人格权的理论界定与理论发展;第二,一般人格权的特征与内容;第三,死者人格利益的保护;第四,精神损害赔偿金的确定及其标准;第五,侵害死者人格利益后的法律救济;第六,共同被告与适格当事人。

---

① 现行为2020年修正版,已删除第10条、第11条的规定,第3条规定范围扩大。
② 现行为2022年修正版,第108条未作变动。

▣ 教学内容

一、一般人格权的理论界定与理论发展

从近代民法的发展来看,人格权保护经历了从具体人格权到一般人格权的发展历程。近代人格权适应欧洲国家经济、政治新变化的同时,受到19世纪法学思潮的影响,在人格保护理念上有重大变化。"十九世纪之初叶,自然法学派以权利乃基于人类之理性而成立之物,谓生命自由,为人类生来即取得之天赋权利,称之曰人类之基本权或人权,于是人格权之观念,始渐萌芽。其后利益法学派排斥此种法律外能生权利之主张,而专从法律保护之对象上,以探求人格权之本质,乃有'私法保护之对象,不能限于有形的的财产货物,虽无形的精神货物,亦应包含之'之宣言。"①人格保护理念的变化,带来了近代民法法典化过程中立法模式的差异。简单概括,迎合19世纪初自然法思潮,《法国民法典》中对人格权并无具体规定,其通过第1382条过错一般条款对权利的解读发展人格权;伴随利益法学的兴起,《德国民法典》中明确了具体的人格权;瑞士法则成为近代人格权立法保护的典范。1900年施行的《德国民法典》在人格权立法上深受德国康德哲学的影响。康德哲学观念中未给人身客体化提供哲学基础,其主张人格代表着人的尊严利益不能作为民事法律关系的客体。深受康德哲学思想影响的萨维尼否认权利主体拥有对自身的权利,即使拥有也无法作出实体法上的规定。萨维尼对人格权属性及立法模式的阐述深刻影响了德国的人格权立法。《德国民法典》的编纂从整体上得益于对罗马法的全面继受,但在人格权问题上,其对从罗马法演绎出的人格权却未给予足够的重视。主持《德国民法典》编纂工作的法学家温特沙伊德受萨维尼影响较大,其在价值逻辑上"放弃了将人格本身上升为一项由侵权行为法保护的法益"②。但在立法形式上,《德国民法典》又不能忽视对生命、身体、健康、自由的保护。人格权理论的供给和社会对权利保护的现实需要的矛盾,使得《德国民法典》对人格权的保护体现在第823条第1项上。关于《德国民法典》第823条是否规定了对具体人格权的确认,学者王泽鉴指出:"德国民法第823条第1项……

---

① 曾志时:《人格权之保护论》,载《朝大季刊》1931年第3期。
② [德]马克西米利安·福克斯:《侵权行为法》,齐晓琨译,法律出版社2006年版。

之规定,仅明定个别人格利益……"①从侵权责任法保护的权益范围看,其未设人格权的一般规定,人格权也未取得与物权相并列的法律地位。在具体保护的人格权类型上,仅规定身体、健康或自由受侵害情况下受害人享有非财产损害的金钱赔偿。

近代的人格权作为新兴的权利,以普遍遵循的对人尊重的价值理念,在欧洲国家发展。其发展之原因,包括:(1)人的利益之个人的分解。(2)损害赔偿请求权以被害人为中心。(3)个人应保护之法益逐渐增加。昔日人的法益,只受刑法及行政法的保护,而不受私法的保护,并且被保障之对象只限于生命、身体、自由、名誉之数种,而现在则信用、肖像、姓名、秘密、精神的自由等均在应行保护之列,其对象日益增加早为学者所公认。(4)损害赔偿数额之正确化。昔时仅视有形之财产为利益,如受侵害,事后请求赔偿。现在则精神上之安乐,亦视为利益,凡对之搅乱者,既得请求慰抚金,其计算方法日趋于精确化。(5)保护人格利益——预防手段之发达。损害赔偿与慰抚金之请求,均不过事后一种救济。现在法律思想则请求事前手段之并用,如以上所述因私力防御手段之自卫于因公力防御手段之不作为之诉是已。②

我国的人格权立法自清末开始继受,历经《大清民律草案》《民国民律草案》,到《民国民法典》正式确立。《民法典》第990条③对人格权的概念作出规定。简言之,将构成人格的不同人格利益要素用权利的方法予以法律保护的这些民事权利就是人格权。条文并未对人格权的内涵作出定义,而是通过列举的方式确定人格权的外延,即人格权是包含生命权、身体权、健康权、姓名权、名称权、肖像权、名誉权、荣誉权和隐私权等权利的民事权利。从立法模式上看,我国采用的是人格权编权利确认与侵权责任编归责条款相结合的立法模式。《民法典》总则编中的第120条规定了侵权请求权,即"民事权益受到侵害的,被侵权人有权请求侵权人承担侵权责任"。《民法典》人格权编中的第995条中规定了人格权请求权,即"人格权受到侵害的,受害人有权依照本法和其他法律的规定请求行为人承担民事责

---

① 王泽鉴:《人格权、慰抚金与法官造法》,载王泽鉴:《民法学说与判例研究》(第8册),中国政法大学出版社1998年版,第97页。
② 参见彭时:《人格权之研究》,载《法律评论》第614期。
③ 《民法典》第990条规定:"人格权是民事主体享有的生命权、身体权、健康权、姓名权、名称权、肖像权、名誉权、荣誉权、隐私权等权利。除前款规定的人格权外,自然人享有基于人身自由、人格尊严产生的其他人格权益。"

任",并明确停止侵害、排除妨碍、消除危险、恢复名誉、赔礼道歉的请求权不受诉讼时效限制。《民法典》侵权责任编调整因侵害民事权益产生的民事关系,包括侵害人格权。侵权责任编规定的主观归责原则(第1165条、第1166条)、连带责任(第1168—1172条)以及侵权责任编第二章"损害赔偿"的有关规定,特别是精神损害赔偿的条款(第1183条),均构成人格权保护的归责依据。侵权法主要是救济法,侧重于对人格权进行消极保护,而人格权编中的人格权规则侧重于对人格权的积极保护,《民法典》通过有效衔接人格权规则与侵权法规则,实现了对人格权更加完善系统的保护。

二、一般人格权的特征与内容

《民法典》第990条第2款还对一般人格权作出了规定。在规范体系上,第990条第2款与《民法典》第109条[①]形成呼应,该条也是对"一般人格权"的规定,位于"民事权利"章的第1条,起到统领性作用。关于两个条款的关系,首先第109条处于总则编,其条文序号和内容都沿用自原《民法总则》,彼时人格权尚未单独立法,对于人格权独立成编的问题也在讨论之中,并且原《民法总则》第110—112条均指向具体人格权的保护,因此原《民法总则》第109条则是对一般人格权的保护规范。《民法典》出台后,人格权独立成编,第990条第2款则在分编当中承袭了第109条对一般人格权的保护功能,而第109条转而成为更具一般意义的价值宣示。因此,从《民法典》总则编与人格权编的关系来看,"人身自由、人格尊严"成为《民法典》第990条第2款与第109条维持从"价值理念"到"规范依托"的逻辑连接点。而从人格权编的内部构造来看,第990条第2款处于人格权编"一般规定"之下,该款在人格权编中同样具有统领性和抽象性。因此,第990条第2款性质上亦属一般条款,需要在司法实践中依个案予以具体化。

从权利属性上看,一般人格权是指自然人享有的,概括人身自由和人格尊严等全部内容的一般人格利益,并由此产生和规定具体人格权,并对具体人格权不能保护的其他人格利益进行保护的抽象人格权。一般人格权的范围极其广泛,在内容上不可能列举穷尽,因而需要采用高度概括的方式,阐释一般人格权的具体内容。从价值功能上看,一般人格权有创造功能(创造新的人格权)、解释功能(解释具体人格权的内容)和补充功能(保护具体人格权不能保护的人格利益),其中

---

① 《民法典》第109条规定:"自然人的人身自由、人格尊严受法律保护。"

最重要的功能是补充功能,即对于在具体的人格权之外、基于人身自由、人格尊严等产生的其他人格利益都予以保护。

(一) 特征

一般人格权的法律特征表现在:(1)权利主体的普遍性。自然人是一般人格权的普遍主体。(2)权利客体的高度概括性。一般人格权的客体是一般人格利益,而不是具体人格利益。一般人格利益是高度概括和抽象的人格利益。一般人格权是具体人格权的上位概念。(3)权利内容的广泛性。一般人格权并不是具体人格权简单的相加,一般人格权在内容上超出了现行法律规定的具体人格权范围,其权利客体具有高度概括性,一般人格权的内容不仅包括全部具体人格权,还包括具体人格权所不包含的内容,是具体人格权内容的集合。(4)价值的导向性。所谓一般人格权的价值导向性,是指可以借助一般人格权的保护规则对新型人格利益加以识别,并提供不同程度的保护。正是这个原因,德国有学者将其称为"框架权利"。一般人格权以人的自由发展的基本价值理念为依据,并在此基础上形成了以人格平等、人格尊严、人身自由为内容的权利。

(二) 内容

一般人格权,是指有关人格尊严、人身自由的抽象的、一般的、概括的权利。任何自然人都平等享有这项基本权利,而无论其性别、年龄、种族、籍贯、身份、职业地位、文化程度。《民法典》总则编中第109条、人格权编中第990条第2款将自然人的一般人格权概括为人身自由、人格尊严。

人身自由,是指自然人在法律规定的范围内享有人身不受侵犯和自主行为的自由。广义的人身自由包括自然人的人身自由不受侵犯、自然人的住宅不受侵犯、通信自由和通信秘密受法律保护、享有婚姻自主权利等;狭义的人身自由又称为身体自由,是指自然人行动自由,人身自由不受非法限制,身体不受非法搜查,不受非法逮捕、拘禁。人格尊严,是指自然人基于自己所处的社会环境、工作生活环境,以及基于地位、声望、名誉、声誉等各种因素而形成的人格价值以及得到社会、他人尊重的品性。人格尊严是具有伦理性、道德性品格的权利,是自然人自尊和获得他人尊重的统一,是对个人价值和外在形象主客观评价的结合。人格尊严是一种宣誓性、包容性权利,一些其他人格权均可属于该项权利,比如,名誉权、荣誉权、隐私权等,侵害这些权利的行为实质上就是侵害人格尊严。维护人格尊严是包括《民法典》在内的法律制度的重要目标。《民法典》全面保护人格权,就是保护人民生活得更有尊严。①

三、死者人格利益的保护

人死后虽然不再享有人格权,但是其生前的人格要素却转化为死者人格利益继续存在,映射出其生前的整个生命面貌,具有非常重要的意义;并且死者的遗体、遗物等对于死者的近亲属具有十分特殊的祭奠和缅怀意义,应当得到妥善的保护。然而现实生活中,损害死者人格利益的案件时有发生,因此如何更好地保护死者的人格利益就显得尤为重要。

在我国,死者人格利益的保护范围是不断演进的。从路径、范围看,经历了三个阶段:第一阶段局限于死者名誉权。最高人民法院在这一时期认为"海灯死亡后,其名誉权应依法保护,作为海灯的养子,范应莲有权向法院提起诉讼"。第二阶段为保护死者名誉阶段。第三阶段为保护"死者人格利益阶段"。最高人民法院在原《精神损害赔偿司法解释》第3条详细将保护的范围扩及死者的姓名、隐私、肖像、荣誉等人格利益以及遗体、遗骨等。

四、精神损害赔偿金的确定及其标准

原《民法通则》第120条规定:"公民的姓名权、肖像权、名誉权、荣誉权受到侵害的,有权要求停止侵害,恢复名誉,消除影响,赔礼道歉,并可以要求赔偿损失。法人的名称权、名誉权、荣誉权受到侵害的,适用前款规定。"当时有学者认为,该条中的"赔偿损失"是我国立法上首次确认了对人格权受到侵害所造成的精神损害可以要求物质赔偿的制度。原《侵权责任法》首次在法律上明确认可了精神损害赔偿,该法第22条规定:"侵害他人人身权益,造成他人严重精神损害的,被侵权人可以请求精神损害赔偿。"此后,2010年修改《国家赔偿法》时,也承认了国家赔偿的范围包括精神损害,认可了国家机关及其工作人员违法侵害公民的人身自由和生命健康权致人精神损害,造成严重后果的,应当支付相应的精神损害抚慰金(第35条②)。2013年修正《消费者权益保护法》时,增加了一条作为第51条规定:"经营者有侮辱诽谤、搜查身体、侵犯人身自由等侵害消费者或者其他受害人

---

① 参见最高人民法院民法典贯彻实施工作领导小组主编:《中华人民共和国民法典人格权编理解与适用》,人民法院出版社2020年版。

② 《国家赔偿法》(2010年修正)第35条规定:"有本法第三条或者第十七条规定情形之一,致人精神损害的,应当在侵权行为影响的范围内,为受害人消除影响,恢复名誉,赔礼道歉;造成严重后果的,应当支付相应的精神损害抚慰金。"

人身权益的行为,造成严重精神损害的,受害人可以要求精神损害赔偿."《民法典》从以下三方面进一步完善了精神赔偿责任:(1)《民法典》第1183条第1款将原《侵权责任法》第22条中的"他人人身权益"修改为"自然人人身权益",在法律上将精神损害赔偿责任的适用限定于被侵权人为自然人的场合,彻底否定了法人与非法人组织的精神损害赔偿请求权。(2)《民法典》第1183条第2款吸收了原《精神损害赔偿司法解释》第4条的合理规定,明确了"侵害自然人具有人身意义的特定物"时的精神损害赔偿责任。(3)为了强化对人格权的保护,改变了司法实践中不允许违约精神损害的做法。

简言之,我国法上的精神损害赔偿是经由法官造法而后被法律所明确规定的。实践中,为防止滥诉和不当增加侵权人的赔偿负担,法院对于精神损害赔偿的适用有相当的限制。例如,原《精神损害赔偿司法解释》第8条[①]就明确区分精神损害的后果是否严重而分别作出了规定:首先,被侵权人虽因侵权而遭受了精神损害,但后果并不严重的,那么受害人请求赔偿精神损害的,法院一般不予支持,但可以根据情形判令侵权人停止侵害、恢复名誉、消除影响、赔礼道歉。其次,精神损害后果严重的,则人民法院除判令侵权人承担停止侵害、恢复名誉、消除影响、赔礼道歉等民事责任外,可以根据受害人一方的请求判令其赔偿相应的精神损害抚慰金。

(一)精神损害赔偿的确定标准

应当承担精神损害赔偿责任的侵权行为,是侵害自然人人身权益的侵权行为。侵权行为侵害了自然人的人身权益造成严重精神损害的,行为人应当承担精神损害赔偿责任。

1. 侵害物质性人格权,即生命权、身体权、健康权的,应当赔偿精神损害抚慰金。

2. 侵害姓名权、肖像权、声音权、名誉权、隐私权、个人信息权造成精神损害的,应当赔偿精神损害赔偿金。

3. 侵害身份权即配偶权、亲权、亲属权造成精神损害的,应当承担精神损害赔偿责任。

[①] 原《精神损害赔偿司法解释》第8条规定:"因侵权致人精神损害,但未造成严重后果,受害人请求赔偿精神损害的,一般不予支持,人民法院可以根据情形判令侵权人停止侵害、恢复名誉、消除影响、赔礼道歉。因侵权致人精神损害,造成严重后果的,人民法院除判令侵权人承担停止侵害、恢复名誉、消除影响、赔礼道歉等民事责任外,可以根据受害人一方的请求判令其赔偿相应的精神损害抚慰金。"

4.侵害自然人的人身利益,包括一般人格利益、胎儿的人格利益、死者的人格利益以及亲属之间的身份利益,侵权人也应当承担精神损害赔偿责任,补偿其精神损害。

对于造成财产损失的,一般不以承担精神损害赔偿责任的方法进行救济,但是,如果故意或者重大过失侵害自然人具有人身意义的特定物造成严重精神损害的,由于该特定物中包含人身利益(包括人格利益和身份利益因素),对该特定物的损害会造成被侵权人的严重精神损害,故被侵权人有权请求精神损害赔偿,侵权人应当对因此特定物的财产损害而造成的被侵权人的精神损害承担赔偿责任。对于精神损害赔偿,还应当注意违约情况下的精神损害赔偿,适用《民法典》第996条的规定,即因当事人一方的违约行为,损害对方人格权并造成严重精神损害,受损害方选择请求其承担违约责任的,不影响受损害方请求精神损害赔偿。因违约造成对方当事人严重精神损害的,违约方也应当承担精神损害赔偿责任,可以在违约诉讼中直接请求精神损害赔偿。

(二)精神损害赔偿数额的确定

被侵权人主张精神损害赔偿,除具备上述有关精神赔偿的适用条件外,还要根据具体侵权行为类型,适用过错责任的情形要以侵权人有过错为要件,适用无过错责任原则的情形则不再强调侵权人的过错。此外,在适用《民法典》第1183条第2款规定的侵害特定物品的精神损害赔偿时,要以侵权人有"故意和重大过失"为限,侵权人仅有"一般过错"则不承担精神损害赔偿的责任,但在符合相应侵权行为构成要件的情况下依法承担其他的侵权责任,如物质损害赔偿责任等。另外,被侵权人主张侵权人承担精神损害赔偿责任的,应按照相应的举证责任分配规则承担相应的举证责任,就《民法典》第1183条第2款的规定而言,其应当就此物品属于具有人身意义的特定物和侵权人有故意和重大过失等要件承担举证责任。

明确可以进行精神损害赔偿后,具体赔偿数额应综合多种因素考量。《精神损害赔偿司法解释》第5条详细规定了考虑因素。司法实践中,人民法院在考量上述因素的基础上确定精神损害赔偿数额的做法已经取得了明显效果。其中,第六个参考因"受理诉讼法院所在地的平均生活水平"与最高人民法院《关于审理人身损害赔偿案件适用法律若干问题的解释》中关于残疾赔偿金、死亡赔偿金按照"受诉法院所在地"相关收入标准计算的规定有相似的考虑。故若出现上述情形,在计算精神损害赔偿数额时,也可参照适用最高人民法院《关于审理人身损害赔偿案件适用法律若干问题的解释》第 18 条第 1 款规定的标准来确定具体的精神损害赔偿数额。

五、侵害死者人格利益后的法律救济

本案从原告诉讼请求权看,骨灰的毁坏、丢弃使原告失去了祭奠的特定物,造成原告不可逆转的精神痛苦,原告应当得到精神损害赔偿。这源于骨灰已成为人格意义上的象征,亲人骨灰是亲属寄托哀思的载体,骨灰的丢失将会给死者亲属造成极大的精神创伤。从精神损害赔偿请求权看,前提是构成侵权,造成了严重的精神损害。本案中,东山头村委会在处理孟某贵女儿遗体的火化及其法定代表人孟某田在告知刘某胜骨灰处理时直接告知骨灰不要了,存在明显过错。但刘某胜的行为是在履行东山头村委会的委托事项中作出的,其赔偿责任应由委托人东山头村委会予以承担;邹城市殡仪馆对孟某茹进行火化的行为不存在过错。因此,判决仅东山头村委会对孟某贵承担精神损害赔偿责任。从精神损害赔偿金的数额看,法院充分考量了各种因素,作出了恰当的判决。

六、共同被告与适格当事人

(一)共同被告

《民事诉讼法》第 135 条规定:必须共同进行诉讼的当事人没有参加诉讼的,人民法院应当通知其参加诉讼。《民诉法司法解释》第 73 条规定:必须共同进行诉讼的当事人没有参加诉讼的,人民法院应当依照《民事诉讼法》第 135 条的规定,通知其参加诉讼;当事人也可以向人民法院申请追加。人民法院对当事人提出的申请,应当进行审查,申请无理的,裁定驳回;申请有理的,书面通知被追加的当事人参加诉讼。

在侵权法司法实务中,发生共同被告的案件一般为承担连带责任的案件,主要表现为如下类型:雇主责任、道路交通事故责任等。在道路交通事故责任纠纷中,列机动车驾驶人与有过错的车辆所有人或管理人为共同被告;雇员从事雇佣活动造成他人损害的,列雇员和其雇主为共同被告;雇员从事雇佣活动中被第三人损害的,列雇主和第三人为共同被告。一般侵权案件为过错责任,行为人应对自己的过错行为负责。

本案中,三被告之间并无连带法律关系,是三个独立的法律关系。法院经审理认为:在刘某胜已经和东山头村委会商定将孟某茹的骨灰寄存半年的情况下,刘某胜又擅自将孟某茹的骨灰丢弃,其存在明显过错,因此应承担赔偿责任。但刘某胜的该行为是在履行东山头村委会的委托事项中作出的,其该赔偿责任应由委托人东山头村委会予以承担,东山头村委会承担赔偿责任后可以另行向刘某胜进行追偿,因此,刘某胜在本案中不应再向孟某贵方承担赔偿责任。

(二) 适格当事人

当事人适格是指当事人对于作为诉讼标的之特定的权利或法律关系可以实施诉讼并请求本案判决的资格。在司法实践中,判断当事人是否适格存在多种不同的观点,并且对于当事人不适格时采取"驳回起诉"还是"驳回诉讼请求"的处理方式,认识也不统一。从主流观点来看,给付之诉的原告适格采"主张说"、被告适格采"实质判断说"与司法实践相符合,并且与《民事诉讼法》第122条并无冲突。

本案为给付之诉,原告主张其具备利害关系,即应认为其原告适格;被告是否适格,应结合民事法律关系请求权具体判断;当被告不适格时,驳回原告的诉讼请求,该案的处理也遵循这样的法律原则。

思 考 题

[1]如何从法理上理解一般人格权的特征及内涵?
[2]如何对侵犯死者人格利益进行法律救济?
[3]如何界定精神损害赔偿的法律适用?
[4]如何理解人格权法的发展变迁?
[5]从死者人格利益保护相关的案例出发,思考我国现行民法规定的得失?

推荐阅读

[1]程啸:《人格权研究》,中国人民大学出版社2022年版。
[2]王泽鉴:《人格权法:法释义学、比较法、案例研究》,北京大学出版社2013年版。
[3]高可:《人格权基础理论研究》,中国政法大学出版社2019年版。
[4]王利明主编:《人格权立法的中国思考》,中国人民大学出版社2020年版。
[5]尹志强:《人格权及其救济制度研究》,中国政法大学出版社2019年版。
[6]贾淼:《人格权益法研究〈人格权分论〉》,中国政法大学出版社2017年版。
[7]王利明:《人格权法研究》(第3版),中国人民大学出版社2018年版。
[8]王泽鉴:《民法学说与判例研究》(第8册),中国政法大学出版社1998年版。

2.2 健 康 权

▣ 理论导读

人格权可以分为物质性人格权和精神性人格权,两者的区别在于权利是以物质性人格利益为内容还是以精神性人格利益为内容。前者包括生命权、身体权、健康权等;后者包括姓名权、肖像权、名誉权、荣誉权、隐私权等。

健康权为专属于自然人的具体人格权,不可转让,是绝对权、对世权。现实生活中,对健康的损害,包括生理侵害、心理侵害等。从权利内容上看,健康权主要包括以下三方面内容:第一,健康享有权,即自然人享有保持其身心健康的权利。第二,健康维护权,即权利人有权采取各种合法的手段维护自身的健康并排除他人的侵害。第三,有限支配健康权,健康权作为支配权,并非一种绝对无限制的支配权。

健康权在整个民事权利体系中居于基础性地位。自然人的健康权,是自然人有效行使其他权利的基础。我国《民法典》第1004条确认健康权,从正面对健康权作出规定,并明确了健康权的内容,细化了健康权的保护规则,为个人在健康权受到侵害的情形下依法维护身心健康提供了法律依据。《民法典》规定健康权的主体限于自然人,同时在总则中明确胎儿的健康利益也应当受到法律保护。健康权的保护范围不仅限于身体健康,也包括心理健康,劳动能力的保持也属于健康的内容之一。此外,《民法典》第1005条规定了法定的救助义务,就是为了维护个人的健康权等物质性人格权。人格权编第二章第1006条针对器官捐献作出规定,第1007条针对禁止买卖人体细胞、人体组织、人体器官、遗体作出规定,第1008条、第1009条对人体医学试验以及对从事人体基因、人体胚胎等有关底线规则作出规定,这些规定都是为了强化对健康权等物质性人格权的保护。《民法典》其他分编也注重强化对个人健康权的保护。例如,《民法典》第506条就明确规定造成对方人身伤害的免责条款无效,其目的在于保护自然人的健康权。又如,出于对承租人生命健康权保护的目的,合同编中第731条规定:"租赁物危及承租人的安全或者健康的,即使承租人订立合同时明知该租赁物质量不合格,承租人仍然可以随时解除合同。"《民法典》第1004条规定任何组织和个人负有不得侵害他人健康权的义务,也进一步明确了相关主体违反该义务所应当承担的法律责任。同时,除民事主体外,公权力机关也负有不得侵害他人健康权的义务。侵害健康权的责任方式主要包括财产损害赔偿和精神损害赔偿,《民法典》第1179条规定了侵害健康权的财产损害赔偿责任。

  研习健康权制度,需要了解这一制度在我国民事立法中是如何确立并如何本土化的,同时需要从比较法的角度关注各国侵害健康权的典型案例。

尹某森与韩某、罗某浩、翁某艳等人格权纠纷案

摘要： 本案被告韩某伙同罗某浩殴打原告尹某森并录制视频，事后强迫尹某森不许报案。随后，原告尹某森父亲向商南县某局城关派出所报警，商南县某局于 2022 年 4 月 1 日决定给予被告罗某浩拘留 10 日并处罚款 500 元的行政处罚，因被告罗某浩未满 14 周岁，作出不予行政处罚决定书。本案被告韩某、罗某浩共同殴打原告并录制殴打视频的行为侵犯了原告的健康权和人格权。

关键词： 未成年人侵权；健康权；人格尊严

一、引言

未成年人是祖国的未来、民族的希望。在教育未成年人的过程中帮助其树立正确的世界观、人生观和价值观是父母、学校乃至社会的共同责任。然而"校园霸凌"的出现不仅是侵害未成年人身心健康的现象，更体现出对未成年人道德教育的缺失。以仁爱之心去尊重、爱护、帮助他人的思想，是中华民族传统的美德，因此家长和学校应当帮助未成年人养成关心、爱护他人的良好品德，保障每一位未成年人的身心得以健康发展。

《民法典》在总则部分单独设定"民事权利"章节，并且增设人格权编作为民事权利章节，第 109—111 条的具体制度进一步明确了侵犯人格权的责任。本案是结合未成年人侵权以及侵犯健康权的案例。

二、案件当事人

一审原告：尹某森

一审被告一：韩某

被告二：韩某父亲

被告三：翁某艳（系韩某母亲）

被告四：罗某浩

被告五：罗某浩父亲

三、案情简介

2022 年 3 月 9 日 12 时许，韩某伙同罗某浩将从金福湾小学回家的尹某森持

续强行带至张家岗山坡上,用口袋蒙住头拳打脚踢,用木棒殴打尹某森持续三四十分钟,边打边拍视频,并强迫尹某森不许报案,致使原告产生恐惧心理,不敢上学。之后为保障尹某森的人身安全,尹某森父亲接送尹某森上下学,导致尹某森父亲无法正常上班,失去经济收入来源。

原告申请五名被告共同赔偿原告尹某森精神损失费 10,000 元及护理费 120,000 元,共计 130,000 元整。其中,被告韩某、韩某父亲、翁某艳承担 60% 的侵权责任;被告罗某浩、罗某浩父亲承担 40% 的侵权责任。并申请行为人对尹某森父亲因无法正常上班失去的经济来源承担连带赔偿责任。

四、案件审理情况

(一)诉讼请求权

侵权责任损害赔偿请求权。

(二)请求权基础规范及要件分析

1.《民法典》第 109 条:自然人的人身自由、人格尊严受法律保护。

(1)要件分析。

要件一:被侵权人系自然人。

要件二:人身自由、人格尊严受民法保护。

(2)法律效果:确认了自然人一般人格权的内涵。

2.《民法典》第 990 条:人格权是民事主体享有的生命权、身体权、健康权、姓名权、名称权、肖像权、名誉权、荣誉权、隐私权等权利。

除前款规定的人格权外,自然人享有基于人身自由、人格尊严产生的其他人格权益。

(1)要件分析。

要件一:被侵权人系自然人。

要件二:人格权包含生命权、身体权、健康权、姓名权、名称权、肖像权、名誉权、荣誉权、隐私权等以及自然人享有基于人身自由、人格尊严产生权利。

(2)法律效果:确认人格权的内涵。

3.《民法典》第 120 条:民事权益受到侵害的,被侵权人有权请求侵权人承担侵权责任。

(1)要件分析。

要件一(隐含要件):该民事权益归属于本人。

要件二:该民事权益受到侵害。

(2)法律效果:确认民事权益的侵权救济。

4.《民法典》第1004条:自然人享有健康权。自然人的身心健康受法律保护。任何组织或者个人不得侵害他人的健康权。

(1)要件分析。

要件一:被侵权人系自然人。

要件二:自然人的身体健康和心理健康均受法律保护。

(2)法律效果:确认自然人健康权的内涵。

5.《民法典》第1024条:民事主体享有名誉权。任何组织或者个人不得以侮辱、诽谤等方式侵害他人的名誉权。名誉是对民事主体的品德、声望、才能、信用等的社会评价。

(1)要件分析。

要件一:被侵权人系民事主体,包含自然人、法人、其他组织。

要件二:民事主体的名誉受法律保护。

要件三:侵害名誉的方式主要包括侮辱、诽谤等。

隐含要件:被侵权人的品德、声望、才能、信用等社会评价因该侵权行为降低。

(2)法律效果:确认名誉权的内涵。

6.《民法典》第1188条:无民事行为能力人、限制民事行为能力人造成他人损害的,由监护人承担侵权责任。监护人尽到监护职责的,可以减轻其侵权责任。

有财产的无民事行为能力人、限制民事行为能力人造成他人损害的,从本人财产中支付赔偿费用;不足部分,由监护人赔偿。

(1)要件分析。

要件一:侵权主体系无民事行为能力人、限制民事行为能力人。

要件二:责任主体系该无民事行为能力人、限制民事行为能力人的监护人。

要件三:该监护人尽到监护职责的可以减轻侵权责任。

要件四:该侵权主体有财产且足以清偿赔偿费用的,自己支付;不足部分由监护人赔偿。

隐含要件:该监护人系侵权人。

(2)法律效果:确认监护人责任的构成要件。

7.《民法典》第1168条:二人以上共同实施侵权行为,造成他人损害的,应当承担连带责任。

（1）要件分析。

要件一：侵权人为二人以上。

要件二：侵害行为系所有侵权人共同实施的。

要件三：该共同侵权行为造成被侵权人受损。

隐含要件一：侵权人的侵害行为与被侵权人的损害结果之间有因果关系。

隐含要件二：侵权人侵害的是被侵权人的民事权益。

（2）法律效果：确认共同侵权的构成要件及责任承担。

8.《民法典》第1165条第1款：行为人因过错侵害他人民事权益造成损害的，应当承担侵权责任。

（1）要件分析。

要件一：侵权人有过错。

要件二：侵权人实施了侵害他人民事权益的行为。

要件三：被侵权人的民事权益受到损害。

隐含要件：侵权人的侵害行为与被侵权人的损害结果之间有因果关系。

（2）法律效果：确认一般侵权的构成要件。

9.《民法典》第1179条：侵害他人造成人身损害的，应当赔偿医疗费、护理费、交通费、营养费、住院伙食补助费等为治疗和康复支出的合理费用，以及因误工减少的收入。造成残疾的，还应当赔偿辅助器具费和残疾赔偿金；造成死亡的，还应当赔偿丧葬费和死亡赔偿金。

（1）要件分析。

要件一：侵权人给被侵权人造成人身损害。

要件二：被侵权人因该人身损害支出医疗费、护理费、交通费、营养费、住院伙食补助费等为治疗和康复的费用。

要件三：被侵权人因人身损害而误工，导致收入减少。

隐含要件一：赔偿主体系侵权人。

隐含要件二：受偿主体系被侵权人。

（2）法律效果：确认侵权损害赔偿的范围。

10.《民法典》第1183条第1款：侵害自然人人身权益造成严重精神损害的，被侵权人有权请求精神损害赔偿。

(1)要件分析。

要件一:被侵权人系自然人。

要件二:被侵权人遭受人身权益侵害。

要件三:该人身权益侵害给被侵权人造成严重的精神损害。

隐含要件:精神损害赔偿主体系侵害被侵权人人身权益的主体。

(2)法律效果:确认精神损害赔偿的适用条件。

11.《精神损害赔偿司法解释》第1条:因人身权益或者具有人身意义的特定物受到侵害,自然人或者其近亲属向人民法院提起诉讼请求精神损害赔偿的,人民法院应当依法予以受理。

(1)要件分析。

要件一:原告系被侵权人或其近亲属。

要件二:原告系自然人。

要件三:原告人身权益或者具有人身意义的特定物受到侵害。

要件四:诉讼请求为精神损害赔偿。

隐含要件:近亲属包含配偶、父母、子女。

(2)法律效果:确认精神损害赔偿的适用范围。

(三)抗辩权基础规范及要件分析

《民法典》第1173条:被侵权人对同一损害的发生或者扩大有过错的,可以减轻侵权人的责任。

(1)要件分析。

要件一:被侵权人对损害的发生或扩大存在过错。

要件二:被侵权人有过错的损害与侵权人实施侵权行为造成的损害系同一损害。

隐含要件:被侵权人的过错系被侵权人的过失行为。

(2)法律效果:确认过错相抵原则。

(四)诉讼主张的检索

主张一:原告尹某森要求五名被告赔偿精神损害抚慰金10,000元。

主张二:原告尹某森要求五名被告赔偿护理费120,000元。

主张三:原告尹某森要求五名被告对于主张一和主张二的赔偿费用承担按份责任;其中被告韩某、韩某父亲、翁某艳承担60%的赔偿金额;被告罗某浩、罗某浩父亲承担40%的赔偿金额。

主张四：原告尹某森要求五名被告对其父亲因无法正常上班带来的损失承担连带经济赔偿责任。

（五）争点整理

被告翁某艳对被告韩某、罗某浩的殴打行为以及自己的监护责任无争议，但是对于12万元护理费，赔偿精神损失费金额以及因接送孩子上下学带来的经济损害金额存在争议。被告罗某浩父亲对被告韩某、罗某浩殴打原告尹某森的行为以及原告主张的护理费，赔偿精神损失费金额存在争议。综合各原告、被告主张梳理争点有以下五点。

争点一：原告尹某森对侵权行为的发生是否存在过错？

事实证明：被告罗某浩父亲未提交原告存在过错的证据。

事实认定：被告对侵权损害存在过错系共同侵权案件中被侵权人的减责事由。依据证据规则，被侵权人应当就减责事由提出相关证据。本案被告未尽举证责任，因此法院应当认定被告的减责主张不成立。

争点二：被告韩某以及被告罗某浩是否侵犯了原告尹某森的人格权？

事实证明：原告尹某森向法院提交商南县某局行政处罚决定书及不予行政处罚决定书证明被告韩某以及被告罗某浩侵犯其健康权和人格尊严。

事实认定：人格权包含健康权及人格尊严。被告韩某、罗某浩的殴打行为侵犯了原告的健康权；殴打过程中录制视频的行为侵犯了原告的人格尊严。共同侵权追究侵权人的过错责任，在原告完成了侵权人实施侵权行为存在过错及自己因该侵权行为遭受的损害结果举证责任后，被告并未提出反证的情形下，应当认定该证据对侵权事实的证达到高度盖然性的程度。因此，法院应当认定被告韩某以及被告罗某浩侵犯了原告尹某森的人格权。

争点三：原告要求被告赔偿护理费是否于法有据？

事实证明：原告未提交有关护理费的证据。

事实认定：原告未对主张的诉讼请求提供事实依据，法院对原告的该项诉讼请求不予支持。

争点四：被告韩某以及被告罗某浩的侵权行为是否给原告带来了精神损害？

事实证明：首先，原告尹某森向法院提交商南县某局行政处罚决定书及不予行政处罚决定书证明被告韩某以及被告罗某浩实施了殴打、录视频等侵权行为。

其次，被告韩某以及被告罗某浩于偏僻处山坡上，采取用口袋蒙住原告头部的方式进行了殴打行为，殴打行为持续三四十分钟，致使用于殴打的木棒断裂。

最后，原告系12周岁的未成年人，身心发育尚不健全。

事实认定：被告韩某以及被告罗某浩套住尹某森头部进行殴打并拍摄视频的行为具有一定侮辱、恐吓性质，给原告尹某森幼小的心灵及精神造成一定损害，故原告尹某森要求支付精神抚慰金的理由正当。

争点五：能否就尹某森父亲接送尹某森上下学导致的经济损害，追究五名被告赔偿责任？

事实证明：原告未就此项损害提交证据。

事实认定：第一，《民法典》第1179条规定："侵害他人造成人身损害的，应当赔偿……因误工减少的收入……"该条并未规定因误工减少的收入专属于被侵权人，而是只规定减少的收入系由侵害行为导致的，因此原告可以要求被侵权人赔偿其监护人因侵权行为导致的减少的收入。基于证据规则，原告对于减少的收入负有举证责任。

第二，本案原告系12岁的限制民事行为能力人，因此可能存在因客观条件不具备独自上下学的可能性。因此在认定该项损害时应当考虑未发生殴打事件前，独自上下学是否为原告的常态。若因殴打事件的发生导致原告的独自上下学的常态发生变化，因此给原告家庭带来的误工损害，被告应当承担赔偿责任。

第三，本案并未就原告主张的"无法正常上班，失去经济收入来源"进行明确的认定，因此失去经济收入究竟是失业还是其他情形无法得知。若是失业的情形，则原告应当提供相关证据证明失业的原因系接送孩子上下学导致的，否则法院不能支持该项损害的赔偿请求。

综上所述，被告无须对尹某森父亲接送尹某森上下学带来的经济损失承担赔偿责任。

五、结尾

根据争点结论，被告韩某和被告罗某浩的侵害行为确实对原告尹某森的健康权以及人格尊严造成损害，并且因此给原告造成一定的精神损害。故应当支持原告要求五名被告赔偿精神损害抚慰金的诉讼请求。但是依据《精神损害赔偿司法解释》第5条的规定，精神损害抚慰金应当同时参考侵权人的过错程度，但是法律另有规定的除外，侵权行为的目的、方式、场合等具体情节，侵权行为所造成的后果,侵权人的获利情况,侵权人承担责任的经济能力,受理诉讼法院所在地的平均生活水平予以确定,因此法院认定精神损害抚慰金为人民币 5000 元。又因本案系韩某与罗某浩二人共同侵权,结合侵权行为发生的过程,依据《民法典》第 120 条、第 1168 条规定,应当由被告韩某父亲、翁某艳与被告罗某浩父亲各承担 50% 的赔偿责任为宜,即 2500 元,并且互负连带赔偿责任。

鉴于原告未对产生护理费及误工损失费的事实提交相关证据予以证明,该诉讼请求缺乏事实与法律依据,不满足《民法典》第 1179 条之要件,不予支持。

六、附录

商南县人民法院民事判决书,(2022)陕 1023 民初 809 号。

尹某森与韩某、罗某浩、翁某艳等人格权纠纷案教学指导手册

▣ 教学具体目标

本案例用于分析健康权的法律保护问题,具体包括四个问题:第一,健康权在我国的立法发展;第二,健康权的内容;第三,侵害健康权的司法认定;第四,民事证据的审查与认定。

▣ 教学内容

一、健康权在我国的立法发展

健康权作为具体人格权的重要内容,自近代法律继受进入中国。健康权在立法语言表达上经常是"生命健康"一体使用。清末《民律草案》对健康权的保护主要是通过侵权救济条款来实现。《民国民法典债权编》中通过侵权损害赔偿之债从反面保护人格权益。其内容主要涉及民法第 184 条、第 192 条、第 193 条、第 194 条、第 195 条之规定。对于民法第 184 条的设计,由于其源于德国民法,在学者理解上存在较大歧义。但对于是否包含健康权,当时的学者普遍持肯定观点。

《民国民法典》第 195 条规定了侵害人格权损害赔偿之方法与范围,该条规定

相较于《民国民律草案》的规定,有两大突破:其一,通过侵权行为的方式,明确了具体人格权的权利类型,包括身体权、健康权、名誉权、自由权,相比前两部民律草案,在具体人格权保护类型上增加了健康权;其二,在侵害人格权请求慰抚金的规定上采取列举方式,明确了行使慰抚金请求权的权利范围,限于身体、健康、名誉、自由。慰抚金请求权采用列举方式,客观上有助于司法实践中的适用。但慰抚金适用对象的限定化,不适合人格权益未来不断发展的新趋势。

改革开放之后,原《民法通则》规定了公民的生命健康受法律保护。原《侵权责任法》第一次立法确认了健康权为法律所保护的法益。《民法典》第990条[1]对人格权的概念作出规定。人格权是指民事主体专属享有,以人格利益为客体,为维护民事主体的独立人格所必备的固有民事权利。简言之,将构成人格的不同人格利益要素用权利的方法予以法律保护的这些民事权利就是人格权。条文并未对人格权的内涵作出定义,而是通过列举的方式确定人格权的外延,即人格权是包含生命权、身体权、健康权、姓名权、名称权、肖像权、名誉权、荣誉权和隐私权等权利的民事权利。同时,在《民法典》第1004条明确规定了健康权。

二、健康权的内容

本案仅涉及健康权,因此下文仅针对健康权相关内容展开论述并结合案例进行分析。

(一)健康权的概念

《民法典》第1004条[2]对健康权的概念和内容作出了规定。健康权是指自然人以自己的机体生理机能正常运作和功能完善发挥,维持人体生命活动的利益为内容的具体人格权。

(二)健康权的权利主体

根据法条的规定,自然人享有健康权,健康权与生命权、身体权同属于物质性人格权,其只能由自然人享有,法人不可能享有健康权。

(三)健康权的义务主体

健康权的义务主体是权利人之外的所有的自然人、法人和非法人组织。"任

---

[1] 《民法典》第990条规定:"人格权是民事主体享有的生命权、身体权、健康权、姓名权、名称权、肖像权、名誉权、荣誉权、隐私权等权利。除前款规定的人格权外,自然人享有基于人身自由、人格尊严产生的其他人格权益。"

[2] 《民法典》第1004条规定:"自然人享有健康权。自然人的身心健康受法律保护。任何组织或者个人不得侵害他人的健康权。"

何组织或者个人不得侵害他人的健康权"规定的就是健康权的义务主体及其负有的法定义务。

(四)健康权的客体

健康权的客体是健康。健康是指维持人体生命活动的生理机能的正常运作和功能的完善发挥,这两个要素协调一致发挥作用,达到维持人体生命活动的最终目的。对于健康权内涵和外延的范围,各种观点说法不一。王利明教授认为健康权的内涵应当同时包含心理和生理两个方面;王泽鉴教授在其编著的《人格权法》一书中也提到,根据当前的医学加以认定,对健康的侵害,有为生理,有为心理。[1] 但在最高人民法院编著的相关参考书籍中则认为此处的健康应当是物质性人格权的课题,仅仅指代生理健康。[2] 根据《民法典》第1004条关于健康权的定义,倘若我们仅在字面意义上对第1004条进行分析,似乎确实无法直接得出健康权包含心理方面的结论。定义概念上的含混不清必然会造成学术理论研究上和实践的困扰,因此厘清这个概念对于后文的展开和探讨就显得尤为必要。根据第1004条之"自然人的身心健康受法律保护",可以得知,将心理健康纳入健康权的保护客体是符合法律之规定的。而且,对自然人人格利益的侵害,往往会造成其精神的痛苦,从而损害精神利益。而精神利益又分为有形利益和无形利益,身体健康利益属于有形利益的范畴,是人的物质性存在形式;而心理健康,虽然不能通过实际行为方式展现出来,但是与人格有着密切联系,心理的健康、精神活动的自由和完整,无不是属于这样的范畴,他们的构成展现了现代法治社会对人这个主体的理解与尊重,彰显着法律的人文关怀,因此在解读法律时不能对法条的理解过于狭隘。同时,从社会发展的眼光来看,随着社会的不断进步,心理健康将会得到重视,心理健康问题对个人生存发展的重要性并不亚于身体健康,因此,从法律与社会的衔接意义上看,将心理健康纳入健康权的范畴是有其必要性的,尊重和保护个人的身心健康不仅已经成为全社会、国际共同关注的共识,也是现代民法的核心内容。

健康权的首要内容为自然人保持自己健康的权利。这不仅是自然人维护自身生命、提高自己的生活质量、追求体格的完美状态,也具有维护社会利益、提高

---

[1] 参见王泽鉴:《人格权法:法释义学、比较法、案例研究》,北京大学出版社2013年版。
[2] 参见最高人民法院民事审判第一庭编著:《最高人民法院人身损害赔偿司法解释的理解与适用》(第2版),人民法院出版社2015年版。

人类生存质量的意义。当自然人的健康权受到不法侵害时,享有寻求法律保护的权利。任何人违反这一义务,侵害他人的健康权,受害人有权请求加害人承担相应的民事责任。健康权不仅是一种个人权利,更涉及社会公共利益和公共秩序维护,因此不可随意处分,权利人只有在不违反法律和善良风俗以及不严重损害自己健康的特殊情况下,才可以适当处分自己的健康利益。对健康支配处分的限制主要有:(1)为了医学进步和人类发展,需要以人体进行新药、新技术的试验。接受人体试验,可能存在危及健康权的风险。民法尊重和保护个人的自我决定权,进行人体试验应当由个人决定,但这种选择不得违反法律和公共道德。《民法典》第1008条对人体试验作出了限制性规定。(2)订立处分健康权的合同,或者订立免除侵害健康权责任的免责条款,或者设立以将健康毫无意义地置于危险状态为内容的合同,应当认为无效。(3)健康权不得利用和转让。健康权是权利人的人格权,具有固有性,不得将健康权商品化,应用于商业交易之中。

三、侵害健康权的司法认定

侵害人格权不属于无过错责任原则的情形,属于一般侵权,适用过错责任原则。《民法典》第1165条第1款规定:行为人因过错侵害他人民事权益造成损害的,应当承担侵权责任。因此,侵害人格权的构成要件有四个:加害行为、损害结果、因果关系和侵权人主观过错。因本案仅涉及健康权,所以从侵害健康权角度进行分析。

(一)侵害健康权的构成要件

1. 加害行为

加害行为是指侵害他人民事权益的受意志支配的人的行为。首先,加害行为必须是受到意思的支配的人的行为,即行为是在行为人的意识控制下,由其意愿所引导,可以控制的人的行为。倘若某一行为不是在人的意思的支配下进行的,而是被强制作出的身体的动作或者因外力的影响而产生的不自觉的反应,不属于侵权法上的"加害行为"。其次,加害行为是侵害他人民事权益的行为。侵权责任法无法也不应当对那些没有侵害他人民事权益的行为作出评价,也即侵害他人人格权的行为在客观上必须具有违法性,该行为在客观上违背了其应当遵守的义务,对他人人格权利造成了损害。具体到健康权,作为健康权侵权责任构成要件的加害行为必须是能够对他人以自己的机体生理机能正常运作和功能完善发挥、维持人体生命活动的利益造成侵害的行为。

依其表现形态之不同,加害行为可分为"作为"与"不作为"。作为的侵害是指实施了积极的行为致使他人健康水平下降与健康状况的恶化以及精神损害。总之,侵害自然人健康权的行为必须是违法行为,反之则不构成。

2. 损害结果

构成要件之二是存在健康权被侵害的客观事实并造成了损害结果。在侵权诉讼中原告主张民事权益被侵害的前提是其确实享有该民事权益。生命权、身体权、健康权、姓名权、名誉权、肖像权、隐私权、人身自由权、人格尊严权等人格权是任何自然人都当然享有的权利,因此在健康权侵权诉讼中被侵权人无须证明自己享有这些权利。

损害是所有民事赔偿责任的必备要件,如无损害,也就无救济之可能。侵害健康权造成的损害事实主要为:第一,受害人生理机能和功能因侵害造成了运转异常或失去应有之功能,表现为健康水平的下降和健康状况的恶化;第二,受害人心理状态因侵害造成异常,表现为引起心理疾病、精神痛苦、心理创伤等;第三,受有财产上的损失,包括因侵权行为造成健康受损而支出的医疗费、护理费、交通费、误工损失以及心理干预费用和心理恢复费用等。王泽鉴教授认为,在健康权遭到损害的情况下,不仅需要考虑一般的损害赔偿责任,还要考虑被害人生活上增加的需要。被害人生活上增加的需要,是指被害人以前并没有的需要,但是因为受到损害,从而开始需要支付这项费用。

3. 因果关系

一方面,在侵害健康权的情况下,当被侵权人的健康权受到损害的结果与侵权人的行为有关,才成立侵权责任;另一方面,在健康权受损语境下,健康权益被侵害势必会对被侵权人造成损害,因此如上文所述,健康权受到损害,财产损害赔偿和精神损害赔偿均在侵权人的责任范围之内。在违法行为和损害事实之间的因果关系难以判断时,可以结合一般社会经验和公众共同智识加以判断,加害人的行为在客观上具有引起损害结果的可能性,实际上又现实地引起了侵害他人身心健康的损害结果,我们就可以认定行为和结果之间具有因果关系。

4. 主观过错

过错是对行为人主观心理状态的评价,分为故意与过失。故意和过失均可导致对人格权的侵权损害结果。其中过失可分为重大过失、一般过失与轻微过失。重大过失是指行为人连最普通人的注意都没有尽到,或者说,行为人是以一种"异乎寻常的方式"违背了必要的注意。这种行为是"特别重大而且在主观上不可宽恕的违反义务的行为,其已经显著地超出了通常的过失程度"。一般过失是最为常见的过失形态。前述对过失的界定指的就是这种过失。随着过失的客观化,侵权法中判断行为人是否具有一般过失,采取的是相对客观的标准,是以"行为人(债务人)通常在自己事务上应尽的注意"作为判断标准来确定的过失,如"善良管理人"或"合理的人"。轻微过失是相对于一般过失程度更加轻微的过失。健康权属于物质性人格权,物质性人格权与民事主体的生命健康、身体健康关系密切,带有强烈的人身专属性。物质性人格权在权利位阶中占据着重要位置,是人格权乃至民事权利中最重要的权利,物质性人格权是其他权利存在的前提和基础,脱离物质性人格权的享有,其他权利也将不复存在。保障物质性人格权是保障人权的基础和前提,因此法律将物质性人格权的保护置于最重要的位置。健康权连同生命权一起,其重要的特殊性质决定了在其与其他权利产生冲突时,应当优先受到保护。从价值位阶的意义上来说,生命权、健康权与其他人格权相比,在损害的认定与权利保障的实现上也应当具有优先性。相较于生命权、健康权,姓名权、肖像权、隐私权等精神性人格权益所处的位阶更低,在受保护的范围和程度上相较于生命权、健康权也更小。因此,《民法典》第998条在规定认定损害人格权民事责任的参考因素时,免于在认定行为人承担民事责任时对行为人和受害人的职业、影响范围、过错程度,以及行为的目的、方式、后果等因素的考量。由此可以得出,在侵害健康权语境下,侵权人明知其行为会对他人以自己的机体生理机能正常运作和功能完善发挥、维持人体生命活动的利益造成侵害仍有意为之,或者应当意识到自己的行为会对他人以自己的机体生理机能正常运作和功能完善发挥、维持人体生命活动的利益造成侵害而没有意识到的时候,判断行为人具有主观过错。在侵害健康权的行为中,无论行为人的主观心理状态是故意还是过失,只要具有造成损害的事实且存在因果关系,都不影响侵权责任的成立。

5. 结合案情

在本案中,被告韩某、罗某浩的行为符合侵害健康权的四个构成要件。第一,被告韩某、罗某浩因琐事将原告尹某森带至山坡上,用口袋套住尹某森头部进行殴打并拍摄手机视频,其加害行为能够对他人以自己的机体生理机能正常运作和功能完善发挥、维持人体生命活动的利益造成侵害,属于作为的侵害行为,原告尹某森向法院提交商南县某局行政处罚决定书及不予行政处罚决定书证明被告韩某以及被告罗某浩实施了殴打、录视频等侵权行为,符合构成要件一。第二,被告韩某以及被告罗某浩于偏僻处山坡上,采取用口袋蒙住原告头部的方式进行了殴打行为,殴打行为持续三四十分钟,致使用于殴打的木棒断裂。由这些表述可以得知,被告行为对原告生理和心理健康造成不良后果,原告尹某森的健康权遭受侵害,产生了损害后果,符合构成要件二。第三,原告尹某森健康权受到损害,其权益被侵害的结果与被告韩某以及被告罗某浩的行为有关,财产损害赔偿和精神损害赔偿均在侵权人的责任范围之内,符合构成要件三。第四,被告罗某浩与韩某存在过错。案发前一日晚上被告韩某、罗某浩与原告尹某森在 QQ 上发生言语争执,但无论何种言语争执都无须通过实施殴打、恐吓的方式来解决,虽然二被告均是未成年人,被告罗某浩已满 14 周岁,二人应当认识到其殴打行为会对原告尹某森的身心健康造成的后果,仍蓄意为之,存在主观过错,符合构成要件四。综上所述,二被告的行为符合侵害健康权的构成要件。

(二)侵害健康权司法认定需要注意的问题

自然人在人格权因不法侵害遭受损害时,可以请求损害赔偿。这里的损害赔偿包括两部分:财产上的损害和非财产上的损害。"损害"是遭受损害方的权益所遭受的不利。在司法认定过程中需要注意损害赔偿的方法、损害赔偿的范围。我国《民法典》对侵犯人身权从而请求精神损害赔偿的正当性进行了确认。这一点,我们也可以联系实际生活,精神损害赔偿的设置有利于缓和社会矛盾,有助于纠纷的多元化化解,更有助于平衡受害者的利益损失,同时,这也符合国际社会的主流趋势。正确认识健康权的损害赔偿可以申请精神损害赔偿利益,可以帮助我们更好地理解健康权设置的意义和重要性。

侵害健康权的司法认定中最重要的问题是因果关系的认定。对于因果关系的判断标准,相当因果关系理论是判断责任成立因果关系的主流标准,本案的判决也围绕相当因果关系展开,并据此进行了精神损害赔偿金额的确定。在精神损害赔偿金的确定标准上,可按照侵权要件进行分析:其一,被告行为对原告生理健康造成不良后果,原告尹某森的健康权遭受侵害。从二被告的主观心理、侵害手段、场合、行为方式多方面来看,可以认定对原告造成严重的精神损害。其二,原告的精神损害与被告的侵权行为有因果关系。原告尹某森在事情发生后表现出的不敢上学、必须要有人接送才敢上学回家的情况,与他在放学途中被二被告带至偏僻地方实施殴打、恐吓行为有因果关系,符合必然因果关系要求的侵害行为与损害结果之间具有内在的、本质的、必然的联系。其三,被告罗某浩与韩某存在过错。无论何种言语争执都无须通过实施殴打、恐吓的方式来解决,因此认定被告的行为存在过错。综上所述,原告的主张符合精神损害赔偿的要件,要求支付精神抚慰金理由正当,应当得到法院的支持。

四、民事证据的审查与认定

(一)证据"三性"的适用

按照目前通说观点,证据具有客观性、关联性和合法性三大特征。客观性是指证据所反映的内容必须是客观存在的事实,不是主观臆想的或虚构的主观之物。证据的客观性表现在内容和形式两个方面,证据内容的客观性要求证据的内容必须是客观存在的事实,必须反映客观实际。证据必须是真实的,只有真实的证据才可能成为人民法院认定事实的基础。证据形式的客观性要求证据必须能够以某种方式为人所感知。证据只有以特定的物质载体表现出来并以某种方式为人们所感知才能够对案件事实起到证明作用。

关联性是指证据与案件事实之间存在某种联系或对证明案件事实具有某种意义。事实上,有关联性并非一个法律问题,而是一个事实问题,只是对一项证据与待证事实之间的关系的一种表述。对这种对应关系应当按照经验法则与科学规律加以判断。证据的关联性从内容上看,要求每一个具体的证据必须对证明案件事实有帮助。并且由于证据与案件事实之间的联系有直接联系、间接联系、必然联系、偶然联系等不同的方式,证据对证明案件事实的帮助也不同。证据的关联性从形式上看,要求证据与待证事实之间必须存在逻辑上的联系,即运用逻辑推理方法可以从已知的证据中推导出案件事实。从哲学的角度上看,世界是普遍联系的,任何两种事物都可能存在某种细微的联系,因此,并非有关联性的证据就一定会被采纳,还需要对证据的关联性进行审查。评判证据与待证事实之间是否具有关联性,首先要求证据与待证事实同时存在,对两者之间进行比照、判断,进而得出二者是否具有关联性的结论。但由于现实中,证据与待证事实之间并不总是同时存在的,很多情况下,是先存在一定的证据,再根据这些证据,运用证据规则得出待证事实的结论。因此,需要运用动态的视角对证据关联性进行审查。证据的关联性是在客观性的基础上对证据特征的进一步揭示,体现了证据对证明案件事实的作用和价值。它的作用在于缩小收集、调查、审查证据的范围,提高诉讼证明的效率。

合法性是指在诉讼过程中使用的证据必须符合法律对证据的要求,并且以合法的手段和程序收集提供。主要包括证据形式合法、取证主体合法、取证手段合法及证据符合实体法规定的若干构成要件。

(二)证明标准

证明标准,是指基于一方当事人在诉讼上提出的事实主张,法院对其提供的证据进行审查判断过程中,用以形成某种内心确信所必须要达到的程度或最低限度。① 对于程序性事实,采用较大可能性的标准,即与诉讼保全、回避等程序性事项有关的事实,法院结合当事人的说明及相关证据,认为有关事实存在的可能性较大的,可以认定该事实存在。对于实体性事实,一般标准是高度盖然性标准,即对负有举证证明责任的当事人提供的证据,法院经审查并结合相关事实,确信待证事实的存在具有高度可能性的,应当认定该事实存在。对一方当事人为反驳负有举证证明责任的当事人所主张事实而提供的证据,法院经审查并结合相关事实,认为待证事实真伪不明的,应当认定该事实不存在。当事人对于欺诈、胁迫、恶意串通事实的证明,以及对于口头遗嘱或者赠与事实的证明,需采用排除合理怀疑的特殊标准,即法院确信该待证事实存在的可能性能够排除合理怀疑的,应当认定该事实存在。除此之外,法律对于待证事实所应达到的证明标准另有规定的,从其规定。

(三)尹某森与韩某、罗某浩、翁某艳等人格权纠纷一案证据的认定与审查

本案所涉的证据有:(1)商南县某局行政处罚决定书及不予行政处罚决定书,证明被告韩某以及被告罗某浩侵犯原告尹某森的健康权和人格尊严。此证据是书证且是商南县某局作出的具体行政行为,具有公定力。在诉讼中,审查判断证据应当坚持客观性、关联性和合法性的原则。审查判断该证据的客观性,需要着重审查:①证据来源,即审查证据是如何形成的,证据由谁提供或收集的,收集的程序是否合法或合理等。②证据内容,证据内容本身是否真实,有无伪造可能,一般可根据审查证据内容是否符合常理,内容前后有无相互矛盾之处等来判断。关联性体现在证据对案件事实所具有的证明性,该证据内容上记载了被告韩某、罗某浩殴打原告尹某森的过程,因此与本案事实具有较强的关联性。审查该证据的合法性,主要审查收集证据的主体、程序和手段是否符合法律规定,证据本身是否具有合法形式。(2)录制的视频。视频中的殴打过程内容证明了被告韩某、罗某

---

① 参见毕玉谦主编:《民事诉讼法学》(第2版),中国政法大学出版社2021年版。

浩殴打原告尹某森的事实,并且殴打过程中录制视频的行为证明了被告侵犯原告人格尊严的事实。录制的视频属于直接证据。对该证据的审查同样是依据证据"三性"的内容进行判断。

---------- 思 考 题 ----------

[1]健康权包括哪些内容?
[2]如何理解健康权的侵权保护规则?
[3]如何对侵犯健康权进行司法认定?
[4]如何理解健康权和身体权、生命权的关系?
[5]查找侵犯健康权相关的案例,思考我国现行民法规定的得失。

---------- 推荐阅读 ----------

[1]程啸:《人格权研究》,中国人民大学出版社2022年版。
[2]王泽鉴:《人格权法:法释义学、比较法、案例研究》,北京大学出版社2013年版。
[3]高可:《人格权基础理论研究》,中国政法大学出版社2019年版。
[4]朱虎:《人格权何以成为民事权利?》,载《法学评论》2021年第5期。
[5]张红:《人格权总论》(第2版),法律出版社2022年版。
[6]焦洪昌:《论作为基本权利的健康权》,载《中国政法大学学报》2010年第1期。
[7]王利明:《人格权的属性:从消极防御到积极利用》,载《中外法学》第2018年第4期。
[8]陈云良:《健康权的规范构造》,载《中国法学》2019年第5期。
[9]王利明:《试论人格权的新发展》,载《法商研究》2006年第5期。
[10]王利明:《人格权法研究》(第3版),中国人民大学出版社2018年版。

2.3 姓 名 权

▣ 理论导读

姓名,在法律上使某一个自然人与其他自然人区分开来,便于自然人参加社会活动,行使法律赋予的各种权利和承担相应义务。姓和名的组合,表现了个人对社会团体或血缘家族或某一类人的归属,也表现了从个体到群体的关系。对于姓名权的保护最早是在《德国民法典》被确认的,我国从《大清民律草案》首次提出了姓名权的概念,到 1986 年颁布的原《民法通则》、2009 年颁布的原《侵权责任法》,再到现在的《民法典》,都对姓名权给予了保护。

《民法典》对姓名权的保护主要涵摄以下三个方面的内容:第一,姓名权的保护范围即姓名权的内涵和外延。第二,姓名权行使规则即自然人姓名权行使的确权性规定,自然人姓名命名权中的姓氏选择的具体规定,自然人姓名命名权和变更权的原则性规定。第三,姓名权侵权行为认定和救济,即何种行为属于侵害姓名权的行为以及人格权请求权和侵权损害赔偿请求权两种救济途径。

我国《民法典》关于人格权包括姓名权的制度构建,体现了我国在人格权立法方面的先进水平。首先,《民法典》明确了姓氏选取的原则,不仅赋予父母平等的冠姓权,也给自然人选择其他姓氏提供了法律依据。其次,《民法典》将姓名权的保护有条件地扩展至笔名、艺名、网名、译名等非正式名称。这是对姓名权的扩大保护,符合我国经济文化丰富发展的实际情况。最后,《民法典》人格权编增设了姓名许可权,把使用姓名的权利扩张到"许可他人使用自己的姓名"。这一方面可以保障姓名权中的财产价值的实现,另一方面也是对被许可人的正当权益的法律规制与强化。

但由于姓名权作为基本权利,要经由行政登记这一途径才能实现,再加上施行年限较短,配套的行政法规等下行法没有跟上的原因,存在一些实践上的问题。如行政机关对姓名权干预过多,姓名权的立法分散、规定不一等,在实践中,由于《民法典》《居民身份证法》《户口登记条例》对姓名登记规定得比较分散,形成了我国没有统一的关于姓名登记的法律规定,甚至存在各地规定相互矛盾的的混乱局面,有必要通过后续立法不断完善。司法实践中要注意姓名权行使的限制问题。其一,自然人不得基于不正当目的取得与他人相同的名字,不得故意造成姓名权的冲突。其二,不得滥用姓名权。其三,姓名的构成需要符合法律及相关行政法规。在案例学习中,要关注姓名权典型案例,如"北雁云依"诉济南市公安局历下区分局燕山派出所公安行政登记案。

朱某荣与朱某增姓名权纠纷案

摘要：原告朱某荣之父朱某章(小名傻宝)从事熏鸡的制作和销售,并办理了个体工商业营业执照。在郸城县石槽镇有着较高的社会知名度与美誉度。朱某章过世后,其侄被告朱某增开始使用"正宗傻宝熏鸡"字号悬挂于店面门头,在其包装袋上印制"正宗傻宝熏鸡总店"字样从事熏鸡制作、销售经营活动,并在其店铺内悬挂朱某章照片及合影用于证明其系傻宝传人。2010年3月,被告朱某增注册了"傻宝shabao"商标。经过分析认为,本案中被告朱某增不是朱某章的继承人,不能继承该姓名权所延伸的财产性利益。被告朱某增侵犯了朱某章姓名权延伸的财产性利益,因此应承担侵权责任。

关键词：姓名权;延伸的财产性利益

一、引言

姓名具有符号特征,自然人本名以及本名之外与自身存在稳定对应关系的称呼都属于姓名权这一基本人格权的保护范畴;"具有一定社会知名度"是判断"存在稳定对应关系"的标准,其包含了"为相关公众所知悉"的内涵。公民的姓名权、肖像权、荣誉权受到侵害的,有权要求停止侵害,恢复名誉,消除影响,赔礼道歉,并可以要求赔偿损失。姓名权是一种人格权,属于精神权利的范畴,其始于出生,终于死亡。但姓名兼具经济权益和精神性利益,故自然人死后其姓名利益仍应受法律保护。当某一自然人的姓名被应用到财产领域之后,其产品更易被消费者所熟识,由原来的文字符号转变成了消费符号,发挥着被消费者认知质量和广告的功能。财产性的姓名权能够与主体相分离,因此可以让与和继承。财产性姓名权受到侵害,权利人遭受的是财产损害,是期待财富的丧失。自然人行使姓名权,行政机关原则上应尊重自然人的选择权,并以社会公共利益、社会公序良俗作为考量标准,对此予以个案把握。

二、案件当事人

原告：朱某荣

被告：朱某增

三、案情简介

原告的父亲朱某章系郸城县石槽镇石槽行政村人，原在郸城县石槽镇石槽集从事熏鸡经营，并自1984年6月办理了个体工商业营业执照。朱某章在世时从事熏鸡经营在郸城县石槽镇有较高的知名度与美誉度，"傻宝熏鸡"为当地人熟知。2007年1月，朱某章病故，其女原告朱某荣承担了其生前与病故后的一切费用。2008年，其朱某章的侄子被告朱某增开始使用"正宗傻宝熏鸡"字号悬挂于店面门头，在其包装袋上印制"正宗傻宝熏鸡总店"字样从事熏鸡制作、销售经营活动，并在其店铺内悬挂朱某章照片及合影用于证明其系傻宝传人。2010年3月，被告朱某增注册了"傻宝 shabao"商标。

2016年4月12日，河南省郸城县人民法院审理此案。原告朱某荣诉称，朱某章作为一个自然人，无论是生前还是死后，应该受到人们的尊重，这是一个公民应享有的最基本的社会权利。这种权利的一个最根本的内容就是称谓上的礼貌。很明显对一个老者直呼其乳名是一种蔑视行为，降低了被称呼者的人格尊严。被告作为朱某章的侄子，更应尊重其长辈。被告将朱某章的乳名"傻宝"作为经营门店匾牌和商品名称，其目的是通过侵害朱某章的名誉权而获利，是一种侵权行为。根据我国法律规定，经营者不得采用、擅自使用他人的姓名，采取引人误认为是他人的商品的不正当手段从事市场交易。一个成功的角色形象和名称，如果使用于商品上，往往能直接唤起和激发消费者的消费欲望，从而产生良好的经济和社会利益，因此，在法律上必须给予姓名一定的保护。被告擅自使用"傻宝"姓名进行商业行为，既是违背公平、诚实信用原则的不正当竞争行为，也是一种侵权行为。被告的行为已经侵犯了原告父亲的姓名权。为了维护原告及其家人的权益，特起诉要求判令被告停止使用带有"傻宝"字样的任何经营活动并赔偿损失。

四、案件审理情况

（一）诉讼请求权

人格权侵害请求权。

（二）请求权基础规范及要件分析

（注：原判决在《民法典》生效之前，裁判依据为《民法通则》第120条、原《侵权责任法》第2条）

《民法典》第994条：死者的姓名、肖像、名誉、荣誉、隐私、遗体等受到侵害的，其配偶、子女、父母有权依法请求行为人承担民事责任；死者没有配偶、子女且父母已经死亡的，其他近亲属有权依法请求行为人承担民事责任。

第1012条：自然人享有姓名权，有权依法决定、使用、变更或者许可他人使用自己的姓名，但是不得违背公序良俗。

1. 要件分析。

要件一（隐含要件）：该人格权归属于民事主体本人。死者的姓名、肖像、名誉、荣誉、隐私、遗体等受到侵害后，主张权利的主体适格。

要件二：民事主体有证据证明行为人实施侵害其人格权的违法行为。

2. 法律效果：民事主体有权依法向人民法院申请采取责令行为人停止有关行为的措施。

（三）抗辩权基础规范

本案被告未提出抗辩，不存在抗辩权。

（四）诉讼主张的检索

主张一：原告之父朱某章系案涉姓名权的权利主体。

主张二：原告朱某荣有证据证明被告朱某增正在实施侵害原告之父朱某章姓名权的违法行为，侵犯了姓名权延伸的财产性利益。

（五）争点整理

争点一：关于姓名权权利主体范围。

事实证明：朱某章从事熏鸡的制作和销售，在郸城县石槽镇有着较高的社会知名度与美誉度。朱某章过世后，其姓名权也随即消失，作为继承人的原告不能直接继承朱某章的姓名权，但可享受该姓名权所延伸的财产性利益，而这种利益要在具体的商业活动中才能有所体现。被告朱某增客观上使用了"正宗傻宝熏鸡"在商业活动中，那么朱某章的姓名权具有财产性利益，而这种利益应由继承人享有。朱某增为朱某章侄子，并不是其继承人。原告朱某荣为朱某章之女，为其法定继承人。

事实认定：朱某章的姓名权具有的财产性利益，为原告朱某荣继承，被告朱某增并无此权利。

争点二：原告朱某荣有证据证明被告朱某增实施侵害其父朱某章人格权的违法行为。

事实证明：朱某章从事熏鸡的制作和销售，在郸城县石槽镇有着较高的社会知名度与美誉度。朱某章过世后,本案的被告使用"正宗傻宝熏鸡"作为店面牌匾并印制在包装袋上,在郸城县石槽镇从事熏鸡制作、销售的商业活动,侵犯了姓名权延伸的财产性利益,因此应承担侵权责任。

事实认定:被告朱某增侵犯了朱某章姓名权延伸的财产性利益,因此应承担侵权责任。

五、结尾

根据争点结论,原告朱某荣有证据证明被告朱某增正在实施侵害其父朱某章姓名权延伸的财产性利益的行为,侵害了原告及其家人的权益。故原告朱某荣提出判令被告停止使用带有"傻宝"字样的任何经营活动并赔偿损失,符合原《民法通则》第120条、原《侵权责任法》第2条的规定,故判决:(1)被告朱某增停止使用带有"正宗傻宝熏鸡"字样的门头牌匾与包装袋;(2)被告朱某增于本判决生效后10日内赔偿原告朱某荣经济损失人民币8万元。

六、附录

郸城县人民法院民事判决书,(2016)豫1625民初447号。

周口市中级人民法院民事判决书,(2016)豫16民终1414号。

朱某荣与朱某增姓名权纠纷案教学指导手册

▣ 教学具体目标

本案例用于分析姓名权的法律保护问题,具体包括四个问题:第一,姓名权在我国的立法发展;第二,死者人格利益的概念和性质等相关问题;第三,死者人格利益的司法认定;第四,适格当事人。

▣ 教学内容

一、姓名权在我国的立法发展

(一)《大清民律草案》中的姓名权

清末变法修律中,任命日本法学家松冈义正起草民法总则,其在人格权部分的规定中体现了较强的个人意志。修律中尽可能展现"最精进之法理",对当时较新的《德国民法典》《瑞士民法典》《日本民法典》都有较多的借鉴,鉴于修律的仓促,在立法中确实博采了各国人格权立法所长,但在不同国家人格权规定的融合上缺乏立法技术的梳理,有盲目照抄的嫌疑。当时的人格权立法颇为激进,不仅学习最新的瑞士立法规定了人格保护条款,而且用数个法条规定姓名权。该法在总则中规定了与传统观念完全不相容的自由权,在债编中通过侵权损害赔偿之债确立的名誉、自由等人格权益与普通民众心理存在较大的差距。这一时期,西方近代人格权理论与立法的不成熟,客观上导致了《大清民律草案》人格权制度设计上的众多困境。

《大清民律草案》立法文本,沿袭国外民商事立法范例,法条与立法理由说明并存,为解读立法文本提供了较权威的范式。总则编立法者松冈义正对立法的口述为解读文本作了进一步的补充。诚如《民法总论》编者熊元凯、熊元襄在"例言"中谈及:"松冈氏为我法律馆起草民法之一员。故本编内容,多涉及我国民事立法上之计划,阅者勿仅视为日本民法之解释论可也。"[①]民法总则在第二章第五节专设"人格保护",在开篇的立法理由中却重点阐述了人格权保护的意义,表明在立法者看来人格与人格权的概念并无区别。其着重阐述人格权保护的意义,作为权利的宣言书,实际上也发挥了近代人格观念普及的功能。"人格保护"一节的设置,表明以松冈义正为代表的立法者对私权保护的重视。从编纂体例看,在近代各国民法典中颇有代表性。

从立法理由说明来看,立法者对人格权内涵的理解包括生命、身体、名誉、自由、姓名、身份及能力等之权利,把身份、能力也作为人格权的一部分去整合。在权利性质上,松冈义正认为人格权是支配权,支配的对象是不得与人身分离的基本的人格权益。其认为人格权与人不可分离,是民事主体固有的基本权利,是人之为人的基本权利。在阐述人格权的具体内容的理由时,其详细指出:"生命丧失,人变为尸。各国法律皆视尸为一种物品。身体不能自由,即降为奴隶。名誉不立,是为下流。氏名商号不立,人格亦不完全,民法上之氏名,即商法上之商号。商号为商人所用之记号,盖缺乏生命身体,则人格消灭。缺乏名誉、自由、氏名、商

[①] [日]松冈义正:《民法总论》(上),熊元凯、熊元襄编,陈融、罗云锋点校,上海人民出版社2013年版。

号,不能视为人格之存在也。人格权之为公权、私权,学说不一。或谓人格权既为民法所规定,当然属之私权,因民法规定之权利,皆私权也。或谓私权皆为财产权,人格非财产权,即为公权。据德国、日本民法之解释,当以前说为是。"①关于人格保护条款的体系,立法理由指出"第四十九条至第五十一条规定通则;第五十二条至第五十五条规定保护姓名权之方法"②。《大清民律草案》在总则编的"人格保护"一节中仅规定了上述内容,但在债编中通过侵权责任的规定,确立了对生命、身体、名誉等人格权益的保护。从这一意义上讲,《大清民律草案》通过总则和债权相结合的方式确立了人格权权利保护体系。

《大清民律草案》的人格保护通则性条款包括第 49 条、第 50 条、第 51 条之规定。"第四十九条规定:权利能力及行为能力不得抛弃。"③在立法理由说明中指出权利能力与行为能力的保护是人格保护的必不可少的组成部分,而实际上权利能力本是与行为能力相对应的概念,此处权利能力概念已成为人格概念的一部分,不再是与人格并用的概念。立法理由说明该款规定目的在于杜绝现实中强权干预欺凌弱者人格,导致其人格贬低。这一时期的人格是一种抽象意义上的人格,其强调抛弃阶级、等级等代表封建特权的身份,实现自然人之间人格上的形式平等。其抛弃传统法下贵贱之间的差等、良民与贱民之间的差等,代表着人格平等观的一大进步。关于权利能力,松冈义正认为"权利之享有,各人全其生存上所必要之事项。故在近世国家,作为原则,付与权利能力于各人,使得享有一切之私权,不问其男女身分之区别"④。权利能力是人之为人的基础,无论男女一体享有,是人格保护的基石,其对于封建体制下女性人格减等是一大颠覆。关于男女私权上的平等,松冈义正论述"古代视女子为一种财产,可以随意处分。故有买卖妻女之事。至文明日进,使尊重女子之权利,更倡为男女平权之说。但平权有公权私权之分,女子私权,可与男子平等,公权则不如男子远甚……近时中国,亦有人提倡男女平权之说,盖权利思想,日益发达,女子亦争权利,必然之势也。但女子得

---

① [日]松冈义正:《民法总论》(下),熊元凯、熊元襄编,陈融、罗云锋点校,上海人民出版社 2013 年版。
② 黄源盛:《晚清民国民法史料辑注》(一),台北,犁斋社有限公司 2014 年版。
③ 黄源盛:《晚清民国民法史料辑注》(一),台北,犁斋社有限公司 2014 年版。
④ [日]松冈义正:《民法总论》(下),熊元凯、熊元襄编,陈融、罗云锋点校,上海人民出版社 2013 年版。

享有公权与否,当视其教育何如"①。第 50 条是关于自由保护的规定,在学说中对其有不同见解。有学者认为是通则性规定,也有学者认为其规定了精神性人格权之一的自由权。从立法理由来看,其确认了自由权的人格权属性,但并未对自由权的内涵进行明确界定,而是通过对抛弃自由权侵害人格的解读彰显自由权对人格保护的意义。从清末专制政体走向民主共和政体,从宗法伦理性人格变为法律人格,自由权以其强大的包容性内涵对人格保护有着重要意义。第 51 条规定了人格保护请求权及人格受到侵害时的法律救济。从法律借鉴角度来看,是源自《瑞士民法》第 28 条第 1 项关于人格保护概括性条款的规定,但在用词上也使用了"人格关系"这一并不太恰当的法律概念。人格关系从民事关系的本质说是一种法律关系,实质上侵害的应是"人格",从学说上准确地说应使用人格权的表达。

《大清民律草案》第 52 条到第 55 条的规定是关于姓名权保护方法规定,在"人格保护"这一节里立法者用了 5 条来规定,显示出立法者对这一具体人格权的法律推崇。近代民法对姓名作为人格权详细规定源于德国民法,《大清民律草案》对姓名权的规定,主要是仿效德国民法,未考虑中国的国情,具有仓促的"急就章"的特点。姓名权为支配权、绝对权,故应设登记制度,一方面保护权利人利益,另一方面通过登记公示效力保护善意第三人利益。但在缺乏登记制度的清末,姓名权的登记沦为纸面上的文字游戏。《大清民律草案》第 52 条规定"姓名须依户籍法规定登记之。姓名非登记不得与善意第三人对抗"。立法理由中指出"姓名为表异于他人之具,然登记后始能许其专用,此本条所由设也"。姓名唯有依法登记才享有专用权,姓名是表明人的主体身份与他人不同的权利。因而,改名须以经衙门主管官署允许为限,非有重大理由不得随意许可,并且非经登记不得对抗善意第三人,这也是第 53 条规定意旨所在。② 因姓名权为绝对权,"一经确定之后,即与世人生种种之关系,故改名之时,纵使已得允许已为登记,然从前与其有关系之人因改名而利益受损之时,法律自不能不设法以保护之"③,因而有利益相对人撤销权之规定④。在姓名权保护方法上,第 55 条规定"姓名权受侵害者,得请求摒

---

① [日]松冈义正:《民法总论》(下),熊元凯、熊元襄编,陈融、罗云锋点校,上海人民出版社 2013 年版。
② 《大清民律草案》第 53 条规定:"改名以经衙门主管允许为限。前条规定于前项准用之。"
③ 李秀清、陈颐主编:《朝阳法科讲义》(第 4 卷),上海人民出版社 2014 年版。
④ 《大清民律草案》第 54 条规定:"因改名而利益受损害者,得从其知悉之日起一年内请求撤销。"

除其侵害。前项之侵害恐有继续情形者,得声请审判衙门禁止之"。这一条款确定了两种保护方法:其一,鉴于姓名权的绝对权属性,赋予其排除侵害请求权;其二,对于将来仍有继续侵害情形时,赋予其申请法院禁止的请求权。姓名权的保护条款建立在姓名权为区别自己与他人基础之上,既着眼于现实侵害的排除,又对妨害恐有继续的情形享有请求审判衙门干预的诉权。

《大清民律草案》对人格权的保护主要借鉴德国民法的规定,对姓名权的规定颇为详细。生命、身体、名誉等权利的性质,在当时德国、日本法学界也颇有争议。当时的学者余棨昌认为《大清民律草案》第51条规定可以作为人格保护的概括性条款,"人格关系受侵害者,即人之生命、身体、名誉、自由、姓名、身份及能力等受侵害之谓也"[①]。通过这一人格关系概括性条款,可以对生命、身体、名誉等受侵害时提供法律救济,即受害人于请求排除侵害外,可以请求损害赔偿或慰抚金。

《大清民律草案》关于人格权的规定,体现了立法思想中以"折冲樽俎,模范列强为宗旨",注重"世界通行之法则""后出最精确之法理"的原则。在人格权制度的规定上,对《瑞士民法典》关于人格保护一般条款的规定、《法国民法典》关于过错责任一般条款的规定、《德国民法典》总则与债编相结合保护人格权的规定都进行了借鉴,甚至对法国法中的个人私生活受尊重权都用个人秘密保护的方式进行规定,学习国外先进法理的意识之强可见一斑;但在法律借鉴时,本属不同体系的人格权制度以"先进"之名被整合到《大清民律草案》中,有拼凑之嫌。其关于姓名权登记的规定典型地体现了当时政府"管制"属性,表明人格权私权化道路任重道远。《大清民律草案》将与传统文化有着截然不同的人格权制度引入中国,对民众人格权意识的觉醒有着重要的启蒙作用,为后续人格权制度本土化规定提供了较好的批判、学习平台。人格权制度与民事立法中对"个人主义"理念的推崇紧密关联。

(二)《民国民法典》中的姓名权

《民国民法典》对姓名权规定给予相当的重视,把其与男女平等的立法原则相联系。《民国民法典》在起草时,明确立法原则由民国南京政府中央政治会议决定。在总则编制定时,民国南京政府中央政治会议第168次会议决议通过了立法原则19条,其中包括:"……8、姓名权受侵害者,被害人得请求法院禁止之……

[①] 李秀清、陈颐主编:《朝阳法科讲义》(第4卷),上海人民出版社2014年版。

16、享受权利之能力不得放弃……"①当时立法机关对姓名权的财产权属性虽有疑问但普遍认为姓名权保护已为近代国家之通行做法。民国南京政府中央政治会议最终通过了"《民法亲属》、《继承编》立法原则",关于夫妻及子女姓氏问题曾专门从男女平等及操作性上阐述,其指出"第六项办法(妻冠夫姓,子女从父姓),妻得保存本姓,而夫亦不易其姓,在实际上似较为易行"②。其在比较各种姓氏立法模式后,指出过于在姓氏上纠结如何体现男女平等不是最佳的选择,关注男女平等理念如何在经济、政治、私权上得以贯彻才是最现实的问题。姓氏选择问题,"惟当于可能范围内,企合于平等之旨而已"③。

《民国民法典》第19条是关于姓名权救济方法的规定,是借鉴《德国民法典》第12条规定的具体人格权,同时与《瑞士民法典》第29条条款极为类似。其关于姓名权的救济条款相较《大清民律草案》《民国民律草案》颇为简约,在立法技术上存在较大问题。《民国民法典》第19条与《民国民律草案》第19条规定相同,但没有规定防止侵害请求权和损害担保请求权。《民国民法典》在姓名权保护上,防止侵害请求权的缺失,不利于对侵害姓名权行为的预防。

姓名权在民国立法体例中与人格保护的一般条款并列,在侵权条款中并未列入与生命权、健康权等并列的侵权对象,如何看待姓名权的权利属性,如何看待立法技术的处理,当时的学者有很大争议。关于姓名权立法技术处理问题,有学者认为民国民法规定合理。例如,学者黄右昌主张:"惟姓名权系人格权之一种,前条已就人格权受侵害之保护方法,与本条为同样之规定。本条何以重为规定?盖因(一)前条之损害赔偿请求权,以法律有特别规定者为限,而民法第192条至第195条各规定,未涉及姓名权受侵害之损害赔偿。(二)前条之受害人,只得请求法院除去其侵害,而请求损害赔偿,则须有法律之特别规定。此其所以有本条之特别规定者也。"④也有学者对《民国民法典》关于姓名权的规定提出批评,如胡长清认为:"惟我民法既于第18条设有保护人格权之规定,而于第19条又复规定姓名权之保护,实有重复之嫌。或谓瑞民及土民(指土耳其民法)亦系就此二者分别规定,我民法从之,似无不当。不知瑞民及土民所定之保护方法不同,故须分别规

---

① 谢振民编著:《中华民国立法史》(下册),中国政法大学出版社2000年版。
② 谢振民编著:《中华民国立法史》(下册),中国政法大学出版社2000年版。
③ 谢振民编著:《中华民国立法史》(下册),中国政法大学出版社2000年版。
④ 黄右昌:《民法诠解·总则编》(第3版),商务印书馆1947年版。

定之也。至我民法独于总则就姓名权规定其得构成侵权行为以发生损害赔偿请求权,有谓系因债编内一般侵权行为无规定者。此说系误解民法第 184 条第 1 项前项所谓权利,系专指财产权而言,有以致之,其无不当,无待深论。"①由此见解出发,胡长清认为姓名权的保护方法应在一般人格权之内,不需要作出特别规定。

(三)《民法典》姓名权

当代我国的姓名权立法,在《民法典》人格权编表现为六个条款。既有关于自然人姓名权的规定,又有法人、非法人组织名称权的规定。既有正面的确权性规定,又有与侵权条款结合的反向规定。从传统文化的角度看,姓氏在我国有着情感传承的特殊价值,姓名权保护是本土化较为浓厚的命题。因而我国的姓名权立法既有历史的传承,又有创新,在司法实践中不断加以发展。最高人民法院指导性案例 89 号便是展现立法和司法互动的典范。

二、死者人格利益的概念和性质等相关问题

通常情况下,自然人的人格权与生命的存续息息相关,始于出生,终于死亡。但为了保护未出生的胎儿和死者这类潜在主体的权益,或者基于保护公共利益的目的,有必要对人格权做延伸处理,即延伸出胎儿的人格权益和死者的人格权益。② 死者姓名为死者人格权益的重要内容,因而就死者人格权益的相关问题进一步讨论。本章将围绕死者人格权益进行讨论。

(一)死者人格权益的概念和性质

对死者人格利益的保护,是对死者人格财产利益保护的前置问题,因此,对死者人格利益的概念进行界定至关重要。死者人格利益是指自然人死亡以后,其姓名、肖像、名誉、隐私等利益。相关法律为《民法典》第 185 条规定的"侵害英雄烈士等的姓名、肖像、名誉、荣誉,损害社会公共利益的,应当承担民事责任";第 994 条规定的"死者的姓名、肖像、名誉、荣誉、隐私、遗体等受到侵害的,其配偶、子女、父母有权依法请求行为人承担民事责任;死者没有配偶、子女且父母已经死亡的,其他近亲属有权依法请求行为人承担民事责任";第 1181 条第 1 款第 1 句规定的"被侵权人死亡的,其近亲属有权请求侵权人承担侵权责任"。

关于死者人格利益的性质,学界存在不同看法,主要有人身权延伸保护说、权

---

① 胡长清:《中国民法总论》,中国政法大学出版社 1997 年版。
② 参见王利明:《人格权法研究》(第 3 版),中国人民大学出版社 2018 年版。

利保护说和法益保护说三种不同的学说。人身权延伸保护说的代表人物是杨立新,他认为,人格权应当是一种无期限的权利,能延伸至自然人出生前和死亡后,向后延伸的是死者人格权益。① 权利保护说认为享有权利的前提是存在民事主体,所以死者仍然是权利主体,不然无法解释死者人格权益。王利明则支持法益保护说,其认为死者人格利益在法律上仍然是一种法益,法律规定死者人格权益的目的是维护社会道德和近亲属的感情以及社会公共利益。② 三种学说中,人身权延伸保护说是通说观点,但其他两种学说均具有一定的合理性。

(二)死者人格权益保护的必要性

死者的人格权益是否应当受到保护,也是学界颇具争议的话题。支持派引用人身权益延伸说和法益保护说的论点,认为只有胎儿和死者的人格权益受到保护,才是完整的人格权益。反对派坚持人格权始于出生,终于死亡,除自然人本人以外都不能享有,也不能转让或继承。因此,死者的姓名、肖像等权益受到损害,不能说明其遗属的权益也受到了损害,死者既然不再属于自然人,也不属于能够享有权利的民事主体范畴,所以死者人格权益的说法不能成立。部分学者认为保护死者人格权益实际上保护的是家庭的人格利益,死者名誉和遗属名誉可以用家庭利益为中介连接。③ 上述各种观点都不无道理,但从各国有关人格权保护的判例和学说来看,几乎无一例外地赞成对死者人格利益进行保护,这是人格权法律制度发展的一个趋势。

死者人格权益的保护体现出人格权的精神价值。一个人具有人格,不应仅表现为生前享有权利,死后也应当受到尊重,法律应当给予权利主体这样一个信心:即使物理上的主体已经消灭,法律也将保护其人格不受侵犯,其对于肖像、姓名、隐私、名誉、荣誉、遗体的权利能够长久存续下去,不会随着死亡而消散。这才得以构成一个完整的人的权利,这是人格权益的基础。

对死者人格利益的保护还涉及社会利益、死者近亲属的利益,这里的利益通常指人格权中的财产价值。在死者的人格利益中,肖像利益、姓名利益、隐私利益、名誉利益、荣誉利益以及身体利益的客体,都有转化为财产利益的可能。换言

---

① 参见杨立新、王海英、孙博:《人身权的延伸法律保护》,载《法学研究》1995年第2期。
② 参见王利明:《人格权法研究》(第3版),中国人民大学出版社2018年版。
③ 参见史浩明:《关于名誉权法律保护的几个理论和实践问题》,载《学术论坛》1990年第3期。

之,"死者人格利益的财产利益转化,是这种人格利益的客体在使用中的转化"①。

(三)死者人格权益保护的范围

关于对死者人格权益保护的范围的讨论,我国经历了三个发展阶段:第一个阶段为保护"死者名誉权"阶段。在该阶段,法院认为,即便死者已经死亡,不是民事主体,也依然享有名誉权。当死者的名誉权受到侵害时,死者的近亲属有权提起诉讼。第二个阶段是保护"死者名誉"阶段。该阶段中,法院已经认识到死者不再是民事主体,不能享有名誉权,但是其依然享有名誉,仍应受到法律的保护。第三个阶段为保护"人格利益"阶段。此时,法院不仅对死者的名誉加以保护,而且将保护的范围扩及死者的姓名、隐私、肖像、荣誉及遗体、遗骨等。还有学者认为,我国法对于死者人格权益保护的范围经历了第四个发展阶段,即"英雄烈士的姓名、肖像、名誉、荣誉"的保护予以强化的阶段,这个阶段强调对英雄烈士的特殊保护,对于侵害英雄烈士的姓名、肖像、名誉、荣誉的行为,英雄烈士的近亲属可以依法提起诉讼,不受《民法典》第994条对请求权人顺序的限制。②

根据《精神损害赔偿司法解释》第1条和第3条的规定,因人身权益或者具有人身意义的特定物受到侵害,自然人或者其近亲属向人民法院提起诉讼请求精神损害赔偿的,人民法院应当依法予以受理。死者的姓名、肖像、名誉、荣誉、隐私、遗体、遗骨等受到侵害,其近亲属向人民法院提起诉讼请求精神损害赔偿的,人民法院应当依法予以支持。此规定明确了受保护的死者人格权益范围包括死者姓名、肖像、名誉、荣誉、隐私、遗体、遗骨以及具有人格象征意义的特定纪念物品。

对死者人格利益的保护应当有一定的期限限制。我国采用近亲属存在即死者人格权益存在的办法规定保护期限,但基于公共权益的考虑以及近年来对英雄烈士人格权益保护的倾向,在一定条件下,即使近亲属不存在,也可以由国家机关或其他个人提起公益诉讼,死者权益保护的期限实际上并不确定。

(四)死者人格权益的继承

人格权中的财产价值可以继承在学界并无太大争议,只要不违背法律强制性规定和公序良俗,死者人格中的财产部分应当可以继承,这实际上是对死者人格

---

① 杨立新:《人格权法》,法律出版社2015年版。
② 参见程啸:《侵权责任法》(第3版),法律出版社2021年版。

权益的另一种保护方式。但王利明指出,"此处所指的继承是人格利益中的财产价值转化为现实的财产利益以后,如何对该财产利益进行继承,而不是说对死者的人格利益进行分割",即遗属对于死者人格权益的财产部分只有保管利用的权利,而没有转让处分的权利,这是因为如果死者的人格权益可以转让,就会将人格变为一种商品,从而造成其他严重后果。

(五)死者人格权益中财产权益的请求权主体

我国现有法律规定死者人格利益中的请求权主体主要是死者的近亲属,包括配偶、父母、子女、兄弟姐妹、祖父母、外祖父母、孙子女、外孙子女,这种限制的原因是防止滥用侵权责任,引发诉讼爆炸,进而对人们的行为自由构成不合理的限制。对于近亲属以外的其他人,王利明认为,在具备一定的条件下,确实遭受了精神损害,应当可以请求赔偿。[1]但这一观点并未被采纳。除此之外,《民法典》第994条还规定,只有当死者没有配偶、子女并且父母已经死亡的,其他的近亲属才能提起诉讼,这主要是考虑到保护死者的姓名、名誉等本质上是保护活着的人即近亲属的利益,而在近亲属中配偶、子女、父母与死者的关系最近,受到的不利影响最大。如果死者的配偶、子女、父母都不起诉,其他近亲属便没有权利起诉。[2]

同时,死者权益保护往往会涉及社会公共利益,尤其是像学者、领袖等历史名人,其形象往往与社会大众、国家民族紧密相连,损害其死后的人格,必将会损害公共利益,以及危害公共道德。此时的死者人格权益归属于国家和公众。

三、死者人格利益的司法认定

人格权的商品化使人格利益中包含财产利益成为共识。自然人死亡后,其人格利益仍受保护,在人格利益中的精神利益和财产性利益,也将在法律保护范围之内。

死者人格财产利益即指死者人格标识经商业利用后产生的经济价值。自然人死亡后,虽然丧失民事主体资格,但其生前的人格标识被商业化利用的可能性仍然存在,其人格财产利益并不会随之丧失。例如,死者的姓名、肖像等人格标识,在其死后仍可成为经济利用的对象,产生经济价值。因此,这种财产利益应当受到法律保护,并不能被认为随原民事主体死亡而灭失,也不可能认定为从此进

---

[1] 参见王利明:《人格权法研究》(第3版),中国人民大学出版社2018年版。
[2] 参见程啸:《侵权责任法》(第3版),法律出版社2021年版。

入公共领域,任何人都可随意使用。[①]

本案中,公民的姓名权、肖像权、荣誉权受到侵害的,有权要求侵权人停止侵害,恢复名誉,消除影响,赔礼道歉,并可以要求赔偿损失。姓名权是一种人格权,属于精神权利的范畴,其始于出生,终于死亡。但当某一自然人的姓名被应用到财产领域之后,其产品更易被消费者所熟识,由原来的文字符号转变成了消费符号,发挥着被消费者认知质量和广告的功能。财产性的姓名权能够与主体相分离,因此可以让与和继承。财产性姓名权受到侵害,权利人遭受的是财产损害,是期待财富的丧失。本案中,朱某章从事熏鸡的制作和销售,在郸城县石槽镇有着较高的社会知名度与美誉度。朱某章过世后,其姓名权也随即消失,作为继承人的原告不能直接继承朱某章的姓名权,但可享受该姓名权所延伸的财产性利益,而这种利益要在具体的商业活动中才能有所体现。被告朱某增客观上在商业活动中使用了"正宗傻宝熏鸡",那么朱某章的姓名权具有财产性利益,而这种利益应由继承人享有。本案的被告使用"正宗傻宝熏鸡"为店面牌匾并印制在包装袋上,在郸城县石槽镇从事熏鸡制作、销售的商业活动,侵犯了姓名权延伸的财产性利益,因此应承担侵权责任。

四、适格当事人

当事人是指因民事权利义务发生争议,以自己名义进行诉讼,要求法院行使民事裁判权的人。诉讼权利能力是指民事诉讼当事人享有诉讼权利承担诉讼义务的资格。自然人的诉讼权利能力始于出生,终于死亡;法人的诉讼权利能力始于成立,终于终止(注销);有些其他组织,虽然没有法人资格,但为了方便其参与诉讼,《民事诉讼法》规定符合一定条件,也享有诉讼权利能力,其诉讼权利能力也始于成立,终于终止。例如,(1)依法登记并领取营业执照的个人独资企业、合伙企业、中外合作经营企业、外资企业、乡镇企业、街道企业;(2)依法设立并领取营业执照的法人的分支机构,依法成立的社会团体的分支机构、代表机构;(3)依法设立并领取营业执照的商业银行、政策性银行和非银行金融机构的分支机构等。

诉讼行为能力是指亲自参加诉讼行使诉讼权利,承担诉讼义务的资格。法人和其他组织的诉讼行为能力与诉讼权利能力同时产生,同时消灭,即始于成立,终

---

① 参见张红:《死者生前人格上财产利益之保护》,载《法学研究》2011年第2期。

于终止。自然人的诉讼行为能力和民事行为能力有着对应关系,其中,无民事行为能力人、限制民事行为能力人无诉讼行为能力,只有完全民事行为能力人有诉讼行为能力。

当事人适格,又称正当当事人,是指针对具体的诉讼有作为本案当事人起诉或应诉的资格。原则上,案件所争议的民事法律关系的主体即为本案适格当事人。但是,在诉讼中,若发生自然人死亡或者法人或其他组织合并、分立的法定情形,则会导致当事人变更。具体而言,自然人当事人死亡的,其遗产由继承人继承,在继承遗产时,死亡当事人的诉讼权利义务也将转移给他的继承人,由其继承人继承诉讼权利义务,进行诉讼。如果继承人不继承死者遗产,则不发生当事人变更。但是,该民事权利义务具有人身专属性除外,如在离婚诉讼中,一方当事人死亡的不会导致当事人变更,法院直接裁定诉讼终结。法人或其他组织合并、分立的,由合并或者分立后的法人或者其他组织承担诉讼权利义务,进行诉讼。因此,在诉讼中,发生法定的当事人变更后,由新的当事人继续进行诉讼,原当事人的诉讼权利、义务由新的当事人承担,原当事人所实施的诉讼行为,对新的当事人仍然具有拘束力。除诉讼中自然人死亡会导致当事人变更外,因涉及死者而引发诉讼的,即自然人死亡后,其民事权利能力虽然消灭,不再具有民事主体资格,但某些具有人身性质的权利仍有保护的必要,如死者遗体、遗骨及姓名权、肖像权、名誉权、荣誉权、隐私权,著作权中的署名权、修改权、保护作品完整权等。当死者这些权利受到侵害需要提起诉讼的,死者的近亲属为适格当事人。

朱某荣与朱某增姓名权纠纷案的诉讼主体资格审查问题

首先,朱某荣和朱某增均为完全民事行为能力人,具有诉讼行为能力。

其次,《民诉法司法解释》(2015年)第69条规定:"对侵害死者遗体、遗骨以及姓名、肖像、名誉、荣誉、隐私等行为提起诉讼的,死者的近亲属为当事人。"朱某荣系死者朱某章之女,属于死者的近亲属且系其法定继承人。朱某荣为维护死者姓名权作为原告提起诉讼,属于法定的诉讼担当的情形。因此,朱某荣具有起诉资格,属于适格原告,可以提起本案诉讼。

最后,朱某增实施了侵害死者朱某章姓名权延伸的财产性利益的行为,侵害了原告朱某荣及其家人的合法权益。朱某增系本案侵犯死者朱某章姓名权法律关系中的侵权行为人,属于争议的民事法律关系的主体,因此属于适格被告,在本案中有资格应诉。

思 考 题

[1] 如何理解姓名权的内涵?

[2] 如何对侵犯姓名权进行司法认定?

[3] 如何界定死者人格利益?

[4] 姓名权在我国立法变迁的推动力是什么?如何看待这一问题?

推 荐 阅 读

[1] 程啸:《人格权研究》,中国人民大学出版社 2022 年版。

[2] 王泽鉴:《人格权法:法释义学、比较法、案例研究》,北京大学出版社 2013 年版。

[3] 高可:《人格权基础理论研究》,中国政法大学出版社 2019 年版。

[4] 朱虎:《人格权何以成为民事权利?》,载《法学评论》2021 年第 5 期。

[5] 张红:《人格权总论》(第 2 版),法律出版社 2022 年版。

[6] 程啸:《侵权责任法》(第 3 版),法律出版社 2021 年版。

[7] 杨立新:《人格权法》,法律出版社 2015 年版。

[8] 王利明:《人格权法研究》(第 3 版),中国人民大学出版社 2018 年版。

[9] 胡长清:《中国民法总论》,中国政法大学出版社 1997 年版。

[10] 谢振民编著:《中华民国立法史》(下册),中国政法大学出版社 2000 年版。

2.4 隐私权

🔲 理论导读

随着社会的进步和科技的发展，人们的生活方式和社交模式发生了巨大变化。互联网、社交媒体等技术的普及使得个人信息更容易被获取和传播。这种变化促使人们对个人隐私的保护意识逐渐增强，隐私权的概念源于人们对个人自由和尊严的追求。随着社会的进步和文明的发展，人们越来越意识到个人私密信息和生活空间的重要性，从而催生了隐私权的法律保护需求，进而推动了隐私权法律制度的完善。

隐私权是自然人享有的一项重要人格权，它保护个人的私人生活安宁以及不愿为他人知晓的私密空间、私密活动和私密信息。《民法典》不仅定义了隐私权，还规定了任何组织或个人不得以刺探、侵扰、泄露、公开等方式侵害他人的隐私权。此外，《民法典》还列举了具体的侵权行为，如侵扰私人生活安宁、窥视私密空间、窃听私密活动等，为隐私权的保护提供了明确的法律依据。隐私权的民法保护主要包括以下几个方面：第一，私人生活安宁。隐私权保护个人的私人生活安宁，禁止以电话、短信、即时通讯工具、电子邮件、传单等方式侵扰他人的私人生活安宁。第二，私密空间。隐私权保护个人不愿为他人知晓的私密空间，如住宅、宾馆房间等。任何组织或个人不得非法进入、拍摄、窥视这些私密空间。第三，私密活动。个人的私密活动也受到隐私权的保护，包括但不限于拍摄、窥视、窃听、公开他人的私密活动等行为都是被禁止的。第四，私密信息。隐私权还保护个人的私密信息，这些信息是个人不愿为他人知晓的。这包括但不限于个人的身体私密部位信息、健康信息等。任何组织或个人不得非法处理（如收集、存储、使用、加工、传输、提供、公开等）这些私密信息。

科技时代的到来，使个人隐私面临前所未有的挑战。数字时代隐私权的研究出现了新问题和新挑战，如数据收集、处理和传输过程中的隐私保护等。在信息社会，隐私权的发展呈现不确定性、开放性及发展性。

教育水平的提高和法治观念的普及使人们对个人权利的认识和保护意识不断提升。隐私权作为个人权利的重要组成部分，越来越受到人们的关注和重视。隐私权的重视是社会进步、法律制度的完善和个人权利意识提升的共同作用结果。在现代社会中，隐私权已经成为人们不可或缺的一项基本权利，得到了广泛的关注和保护。

丁某与赵某某隐私权纠纷案

摘要：2016年，赵某某在"孔夫子旧书网"公开拍卖已故漫画家丁聪的书信、手稿，丁聪之子丁某认为其侵犯家人及自己的隐私，遂将"孔夫子旧书网"经营者北京古城堡图书有限公司（以下简称古城堡公司）、赵某某诉至北京互联网法院。法院经审理认为，名人的公众属性，并不导致民事权利被限制，更不等同于私人生活的完全曝光，与公共利益无关的私人生活应当受到充分的保护。认定赵某某、古城堡公司构成隐私权侵权。

关键词：隐私权；名人隐私范围界定

一、引言

基于彼此信赖，往来家信具有鲜明的私密性，很可能涉及隐私权范畴。名人的公众属性，并不必然导致相关民事权利被限制，更不等同于私人生活的完全曝光，与公共利益无关的私人生活应当受到充分的保护。涉案家信、手稿不能因丁聪具有"名人"身份而自然进入公共领域供他人阅览、谋利。

二、案件当事人

一审原告：丁某

一审被告：赵某某、古城堡公司

三、案情简介

丁某为丁聪、沈峻夫妇独子，二人去世后，丁某是唯一法定继承人。2016年9月，丁某发现"孔夫子旧书网"出现大量丁聪、沈峻夫妇及其家人、朋友间的私人信件以及丁聪手稿的拍卖信息，涉及大量家庭内部的生活隐私，其中18封信件由"孔夫子旧书网"昵称为"墨笺楼"的赵某某拍卖。

丁某认为，赵某某的行为构成隐私权侵权，古城堡公司也未尽到审查义务，应承担连带责任。据此，丁某将赵某某与古城堡公司诉至北京互联网法院，请求法院判令二被告停止侵权行为，删除信息，公开赔礼道歉；赵某某赔偿精神损害抚慰金和律师费共计90,000元，古城堡公司承担连带责任；赵某某将所有涉及侵权的信件返还丁某。

四、案件审理情况

(一)诉讼请求权

隐私权侵权损害赔偿请求权。

(二)请求权基础规范及要件分析

《民法典》第1032条:自然人享有侵私权。任何组织或者个人不得以刺探、侵扰、泄露、公开等方式侵害他人的隐私权。

隐私是自然人的私人生活安宁和不愿为他人知晓的私密空间、私密活动、私密信息。

1.要件分析。

要件一(隐含要件):事项属于《民法典》规定的"隐私"范畴。

要件二:组织或个人刺探、侵扰、泄露、公开他人隐私。

2.法律效果:构成侵害自然人隐私权行为。

《民法典》第1195条第2款:网络服务提供者接到通知后,应当及时将该通知转送相关网络用户,并根据构成侵权的初步证据和服务类型采取必要措施;未及时采取必要措施的,对损害的扩大部分与该网络用户承担连带责任。

1.要件分析。

要件:网络服务提供者接到通知后未及时采取必要措施。

2.法律效果:应当对损害的扩大部分与该网络用户承担连带责任。

(三)诉讼主张的检索

主张一:赵某某所拍卖的手稿及信件中,涉及大量丁聪家庭内部生活隐私。

主张二:赵某某将手稿、信件在"孔夫子旧书网"进行拍卖,构成对丁聪、沈峻夫妇生活隐私的泄露和公开。

(四)争点整理

原告、被告双方的争议焦点主要有两点:(1)丁聪作为公众人物,其手稿、信件是否属于隐私范畴? (2)收藏品平台未尽审核义务,是否应该承担连带责任?

争点一:丁聪作为公众人物,其手稿、信件是否属于隐私范畴?

《民法典》将"私密性"明确定义为"不愿意为他人知晓"。即隐私权的认定应当适当考虑当事人合理的主观因素,即在不违背善良风俗,符合社会公众普遍价值判断标准的情况下,尊重当事人对于私人空间范围的划定。

1. 从涉案物品类别来看。涉案物品分为三类：一是丁聪及其家庭成员之间的交流，二是他人写给丁聪的书信，三是丁聪的书稿。

针对家庭成员交流，家信寄托着情感，展现着相互间的亲情，具有不愿为家庭成员外成员知悉的属性，属于隐私。

针对他人写给丁聪的书信，从现有证据判断，其内容属于公开事务，未涉及丁家人的隐私，不应认定其属于隐私范畴。

针对丁聪尚未发表的手稿，丁聪的手稿是他对于某件事及某些人的主观思想表达，一经公开发表即进入公众视野，能否被公众知晓的界限应为"发表与否"。而本案中，该手稿处于未公开发表的情况下，应当认定其属于丁聪的隐私范畴。

2. 从公共利益平衡来看，虽然二被告在辩称拍卖书信和手稿行为是否侵犯隐私时均提到，公众人物的隐私权应部分让渡于社会公共利益，但名人与公共利益无关的私人生活，因其寄托的隐私属性，应当受到法律的保护。从这一意义上看，涉案家信、手稿具有较强的隐私属性，不属于社会公共利益范畴。从行为属性上看，出售家信、手稿的行为因其营利性更与公共利益无关。根据以上两点，应当认为，丁聪虽然作为公众人物，其手稿、信件仍属于隐私范畴。

争点二：收藏品平台未尽审核义务，是否应该承担连带责任？

虽然古城堡公司抗辩，其已尽到《民法典》所规定的"通知—删除"义务，但作为专业的收藏品电子交易平台，其应当对收藏品是否涉及隐私，能否进入公众交易尽到善良管理人的审查义务，否则将与侵权人一起承担连带责任。

1. 从平台规则来看，古城堡公司所经营的"孔夫子旧书网"在自身制定的审核规则里提到，如果拍卖品涉及个人信息等隐私的内容，平台应当进行审核，但在本案中，平台并未对涉案拍品进行审核，不符合平台自身规则。

2. 从注意义务来看，古城堡公司组织此次丁聪书信拍卖专场，同时对参与拍卖交易的买卖双方均收取成交价一定比例的佣金，其应当对拍卖交易涉及的商品及信息的合法合规性审查负有较高的注意义务。其中应当包含对于拍品是否侵犯他人隐私权的注意与审查。

根据以上两点，应当认为，收藏品平台未尽审核义务，古城堡公司应该承担连带责任。

五、结尾

根据本案两争点的结论，赵某某的行为违法，符合《民法典》第 1032 条之规定,应当承担侵权责任。判令二被告在"孔夫子旧书网"首页向丁某公开赔礼道歉。被告赵某某赔偿丁某精神损害抚慰金及合理开支(律师费)共计 3 万元,古城堡公司承担连带责任。

六、附录

北京互联网法院民事判决书,(2018)京 0491 民初 1813 号。

丁某与赵某某隐私权纠纷案教学指导手册

◻ 教学具体目标

本案例用于分析隐私权的法律保护问题,具体包括四个问题:第一,隐私权在我国的立法发展;第二,隐私的界定;第三,侵害隐私权的司法认定;第四,人格权编和侵权责任编的衔接。

◻ 教学内容

一、隐私权在我国的立法发展

《大清民律草案》在人格权保护规定上充分"参酌各国法律",借鉴德国立法例通过债编中侵权损害赔偿之债的方式反面规定法律认可的人格权益,确认了对生命权、身体权、自由权、名誉权的法律保护。饶有特色的是,在债编中,立法者借鉴了《法国民法典》关于过错责任的一般条款,表现为《大清民律草案》第 945 条之规定。在该款立法理由说明中,其明确侵害人格造成损害同样应负赔偿义务。立法者用过错的一般条款概括地保护权利,属于典型的法国法保护范式。《大清民律草案》第 947 条规定属于以善良风俗为民法原则,进行新型民事权利创设条款。人格权的发展具有包容性,正如王泽鉴教授所言:"人格权的发展乃是对侵害人格权各种不法行为在法律上回应的过程。"[①]从第 947 条的立法理由看,其认为"故意漏泄他人之秘密或宣扬他人之书札以加害他人者"属于违反善良风俗的侵权行

---

① 王泽鉴:《人格权法:法释义学、比较法、案例研究》,北京大学出版社 2013 年版。

为,应承担侵权责任,因而从某种意义上讲是对个人秘密和通信自由的保护,是对个人私生活受尊重权保护的体现。在《大清民律草案》立法过程中,曾力图结合国情进行民商事习惯的调查。民商事习惯调查工作进展并非一帆风顺,曾面临经费短缺的困难,沈家本在《奏馆事繁重肯照原请经费数目拨给折》中指出,"民商习惯,中外异同,因时因地之各殊,见异闻异之不一……中国现定民商各律,应以调查为修订之根柢"①。可见立法者当时对调查给予了高度的期望值,力图结合国情习惯以调查结论为基础制定符合本民族精神的法律。为规范调查,使调查工作得到各地方大员的配合,修订法律馆曾拟定"调查民事习惯章程十条",其中涉及要求"法律名词不能迁就"展示出调查的严谨性。审视相关调查问卷,在总则人格权部分,没有姓名权习惯调查,但在侵权部分问卷中有关于侵害生命、身体、名誉等条款的问题。"《调查民事习惯问题》第三编第四章中规定了'不法行为',其中涉及的调查问题主要有:因故意或过失毁人名誉、损人财产、伤人身体、杀人生命者,对于被害人及其遗族,加害人应赔偿损害之责否? 若应赔偿,试评述其办法如何?"②该调查问题已涉及对名誉、身体、生命的保护,表明修订法律馆已有对名誉、生命、身体等人格权益的私权保护意识,并试图收集民间习惯以作立法之参考。关于该问卷的设计也颇为合理,先询问侵害名誉、身体、生命权是否应承担赔偿损害之责,意在确定这些人格权益是否应受法律保护,调查民间习惯私权的认可;进而询问赔偿的办法,意在对救济方式进行民意测验。从问卷设计可知,调查报告设计较为科学,已有人格保护内容,如能被有效采纳,对于立法的科学性、实用性大有裨益,但遗憾的是,"在编纂法典草案的过程中,由于时间极为仓促,立法者未及时对调查所得的大量民事习惯进行深入分析,民事习惯对民律草案的影响微乎其微,整部民律草案主要是由外国民法与中国制定法及儒家经义、道德拼合而成"③。

到了民国南京政府时期,《民国民法典》债权编通过侵权损害赔偿之债从反面保护人格权益。其内容主要涉及《民国民法典》第184条、第192条、第193条、第194条、第195条之规定。对于《民国民法典》第184条的设计,其源于德国民法,在学者理解上存在较大的分歧。有学者认为:"《中华民国民法》第184条之设计,

---

① 张晋藩:《中国近代社会与法制文明》,中国政法大学出版社2003年版。
② 前南京国民政府司法行政部编:《民事习惯调查报告录》,中国政法大学出版社2005年版。
③ 张生:《清末民事习惯调查与〈大清民律草案〉的编纂》,载《法学研究》2007年第1期。

主要依据德国民法,但其关于'权利'之规定,却与法、日民法,瑞士债务法一样,采概括主义,然德国民法仅采例示主义。这势必导致'权利'一词在理解上出现分歧。"[1]《民国民法典》在债权编中沿袭《大清民律草案》与《民国民律草案》,对人格权益通过侵权行为的方式保护,第184条第1项为民事权利保护的弹性条款。至于权利之范围,民国学者胡长清认为包括财产权、人格权两种,"而人格权,包括生命权、身体权、健康权、名誉权、信用权、自由权、贞操权、姓名权、肖像权。"[2]民国学者戴修瓒则对人格权的范围持狭义的法定说,认为仅包括民法中规定的姓名权、身体权、健康权、生命权、名誉权、自由权等。当代学者王泽鉴则认为"此所称权利,指一切私权,包括人格权,体系上属'民法'第18条第2项所称法律有特别规定,从而凡人格权被他人不法侵害者,均得依此规定,请求损害赔偿"[3]。这一解读与《大清民律草案》第945条中立法理由的说明一脉相承。《民国民法典》第184条规定的"故意以背于善良风俗方法加损害于他人"实质上与《大清民律草案》第947条规定类似,但后者在立法理由列举了侵害善良风俗的类型,"故意漏泄他人之秘密或宣扬他人之书札以加害他人者"实质上体现"个人私生活受尊重权"。《民国民法典》并无这方面的解读,表明《民国民法典》立法者完全借鉴德国民法模式,对这一人格权缺乏必要的关注。

新中国成立后,我国对隐私权的保护也经历了渐进的过程。原《民法通则》并无隐私权的规定,司法实践中通过"搭便车"的方式,把侵害隐私权的行为视同侵害名誉权,从而在一定程度上实现了对隐私利益的法律保护。在后续的精神损害赔偿司法解释中,认为以违反社会公德、公共利益的方式侵害隐私权益的行为为侵害人格权的行为,受害人可以请求精神损害赔偿。这一立法思路和历史上的《大清民律草案》关于隐私保护的立法理由的说明有异曲同工之妙。原《侵权责任法》第2条明确把隐私权作为独立的民事权利类型,列入侵权法保护的法益范畴。在《民法典》中隐私权的保护进一步周全、延伸。

二、涉案物品是否构成隐私

(一)隐私的判定

可以将隐私分为以下几种基本类型:私人生活安宁、私密空间、私密活动、私

---

[1] 蔡晓荣:《中国近代侵权行为法学的理论谱系:知识立场的回顾与梳理》,载《法制与社会发展》2013年第1期。
[2] 胡长清:《中国民法债编总论》(第2版),商务印书馆1935年版。
[3] 王泽鉴:《人格权法:法释义学、比较法、案例研究》,北京大学出版社2013年版。

密信息。

1. 私人生活安宁

隐私权常常被认为是独处的权利,即个人为了自由发展其人格所必需的安宁与平静的权利。从我国目前的社会生活情况看,既有以传统方式对他人的特定物理空间进行骚扰的行为,又有通过电子邮件短信、电话等通信手段侵扰他人心理空间的行为。现行法律对私人生活安宁并没有明确规定,而司法实务中对此则有相应实践。《民法典》将"生活安宁"纳入隐私权,不只是在文字上完善了隐私的定义,实际上进一步丰富充实了隐私权的内涵和适用保护范围,这是《民法典》编纂的一大亮点。

2. 私密空间

私密空间隐私是指凡是私人支配的空间场所,无论是有形的,还是虚拟的,都属于个人隐私的范畴。现代社会伴随着隐私权益的加强,住宅的理解进一步广义化,个人生活、居住的地方,无论永久、临时都可以作为私密空间进行保护。例如,个人临时栖身的房间、宿舍、酒店房间、工人临时居住的工棚等。随着技术的进步,还扩及电子空间等虚拟空间。[1]

3. 私密活动

私密活动是一切个人的、与公共益无关的活动,其也被称为"自治型隐私权"。私人活动包括日常生活、社会交往、夫妻的两性生活等。私人活动的隐私与私人空间的隐私存在密切的联系。例如,在他人卧室或者厕所安装摄像头的行为即属于非法侵人他人空间,所拍摄的内容也侵害了他人私人活动所包含的隐私。

4. 私密信息

私密信息更强调权利人的主观意愿是否具有商业价值,只要该信息不属于公共领域,[2]并且本人不愿意公开,就可能受到隐私权的保护。另外,个人不愿公开的信息并非法律所要求必须公开的,个人隐匿这些信息并不违法,也不违反社会公共道德。私密信息具体包含如下类型:个人的生理信息、身体隐私、财产隐私、家庭隐私、通讯秘密、谈话隐私、个人经历隐私、其他有关个人生活的隐私。[3]

---

[1] 参见王利明:《生活安宁权:一种特殊的隐私权》,载《中州学刊》2019年第7期。
[2] 参见王利明:《隐私权内容探讨》,载《浙江社会科学》2007年第3期。
[3] 参见王利明:《隐私权内容探讨》,载《浙江社会科学》2007年第3期。

（二）公众人物的隐私

理论上和实务中经常探讨"名人"隐私权保护的问题。公众人物的隐私权和民众的知情权之间存在一定的价值冲突。特别是对一些自愿型公众人物，如影视、体育明星等，民众有更多的知情权需求，其本身也有一定的隐私利益让渡意识，因而多对隐私权保护施加较普通民众更多的限制。

三、如何对侵害隐私权进行司法认定

（一）侵害隐私权的构成要件

侵害隐私权的侵权责任适用过错责任原则，在责任构成上必须具备侵权责任构成的一般要件，即须具备违法行为、损害事实、因果关系和主观过错要件。

（1）须实施了侵害隐私权的违法行为，行为样态上一般是作为的方式且须具备违法性。违法行为的判断要从行为的手段或行为的目的进行考量。（2）损害事实表现为隐私被刺探、私人活动被监视、私人空间被侵入、私人资讯被公布、私生活被搅扰、隐私行为被干预等。（3）因果关系，是指侵害隐私权违法行为与隐私损害事实之间的引起与被引起的关系。对于因果果系的判断，采用一般人的社会常识考量。（4）侵害隐私权的行为人在主观上必须具备过错，才能构成侵权责任，无过错不构成此种责任。我们认为，故意侵害他人隐私权的，在责任后果上，如精神损害赔偿的数额上，应当承担比基于过失侵害他人隐私权更重的数额。因为侵害隐私权的侵权行为不适用过错推定或无过错归责原则，按照举证责任分配的一般规则，对加害人的过错及其他侵权责任构成要件，受害人要承担相应的举证责任。

至于侵权人的抗辩事由，依据《民法典》第1033条规定，权利人明确同意的情况下，实施本条规定的6项行为不构成侵权。在此需要注意的是，准确理解这里的"明确同意"，需要注意以下三点：（1）此同意的意思表示具体、明确，没有歧义；（2）此同意的意思表示应当是真实自愿的，不存在欺诈胁迫、乘人之危的情形；（3）此同意包含了对方当事人的告知义务，而且此告知也要明确具体。除此之外，则要适用侵权责任编中关于减轻、免除责任的一般规则。在这里要特别强调的是，对受害人过错的认定，要采取审慎的态度。

（二）侵害隐私权司法认定需要注意的问题

1.关于未经本人同意能否公开个人秘密信息的问题

我们认为，就公开的范围而言，隐私具有一定程度的相对性。所谓相对性，是指当事人就其私生活秘密向特定人进行了披露,或者在一定范围内公开,但并不等于完全抛弃其隐私。① 除依据《传染病防治法》等有关法律规定,为了预防传染病的蔓延必须向社会公开的外,有关机构和个人不得将患者的健康信息隐私任意公开。在法律上,如果某人在要求保密的情况下向他人提供私人信息,而掌握该信息的人未经该当事人的许可向第三者披露,则构成对隐私权的侵害。即使当事人将隐私告知特定人,也不能认定原告已将其隐私公开,得知其隐私的人同样应尊重隐私权人的隐私,未经其明确同意公开其隐私,同样要承担侵权责任。

2. 空间隐私权与财产权的关系问题

不可否认,二者具有密切联系。例如,擅自闯入他人的房屋和办公用地,既构成对空间隐私权的侵害,也构成对他人财产的妨害。但这并不意味着任何侵害他人住所的行为都构成对隐私权的侵害。对隐私权的侵害和对财产权的侵害,可以作如下区分:一是非法闯入他人的私人空间,通常既侵害了财产权,也侵害了隐私权;二是没有非法闯入他人的私人空间,如采用红外线对室内进行非法扫描,用高倍望远镜探测等窥视个人空间,这种情况并没有侵害他人财产,而是对他人隐私权的严重侵害;三是单纯妨害他人财产权的行使,即使有可能涉及人格权的行使,也应归入侵害财产权的范畴,如散发烟雾、制造噪声的行为,遮挡他人阳光妨害他人财产权的行使,可以适用相邻关系的有关规定,但并不构成对隐私权的侵害。

3. 关于隐私权保护的范围问题

隐私权是一项绝对权,具有对世效力,但隐私权的内涵和外延又具有随着时代进步而变化发展的特点。换言之,隐私权的权利保护范围具有一定的不确定性,这给审判实务带来一定困难。原《精神损害赔偿司法解释》第 1 条第 2 款提出了"违反社会公共利益、社会公德侵害他人隐私或者其他人格利益,受害人以侵权为由向人民法院起诉请求赔偿精神损害的,人民法院应当依法予以受理"的规则,将公共利益和社会公德的违反作为侵害隐私的限定条件,在当时及此后一段时期对隐私的保护起到了积极作用,但是这一规定是在法律并未将隐私明确为具体人格权的背景下提出的。有学者对这一规则提出了不同意见。这一问题在隐私权

---

① 参见王利明:《隐私权内容探讨》,载《浙江社会科学》2007 年第 3 期。

已经明确为法定权利的情况下,有必要在法理层面予以认真考虑。维护公共利益或者公序良俗作为一般原则,在民事法律关系中必须要考虑,这在隐私权的保护问题上也不能例外。但在隐私权的保护问题上,也要考虑避免那些打着"社会公共利益""社会公德"旗号侵害个人隐私权的情形出现。其中首要的就是个人的私密空间、私生活安宁要依法予以保护,同时在有关侵权责任构成上要严格按照上述的过错责任规则确立。

四、人格权编和侵权责任编的衔接

(一)人格权编和侵权责任编的关系

1. 人格权编条文的特点和功能

《民法典》人格权编条文大致分四种类型和功能:(1)进行权利宣示。就是所谓的"权利宣言",人格权编总则中的部分条文和分则中规定的具体人格权,宣示了人格权的价值和内容。(2)明确行为规范。明确列出他人所负的义务,行为人违反义务就构成法律上的过错。(3)作出概念定义。比如,对"肖像""名誉""隐私"的界定。(4)提供裁判规则。部分条文属于裁判规范,可以作为裁判依据。但从总体上看,《民法典》人格权编的大部分条文都不是完整的裁判规范,所规定的多属具体人格权的概念、保护范围,并未完全规定人格权受侵害的请求权规范(要件及效果),而是大量使用了"受害人有权依法请求行为人承担民事责任"的表述,也就是只规定了责任要件而未规定法律效果,必须链接到《民法典》侵权责任编才能作出应承担的民事责任的裁判。因此,人格权编多数条文属于不完全法条,只是侵权责任法的补充规定和辅助规范,不具有法律适用的完整性。这也是有学者反对人格权独立成编的重要理由之一。

2. 人格权编与侵权责任编的关系和分工

《民法典》人格权编主要规定人格权的类型、权利内容、权利边界、与其他价值之间的协调、行为人的义务和特殊保护方式等规则;而侵权责任编则主要着眼于事后救济,就是通过追究行为人因侵害人格权而发生的损害赔偿责任来实现对人格权的保护。

3. 人格权编与侵权责任编的配合适用

人格权编确认法律保护的隐私权等人格权益,再通过侵权责任编这一权利保护之法反向保护权利的具体落实。通过人格权编系统地规定受法律保护的人格权范围及其内容,①为侵权责任编的适用提供了指引和依据,两者共同协力,才能构建出完整的请求权基础规范(要件+效果),从而确定侵权责任。由此看来,我国《民法典》人格权和侵权责任都独立成编,既有好处也有不足。优点是对于人格权侵权认定的法律规定更为明确具体,有利于引导人们的行为和进行精准的裁判;不足在于需要将人格权编结合侵权责任编才能适用,增加了法律适用的难度,人格权独立成编也对《民法典》的结构体系有所影响。对于立法中的技术选择,应从民法典逻辑自洽的角度进行人格权与侵权规则的衔接。

(二)如何理解人格权的侵权保护

1. 从隐私权看人格权的保护范围的扩展

《民法典》共确认了10项具体人格权,总则编第110条第1款进行了列举,分别是:生命权、身体权、健康权、姓名权、名称权、肖像权、名誉权、荣誉权、隐私权、婚姻自主权,前9项具体人格权规定在人格权编,婚姻自主权规定在婚姻家庭编。其实,具体人格权还不止这10项,现就几项新型人格权予以简要说明:(1)行动自由权。人格权编第1003条、第1011条规定的行动自由权,安排在"生命权、身体权和健康权"一章中,其实它应该是一项独立的人格权。行动自由权是指自然人在法律规定的范围内,按照自己的意志和利益进行行动和思维,不受非法约束、控制或者妨碍②的一种具体人格权。(2)性自主权。人格权编第1010条规定的性骚扰,到底侵犯了一种什么人格权,众说纷纭。个人认为,性骚扰侵犯的是性自主权的部分权益。完整的性自主权既包括第1010条规定的消极的一面,即被骚扰者有权被动拒绝;还包括积极的一面,即人格权编没有规定的自然人也有权主动追求,当然,如果这种主动追求"违背他人意愿",又会构成对他人的侵权甚至犯罪。(3)信用权。信用权是指民事主体就其所具有的经济能力、诚信品质在社会上获得的相应信赖与评价,所享有的保有和维护的一种具体人格权。(4)姓名权扩张保护。(5)声音保护。在列举了上述10项具体人格权之后,《民法典》第110条第1款还有"等权利"的表述,使人格利益的保护始终处于一个开放状态。

---

① 参见王雷:《民法典总则编的总则性和非总则性特点及其体系影响》,载《山东大学学报(哲学社会科学版)》2022年第5期。

② 参见李云波、王睿冰:《行政训诫可诉性探讨》,载《扬州大学学报(人文社会科学版)》2022年第1期。

2. "动态系统论"视角下构造隐私权保护体系

立法机关在制定人格权编时采取了"动态系统论"。所谓动态系统论,就是试图在法律条文中体现一种规范方法,对一个行为怎么判断、界限怎么把握,通过对动态因素的考量来进行认定。在法律条文中规定不同因素和各个因素的强度差异,突破构成要件系统全有全无、非黑即白的思维,而是综合考量一连串的因素,各个因素的排序体现了立法者价值判断的顺位。这样的条文如人格权编第998条、第1025条、第1026条等。尤其是第1026条最具代表性。"动态系统论"本来是司法解释的立法技术,在最高人民法院制定的司法解释中有大量应用,体现了裁判思维、法官思维。在《民法典》人格权编立法中采用,主要是基于人格利益本身的特点以及大量吸收司法解释内容的结果。

---- 思 考 题 ----

[1]如何对侵害隐私权进行司法认定?
[2]如何界定公众人物的隐私范围?
[3]如何看待人格权编和侵权责任编的衔接?
[4]从隐私权的发展,分析变迁背后的社会动因。
[5]查找侵害隐私权相关的案例,思考我国现行民法规定的得失。

---- 推荐阅读 ----

[1]王利明、杨立新主编:《人格权与新闻侵权》,中国方正出版社2010年版。
[2]齐晓丹:《权利的边界——公众人物人格权的限制与保护》,法律出版社2015年版。
[3]沈中、许文洁:《隐私权论兼析人格权》,上海人民出版社2010年版。
[4][美]亚历山大·米克尔约翰:《表达自由的法律限度》,侯健译,贵州人民出版社2003年版。
[5]杜鹏:《媒体报道中的新闻侵权与法律规制研究》,载《法学杂志》2016年第2期。
[6]王秀哲:《隐私权的宪法保护》,社会科学文献出版社2007年版。
[7]王利明:《生活安宁权:一种特殊的隐私权》,载《中州学刊》2019年第7期。
[8]王利明:《隐私权内容探讨》,载《浙江社会科学》2007年第3期。
[9]张新宝:《我国隐私权保护法律制度的发展》,载《国家检察官学院学报》2010年第2期。

[10] 马新福、张芮侨:《论隐私权和知情权的冲突》,载《社会科学战线》2005 年第 5 期。

[11] 王雷:《民法典总则编的总则性和非总则性特点及其体系影响》,载《山东大学学报(哲学社会科学版)》2022 年第 5 期。

[12] 王泽鉴:《中国民法的特色及解释适用》,载《法律适用》2020 年第 13 期。

2.5 人格权禁令

▣ 理论导读

《民法典》第997条规定了民事主体有证据证明行为人正在实施或者即将实施侵害其人格权的违法行为，不及时制止将使其合法权益受到难以弥补的损害的，有权依法向人民法院申请采取责令行为人停止有关行为的措施，即人格权侵权行为禁令，简称"人格权禁令"。这一规定意在加强对人格权的保护，为权利主体在诉讼之外另行提供一条救济渠道，旨在建立一种更为高效、便捷的人格权保护途径，即民事主体在符合一定条件下可以向人民法院申请人格权禁令。

人格权禁令作为法律保护的重要组成部分，旨在维护个体在法律范畴内的特定权利和利益。其理论基础深深植根于对个体尊严和自主权的尊重。在法律规定方面，人格权禁令主要体现在多个领域，身体权、姓名权、肖像权、隐私权、个人信息权等具体人格权以及人格权要素的商业化利用等领域。

人格权禁令在实施中面临多种问题和挑战。其中包括法律适用的界定问题，如在公众人物和隐私权之间的平衡，以及个体是否有权利控制自己的形象和名誉的界定问题。国际化和跨境问题也对人格权禁令的实施构成挑战，个人信息的跨境流动使得国际法律管辖变得复杂，国际合作和协调是保护人格权禁令有效实施的必要条件。最后，法律执行和制裁问题也是实施人格权禁令过程中常见的困难，对侵权行为的追责和制裁往往面临证据收集困难、司法效率低下等问题，导致很多侵权行为难以得到有效制止。

人格权禁令作为法律体系中的重要组成部分，为保护个体在社会互动中的基本权利提供了坚实的法律保障。然而，其在实施中仍需不断完善和调整，以应对新挑战和社会变迁，确保个体在法律框架内的全面保护和尊重。唯有如此，才能真正实现法治社会对个体权利的充分保障，促进社会的公正与进步。

立法的表达与法的实施效果之间的差距是客观的社会现实。立法者和司法者所追求的应该是尽可能地减少他们之间的鸿沟，尽可能地使立法的表达成为社会的现实。对于人格权法而言,物质性人格权和精神性人格权保护之间有着巨大的差异,从而使得人格权禁令的实施有着较大的难点。司法实践中,对于人格权禁令的适用应当在法的稳定性和灵活性之间找到平衡点,从而使民众在个案裁判中更多地感受到司法的正义。

刘某与广州妮尔进出口贸易有限公司等人格权禁令纠纷案

摘要：申请人刘某系知名影视女演员。被申请人广州妮尔进出口贸易有限公司（以下简称妮尔公司）等的行为构成对刘某肖像权、姓名权的侵害。这种侵害在网络平台下有扩大的风险且会给申请人造成难以估量的损失。综合案情，本案中二被申请人的行为符合人格权侵害禁令的条件，应当对其作出人格权禁令。

关键词：人格权禁令；利益平衡

一、引言

现实生活中网络侵权越来越频繁，网络侵害肖像权等人格权现象更是层出不穷。这种情形下，对某些公众人物的利益造成极大损害。这种损害可能表现为商业价值损失，也可能表现为人格利益损失。为了预防人格权侵权的发生或防止损害后果的扩大，我国民法确立了人格权禁令制度。这一制度在司法实践中发挥了良好的社会效果，但在适用条件、效果等问题上存在一定的争议。因而有必要厘清这一制度的变迁、效力及影响等问题，贯彻审慎原则判断人格权禁令的使用条件。

二、案件当事人

申请人：刘某

被申请人：妮尔公司，张某

三、案情简介

申请人刘某系知名影视女演员，妮尔公司成立于2010年1月14日，由被申请人张某独资设立，委托案外人昆山绿清婷生物科技有限公司生产"蔓越莓酵母β葡萄糖藏红花植物饮（植物饮品）"（案涉"女神1号"产品）。该产品瓶身、外包装均印有"Fotiva868""法缇瓦868""冕壹之魅"字样以及申请人刘某的肖像照，并宣称其产品具有很多调理身体等功效。

微信公众号"新加坡丝琳妮尔官方"和微信公众号"尼尔天天刊"由妮尔公司认证注册。分别自2020年12月31日和2021年1月18日开始，持续大量发表

"女神1号"产品宣传文章,在宣传中大量关联使用原告肖像,并附有产品销量佳等宣传文字。相关朋友圈持续发布至2021年8月4日。此外,部分网络用户通过抖音平台宣传、推广此产品。

  2021年4月21日,广州互联网法院立案受理申请人刘某与被申请人妮尔公司、张某网络侵权责任纠纷一案。刘某提出请求停止侵权及赔偿损失的请求。2021年6月2日,申请人向微信平台发出通知,要求删除微信公众号"尼尔天天刊"和"新加坡丝琳妮尔官方"发布的侵权内容,该次投诉经平台审核不通过。此后,申请人再次向微信平台发起投诉(单号426291112_1),平台审核通过该次侵权投诉,并对被投诉文章予以屏蔽处理。2021年7月14日,申请人再次向法院提出人格权侵害禁令申请。

四、案件审理情况

(一)诉讼请求权

人格权侵害请求权。

(二)请求权基础规范及要件分析

《民法典》第997条:民事主体有证据证明行为人正在实施或者即将实施侵害其人格权的违法行为,不及时制止将使其合法权益受到难以弥补的损害的,有权依法向人民法院申请采取责令行为人停止有关行为的措施。

1. 要件分析。

要件一(隐含要件):该人格权归属于民事主体本人。

要件二:民事主体有证据证明行为人正在实施或者即将实施侵害其人格权的违法行为。

要件三:不及时制止行为人的违法行为将导致民事主体的合法权益受到难以弥补的损害。

2. 法律效果:有权依法向人民法院申请采取责令行为人停止有关行为的措施。

(三)抗辩权基础规范及要件分析

本案被告未提出抗辩,不存在抗辩权。

(四)诉讼主张的检索

主张一:申请人刘某系案涉肖像权、姓名权的权利主体。

主张二:申请人刘某有证据证明被申请人妮尔公司、张某正在实施或者即将实施侵害申请人肖像权、姓名权的违法行为。

主张三：不及时制止二被申请人的违法行为，将给申请人刘某造成难以弥补的损害。

(五)争点整理

双方针对主张一无争议，争议主要集中在主张二和主张三，形成如下争点。

争点一：申请人刘某是否有证据证明二被申请人正在实施或者即将实施侵害肖像权、姓名权的违法行为？

事实证明：初步查明的事实，妮尔公司委托生产、销售的"女神1号"产品瓶身、外包装确有使用申请人肖像、姓名，并配文。对申请人有关二被申请人未取得申请人许可的主张，二被申请人未提交充分证据予以反驳。因此，二被申请人违法使用申请人肖像、姓名的可能性较大。二被申请人虽于庭询时称已停止在"女神1号"产品中使用申请人肖像、姓名，但未提交证据证明，故从本案证据来看，被申请人正在实施侵害行为的可能性较大。

自2020年12月31日和2021年1月18日开始，妮尔公司使用注册微信公众号"新加坡丝琳妮尔官方"和"尼尔天天刊"大量发表"女神1号"产品宣传文章，使用申请人刘某肖像、姓名，并分别持续发布至2021年6月18日和2021年8月3日。二被申请人实际控制使用的微信个人账号"新加坡丝琳妮尔官方2"，自2021年1月21日开始大量发布朋友圈视频，销售使用申请人肖像、姓名的"女神1号"产品并持续至2021年8月4日。其间，申请人于2021年6月向微信平台申请删除部分微信公众号内容，平台审核后予以屏蔽处理。由此可见，自法院受理申请人与二被申请人网络侵权责任纠纷案，特别是微信平台屏蔽相关内容且案件开庭审理以来，二被申请人一直未停止在案涉微信公众号、微信个人账号中使用申请人肖像、姓名。

事实认定：申请人刘某有证据证明二被申请人正在实施侵害申请人刘某肖像权、姓名权的行为。

争点二：不及时制止二被申请人的违法行为是否将给申请人刘某造成难以弥补的损害？

事实证明：(1)损害申请人除肖像权、姓名权之外的其他人格利益的可能性较大。二被申请人宣传"女神1号"产品具有"治疗痛经、月经不调"等功效，该行为将使申请人受困于随时可能发生的商业代言信任危机。

（2）损害申请人商业代言利益的可能性较大。二被申请人正在实施的违法行为已造成申请人代言同类产品的竞争力下降，直接影响到申请人的商业代言利益，如不及时制止将导致损害扩大。

（3）侵权影响范围、损害后果进一步扩大的可能性较大。除案涉微信公众号、微信个人账号外，已有部分网络用户通过抖音、淘宝等平台宣传、推广、销售案涉"女神1号"产品。损害潜在范围扩大将极大增加申请人的维权负担和扩大侵权影响范围。

事实认定：不及时制止二被申请人的违法行为，将给申请人刘某造成难以弥补损害的可能性较大。

五、结尾

根据争点结论，申请人刘某有证据证明二被申请人正在实施侵害申请人肖像权、姓名权的行为，并且如不及时制止二被申请人的违法行为，将给申请人刘某造成难以弥补损害的可能性较大。故申请人刘某提出的人格权侵害禁令申请，符合《民法典》第997条规定的作出禁令的条件，故裁定被申请人妮尔公司、张某立即停止在微信公众号"新加坡丝琳妮尔官方"、"尼尔天天刊"以及微信个人账号"新加坡丝琳妮尔官方2"中发布含有申请人刘某姓名、肖像的内容。

六、附录

广州互联网法院民事裁定书，(2021)粤0192民初10232号之二。

刘某与广州妮尔进出口贸易有限公司等人格权禁令纠纷案
教学指导手册

▣ 教学具体目标

本案例用于分析侵害人格权禁令制度的理解和适用问题。具体包括七个问题：第一，人格权侵害防止请求权的变迁；第二，人格权禁令制度的特征和功能；第三，人格权禁令的适用条件；第四，人格权禁令制度的审查标准；第五，人格权禁令制度的程序规则；第六，人格权禁令的效力；第七，人格权禁令和先予执行的区别。

▣ 教学内容

一、人格权侵害防止请求权的变迁

人格权禁令制度在价值、功能上和人格权侵害防止请求权有很大相似之处，是对人格权请求权的确认。因而梳理我国人格权侵害防止请求权便具有较大的历史价值与现实意义。

人格权侵害防止请求权在我国近代的《大清民律草案》和《民国民律草案》中都有规定。《民国民律草案》起草时，江庸对《大清民律草案》各编编纂指导思想冲突的评论颇为尖锐，其指出："（一）前案仿于德日，偏重个人利益，现在社会情状变迁，非更进一步以社会为本位，不足以应时势之需求……（二）前案多继受外国法，于本国固有法源，未甚措意。（三）旧律中亲属、继承之规定，与社会情形悬隔天壤，适用极感困难。"[1]其指出民国的社会情形与晚清相比发生重大变动，脱胎于晚清国情的旧律中亲属、继承的规定明显与民国初期现实背离，需要作出积极的调适。在此思想指导下，《民国民律草案》的编纂思路有了较大的兼顾国情的调整。在此背景下，《民国民律草案》在人格权制度的规定上，不再偏执于形式上对国外各种人格权立法制度规定的抄袭，而是力图结合国情在实质上进行人格权制度的整合。总则编关于人格权的规定与《大清民律草案》相比，变化较大。考察总则编涉及大理院关于人格权判例，大都由时任大理院院长余棨昌裁判，而立法文本显然采纳了大理院裁判成果。这一时期，人格权立法与司法裁判间形成了良性互动。这一时期，人格权制度立法与《大清民律草案》相比，体现了曲折中的进步。在条文上，人格权制度规定呈现理性化色彩、制度整合的条理化。人格权保护条款在《民国民律草案》第18条规定，其立法语言与《大清民律草案》第51条相比，有重大变化。其规定人格权受侵害后的救济方式系仿照《瑞士民法典》第28条"人格受不法侵害者，得提起侵害除去之诉。损害赔偿之诉，或请求给付一定金额之慰抚金之诉，以法律有特别规定者为限，得提起之"。但在法律术语中，其明确使用"人格权"概念，而非《大清民律草案》中第51条的"人格关系"，也非《瑞士民法典》中的"人格"，是一重大突破，这一突破吸收了大理院司法实践的经验。人格权概念的明确化，使得《民国民律草案》总则编中的人格权保护与传统的侵权行为

---

[1] 谢振民编著：《中华民国立法史》（下册），中国政法大学出版社2000年版。

法构成一个有机的整体。具体人格权的法定化,辅以人格权保护请求权,就与债编中侵害人格权救济条款构成逻辑化的保护体系。重新解构《大清民律草案》人格关系条款,可以看出"《大清民律草案》第五十一条规定的是'人格关系'受到侵害时的救济方式,在有特别规定时,人格关系的侵害可适用损害赔偿和慰抚金。而侵害法定人格权的救济方式则付诸侵权行为法"[1]。但大理院在司法实践中,也通过判例的形式,把人格关系内涵具体化,从而与侵权保护条款衔接。

民国南京政府时期颁行的《民国民法典》正式规定了这一制度。该法典第18条是关于人格保护的权利化条款,其规定了人格权受到侵害时的诉权及救济方式。从法律借鉴来看,其源于《瑞士民法典》第28条规定。我国《民法典》第995条规定了人格权遭受侵害时的一般保护原则,这一原则与历史上的人格权保护请求权制度相同。同时,我国《民法典》在比较各国禁令制度的基础上,及时总结人格权保护的司法实践经验,在第997条首次规定了侵害人格权行为的禁令制度。

二、人格权禁令制度的特征和功能

禁令在民事实体法和诉讼法上均具有重要的价值功能。鉴于禁令的法律属性,各国法律均在禁令的设立条件上有明文规定。禁令设立的目的是及时制止侵权行为。[2]

人格权禁令作为我国《民法典》新增的独特制度,是人格权请求权发生作用的方式之一,其请求权基础是实体法上的人格权请求权,在性质上属于实体法上的禁令。[3] 人格权禁令制度有利于及时制止侵害人格权的行为,使权利人可以通过除人民法院判决之外的程序更方便地获得救济,及时防止侵害人格权的损害后果的发生或扩大,能够更及时有效地保护受害人的人格权益,具有对人格权保护的事前预防功能。从该制度的目的和功能来看,人格权禁令为人格权提供更全面的保护,完善了人格权请求权的程序实施机制,实现高效救济,从而避免侵害行为给人格权主体造成不可逆转的损害,强化对人格权的保护。

(一)人格权禁令制度的特征

1. 禁令适用于情况紧急的情形,具有紧迫性。发布禁令的重点在于及时,非

---

[1] 俞江:《近代中国的人格权立法与学术研究》,载张生主编:《中国法律近代化论集》(总第2卷),中国政法大学出版社2009年版。
[2] 参见杨毅:《诉中人格权侵害禁令的审查》,载《人民司法》2021年第35期。
[3] 参见王利明:《论侵害人格权禁令的适用》,载《人民司法》2020年第28期。

紧急情况不得随意颁布。禁令一般针对现实、紧迫的不法侵害行为,因为停止侵害制度的救济措施需要经过责任认定程序才能由法院作出。其具体表现为案件急需适用禁令,如果不及时采取禁令措施,放任侵权行为继续进行,将会造成损害的进一步扩大,甚至会导致权利人遭受经济损害以外的其他损害,如其他人格利益的损害、商誉的减损等,特别是一些特殊人格权如隐私权,一旦遭受侵害,通常具有不可逆性。因此,通过禁令制度对紧急侵害的行为予以制止更符合全面保护人格权的需要。

2. 禁令适用于侵害正在实施或具有侵害之虞的行为。按照王泽鉴教授的观点,对于第一次侵害人格权的情形,权利人申请诉前禁令时需要提供充分的证据,而在第一次侵害之后,即可以推定行为人有侵害之虞。同时,在具体判断时也需要区分不同的人格权类型,对生命权、健康权而言,判断存在侵害之虞的标准应当从宽,而对侵害名誉、隐私等权利而言,需要与言论自由等法益的保护相平衡,因此,认定时应当更加审慎。①

3. 禁令的适用不需要行为人具有主观过错。② 禁令不同于停止侵害请求权,虽然两者的目的都是停止正在实施的侵害行为,但不同的一点是,适用禁令不需要证明损害已经发生,只需要证明满足申请禁令的要件即可;另一点区别是,请求法院颁发禁令也不需要被申请人具有主观过错。在互联网和大数据时代下,在提起诉讼前,受害人通过提前向法院申请禁令,可以使法院对侵害行为的干预提前,达到更好地预防人格权侵害的效果。

4. 禁令是一种临时性救济措施。

5. 禁令无须依托人格权诉讼可独立存在,具有程序上的独立性。英美法系的禁令是一种独立运行的程序系统,与我们通常所理解的诉讼程序并行,通过禁令程序作出的最后禁令或永久性禁令,具有与诉讼判决相同的效力。而我国并无独立的最后禁令申请程序,只有判决程序可以获得实体性的终局裁判。因此,《民法典》将人格权禁令设计为独立的、无须通过诉讼判决程序就可以获得的命令。③

---

① 参见王泽鉴:《人格权法:法释义学、比较法、案例研究》,北京大学出版社2013年版。
② 参见张璐:《请求权基础下个人信息权益保护的规范体系》,载《科技与法律(中英文)》2022年第2期。
③ 参见郭小冬:《人格权禁令的基本原理与程序法落实》,载《法律科学(西北政法大学学报)》2021年第2期。

(二)人格权禁令的功能

1. 预防损害发生或扩大功能

人格权法作为权利确认之法,更加注重事先预防。在仅存在侵害可能性的情况下,只要权利人能提供证据亦可以申请人格权禁令,避免损害发生或扩大,此制度正是充分发挥人格权法的事前预防功能的体现。在美国法中,诉前禁令旨在判决作出前制止侵权行为,其主要目的在于避免损害的发生或者继续扩大,而非保障将来判决的顺利执行。[1] 我国侵害人格权禁令制度借鉴该规定,也是为了发挥类似的功能。禁令可以适用于阻止侵权损害后果的扩大的情形,即在侵权行为处于持续状态时,通过禁令制止侵权行为,可以有效防止损害后果的持续扩大。特别是在互联网世界,信息传播速度非常迅速,一旦发生网络侵权行为,其损害后果往往难以控制、不可逆转,甚至造成难以估计的损害;以及发生在互联网上的侵权行为有很大一部分是对人格权的侵害行为,通过申请人格权禁令来及时有效阻止侵权信息的继续传播,可从源头上及时遏制损害蔓延。

2. 救济功能

救济功能在损害风险发生时或者已经发生时都客观存在。前述两种情形实质上都是为受害人提供一种及时性、针对性的救济方式,从而满足及时有效保护人格权的现实需要,当然,对于已发生的损害,受害人还可以行使其他请求权。人格权禁令制度的出现,以更灵活和积极的方式切实为人格权提供有效保护,与人格权侵权诉讼共同构筑起我国人格权领域内的事前预防、事中制止和事后救济相结合的救济体系,更全面有效地保护了人格权。

3. 平衡当事人利益和社会公共利益功能

申请禁令要求申请人提供证据以证明行为人正在实施或即将实施侵害行为,证明损害已经发生或有发生之虞。对于举证责任的分配体现了法律对申请人的人格权和被申请人的行为自由两种利益的权衡。法院在审查是否应当颁发禁令时,需要综合考量申请禁令的紧迫性、损害是否可以通过金钱赔偿、损害的难以弥补性以及颁发人格权禁令后是否会产生社会上滥用此禁令以获利的不良示范效应等因素,这也是在申请人与被申请人之间以及与社会公共利益之间进行利益

---

[1] 参见郭小冬:《民事诉讼侵害阻断制度释义及其必要性分析》,载《法律科学(西北政法大学学报)》2009年第3期。

衡量。

三、人格权禁令的适用条件

禁令制度不通过正常的诉讼程序进行,而是法院通过一定的司法认定和审查作出决定。当事人并不具有充分的论证、质证和辩驳的权利,[1]往往容易导致法官行使过大的自由裁量权。所以,为规范禁令,限制法官滥用自由裁量权,应对禁令的适用条件和审查标准进行必要的规范。美国作为判例法国家,法官在禁令问题上要求综合考量。其考量因素包括如下几个方面:公共安全的维护、救济手段是否穷尽、救济的必要性、当事人胜诉的可能性。

我国现行法没有明确指定审查标准,司法实践中可以在审查禁令的适用条件的基础上,借鉴该标准,综合考量前述因素,并在申请人和被申请人之间作出利益平衡,从而作出是否颁发禁令的决定。

（一）人格权禁令的适用条件

1. 行为人正在实施或者即将实施侵害人格权的行为

人格权禁令针对的是具有紧迫性的侵害人格权的行为,申请的时间点必须为正在实施或即将实施。对于即将实施,因为后果的不确定性,要求法院在审查时应给予更高的证明要求。

2. 如不及时制止将会使损害后果迅速扩大或难以弥补

人格权禁令针对的是正在发生或将要发生的侵害行为。禁令追求的价值目标是防止损害后果的扩大或无法弥补。在本案中,网络侵害肖像权便是如此情形。当事人肖像权侵害可能带来的巨大商业损失,为禁令的颁行创造了条件。

3. 申请人有证据证明行为人正在实施或者即将实施相关侵害行为

权利人必须证明侵害自身人格权的行为即将发生或者已经发生并将持续发生,而且此种情形具有急迫性。那么,根据侵害人格权的行为是否已经发生,权利人负有不同的证明责任。对于已经发生的侵害行为,举证相对较为简单,只需证明侵权行为存在并将持续进行即可;对于侵害尚未发生的情况,为防止禁令制度的滥用,申请人的举证负担相对较重,关于举证应当达到何种程度,王利明教授认为,只要当事人证明他人的行为可能造成损害或有损害之虞,就应当认定为达到

---

[1] 参见李蔚、吴英姿:《民事独立禁令程序建构论》,载《财经法学》2022 年第 4 期。

相应的证明标准,客观上并不要求必须达到诉讼中的证明标准。①

4.申请人具有较大的胜诉可能性

人格权禁令从某种意义上讲是利益平衡的产物。对权利人救济的潜在前提是其权益受到侵权应当得到法律保护,这意味着其在未来的诉讼中有较大可能胜诉。法院在是否颁发禁令时应综合考虑案件证据材料作出不影响司法权威性的判断。

(二)本案中适用人格权禁令的具体情形

本案的典型意义在于是全国首例适用《民法典》作出侵害人格权禁令的案例。案涉侵权行为发生于互联网平台,基于网络侵权的形态复杂多样,法院在审查人格权禁令申请时,主要考量了以下六个因素:第一,申请主体是否适格,即申请人是否系案涉姓名权、肖像权等人格权的权利主体。本案中,申请人是案涉姓名权、肖像权的权利主体,并且具有较高知名度和较大影响力,其姓名、肖像具有商业价值。第二,违法可能性,即申请人是否有证据证明被申请人正在实施或者即将实施侵害申请人姓名权、肖像权的行为。本案申请人提交的证据能够证明被申请人未取得许可,并且在案涉微信账号中继续违法使用申请人姓名、肖像的可能性较大。第三,紧迫性,即不及时制止违法行为是否将给申请人的合法权益造成难以弥补的损害。本案中,如不及时制止二被申请人的违法行为,将会使申请人的名誉遭受不可逆转的损害,损害申请人除姓名权、肖像权之外的其他人格利益的可能性较大,还会进一步损害申请人的商业代言利益,所造成损害的影响范围、损害后果也将持续扩大。第四,利益平衡,即颁发禁令是否会导致双方当事人利益明显失衡或损害社会公共利益。法院综合考量了禁令措施是否会限制被申请人的正常经营行为,以及是否有利于保护消费者权益和维护市场竞争秩序等。第五,由于本案系网络侵权案件,特别考量了申请人是否已通知相关网络服务提供者采取必要措施。申请人在未采取前述方式维权前,不宜直接向法院申请禁令。第六,诉中禁令所要求的事项一般不得超出诉讼请求范围。本案中,申请人关于责令被申请人立即停止印制案涉包装并停止销售案涉产品的申请事项,因超出双方的网络侵权责任纠纷中提出的诉讼请求范围,法院不予支持。

本案结合了涉网人格权纠纷的特殊性,在禁令审查标准方面综合考量了违法

---

① 参见王利明:《论侵害人格权禁令的适用》,载《人民司法》2020年第28期。

可能性、作出禁令的必要性和紧迫性、当事人利益平衡和社会公共利益等因素。同时,法院告知了权利人通知网络服务提供者采取必要的措施,避免损害的进一步扩大。当然,除颁布禁令外是否有其他法律救济手段并不是审查的必要条件,通常申请人是在其权利受到紧迫威胁的前提下申请禁令,如若要求穷尽其他救济途径方许可其禁令申请,可能会严重损害申请人的权利和公共利益。

四、人格权禁令制度的审查标准

(一)证明标准的审查

关于人格权禁令的证明标准,学界的观点多有不同。观点一认为,既然《民法典》第997条明确使用了"有证据证明"的表述,并且禁令属于实体法上的禁令,那么禁令的证明标准应同于普通诉讼标准,即"高度盖然性"标准。[1] 观点二认为,禁令制度的程序安排并不完全遵循对席审理与辩论原则,加上审理期限较短,这会在一定程度上影响对事实的查明,又根据我国实务中在诉前行为保全制度中积累的经验,禁令制度的证明标准应略低于普通诉讼中的证明标准、高于诉前行为保全制度的证明标准,即"较高盖然性"标准。[2] 观点三认为,就理论推演而言,禁令制度的证明标准应低于普通诉讼中的证明标准才利于对权利人的保护,即"低盖然性"标准。

(二)紧急性的审查

由于不同的案件对人格权侵害的严重程度不同,法院在一定的审查标准下也应作出与之相对应的判断。例如,与侵害财产利益相比,侵害精神利益更可能被认定为"情况紧急";与侵害精神性人格权相比,侵害物质性人格权更可能被认定为"情况紧急"。最高人民法院将"情况紧急"作为法院需在48小时内作出相关裁定的条件。[3] 刘学在教授等认为,应当"根据人格权侵害禁令类型分阶段配置程序","紧急侵害禁令与通常侵害禁令应区别适用"[4]。

---

[1] 参见贾玉慧:《论人格权侵害禁令制度的程序选择和具体构建》,载《法律适用》2023年第12期。
[2] 参见徐伟:《〈民法典〉人格权侵害禁令的法律适用》,载《法制与社会发展》2021年第6期。
[3] 参见宋晓明、王闯等:《〈关于审查知识产权纠纷行为保全案件适用法律若干问题的规定〉的理解与适用》,载《人民司法》2019年第7期。
[4] 刘学在、赵贝贝:《人格权侵害禁令:立法背景、定位及程序构建》,载《广西社会科学》2022年第3期。

五、人格权禁令制度的程序规则

(一)程序定位

目前,学界对人格权侵害禁令案件的程序定位,主要有准诉讼程序说、非诉程序说、略式程序说。[1] 这些观点的出发点都是为了找寻新制度的程序适用的公正与效率之间的平衡,顺应程序法的基本原则。笔者认为,略式程序说更接近禁令的程序定位。略式程序与非诉程序一样,不牵涉当事人间的纠纷,不对案件进行实质审理,仅通过审查申请,即可形成裁定,与人格权禁令程序能及时保护人格权的速裁性不谋而合。

(二)审查程序

申请人申请后,法院审查时需要注意,在必要时可以设置询问或听证程序,仅凭一家之言难免会导致审查的错漏。但若发现存在实质争议,法院应驳回申请,告知当事人通过诉讼程序寻求救济。[2] 除此之外,对审查程序还有比例原则、审查时限和强化异议复议等其他要求。

(三)担保制度

人格权禁令案件是否要求申请人提供担保,存在较大争议。笔者认为,要求申请人提供担保不是必要的,只要符合禁令的法律构成要件,法院可以在没有担保的情况下直接作出裁定。但基于禁令系新兴的制度,在实务实施中由于各种原因难免会出现一些灰色地带,申请人不提供担保就无法保障被申请人的权利在被侵害时能及时得到救济。所以在某些情况下,法院可以要求申请人提供担保。贾玉慧教授认为,"是否要求申请人提供担保需要考量禁令规则的整体设置以及权利位阶等多种要素,但核心判断要素为禁令是否存在错发风险"[3]。

六、人格权禁令的效力

(一)人格权禁令的生效

禁令是法院发布的生效裁定,具有法律效力,即便当事人可以申请复议,也不停止执行。

从法律效果来看,禁令的裁定不会影响案件实体判决结果。禁令制度在《民

---

[1] 参见赵志超:《人格权禁令程序:实践冷遇与困境纾解》,载《东岳论丛》2023年第8期。
[2] 参见贾玉慧:《论人格权侵害禁令制度的程序选择和具体构建》,载《法律适用》2023年第12期。
[3] 贾玉慧:《论人格权侵害禁令制度的程序选择和具体构建》,载《法律适用》2023年第12期。

法典》人格权编加以确认,从法律属性来看,是对人格权保护请求权的巩固,从体系的逻辑自洽上保障人格权制度的有效实施。从程序法意义来看,禁令是非讼程序,法院的裁决是多种因素综合作用的结果。如果禁令发布后,被申请人停止了侵权行为,也没有对裁定异议,则禁令具有终局效果。然而,如果人民法院发布了禁令,但是对方当事人对该禁令不服,到法院提起诉讼,或者申请人认为不仅要通过禁令制止行为人的侵害行为,还要请求行为人承担其他责任,如赔偿损失等,故向人民法院提起诉讼。此时,禁令具有临时性的效力,在终审判决生效后,禁令也将失效。

(二)人格权禁令的失效

关于禁令效力的存续期间,存在不同的观点,一种观点认为,在诉讼活动开始或者作出新的禁令时,禁令的效力即归于消灭。[①] 另一种观点认为,在法院的终局判决生效时,禁令的效力归于消灭。参考学者观点,在以下两种情况中,人格权禁令将失去效力。[②]

1.法院撤销禁令。人格权禁令是权利人为制止侵害行为导致的损害发生或扩大而采取的临时性救济措施。前文提到,法院颁布禁令一般仅进行程序性审查,法庭的裁决是基于诸多因素的综合考量,并非对法律关系的确认,并不具有证明侵权行为成立的效力,因而禁令有可能会发生错误,所以需要复议程序以防止禁令的错误。王利明教授认为,人格权禁令制度可以适用民事诉讼法的相关规定,禁令颁布后,被申请人对禁令裁定不服的,可以申请复议,法院经审查发现本案不具备适用禁令的条件的,应当撤销禁令。禁令被撤销后,当然失效。

2.终局裁判生效后自动失效。

(三)错误申请人格权禁令的法律后果

禁令要求被申请人停止实施某种行为,在一定程度上会影响被申请人的行为自由和言论自由,若错误申请人格权禁令使被申请人遭受了损害,申请人是否需要承担赔偿责任?王利明教授认为,申请人错误申请人格权禁令,给被申请人造成损失的,申请人应当承担相应的法律责任。从民诉法的价值目标来看,这种法律后果是法律可以预期的。

---

① 参见毕潇潇、房绍坤:《美国法上临时禁令的适用及借鉴》,载《苏州大学学报(哲学社会科学版)》2017年第2期。

② 参见王利明:《论侵害人格权禁令的适用》,载《人民司法》2020年第28期。

七、人格权禁令和先予执行的区别

先予执行,是指法院在诉讼作出判决之前,申请人可以请求法院裁定债务人给付一定数额的金钱或其他财务,或者实施、停止某种行为。[①] 该制度是一种临时性救济措施,在紧急情况下发生。但其与禁令制度存在如下区别。

1. 适用范围不同。先予执行依据《民事诉讼法》第 109 条规定仅适用于双方具有持续性关系,或者有在先合同关系的案件。赡养费、扶养费、抚养费等体现为持续性关系,劳动报酬体现为在先合同关系。在侵权纠纷中无法适用先予执行制度,但禁令对所有的民商事案件均适用。

2. 适用条件不同。先予执行要求双方当事人之间权利义务关系明确、债务人有履行能力,不先予执行会给债权人的生产生活造成严重损失。而禁令适用于侵权,是为了制止紧迫的不法行为的发生。

3. 制度功能不同。先予执行是为了权利人生产生活的需要,使其权利在判决之前全部或部分得到满足;而禁令则是为了制止不法侵害行为的发生。

4. 制度目的不同。禁令制度为保全制度的一个类型,其目的在于制止不法侵害,对案件的实质结果不产生影响;而先予执行建立在当事人双方权利义务关系明确的基础上,其体现了法官对案件最终结果的一种判断。

―――――― 思 考 题 ――――――

[1] 什么是人格权禁令?
[2] 人格权禁令的适用条件是什么?
[3] 人格权禁令的意义何在?
[4] 人格权禁令的司法现状如何?
[5] 人格权禁令在适用时应当注意哪些问题?

―――――― 推荐阅读 ――――――

[1] 王泽鉴:《人格权法:法释义学、比较法、案例研究》,北京大学出版社 2013 年版。

―――――――――

① 参见江伟、肖建国:《民事诉讼法》,中国人民大学出版社 2008 年版。

[2]杨立新:《中国人格权法研究》,中国人民大学出版社 2022 年版。

[3]程啸:《论我国民法典中的人格权禁令制度》,载《比较法研究》2021 年第 3 期。

[4]王利明:《论侵害人格权的诉前禁令制度》,载《财经法学》2019 年第 4 期。

[5]江伟主编:《民事诉讼法》(第 4 版),中国人民大学出版社 2008 年版。

[6]王利明:《人格权法研究》(第 3 版),中国人民大学出版社 2018 年版。

[7]程啸:《侵权责任法》(第 3 版),法律出版社 2021 年版。

[8]杨立新:《人格权法》,法律出版社 2015 年版。

[9]贾淼:《人格权益法研究:人格权分论》,中国政法大学出版社 2017 年版。

[10]高可:《人格权基础理论研究》,中国政法大学出版社 2019 年版。

3. 新型权益编

🗂 思维导图

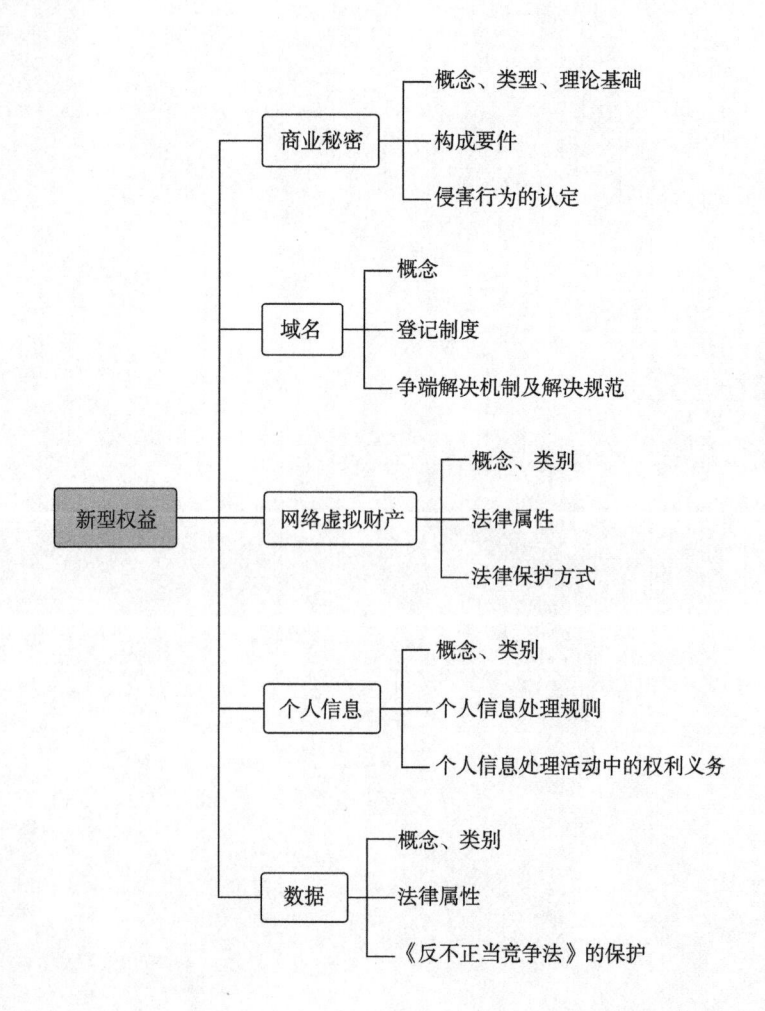

新型权益
- 商业秘密
  - 概念、类型、理论基础
  - 构成要件
  - 侵害行为的认定
- 域名
  - 概念
  - 登记制度
  - 争端解决机制及解决规范
- 网络虚拟财产
  - 概念、类别
  - 法律属性
  - 法律保护方式
- 个人信息
  - 概念、类别
  - 个人信息处理规则
  - 个人信息处理活动中的权利义务
- 数据
  - 概念、类别
  - 法律属性
  - 《反不正当竞争法》的保护

3.1 商业秘密

🗐 理论导读

商业秘密是指不为公众所知悉、具有商业价值并经权利人采取相应保密措施的技术信息、经营信息等商业信息。商业秘密既可以是技术信息，也可以是经营信息。商业秘密具有秘密性，即不为公众所知悉；价值性，即具有商业价值；保密性，即权利人采取相应保密措施。

商业秘密获得法律保护的正当性先后经历了多个理论。最早期为合同理论，因违反合同中明示或默示的保密条款或者信赖利益而予以原告救济；之后发展为侵权理论，认为侵害商业秘密属于侵权行为；此后发展出不正当竞争理论，即侵害商业秘密为不正当竞争；然后发展出人格理论，认为商业秘密是所有者的人格之一，受到侵害时，应恢复原状，返还不当得利；再后发展出违反保密义务理论，该保密义务不仅基于合同，还可由法律推定，通过行业惯例、获得商业秘密的具体情形等作出判断；最后发展出财产理论，认为商业秘密为财产利益，对财产利益予以保护的法律均可用以保护商业秘密。[①] 我国理论界对商业秘密保护的理论基础存在争议，对商业秘密的权益属性存在分歧，主要存在两种学说。一说为法益说，二说为知识产权说。法益说的法律依据是我国将商业秘密保护的法律植入《反不正当竞争法》中，知识产权说的法律依据是我国《民法典》第123条明确规定商业秘密是知识产权的客体。

《反不正当竞争法》在第二章具体不正当竞争行为中明确列举侵害商业秘密行为，为不正当竞争。该法第9条界定了商业秘密的概念，列举了四类侵害商业秘密的行为。为统一裁判标准，完善法律适用规则，依法公正审理侵犯商业秘密民事案件，最高人民法院制定发布了《关于审理侵犯商业秘密民事案件适用法律若干问题的规定》，主要内容为商业秘密保护客体、商业秘密的构成要件、保密义

[①] 参见黄武双：《商业秘密的理论基础及其属性演变》，载《知识产权》2021年第5期。

务、侵权判断、民事责任、民刑交叉以及有关程序规定。《反不正当竞争法》列举的侵害商业秘密行为包括：第一，以不正当手段获取权利人的商业秘密；第二，披露、使用或者允许他人使用以前项手段获取的权利人的商业秘密；第三，违反保密义务或者违反权利人有关保守商业秘密的要求，披露、使用或者允许他人使用其所掌握的商业秘密；第四，教唆、引诱、帮助他人违反保密义务或者违反权利人有关保守商业秘密的要求，获取、披露、使用或者允许他人使用权利人的商业秘密。侵害商业秘密的主体既包括具有竞争关系的经营者，也包括经营者之外的其他实施上述行为的主体，或者知道上述行为存在，仍利用该商业秘密的主体。商业秘密的法律保护禁止权利人之外的主体对非法获取的商业秘密的利用行为，他人基于合法途径，如公开渠道、反向工程等获悉了商业秘密并加以利用则不构成侵害，利用雇员自身技能、受雇前已经获得的信息或基于对雇员的信赖而继续维持的客户关系等同样不构成侵害商业秘密。

近年来，商业秘密的法律保护力度不断提升，法院对侵害商业秘密的判赔数额屡创新高。2021年，最高人民法院在与香兰素技术相关的商业秘密案中判赔1.59亿元，创下此前最高判赔数额。2024年6月，最高人民法院在吉利汽车诉威马汽车窃取商业机密案中，判决被告承担6.4亿元，刷新了商业秘密的判赔最高额。日益重要的商业秘密也使得商业秘密单独立法的呼声渐高，值得进一步关注。

麦达可尔公司等与华阳公司侵害商业秘密纠纷再审案

摘要：王某、张某、刘某曾是华阳公司的职员，之后王某离职并创立麦达可尔公司，张某、刘某也离职到麦达可尔公司就职。华阳公司主张一份包含有43家客户信息的客户名单是其商业秘密，王某、张某、刘某等人利用在华阳公司就职期间获取的客户名单，离职后泄露给麦达可尔公司使用，侵犯其商业秘密，构成不正当竞争。麦达可尔公司在一审、二审败诉后，向最高人民法院提起再审，最高人民法院对该案进行了再审。

关键词：客户名单；商业秘密；不正当竞争

一、引言

在商业秘密案件中，法院需要平衡企业与职工之间的利益关系。法院既要依法加强商业秘密保护，有效制止侵犯商业秘密的行为，为企业的创新和投资创造安全和可信赖的法律环境，又要妥善处理保护商业秘密与劳动者自由择业、竞业限制和人才合理流动的关系，维护劳动者正当就业、创业的合法权益，依法促进劳动力的合理流动和自主择业。职工在工作中掌握和积累的知识、经验和技能，除属于单位的商业秘密的情形外，构成其人格的组成部分，是其生存能力和劳动能力的基础，职工离职后有自主利用的自由。

二、案件当事人

再审申请人（一审被告、二审上诉人）：麦达可尔公司

再审被申请人（一审原告、二审上诉人）：华阳公司

一审被告：王某

一审被告：张某

一审被告：刘某

三、案情简介

王某、张某、刘某曾是华阳公司的职员，之后王某离职并创立麦达可尔公司，张某、刘某也离职到麦达可尔公司就职。华阳公司主张一份包含有43家客户信

息的客户名单是其商业秘密,王某、张某、刘某等人利用在华阳公司就职期间获取的客户名单,离职后泄露给麦达可尔公司使用,侵犯其商业秘密,构成不正当竞争,遂向天津市第一中级人民法院提起诉讼。被告王某、张某、刘某、麦达可尔公司主张其适用的客户名单是其从公共领域获得的,与原告的客户名单存在实质性差异,故并不侵犯华阳公司的商业秘密。

一审法院判决原告客户名单属于商业秘密,被告王某、张某、刘某在签订保密协议的情况下泄露案涉客户名单给被告麦达可尔公司使用,并与客户名单上的客户发生交易,侵犯了原告的商业秘密。麦达可尔公司不服一审判决,向天津市高级人民法院提起上诉,二审法院经审理,驳回上诉,维持一审判决。麦达可尔公司不服天津市高级人民法院(2018)津民终143号民事判决,向最高人民法院申请再审。最高人民法院于2019年6月28日作出(2018)最高法民申5704号民事裁定,决定提审。

四、案件审理情况

(一)诉讼请求权

侵害商业秘密之损害赔偿请求权。

(二)请求权基础规范及要件分析

《反不正当竞争法》第9条:经营者不得实施下列侵犯商业秘密的行为:

……

(三)违反保密义务或者违反权利人有关保守商业秘密的要求,披露、使用或者允许他人使用其所掌握的商业秘密;

……

本法所称的商业秘密,是指不为公众所知悉、具有商业价值并经权利人采取相应保密措施的技术信息、经营信息等商业信息。

1. 要件分析。

要件一:涉案信息属于商业秘密。

要件二:当事人之间就涉案商业秘密存在保密义务或者保密协议。

要件三:一方当事人存在侵犯他人商业秘密的行为,主要体现为披露、使用或者允许他人使用其掌握的商业秘密。

2. 法律效果:侵犯商业秘密,应承担民事责任。

(三) 抗辩权基础规范及要件分析

本案被告未提出抗辩,不存在抗辩权。

(四) 诉讼主张的检索

基于要件一,华阳公司主张本案诉争的43家客户信息是华阳公司花费大量人力、物力、财力以及时间成本收集整合而成的,华阳公司对其依法采取了保密措施,并不为其所属领域的相关人员普遍知悉和容易获得,具有秘密性、保密性、价值性和实用性,符合商业秘密的构成要件。

麦达可尔公司主张诉争的43家客户中的名称、地址、电话、联系人等均能通过互联网以及交易会发放的资料获得,另外的品名、货品规格、单价信息通过华阳公司公开发放的资料均能获得。

基于要件二,华阳公司主张王某、张某、刘某与华阳公司曾签订保密协议。

麦达可尔公司、王某、张某、刘某确认三人与华阳公司曾签订保密协议。

基于要件三,华阳公司主张王某、张某、刘某向麦达可尔公司泄露了诉争的43家客户信息,麦达可尔公司使用该信息与相关客户建立了交易关系。

麦达可尔公司主张其使用的客户信息来自互联网及王某、张某、刘某的多年行业经验,与特定客户建立交易关系则是客户对产品信赖而自愿与之发生交易。

(五) 争点整理

上述要件二不存在争议,主要争议在于要件一和要件三,形成两个争点,即争点一:本案诉争的43家客户信息是否构成商业秘密;争点二:被告是否使用了该商业秘密。以下对两个争点进行分析。

争点一:本案诉争的43家客户信息是否构成商业秘密?

一审法院经审理认为: 首先,华阳公司主张的×××厨卫用具厂等43家与华阳公司有稳定交易关系的客户的信息包括客户名称、品名、货品规格、销售订单数量、单价、联系人、电话、地址。这些信息既有客户名称、地址、联系方式,又有交易产品、交易价格、交易数量等深度信息。虽然部分客户的名称、电话、地址等信息可以通过公开途径查询得知,但是客户名称、电话、地址与交易内容等深度信息结合所形成的信息集合不为其所属领域的相关人员普遍知悉和容易获得。其次,华阳公司对上述信息采取了与其商业价值相适应的合理保护措施。该措施具体包括与员工签订保密协议以及使用需输入登录用户名及密码方可进入的ERP系统对上述信息进行管理。最后,上述信息具有现实的或者潜在的商业价值,能为权利人带来竞争优势。华阳公司积累上述数量众多、内容丰富的客户信息,必然会付出大量人力、物力、财力。拥有这些信息,尤其是有稳定交易关系的客户信息的企业,可以畅通产品销路,保持稳定的产品销售量,形成同行业的竞争优势。获取这些信息的企业,可以越过开拓市场的初始期,迅速打开同类产品的销路,获得相应的市场利益。综上,华阳公司主张的客户信息具备秘密性、保密性、价值性和实用性,符合商业秘密的构成要件。

二审法院经审理认为: 诉争中的43家客户信息具有秘密性、保密性和价值性,因而属于商业秘密。在秘密性的认定上,二审法院认为:首先,从客户名单的内容上看,华阳公司主张的43家客户信息不仅包含了客户名称、地址、联系人、电话等一般信息,还包含了联系方式、订单日期、商品名称、规格、销售数量、成交单价等区别于公开渠道信息的深度信息;其次,从客户名单的客户数量上看,华阳公司主张的包括×××厨卫用具厂等43家客户,符合客户众多的特点;最后,从客户名单中与客户交易的情况来看,上述43家客户在2014—2015年与华阳公司的交易次数均在5次以上,形成了长期、稳定的交易关系。因此,华阳公司主张的43家客户信息具有秘密性的特征。在保密性的认定上,华阳公司与其员工签订保密协议,43家客户信息均存储于华阳公司ERP系统中,公司员工需要使用用户名及密码才能登录ERP系统。王某作为华阳公司的高级管理人员,负有保守公司商业秘密的法定义务;张某、刘某与华阳公司签订了保密协议,应当认定华阳公司采取了保密措施。在价值性的认定上,二审法院认为,43家客户信息具有现实的或者潜在的商业价值,能为华阳公司带来竞争优势,故上述客户名单具有实用性和价值性。

再审法院经过审理确认以下事实: 根据华阳公司提交的证据,华阳公司对其客户名单采取了保密措施,也进行了相关的交易。但根据麦达可尔公司提供的公证书,前述43家客户信息可以通过网络搜索得到。根据华阳公司提供的43家被侵权客户名单(2012—2015年),客户名单主要内容为订单日期,单号,品名,货品规格、单位(桶或个),销售订单数量,单价,未税本位币,联系人,电话,地址。根据该客户名单,该表格为特定时间段内华阳公司与某客户的交易记录及联系人。再审法院认为,首先,在当前网络环境下,相关需方信息容易获得,并且相关行业从业者根据其劳动技能容易知悉;其次,关于订单日期、单号、品名、货品规格、销售订单数量、单价、未税本位币等信息均为一般性罗列,并没有反映某客户的交易习惯、意向及区别于一般交易记录的其他内容。在没有涵盖相关客户的具体交易习惯、意向等深度信息的情况下，难以认定需方信息属于反不正当竞争法保护的商业秘密。

争点二：被告是否使用了该商业秘密？

一审法院经审理认为被告使用了该商业秘密：首先，王某、张某、刘某有接触商业秘密的条件。其次，王某、张某、刘某负有法定或约定的保密义务。再次，麦达可尔公司生产、销售与华阳公司相同的产品，两者存在竞争关系。在王某、张某、刘某同在麦达可尔公司工作，并担任经营管理职务的情况下，华阳公司主张的43家客户均成为麦达可尔公司的产品销售对象。最后，麦达可尔公司未证明短时间内自行开发上述43家客户的过程。麦达可尔公司、王某、刘某、张某所提交的《合作说明客户满意度调查》内容完全相同，并且为麦达可尔公司单方制作，该证据不能证明客户系基于对王某、张某、刘某的信赖而与麦达可尔公司主动进行交易。综上，一审法院认定，王某、张某、刘某违反法定或约定的保守商业秘密的义务，允许麦达可尔公司使用其所掌握的商业秘密，麦达可尔公司在明知的前提下，使用了上述商业秘密，均属于侵犯商业秘密的行为。

二审法院经审理确认麦达可尔公司在2015年10月成立后的较短时间内，与华阳公司的上述43家客户进行了交易，并且麦达可尔公司并未提交足以证明自行开发上述43家客户的证据，即麦达可尔公司没有证据证明其使用的客户名单具有合法来源。因此，根据商业秘密侵权判定的"相同（实质性相似）+接触－合法来源"方法，认定被告侵犯原告的商业秘密。

再审法院经过审理查明以下事实：根据麦达可尔公司提供的对比表，43家客户名单中重要信息相关联系人及电话号码，与华阳公司请求保护的均不相同的占比约86％，联系电话不同的占比约93％，并且26家客户提交证明表示其自愿选择麦达可尔公司进行市场交易。再审法院认为：考虑本案双方均为工业清洗维护产品研发、生产和销售的企业，产品范围主要包括清洗剂、润滑剂、密封剂等工业化学品，由于从事清洗产品销售及服务的行业特点，客户选择与哪些供方进行交易，不仅考虑相关产品的性能、价格等信息，也会考虑清洗服务的质量，在联系人、联系电话较大比例不相同的情况下，难以认定麦达可尔公司使用了华阳公司43家客户名单相关信息进行市场交易。

五、结尾

诉争的43家客户名单不属于商业秘密，被告王某、刘某、张某在仅签订保密协议,未签订竞业禁止协议的情况下,使用其可以通过公共网络获得的信息从事同业竞争的行为,不属于侵犯商业秘密的行为。

六、附录

天津市高级人民法院民事判决书,(2018)津民终143号。

最高人民法院民事裁定书,(2018)最高法民申5704号。

最高人民法院民事判决书,(2019)最高法民再268号。

麦达可尔公司等与华阳公司侵害商业秘密纠纷再审案教学指导手册

☑ 教学具体目标

本案例用于理解商业秘密的法律保护制度,具体涉及商业秘密法律保护的内在逻辑、商业秘密的构成要件、侵犯商业秘密的认定、侵犯商业秘密的抗辩及民事诉讼的审判监督程序。

☑ 教学内容

一、商业秘密法律保护的内在逻辑

(一)商业秘密的概念

商业秘密,又称营业秘密、未披露的信息或秘密信息等,我国《反不正当竞争法》第9条第4款规定:"本法所称的商业秘密,是指不为公众所知悉、具有商业价值并经权利人采取相应保密措施的技术信息、经营信息等商业信息。"根据该规定,我国的商业秘密主要包括技术信息和经营信息。最高人民法院《关于审理侵犯商业秘密民事案件适用法律若干问题的规定》(以下简称《商业秘密规定》)分别对技术信息和经营信息进行了细化。技术信息是指与技术有关的结构、原料、组分、配方、材料、样品、样式、植物新品种繁殖材料、工艺、方法或其步骤、算法、数据、计算机程序及其有关文档等信息；[1]经营信息是指与经营活动有关的创意、管理、销售、财务、计划、样本、招投标材料、客户信息、数据等信息。[2]

麦达可尔公司等与华阳公司侵害商业秘密纠纷再审案中涉及的43份客户名单，与经营活动有关，属于经营信息中的客户信息。《商业秘密规定》列举了经营信息中客户信息的主要表现形式：客户的名称、地址、联系方式以及交易习惯、意向、内容等信息，[3]但同时规定仅因与特定客户保持长期稳定交易关系而不能认定该客户信息为商业秘密。

(二) 商业秘密的法律保护

商业秘密的形成蕴含着人力与物力，无论是技术信息还是经营信息都是人力与物力的结晶，具有价值性；商业秘密能够为人所使用，技术信息能够促进生产的效率，经营信息有助于商品的销售，获得更高的利润，具有使用价值。兼具价值和使用价值的商业秘密属于财产，应受到法律的保护。

各国对商业秘密的法律保护方式主要有三种。第一种，侵权法的保护方式。例如，法国和意大利，利用其民法典中的侵权行为法保护商业秘密。第二种，商业秘密专门法的保护方式。例如，美国制定了《统一商业秘密法》保护商业秘密。第三种，反不正当竞争法的保护方式。例如，日本在《不正当竞争防止法》中保护商业秘密。我国《反不正当竞争法》将侵犯商业秘密作为不正当竞争行为之一予以禁止，以维护良好的竞争秩序，禁止竞争对手通过不正当手段获得他人商业秘密，不劳而获，违背诚信的商业道德。但随着商业秘密在商业活动中日益重要，不断有学者提出我国应改采制定专门的单行法"商业秘密法"保护商业秘密，并肯定商业秘密的权利属性。

(三) 商业秘密保护与专利权保护的对比

商业秘密中的客户信息不属于专利法保护的对象，商业秘密中的技术信息有可能属于专利保护的客体，但商业秘密的保护与专利的保护存在根本性差异，权利人只能择一而行。以下对比两制度的异同。

第一，二者的客体范围具有重合。商业秘密保护的技术信息是与技术有关的结构、原料、组分、配方、材料等各种信息；而专利法保护的发明、实用新型是一种

---

[1] 参见《商业秘密规定》第1条第1款。
[2] 参见《商业秘密规定》第1条第2款。
[3] 参见《商业秘密规定》第1条第3款。

新的技术方案,亦涉及结构、原料、组分、配方、材料等。

第二,二者的保护条件既有一致性又有差异性。商业秘密的法律保护要求该信息具有秘密性,不能属于公知的信息;专利法亦要求发明创造具有新颖性,不属于公知的技术。但专利法还进一步要求该信息具有创造性,商业秘密并没有这一要求,但不排除特定商业秘密具有创造性。

第三,二者的权利保护内容不同。商业秘密的法律保护旨在禁止他人采用不正当手段自商业秘密权利人处获得商业秘密的行为,如以偷盗的方式获得商业秘密,或者诱使商业秘密主体的雇员泄露商业秘密,都属于侵犯商业秘密,但采用自行研发或者反向工程获得商业秘密的不侵犯商业秘密。专利权人有权禁止法定情形之外的任何人以生产经营为目的实施其专利,即使该技术是实施人通过反向工程或者自己研发而获得的。

第四,二者的公开性规定不同。商业秘密是不公开的,必须具有秘密性,并需要采取保密措施。商业秘密公开后,便不再是商业秘密,不受商业秘密的法律保护。专利的保护以技术公开为基础,发明专利的授权程序实行"早期公开、延迟审查",在实质审查之前就需要公开专利技术,实用新型和外观设计实行"初步审查",授权公告时,公开专利技术或设计。正因为商业秘密与专利在公开性方面的矛盾性要求,权利人只能选择商业秘密或专利中的一种保护其技术信息,而不能鱼与熊掌兼得。

第五,二者的保护期限不同。商业秘密没有具体的保护期,理论上,在其信息始终处于秘密的状态时,皆是商业秘密,始终受到法律的保护。专利法对专利权的保护期作了明确的规定,发明专利的保护期为20年,实用新型专利的保护期为10年,外观设计专利的保护期为15年。

著名的可口可乐公司选择了商业秘密保护其配方,其配方一直处于秘密的状态,不为公众所知,他人也无法未经许可使用其配方,在其配方未为公众所知时,其一直能够获得商业秘密的保护,可口可乐公司由于配方的特殊性并不担心有心之人反向工程可口可乐获得配方。也有很多公司选择专利制度保护其发明创造,在公开发明创造的技术方案后获得法律的保护,即使他人看到公开的专利申请文件,学会并实施该技术,也可以通过法律禁止这一行为并获得赔偿。公众新的研究成果或反向工程并不影响专利权的存续与否。商业秘密和专利对技术信息的保护各有利弊,权利人须根据自身技术信息的特点作出恰当的选择。

二、商业秘密的构成要件

根据我国《反不正当竞争法》对商业秘密的界定,商业秘密的构成要件包括秘密性(不为公众所知悉)、价值性(具有商业价值)、保密性(权利人采取相应保密措施)和实用性。

(一)秘密性

秘密性,即不为公众所知悉,是指有关信息没有为公众所普遍知悉并且该信息不能从公开渠道如出版物轻易就能获取。[①] 秘密性的认定须考虑两个要件,第一,不为公众普遍知悉。该要件与不为公众所知悉不同,二者的公众知悉的程度不同,后者略高于前者。对该秘密性的认定不要求商业秘密权利人之外的任何人均不知悉该商业秘密,仅要求不为公众普遍知悉,特定的少量人员知悉该商业秘密,并不使其丧失秘密性。《商业秘密规定》第3条规定了"不为所属领域的相关人员普遍知悉和容易获得的"即符合"不为公众所知悉"的要求。第二,不能从公开渠道轻易获取,如果能够从公开渠道直接获取该信息就不满足秘密性的要求。《商业秘密规定》第4条列举了四种具体的公共渠道可知的信息:(1)一般常识或者行业惯例;(2)观察上市产品即可直接获得的信息;(3)在公开出版物或者其他媒体上公开披露的信息;(4)已通过公开的报告会、展览等方式公开的信息。但如果信息是在整理、改进、加工公众知悉的信息之上形成的新信息,则不属于从公开渠道轻易获取,属于商业秘密。

在麦达可尔公司等与华阳公司侵害商业秘密纠纷案中,涉案43家客户信息的秘密性是案件审理的主要争点,三法院均对其进行了分析。

一审法院经审理认为:华阳公司主张的×××厨卫用具厂等43家与华阳公司有稳定交易关系的客户的信息包括客户名称、品名、货品规格、销售订单数量、单价、联系人、电话、地址。这些信息既有客户名称、地址、联系方式等一般信息,又有交易产品、交易价格、交易数量等深度信息。虽然部分客户的名称、电话、地址等信息可以通过公开途径查询得知,但是客户名称、电话、地址与交易内容等深度信息结合所形成的信息集合不为其所属领域的相关人员普遍知悉和容易获得,因而具有秘密性。

二审法院经审理认为:首先,从客户名单的内容上看,华阳公司主张的43家

[①] 参见刘春田主编:《知识产权法》(第5版),中国人民大学出版社2014年版,第337页。

客户信息不仅包含了客户名称、地址、联系人、电话等一般信息,还包含了订单日期、商品名称、规格、销售数量、成交单价等区别于公开渠道信息的深度信息;其次,从客户名单的客户数量上看,华阳公司主张的包括×××厨卫用具厂等43家客户,符合客户众多的特点;最后,从客户名单中与客户交易的情况来看,上述43家客户在2014—2015年与华阳公司的交易次数均在5次以上,形成了长期、稳定的交易关系。因此,华阳公司主张的43家客户信息具有秘密性的特征。

再审法院经过审理,与一审、二审法院持相反的观点。首先,再审法院根据麦达可尔公司提供的公证书,发现前述43家客户信息可以通过网络搜索得到,不符合秘密性"不能从公开渠道轻易获取"的要件。其次,再审法院根据华阳公司提供的43家被侵权客户名单,发现该客户名单所含订单日期、单号、品名、货品规格、销售订单数量、单价、未税本位币等信息均为一般性罗列,属于一般交易记录。《商业秘密规定》第2条第1款规定:当事人仅以与特定客户保持长期稳定交易关系为由,主张该特定客户属于商业秘密的,法院不予支持。综上,再审法院认为涉案43家客户信息不属于商业秘密。

对比三法院对秘密性的认定可知,秘密性的客户信息须为不能从公开渠道轻易获取的,并且不能是一般性罗列,需要进行深度分析,体现一定的交易习惯的信息。

(二)价值性

价值性,是指能为权利人带来现实的或潜在的经济利益,所有人因掌握商业秘密而拥有竞争优势。[1]《商业秘密规定》第7条规定亦将价值性界定为现实的或潜在的商业价值。

在麦达可尔公司等与华阳公司侵害商业秘密纠纷案中,涉案43家客户信息是否具有价值性也是认定其为商业秘密必须审理的要件。

一审法院认为,上述信息具有现实的或者潜在的商业价值,能为权利人带来竞争优势。华阳公司积累上述数量众多、内容丰富的客户信息,必然会付出大量人力、物力、财力。企业拥有这些信息,尤其是有稳定交易关系的客户信息,可以畅通产品销路,保持稳定的产品销售量,形成同行业的竞争优势。获取这些信息的企业,可以越过开拓市场的初始期,迅速打开同类产品的销路,获得相应的市场

---

[1] 参见刘春田主编:《知识产权法》(第5版),中国人民大学出版社2014年版,第338页。

利益。

二审法院认为，涉案43家客户信息具有现实的或者潜在的商业价值，能为华阳公司带来竞争优势，故上述客户名单具有实用性和价值性。

再审法院因已经否定了涉案43家客户信息的秘密性，无须对其价值性进行审理。结合一审、二审法院的分析认定，可知价值性虽然是商业秘密的构成要件之一，但争议不大。由争议事实也可反推涉案信息的价值性，若无价值性，原告、被告双方便无业务争议之动力。

（三）保密性

保密性，是指商业秘密的所有人采取了适当的保密措施以维持秘密性。保密措施是否充分与商业秘密的性质、价值、保密措施的可识别性等相关，并不存在统一的标准。《商业秘密规定》第6条具体列举了六种保密措施和一款兜底条款，①主要涉及两个方面：其一，从客体的角度，确定、标记商业秘密的范围，将之与一般商业信息相区别，形成次商业信息为商业秘密需要保密的意思表达。其二，从主体的角度，与接触商业秘密的人员签订保密协议或在二者的其他协议中规定保密义务。

在麦达可尔公司等与华阳公司侵害商业秘密纠纷案中，法院对保密性进行了分析。一审法院经审理认为：华阳公司对上述信息采取了与其商业价值相适应的合理保护措施，具体包括与员工签订保密协议以及使用需输入登录用户名及密码方可进入的ERP系统对上述信息进行管理。

二审法院基于以下事实认可涉案客户信息具有保密性。第一，华阳公司与其员工签订保密协议，43家客户信息均存储于华阳公司ERP系统中，公司员工需要使用用户名及密码才能登录ERP系统。第二，王某作为华阳公司的高级管理人员，负有保守公司商业秘密的法定义务；张某、刘某与华阳公司签订了保密协议，

---

① 《商业秘密规定》第6条规定："具有下列情形之一，在正常情况下足以防止商业秘密泄露的，人民法院应当认定权利人采取了相应保密措施：（一）签订保密协议或者在合同中约定保密义务的；（二）通过章程、培训、规章制度、书面告知等方式，对能够接触、获取商业秘密的员工、前员工、供应商、客户、来访者等提出保密要求的；（三）对涉密的厂房、车间等生产经营场所限制来访者或者进行区分管理的；（四）以标记、分类、隔离、加密、封存、限制能够接触或者获取的人员范围等方式，对商业秘密及其载体进行区分和管理的；（五）对能够接触、获取商业秘密的计算机设备、电子设备、网络设备、存储设备、软件等，采取禁止或者限制使用、访问、存储、复制等措施的；（六）要求离职员工登记、返还、清除、销毁其接触或者获取的商业秘密及其载体，继续承担保密义务的；（七）采取其他合理保密措施的。"

应当认定华阳公司采取了保密措施。

再审法院因已经否定了涉案43家客户信息的秘密性,故不再分析该商业信息的保密性。

(四)实用性

《反不正当竞争法》于1993年制定之初曾规定商业秘密应具有实用性,[①]但2017年和2019年修订的《反不正当竞争法》均不再要求商业秘密应具有实用性。[②] 但这一省略并非不考虑商业秘密的实用性,仅是认为价值性能够涵盖实用性,为法律的简化,省略了实用性的要件。

在麦达可尔公司等与华阳公司侵害商业秘密纠纷案中,一审、二审法院在论证涉案43家客户信息具有价值性时,直接得出其兼具价值性和实用性,并未对实用性进行单独论证,由此亦可见立法中无须再将实用性单独规定为商业秘密的构成要件。

综上,一般商业信息成为商业秘密应当具备秘密性、价值性和保密性,三者缺一不可。麦达可尔公司等与华阳公司侵害商业秘密纠纷案中的涉案43家客户信息就是缺少了秘密性,不属于商业秘密。

三、侵犯商业秘密的认定

在涉案商业信息属于商业秘密的基础上,仅当被告对该商业秘密的获得或使用源于不正当的手段,方构成对商业秘密的侵犯。被告基于合理的商业行为获得和使用该商业秘密则不构成侵权。我国选择以《反不正当竞争法》保护商业秘密即在于禁止的是以商业秘密为对象的不正当竞争行为,而非对商业秘密的正当行为。

(一)侵犯商业秘密的主体要件

依据《反不正当竞争法》第9条的规定,侵犯商业秘密的主体按照其实施的行为分为五类:其一,获取者,即以不正当手段获取商业秘密的人;其二,利用者,即利用以不正当手段获取的商业秘密的人,主要包括披露、自己使用和允许他人使

[①] 《反不正当竞争法》(1993)第10条第3款规定:"本条所称的商业秘密,是指不为公众所知悉、能为权利人带来经济利益、具有实用性并经权利人采取保密措施的技术信息和经营信息。"

[②] 《反不正当竞争法》(2017修订)第9条第3款规定:"本法所称的商业秘密,是指不为公众所知悉、具有商业价值并经权利人采取相应保密措施的技术信息和经营信息。"《反不正当竞争法》(2019修订)第9条第4款规定:"本法所称的商业秘密,是指不为公众所知悉、具有商业价值并经权利人采取相应保密措施的技术信息、经营信息等商业信息。"

用;其三,泄密者,即违反保密义务,披露、使用或者允许他人使用其自商业秘密所有人处获得的商业秘密的人;其四,共谋者,即以教唆、引诱、帮助泄密者,披露或利用由此获得的商业秘密的人;其五,过错者,即明知或者应知商业秘密属违法获取的,仍获取、披露、使用或者允许他人使用该商业秘密的人。这五类主体涵盖了侵犯商业秘密的各个环节,参与侵犯商业秘密行为的各类主体都构成侵犯商业秘密。

(二)侵犯商业秘密的行为要件

侵犯商业秘密的行为应具有不正当性,《反不正当竞争法》第9条具体列举了常见的侵犯商业秘密的行为类别,主要有:(1)以不正当竞争手段获取商业秘密的行为,包括但不限于盗窃、贿赂、欺诈、胁迫、电子侵入。例如,一经营者收集并拼接竞争对手经过碎纸机粉碎的废纸,从中获取其商业秘密,其行为虽不属于上述具体列举的不正当竞争手段,但法院仍认为该获得商业秘密的行为具有不正当性。再如,一企业通过高空无人机拍摄竞争对手厂区内生产设备的安装情况从而获得商业秘密,法院也认定该行为具有不正当性。《商业秘密规定》将此类不正当行为抽象为"以违反法律规定或者公认的商业道德的方式"。(2)披露、使用或者允许他人使用以不正当手段获取的商业秘密的行为。这一行为防止商业秘密的获取者自己不使用而以披露或许可他人使用的方式侵犯商业秘密所有人的利益。(3)违反保密义务,披露、使用或者允许他人使用其掌握的商业秘密的行为。此种情况下,商业秘密的获取是合法的,但负有保密义务,如商业秘密所有人的员工或者交易对象因工作或者交易需要知晓商业秘密,但负有保密义务,则不应将商业秘密披露给他人、自己使用或许可他人使用。(4)教唆、引诱、帮助他人违反保密义务,获取、披露、使用或者允许他人使用权利人的商业秘密的行为。实践中,主要体现为经营者通过引诱、教唆、帮助竞争对手中知晓商业秘密的员工或者交易对象向其披露商业秘密,从而获得、使用或许可他人使用商业秘密,获得不正当利益。

(三)侵犯商业秘密的抗辩

认定侵犯商业秘密时,被诉侵权人可以以涉案信息是通过自行开发研制或者反向工程获得为由提出抗辩。[1]

---

[1] 《商业秘密规定》第14条第1款规定:"通过自行开发研制或者反向工程获得被诉侵权信息的,人民法院应当认定不属于反不正当竞争法第九条规定的侵犯商业秘密行为。"

"自行开发研制"是指该信息是行为人通过自身努力研究而获得的,并非来自商业秘密权利人。"反向工程"是指行为人通过技术手段对从公开渠道取得的产品进行拆卸、测绘、分析等而获得该产品的有关技术信息。"自行开发研制"和"反向工程"能够成为侵犯商业秘密的抗辩理由,源自商业秘密保护的立法目的,仅禁止不正当地获得他人商业秘密的行为,商业秘密的法律保护并不承认权利人对商业秘密信息本身享有垄断性权利,这与商业秘密的存在状态及信息内容相关。商业秘密仅存在于权利人保密的状态之下,对社会进步的推动作用有限,并不存在类似专利制度中为了社会技术进步以法律授予的垄断性权利换取专利技术的公开。商业秘密内容的表现形式多样,有技术信息,也有经营信息,有进步的也有非进步的,直接予以垄断性权利并不符合信息产生与发展的规律。

在麦达可尔公司等与华阳公司侵害商业秘密纠纷案中,被告提出了相关客户信息是通过公开渠道在网络上查到的,并不是通过不正当的手段从原告处获得的。再审法院经过比对原告提供的客户信息和被告提供的客户信息,发现二者之间存在较大不同,认定涉案客户名单是被告以公开的方式获得的,而非以不正当手段获得。

四、民事审判监督程序的立法及改革趋势

(一)民事审判监督程序的立法

为了保障当事人的合法权益,纠正错误判决,我国《民事诉讼法》第十六章专章规定了"审判监督程序",又称"再审程序"。再审程序,是指法院对已经发生法律效力的判决、裁定,在具有法律规定的再审事由时,依据法律规定的程序对原审案件(也称本案)再次进行审理并作出裁判的一种特别救济程序。① 再审程序有广义和狭义之分,广义的再审程序包括再审启动程序和本案再次审理程序,狭义的再审程序仅包括本案再次审理程序。本部分从广义的角度理解再审程序。

1.再审启动程序

依据再审的启动主体不同,再审可以分为人民法院依职权决定再审、当事人申请再审和人民检察院抗诉与建议再审。

人民法院依职权决定再审包括以下三种情况:其一,各级人民法院院长认为需要再审的,由其提交该院审判委员会讨论决定是否启动再审;其二,最高人民法

---

① 参见张卫平:《民事诉讼法》(第5版),法律出版社2019年版,第390页。

院发现地方各级人民法院的判决书、调解书、裁定书确有错误需要再审的,可以提审或指令下级人民法院再审;其三,上级人民法院发现下级人民法院的判决书、调解书、裁定书确有错误需要再审的,可以提审或指令下级人民法院再审。人民法院启动再审的事由较为抽象,"确有错误"即可启动再审程序。此处的"错误",可以是事实认定错误,也可以是法律适用错误;可以是程序性错误,也可以是实体性错误。

当事人申请再审是指当事人认为已经生效的判决书、调解书、裁定书确有错误,请求人民法院对案件进行再次审理并作出改判的诉讼行为。一般情况下,当事人向上一级人民法院申请再审,特殊情况下,如当事人数量众多,或者当事人双方均为公民,可以向原审人民法院申请再审。人民法院收到当事人再审申请的,需要审查该再审申请中的再审事由是否属于法律规定的再审事由,属于再审事由的,人民法院应当再审。《民事诉讼法》第211条规定了13项人民法院应当再审的事由,其中第1项至第5项与证据有关,因证据瑕疵导致案件事实认定可能发生错误,第6项是法律适用错误,第7项至第10项属于程序瑕疵可能导致裁判错误的,第11项至第13项是其他形成裁判中存在的瑕疵可能导致裁判错误的。

人民检察院启动再审包括抗诉再审和建议再审两种情况,旨在实现人民检察院的法律监督职能。抗诉再审,是指人民检察院认为已经生效的判决、裁定、调解书确有错误的,依法提请人民法院对案件进行重新审理的诉讼行为。根据《民事诉讼法》第219条,最高人民检察院对各级人民法院已经发生法律效力的判决、裁定,上级人民检察院对下级人民法院已经发生法律效力的判决、裁定,发现存在再审事由的,或者发现调解书损害国家利益、社会公共利益的,应当提出抗诉。地方各级人民检察院发现同级人民法院已经生效的判决、裁定、调解书存在再审事由的,可以提请上级人民检察院向同级人民法院提出抗诉。人民检察院抗诉的案件,人民法院无权进行实质审查,应当在收到抗诉书之日起30日内作出再审的裁定。建议再审,是地方各级人民检察院发现同级人民法院已经发生法律效力的判决、裁定、调解书存在再审事由的,向同级人民法院提出重新审理的检察建议,并报上级人民检察院备案的诉讼行为。建议再审,是人民检察院对同级人民法院提出的诉讼行为,其是否必然导致人民法院启动再审程序并无明确的规定。一般认为,检察建议的效力低于检察抗诉的效力,相较于检察抗诉更加柔性,因此并不具有人民法院应当再审的效力,而是由人民法院进行实质审查,审查确定存在再审事由的,方作出再审的裁定。人民检察院抗诉再审和建议再审的法定再审事由相同,并与当事人申请再审的法定事由相同,但在调解书的再审事由上存在特殊规定,以调解书损害国家利益、社会公共利益为要件。

2. 本案再次审理程序

本案再次审理程序,是人民法院决定再审、裁定再审后,对案件进行再次审理的诉讼程序。再审法院的确定方式主要有三种:一是提审,上一级人民法院认为再审事由成立的,决定由本院对案件进行的再次审理。二是指定再审,是最高人民法院或者高级人民法院认为再审事由成立的,指定原审人民法院之外的其他法院对案件进行的再次审理。三是指令再审,是上一级人民法院指令原审人民法院对本案进行的再次审理。

本案再次审理程序并没有独立的再审程序,需要根据原生效判决、裁定的审理程序确定。原生效判决、裁定是由第一审程序审理的,再审程序按第一审程序进行,对再审判决、裁定可以提起上诉。原生效判决、裁定是由第二审程序审理的,再审程序按第二审程序进行,对再审判决、裁定不可以提起上诉,发生法律效力。上级人民法院按照审判监督程序提审的,再审程序按第二审程序进行,对再审判决、裁定不可以提起上诉,发生法律效力。对小额诉讼的案件,如果当事人以不应按小额诉讼案件审理为由向原审人民法院申请再审,理由成立决定再审的,其再审程序按第一审程序进行,再审判决、裁定可以上诉。

按照审判监督程序决定再审的案件,案件审理过程中,除了追索赡养费、扶养费、抚养费、抚恤金、医疗费用、劳动报酬等案件,法院将裁定中止原判决、裁定、调解书的执行。当事人的再审申请并不足以中止生效判决、裁定和调解书的执行,但经过审查,发现确有错误,决定再审的,为了防止生效判决、裁定、调解书的执行给被执行人造成难以弥补的损害,法院裁定中止执行。

3. 麦达可尔公司等与华阳公司侵害商业秘密纠纷案的再审程序

在麦达可尔公司等与华阳公司侵害商业秘密纠纷案中,麦达可尔公司不服天津市高级人民法院(2018)津民终143号民事判决书,向最高人民法院申请再审,最高人民法院组成合议庭对再审申请人的再审申请进行了审查,认为符合《民事诉讼法》规定的再审事由的情形,裁定由最高人民法院提审该案;再审期间,中止原判决的执行。再审审理程序适用原审程序,该案原审为二审程序且由最高人民法院提审,故再审审理程序适用二审程序,再审作出的判决为生效判决。

(二)民事审判监督程序的改革趋势

为了优化审判力量配置,根据中央全面深化改革委员会审议通过的《关于完善四级法院审级职能定位的改革方案》,2021年最高人民法院制定《关于完善四级法院审级职能定位改革试点的实施办法》(以下简称《四级法院审级职能定位实施办法》)并予以实施。《四级法院审级职能定位实施办法》首先明确我国四级法院审级职能定位:基层人民法院重在准确查明事实、实质化解纠纷;中级人民法院重在二审有效终审、精准定分止争;高级人民法院重在再审依法纠错、统一裁判尺度;最高人民法院监督指导全国审判工作、确保法律正确统一适用。据此,《四级法院审级职能定位实施办法》对再审程序进行了改革,主要体现为缩小最高人民法院再审的案件范围,主要再审对法律适用具有普遍指导意义的案件。

按照《民事诉讼法》第210条的规定,对高级人民法院作出的已经生效判决、裁定书和调解书申请再审的,除当事人一方人数众多或者当事人双方为公民的案件,可以向原审人民法院(高级人民法院)申请再审外,应当向上一级人民法院(最高人民法院)申请再审。《四级法院审级职能定位实施办法》则规定在对高级人民法院作出的已生效民事、行政判决、裁定申请再审的,应当向原审高级人民法院申请再审;只有在法定的特殊情形下,才可以向最高人民法院申请再审。法定特殊情形主要是两种:其一,再审申请人对原判决、裁定认定的基本事实、主要证据和诉讼程序无异议,但认为适用法律有错误的;其二,原判决、裁定经高级人民法院审判委员会讨论决定的。第一种可以向最高人民法院申请再审的情形契合了最高人民法院确保法律正确统一适用及基层人民法院负责案件查明事实的职能定位思想。为此,要求再审申请人应当在再审申请书中声明对原判决、裁定认定的基本事实、认定事实的主要证据、适用的诉讼程序没有异议,同时载明案件所涉法律适用问题的争议焦点、生效裁判适用法律存在错误的论证理由和依据。第二种可以向最高人民法院申请再审的情形是因为被申请再审的判决是由原审高级人民法院审判委员会讨论决定的,已经代表了原审法院的集体智慧,由原审法院重新审理更多可能是产生同样的裁判结论且难以令再审申请人信服和满意。《四级法院审级职能定位实施办法》规定对高级人民法院作出的已经发生法律效力的民事、行政调解书的再审申请应当向相关高级人民法院提出,不再向最高人民法院提出。

最高人民法院收到再审申请后,经过审查可以决定由本院提审也可以决定由原审高级人民法院重审。应当提审的案件主要包括两种情形:第一,具有普遍法律适用指导意义的;第二,最高人民法院或者不同高级人民法院之间近三年裁判生效的同类案件存在重大法律适用分歧,截至案件审理时仍未解决的。第二种情形是第一种情形的具体体现,正是因为存在法律适用分歧,才需要最高人民法院对相关法律适用问题在具体个案中回应,产生法律适用的指导意义。

《四级法院审级职能定位实施办法》将最高人民法院再审案件的范围限定为具有法律适用分歧的情形,以实现最高人民法院的职能定位——确保法律正确统一适用。

———— 思 考 题 ————

[1] 如何区分雇主商业秘密与雇员个人经验及平衡二者之间的利益冲突?
[2] 比较各国商业秘密的保护模式,思考我国应否制定单行法保护商业秘密。
[3] 如何理解最高人民法院审级职能定位及其实现方式?

———— 推荐阅读 ————

[1] 黄武双:《商业秘密的理论基础及其属性演变》,载《知识产权》2021 年第 5 期。
[2] 徐卓斌、张钟月:《商业秘密侵权案件审理中的若干基本问题》,载《人民司法》2022 年第 34 期。
[3] 北京市高级人民法院知识产权庭课题组:《〈反不正当竞争法〉修改后商业秘密司法审判调研报告》,载《电子知识产权》2019 年第 11 期。
[4] 田宏杰、黄文轩:《雇主商业秘密与雇员个人经验的区分》,载《人民司检察》2023 年第 4 期。
[5] 郑友德、钱向阳:《论我国商业秘密保护专门法的制定》,载《电子知识产权》2018 年第 10 期。
[6] 皮勇、张明诚:《中国商业秘密法律保护的量化及完善》,载《电子知识产权》2022 年第 5 期。
[7] 鲁兹序阳:《国外商业秘密保护的立法安排及其启示》,载《上海政法学院学报(法治论丛)》2022 年第 5 期。

3.2 域 名

◩ 理论导读

  域名,互联网上识别和定位计算机的层次结构式的字符标识,与该计算机的 IP 地址相对应。域名争议的根源在于域名及域名注册制度的特征。域名与 IP 地址一一对应,不同的域名对应不同的 IP 地址,具有唯一性、标识性和精准性,域名注册程序实行"先申请先注册",并且不审查注册人对域名是否存在在先权利。

  域名争议主要体现为以下三种类型:第一类为无在先权利人注册在先权利人线下标识,产生域名注册人与线下权利人之间的域名争议。又可细分为两小类:其一,无在先权利人基于借用他人商誉的故意,明知他人在先标识的存在,抢先注册该标识为域名。网络经营者多倾向于将自己线下的标识,如商标、商号、姓名等作为域名,实现线下商誉的线上延续。此类争议域名注册人往往存有恶意且无在先权利,在先权利人主张撤销域名注册,具有合理性,易于得到裁判者的支持。其二,无在先权利人不知也不应知在先权利人标识的存在,基于善意注册与在先权利人标识相同或相似的域名,在先权利人主张撤销该域名注册往往得不到裁判者的支持。第二类为域名注册人注册的域名与其享有在先权利的标识相同或相似,但该标识同时存在其他权利人,二者之间就该域名归属产生争议。此类争议的特点是,争议双方均对域名享有合法存在的在先权利。一般情况下,基于域名注册的"先申请先注册"原则,域名归属于域名注册人。第三类为争议双方均不享有线下的在先权益,但域名注册人注册的域名与在先存在的域名相近似。近似甚至极为近似的域名,容易导致消费者的混淆,但计算机的精准性决定不发生域名的混淆,因此,此类域名得以合法注册。在先域名注册人认为相近似的域名导致消费者混淆,主张撤销该域名。此类争议更多地依赖反不正当竞争法予以解决。综上,线下标识权利人并不必然享有与其标识相同或相似的域名注册权,意欲将线下标识延伸到域名,应尽早将其线下标识注册为域名,为防止他人的仿冒行为,还应注册与其线下标识相近似的标识为域名。

域名争议的解决主要有两种方式：一为域名争议解决机制，根据管辖的域名属于国际域名还是国内域名，分为国际域名争议解决机制和国内域名争议解决机制。二为诉讼。两种纠纷解决方式依据各自的争议解决程序和解决规则作出裁判，各有自身的优缺点，当事人可以自行选择何种纠纷解决方式。域名争议解决机制所需时间较短，但不具有终局性，不服裁决的当事人仍会选择诉讼作为纠纷的最终解决方式。

域名虽已成为竞相争夺的对象，并受到法律的保护，但是域名所生权益的属性尚未成为权利，域名权尚未获得立法的肯定，仅能作为民事权益获得法律保护。

浙江孟乐公司等与 RealMe 重庆移动通信有限公司等网络域名权属纠纷案

摘要：RealMe 重庆移动通信有限公司（以下简称 RealMe 重庆公司）受让获得并使用第 8959134 号"RealMe"商标，核定使用商品为第 9 类手机、电传真设备、移动电话等。其向香港国际仲裁中心投诉，称浙江孟乐公司没有与"realme"相关的在先权益，受让争议域名具有主观恶意，请求裁决争议域名归其所有。香港国际仲裁中心裁决争议域名"realme.cn"归 RealMe 重庆公司所有。浙江孟乐公司主张其受让第 13945752 号"RealMe"商标，享有合法权益且对域名的使用不具有恶意，认为上述仲裁裁决错误，要求法院判定"realme.cn"域名归自己所有。

关键词：域名权属；商标权；在先权益；恶意

一、引言

域名作为企业线上营销的地址，为了便于记忆并与线下特定标志联系，企业往往希望使用这些标志的名称作为自己的域名，但域名具有全球唯一性，遵循先申请原则，线下标志的权利并不必然享有对应域名的权利。因此，只有当缺乏合法权益或无正当理由的恶意域名注册才被认为是应予注销的。

二、案件当事人

原告：李某

原告：浙江孟乐公司

被告：RealMe 重庆公司

被告：深圳市锐尔觅移动通信有限公司（以下简称锐尔觅深圳公司）

三、案情简介

2019 年 3 月 1 日，RealMe 重庆公司向香港国际仲裁中心投诉，称其制造和销售 REALME 品牌手机，拥有"RealMe"商标并经多年商标推广而为人熟知，二原告没有与"realme"相关的在先权益，受让争议域名具有主观恶意，请求裁决争议域名归其所有。二原告未收到香港国际仲裁中心转送的投诉书和附件材料，失去了答辩机会。香港国际仲裁中心根据 RealMe 重庆公司的投诉理由裁决争议域名归 RealMe 重庆公司所有。RealMe 重庆公司根据仲裁裁决获得争议域名后,没有使用也未准备使用,立即将争议域名转移至其关联公司被告锐尔觅深圳公司。

原告浙江孟乐公司于 2018 年 9 月 20 日购买了第 3 类第 13945752 号"RealMe"商标,并向商标局提交了商标转让申请文件。2018 年 12 月 21 日,为推广产品方便,购买了与"RealMe"商标相同的本案争议域名"realme.cn",将该域名进行备案并实际使用。争议域名的购买、使用、备案主体均为浙江孟乐公司。李某是浙江孟乐公司的监事。

原告主张香港国际仲裁中心裁决错误,二被告应将争议域名归还浙江孟乐公司。

涉案商标和域名的权利注册、变更情况见表 3-1。

表 3-1　涉案商标和域名的权利注册、变更情况

日期	涉案商标和域名的权利注册、变更
2011 年 5 月 22 日	案外人注册域名"realme.cn"
2011 年 12 月 28 日	广东欧珀移动通信有限公司注册第 8959134 号"RealMe"商标,核定使用商品为第 9 类手机、电传真设备、移动电话等,之后转让给 OPPO 公司,OPPO 公司许可锐尔觅深圳公司使用该商标
2015 年 4 月 14 日	莫番集团有限公司注册第 13945752 号"RealMe"商标,核定使用商品为第 3 类洗面奶、防皱霜、化妆品等
2018 年 8 月 17 日	锐尔觅深圳公司授权 RealMe 重庆公司使用第 8959134 号"RealMe"商标
2018 年 9 月 19 日	莫番集团有限公司授权原告在化妆品产品上使用第 13945752 号"RealMe"商标,并同意向原告转让该商标,次日原告向国家知识产权局提出第 13945752 号"RealMe"商标的转让申请
2018 年 12 月 21 日	原告购买域名"realme.cn"
2018 年 12 月 27 日	RealMe 重庆公司受让第 8959134 号"RealMe"商标
2019 年 3 月 1 日	被告向香港国际仲裁中心投诉,请求裁决将该域名转移给 RealMe 重庆公司
2019 年 6 月 12 日	香港国际仲裁中心裁决投诉成立,争议域名应转移给 RealMe 重庆公司

续表

日期	涉案商标和域名的权利注册、变更
2019年7月2日	法院立案
2019年7月9日	争议域名被转移至RealMe重庆公司
2019年7月11日	RealMe重庆公司将争议域名转移至锐尔觅深圳公司
2019年7月25日	两原告申请财产保全,冻结涉案域名
2019年7月30日	法院裁定冻结涉案域名
2020年2月26日	法院判决域名"realme.cn"归浙江孟乐公司所有

四、案件审理情况

(一)诉讼请求权

争议域名权属请求权。

(二)请求权基础规范及要件分析

最高人民法院《关于审理涉及计算机网络域名民事纠纷案件适用法律若干问题的解释》(2001)(以下简称《计算机网络域名解释》)第4条:人民法院审理域名纠纷案件,对符合以下各项条件的,应当认定被告注册、使用域名等行为构成侵权或者不正当竞争:

(一)原告请求保护的民事权益合法有效;

(二)被告域名或其主要部分构成对原告驰名商标的复制、模仿、翻译或音译;或者与原告的注册商标、域名等相同或近似,足以造成相关公众的误认;

(三)被告对该域名或其主要部分不享有权益,也无注册、使用该域名的正当理由;

(四)被告对该域名的注册、使用具有恶意。

1. 要件分析。

要件一:原告请求保护的民事权益合法有效。

要件二:被告域名或其主要部分构成对原告驰名商标的复制、模仿、翻译或音译;或者与原告的注册商标、域名等相同或近似,足以造成相关公众的误认。

要件三:被告对该域名或其主要部分不享有权益,也无注册、使用该域名的正当理由。

要件四:被告对该域名的注册、使用具有恶意。

2. 法律效果:满足上述四个要件,认定被告注册、使用域名等行为构成侵权或者不正当竞争。

(三) 抗辩权基础规范及要件分析

本案被告未提出抗辩,不存在抗辩权。

(四) 诉讼主张的检索

基于要件一,RealMe 重庆公司受让第 8959134 号"RealMe"商标,对该商标享有合法权利。

基于要件二,RealMe 重庆公司主张域名"realme.cn"与其注册商标等相同,足以造成相关公众的误认。

浙江孟乐公司主张 RealMe 重庆公司经营的手机与浙江孟乐公司经营的化妆品产品完全不同,不可能导致消费者误认。

基于要件三,RealMe 重庆公司主张浙江孟乐公司对"realme.cn"域名不享有权益,也无注册、使用该域名的正当理由。RealMe 重庆公司举证证明浙江孟乐公司使用并受让第 13945752 号"RealMe"商标,但未曾被获准从事化妆品生产也未开展任何准备工作。

浙江孟乐公司主张其经营化妆品等商品,对争议域名享有在先权利。

基于要件四,RealMe 重庆公司主张浙江孟乐公司明知其"RealMe"商标和"realme"品牌具有极高知名度,意图抢占顶级域名,并且在获得域名后不使用的行为具有明显恶意,有囤积域名以便日后高价售卖的"投机"意图,因而存在恶意。

浙江孟乐公司主张其受让域名是为了推广自身产品,并无恶意。

(五) 争点整理

法院经过审理认为要件一、要件二并无争议,认可 RealMe 重庆公司享有第 8959134 号"RealMe"商标专有权,浙江孟乐公司对第 13945752 号"RealMe"商标享有专有权。两商标标志相同,但商品类别不相同也不相似,并不会导致消费者误认。

要件三和要件四存在争议,形成两个争点。

争点一:浙江孟乐公司对涉案域名是否存在权益、是否具有使用该域名的正当理由?

法院认为,在域名注册这一市场竞争领域,享有相关的注册商标专用权,并不当然享有与相关商标或企业名称相同或近似的域名的权益。如果他人系在先正当注册相关域名,其他市场经营者均应承受不能再注册该域名的不利后果。本案中,虽然争议域名的主要部分"realme"与第8959134号"RealMe"商标相同,但争议域名的注册时间早于第8959134号"RealMe"商标的注册时间,第8959134号"RealMe"商标的权利人不当然享有本案争议域名的权益。浙江孟乐公司于2018年12月19日受让争议域名时,已取得第13945752号"RealMe"商标的使用权,具有受让、使用争议域名的正当理由。二被告关于浙江孟乐公司受让、使用争议域名缺乏正当理由的抗辩意见,缺乏事实和法律依据,法院不予采纳。

争点二:浙江孟乐公司使用涉案域名是否具有恶意?

法院认为,根据《计算机网络域名解释》第5条第1款的规定,被告的行为被证明具有下列情形之一的,人民法院应当认定其具有恶意:(1)为商业目的将他人驰名商标注册为域名的;(2)为商业目的注册、使用与原告的注册商标、域名等相同或近似的域名,故意造成与原告提供的产品、服务或者原告网站的混淆,误导网络用户访问其网站或其他在线站点的;(3)曾要约高价出售、出租或者以其他方式转让该域名获取不正当利益的;(4)注册域名后自己并不使用也未准备使用,而有意阻止权利人注册该域名的;(5)具有其他恶意情形的。本案中,因争议域名已被转移至锐尔觅深圳公司且停止解析,二原告提供的证据不足以证明浙江孟乐公司已对争议域名进行了解析使用,但自浙江孟乐公司受让争议域名至争议域名被移转至RealMe重庆公司仅7个多月,尚不足以据此得出二原告受让域名后长期空置、具有明显恶意的结论。因此,二被告关于二原告长期空置不使用争议域名而具有恶意的抗辩意见,缺乏事实和法律依据,法院不予采纳。

五、结尾

域名具有的唯一性与商标因分类注册而有多主体性不同,具有在先合法权益的多个商业主体在争夺域名时应实行先申请原则,谁先申请谁获得域名。

六、附录

北京互联网法院民事判决书,(2019)京0491民初21930号。

浙江孟乐公司等与 RealMe 重庆移动通信有限公司等网络域名权属纠纷案教学指导手册

▣ 教学具体目标

本案例用于分析域名权属纠纷的解决。域名权属纠纷需要判断四个要件：第一，原告请求保护的民事权益合法有效。第二，争议域名或其主要部分构成对驰名商标的复制、模仿、翻译或音译；或者与原告的注册商标、域名等相同或近似，足以造成相关公众的误认。第三，被告对该域名或其主要部分不享有权益，也无注册、使用该域名的正当理由。第四，被告对该域名的注册、使用具有恶意。满足这四个要件，则被告构成侵权或不正当竞争。本案例用于理解诉讼中财产保全的适用规则。

▣ 教学内容

一、域名的概念与分类

互联网由无数个电脑或设备遵循 IP 协议连接，网络上的每个电脑或设备都有唯一的名称，即 IP 地址，一个 32 位的二进制数，通常被分割为 4 个"8 位二进制数"（也就是 4 个字节），如 202.108.22.5。IP 地址类似于现实世界中的地址。依据地址可以确定特定的建筑，有了 IP 地址，人们就可以识别互联网上的任何一台电脑或设备。但 IP 地址很难记忆，如人们经常使用百度网站，但不知道或者即使知道也很难记住其 IP 地址为 202.108.22.5。于是域名应运而生，我国工业和信息化部制定的《互联网域名管理办法》规定：域名，指互联网上识别和定位计算机的层次结构式的字符标识，与该计算机的 IP 地址相对应。[①] 域名以字符代替 4 个"8 位二进制数"，并通过域名解析系统将字符与 4 个"8 位二进制数"一一对应，人们日常定位互联网中的特定的电脑或设备就不需要记住 4 个"8 位二进制数"，只

---

① 参见《互联网域名管理办法》第 55 条第 1 项。

需要记住域名即可。经营者往往选择便于记忆并与其传统商业标志对应的字符作为其域名,如 www.baidu.com 就是百度网站的域名。

域名由两组或两组以上的字符构成,各组字符间由点号分隔开,最右边的字符组称为顶级域名或一级域名,倒数第二组称为二级域名,倒数第三组称为三级域名,以此类推。例如,news.baidu.com 中".com"为顶级域名或一级域名,".baidu"为二级域名,".news"为三级域名。顶级域名包括两类:一是国家和地区顶级域名(country code top level domain,ccTLD),对应国家、地区的地理位置,如 CN 代表中国、US 代表美国等,各国适用自己的国内法规控制国家代码顶级域名;二是通用顶级域名(generic top level domain,gTLD),对应不同类别有不同的顶级域名,如表示工商企业的.com.top,表示网络提供商的.net,表示非盈利组织的.org 等,由互联网名称与数字地址分配机构(The Internet Corporation for Assigned Names and Numbers,ICANN)管理。本案"realme.cn"域名属于中国顶级域名,其注册、管理适用中国的国内法。

按照语种分,域名可以分为英文域名、中文域名等。不同语种的域名依据对应国家的国内法管理。

二、域名注册规则

顶级域名中通用顶级域名由互联网名称与数字地址分配机构管理,顶级域名中国家和地区顶级域名的注册由各国自行注册和管理。中国互联网络信息中心(CNNIC),在国务院相关信息部门的授权和领导下,负责管理和运行中国顶级域名,即".CN"和".中国"。中国互联网络信息中心根据《互联网域名管理办法》制定《国家顶级域名注册实施细则》用以规范".CN"".中国"国家顶级域名的申请注册和域名注册的相关服务。

顶级域名的注册原则上遵循"先申请先注册"。申请人提出符合注册命名规则的域名申请后,域名注册服务机构审查确定有无在先域名和是否属于域名保留字,不存在上述情况的域名申请予以注册。域名注册的"先申请先注册"要求商事主体应尽早将其商业标志注册为域名,否则该域名可能被他人在先注册。在先注册者可能是对该域名均拥有在先权益的商事主体或有正当理由的使用者,如"长城""greatwall"既是长城汽车也是长城葡萄酒、长城香烟的商标,任何个人也可以使用"长城""greatwall"域名宣传长城的历史和保护等。在先注册者还可能是恶意抢注者,注册域名的目的是向具有在先权益的主体出售域名以获取高额利润,或者阻碍竞争者使用这一域名开展更便捷的商事活动,如有域名申请人同时将几百上千个他人商标申请域名,获得注册后向商标权人兜售。本案"realme.cn"域名由案外人先申请,遵循"先申请先注册",获得域名注册。

域名注册审查实行"同一性"审查,即仅审查申请域名与在先域名、域名保留字是否完全一致,任何细微的不一致,都不属于同一个域名,将获得注册。只有完全一致的域名,才认为是同一个域名,不予注册。"同一性"审查,而非"相似性"审查源于域名是通过 IP 协议由计算机软件进行精确解析的,不存在因域名相似而发生错误解析不能准确定位的问题。这一特性导致一些攀附者故意注册与他人具有较大影响力的标识相似的域名,实现"傍名牌"的效果。

三、域名纠纷的解决方式

域名纠纷的解决方式存在诉讼和非诉两种方式。诉讼的方式,即向法院提起诉讼请求,法院就争议事实作出裁判,其特点与一般的诉讼基本相同。非诉的方式,特指专门的域名争议解决机制。

(一)专门的域名争议解决机制

1. 国际专门的域名争议解决机制

域名纠纷的大爆发及传统纠纷解决方式在解决纠纷时的乏力促成了专门域名争议解决机制的建立。域名注册实行"先申请先注册",域名的全球唯一性和注册机构仅审查域名是否符合域名命名规则及是否与在先域名为同一个域名,导致出现很多的域名权属纠纷。纠纷各方将争议诉诸法院时,发现诉讼这一纠纷解决方式存在诸多局限性。首先,诉讼管辖的地域性与域名的全球性存在冲突。域名解析全球一一对应,全球任一地方访问特定计算机或其他设备均使用相同的域名,全球任一地方均可能成为域名纠纷中的发生地,成为各国地域管辖的连接点,各国法院均可能成为同一域名纠纷的管辖法院,因此会出现管辖冲突,易于产生冲突判决。其次,诉讼时间较长与纠纷快速解决的期望相矛盾。域名纠纷的大量存在需要快速的解决纠纷,但诉讼往往需要较长的时间,有时需要经过多次审理才能产生确定的判决。最后,判决的地域性与执行的全球性。诉讼的最终目的是权利的实现,确定判决在其本国法院内具有执行力,但是在域外的执行力存在不确定性。域名纠纷中,法院中有关域名权属的判决需要域名注册管理机构认可并执行,这些域名注册管理机构既有国际机构也有不同国家区域的机构,法院生效判决能否获得上述域名注册机构的认可并予以执行存在较大的不确定性。因此,各界呼吁建立专门的域名纠纷解决机制。1999年4月30日,世界知识产权组织(WIPO)发表了《WIPO互联网域名进程的最终报告》,域名管理结构——互联网名称与数字地址分配机构以该报告为基础,通过了《统一域名争议解决政策》(Uniform Domain Name Dispute Resolution Policy,UDPR)和《统一域名争议解决政策之规则》(Rules for Uniform Domain Name Dispute Resolution Policy,UDPR Rules),专门性的域名纠纷解决机制——统一域名纠纷解决机制得以确立。

统一域名纠纷解决机制由互联网名称与数字地址分配机构授权的争议解决机构运用《统一域名争议解决政策》和《统一域名争议解决政策之规则》以及其自己制定的补充规则解决通用顶级域名的纠纷。互联网名称与数字地址分配机构先后授权世界知识产权组织仲裁与调解中心、美国国家仲裁论坛、加拿大网上争议解决中心、美国国际冲突防范与解决委员会、亚洲域名争议解决中心、捷克仲裁院互联网争议仲裁中心以及阿拉伯域名争议解决中心作为域名争议解决机构。亚洲域名争议解决中心由中国国际经济贸易仲裁委员会和香港国际仲裁中心于2002年2月共同成立,目前有4个秘书处:北京秘书处设于中国国际经济贸易仲裁委员会,香港秘书处设于香港国际仲裁中心,首尔秘书处设于韩国互联网地址争议解决委员会,吉隆坡秘书处设于吉隆坡地区仲裁中心。

2.国内的专门域名争议解决机制

统一域名纠纷解决机制限于互联网名称与数字地址分配机构管理的通用顶级域名,国家和地区顶级域名的管理及纠纷解决由各国依据国内法自行管理,但多数国家的域名管理机构借鉴了统一域名纠纷解决机制,如中国。中国互联网络信息中心作为中国的域名注册管理机构,发布《国家顶级域名争议解决办法》和《国家顶级域名争议解决程序规则》,分别授权中国国际经济贸易仲裁委员会、香港国际仲裁中心和世界知识产权组织仲裁与调解中心作为中国国家顶级域名争议解决机构,制定相应的补充程序规则,解决由中国互联网信息中心负责管理的中国域名和中文域名争议,形成了我国的专门性域名争议解决机制。

(二)诉讼

尽管诉讼在解决域名纠纷时存在这样或那样的问题,但其作为最终的、最权威的纠纷解决方式在域名纠纷解决方面存在不可替代的地位。专门域名纠纷解决机制并不排斥以司法的方式解决域名纠纷,《统一域名争议解决政策》第4.k条规定了司法程序的可行性,在域名争议解决行政程序发起之前,或者在已经依据这一程序作出裁定以后，域名争议当事人均可以就同一域名争议提起司法诉讼，这一诉讼将具有独立的法律效力。①《统一域名争议解决政策》第 5 条则限定该规则仅适用于第 4.a、4.b、4.c 条规定的域名纠纷，其他类型的纠纷仍由司法、仲裁等其他纠纷解决程序解决。《国家顶级域名争议解决办法》亦有类似的规定。

为明确域名纠纷的审理规则，最高人民法院于 2001 年制定发布了《计算机网络域名解释》，并于 2020 年修正，成为我国法院审理域名纠纷的主要法律依据。

本案中，RealMe 重庆公司认为浙江孟乐公司对"realme.cn"域名的使用存在恶意，主张该域名应归其所有。"realme.cn"域名为我国的国家顶级域名，该域名的纠纷不受统一域名纠纷解决机制管辖，但可以通过我国的专门域名争议解决机制解决纠纷，既可以选择中国国际经济贸易仲裁委员会、香港国际仲裁中心和世界知识产权组织仲裁与调解中心之一进行投诉，也可以通过诉讼等其他方式解决纠纷。RealMe 重庆公司选择向香港国际仲裁中心投诉解决纠纷，并获得支持，裁决将域名"realme.cn"从浙江孟乐公司移转到 RealMe 重庆公司。浙江孟乐公司不服该裁决，有权向人民法院提起诉讼，人民法院应对该纠纷进行管辖。专门域名争议解决机制并不排斥司法程序，专门域名争议解决机构裁决的效力并非终局裁决，其效力弱于法院判决的效力，法院有权撤销专门域名争议解决机构的裁决。

四、域名纠纷的解决规则

（一）统一域名纠纷解决规则

《统一域名争议解决政策》的条款以程序性规则为主，实体性规则仅有第 4.a、4.b、4.c 条。对不属于第 4.a、4.b、4.c 条规则范围内的域名纠纷不予适用。

投诉方向适格的争议解决机构提出投诉的条件有三个：第一，被提起争议的域名与投诉人所持有的商标或服务标记相同或具有误导性的相似；第二，被投诉方对该域名本身并不享有正当的权利或合法的利益；第三，被投诉方对域名的注册和使用均为恶意。投诉方证明被投诉方对域名的注册具有上述三个条件，专家组将裁决撤销争议域名或将其转让给投诉人。②

恶意，包括但不限于以下几类：第一，有证据证明，被投诉人注册或获得域名的主要目的是向商标或服务标记的所有者或所有者的竞争者出售、出租或以其他

---

① 参见《统一域名争议解决政策》第 4.k 条。
② 参见《统一域名争议解决政策》第 4.a 条。

任何形式转让域名,以期从中获取扣除了与被投诉人持有域名的相关费用之后的额外收益;第二,根据被投诉人自身的行为,即可以证明被投诉人注册或获得域名的目的是阻止商标和服务标记的持有人通过一定形式的域名在互联网络上反映其商标;第三,被投诉人注册域名的主要目的是破坏竞争对手的正常业务;第四,以牟取商业利益的目的出发,被投诉人故意以连接源、赞助者或连接者的形式造成与投诉人所持有的商品或服务标记间的混淆,从而诱使互联网络用户访问被投诉人的网站或者其他联机地址,以及订购被投诉人的产品或服务。①

被投诉人接到投诉后,可以以自身存在权益或合法利益抗辩,包括但不限于下列任意一种情况:第一,在得知发生了域名争议之前,被投诉人已将域名或与域名相关的名称用于,或可以被证明准备将之用于善意地提供的合法的商品或服务之上;第二,被投诉人虽然没有拥有与域名相应的商标或服务标记,但因所持有的域名已被广为人知;第三,合理使用域名或出于非商业目的合法地使用域名,同时不存在误导消费者或沾污相关商品商标或服务标志的企图。②

简言之,统一域名争议解决机制仅解决域名的恶意抢注纠纷,其他的域名纠纷并不适用统一域名争议解决机制,需由其他司法程序、仲裁程序或其他程序解决。

(二) 中国域名争议解决规则

2002年,中国互联网信息中心根据《中国互联网络域名管理办法》(已失效)制定了《中国互联网络信息中心域名争议解决办法》(已失效)及《中国互联网络信息中心域名争议解决办法程序规则》(已失效),之后经过多次修改,于2019年修改为《国家顶级域名注册实施细则》、《国家顶级域名争议解决办法》和《国家顶级域名争议解决程序规则》,成为我国域名的专门纠纷解决机制的主要依据。

《国家顶级域名争议解决办法》管辖的域名纠纷限于对".CN"".中国"国家顶级域名的争议纠纷,任何人认为他人已注册的域名与其合法权益发生冲突的,均可以向域名争议解决机构提出投诉,但争议域名注册期限不得超过3年。

《国家顶级域名争议解决办法》授权认为他人已注册的域名与其合法权益发生冲突的任何人可以向域名争议解决机构提出投诉。在满足以下三个条件时,该

---

① 参见《统一域名争议解决政策》第4.b条。
② 参见《统一域名争议解决政策》第4.c条。

投诉将得到专家组或专家的支持：第一，被投诉的域名与投诉人享有民事权益的名称或者标志相同，或者具有足以导致混淆的近似性；第二，被投诉的域名持有人对域名或者其主要部分不享有合法权益；第三，被投诉的域名持有人对域名的注册或者使用具有恶意。①

恶意主要有如下情况：第一，注册或受让域名的目的是向作为民事权益所有人的投诉人或其竞争对手出售、出租或者以其他方式转让该域名，以获取不正当利益；第二，将他人享有合法权益的名称或者标志注册为自己的域名，以阻止他人以域名的形式在互联网上使用其享有合法权益的名称或者标志；第三，注册或者受让域名是为了损害投诉人声誉，破坏投诉人正常的业务活动，或者混淆与投诉人之间的区别，误导公众；第四，其他恶意的情形。②

被投诉人存在下列情况之一的，具有合法权益：第一，被投诉人在提供商品或服务的过程中已善意地使用该域名或与该域名相对应的名称；第二，被投诉人虽未获得商品商标或有关服务商标，但所持有的域名已经获得一定的知名度；第三，被投诉人合理使用或非商业性合法使用该域名，不存在为获取商业利益而误导消费者的意图。③

RealMe 重庆公司与浙江孟乐公司之间的"realme.cn"域名纠纷属于《国家顶级域名争议解决办法》的管辖范围，RealMe 重庆公司向香港国际仲裁中心提出投诉，香港国际仲裁中心依据《国家顶级域名争议解决程序规则》组成专家组，专家组依据《国家顶级域名争议解决办法》对投诉进行审查，发现投诉人 RealMe 重庆公司享有第 8959134 号"RealMe"商标的商标专用权，认为被投诉的域名"realme.cn"与投诉人"RealMe"商标相同。符合投诉成立的《国家顶级域名争议解决办法》第 8 条要件一，被投诉人在香港国际仲裁中心发出参加专门域名纠纷解决机制之后未参加争议解决程序，向专家组提出异议，专家组认可了投诉人 RealMe 重庆公司对该条要件二（被投诉人无合法权益）和要件三（被投诉人具有恶意）的主张，作出裁决支持投诉人的投诉，将"realme.cn"域名移转给投诉人 RealMe 重庆公司。

---

① 参见《国家顶级域名争议解决办法》第 8 条。
② 参见《国家顶级域名争议解决办法》第 9 条。
③ 参见《国家顶级域名争议解决办法》第 10 条。

(三) 我国域名纠纷的审判规则

为正确审理域名纠纷,最高人民法院作出了《计算机网络域名解释》。《计算机网络域名解释》规定了被告注册、使用域名等行为构成侵权或者不正当竞争的四个要件:第一,原告请求保护的民事权益合法有效;第二,被告域名或其主要部分构成对原告驰名商标的复制、模仿、翻译或音译;或者与原告的注册商标、域名等相同或近似,足以造成相关公众的误认;第三,被告对该域名或其主要部分不享有权益,也无注册、使用该域名的正当理由;第四,被告对该域名的注册、使用具有恶意。①《计算机网络域名解释》延续了《统一域名争议解决政策》和《国家顶级域名争议解决办法》解决域名纠纷的基本逻辑,即禁止恶意抢注,如果不属于恶意抢注则遵循先申请先注册规则。《计算机网络域名解释》对恶意抢注的性质认定遵循私法权利保护和反不正当竞争法对竞争秩序的保护精神,规定恶意抢注已注册商标和驰名商标的构成商标侵权,恶意抢注与他人域名相似并足以造成相关公众误认的域名,构成不正当竞争。《计算机网络域名解释》规范的恶意抢注的客观表现更为窄小,限于驰名商标、注册商标、域名,这一限定与社会实践并不相符,社会实践中也存在将他人享有合法权益的其他标识恶意抢注为域名的,如将名人的姓名抢注为域名;《计算机网络域名解释》客观表现的限定与其对主体范围的限定也不相符,《计算机网络域名解释》将提起域名争议的主体限于享有在先权益的人,在先权益的范围远大于基于驰名商标、注册商标、域名产生的权益,也更符合社会实践。

《计算机网络域名解释》同样对恶意的外延进行了列举,《计算机网络域名解释》第5条第1款规定,属于下列情形之一的构成恶意:第一,为商业目的将他人驰名商标注册为域名的;第二,为商业目的注册、使用与原告的注册商标、域名等相同或近似的域名,故意造成与原告提供的产品、服务或者原告网站的混淆,误导网络用户访问其网站或其他在线站点的;第三,曾要约高价出售、出租或者以其他方式转让该域名获取不正当利益的;第四,注册域名后自己并不使用也未准备使用,而有意阻止权利人注册该域名的;第五,具有其他恶意情形的。第一种至第四种情形属于恶意的具体列举,抢注驰名商标域名的恶意更容易确定,商业目的即构成恶意,抢注普通注册商标和域名的的恶意较为困难,需要抢注之外的恶意行

---

① 参见《计算机网络域名解释》第4条。

为,如误导公众、高价出售、出租、有意阻止权利人的使用等,才能认定为恶意抢注。第五种情形属于兜底条款,以弥补具体列举难以概括社会多样性及社会发展变化的不足,便于司法实践中对恶意的具体认定。《计算机网络域名解释》第 5 条第 2 款规定了恶意的抗辩,主要有两种情况:一种是具体情形,另一种是其他情形。具体情形,是指在纠纷发生前其所持有的域名已经获得一定的知名度,并且能与原告的注册商标、域名等相区别。可以分解为两个构成要件:一是域名已经获得一定的知名度,二是能与原告的注册商标、域名等相区别。这种情形下不认定存在恶意,考虑了域名的权益并不当然地归属于在先的注册商标权人及在先域名并不具有排斥相似域名的权利,也保护了正当使用获得知名度的域名权益。其他情形,也即兜底情形,同样是弥补具体列举的不足。

《计算机网络域名解释》并未就第 4 条中的"权益"及"正当理由"作出进一步的解释,"权益"在司法中可以参考《国家顶级域名争议解决办法》《统一域名争议解决政策》对"合法权益"的解释。"正当理由",更类似于兜底性表述,即使不享有合法权益,但域名的注册、使用仍可能属于合理的使用,如使用"长城""Greatwall"为主要部分的域名介绍长城历史,就属于具有正当理由,虽然注册、使用该域名的人并不享有商标权。

在"realme.cn"域名纠纷中,浙江孟乐公司不服香港国际仲裁中心的裁决,向法院提起域名权属诉讼,法院对此享有管辖权,并依据《计算机网络域名解释》对此案进行审理。当然该案也反映了《计算机网络域名解释》第 4 条的一个不足,即直接预设被告为被诉的域名恶意抢注者,原告为主张域名被恶意抢注的合法民事权益主体,忽略了原告也可能是域名注册、使用者,而被告为主张域名是恶意抢注的合法权益主体,亦如本案原告并非合法权益者而是被投诉恶意抢注者,被告不是恶意抢注域名者而是恶意域名抢注的投诉者。因此,此案适用《计算机网络域名解释》第 5 条时不能僵化地使用该条中原告、被告的预设,需要转换原告、被告身份,依据该条认定构成域名恶意抢注要件进行裁判。

以下根据《计算机网络域名解释》第 4 条规定的恶意抢注域名的构成要件对"realme.cn"域名权属纠纷案进行分析。该条要件一为主张域名注册、使用系恶意抢注的主体应享有合法权益。本案 RealMe 重庆公司合法享有第 8959134 号"RealMe"商标专用权,满足该要件。该条要件二为域名注册、使用者的域名主要部分与他人驰名商标相同或相似,与他人注册商标相同或相似且足以相关公众误认。本案中域名"realme.cn"的主要部分与 RealMe 重庆公司第 8959134 号"RealMe"商标相同,满足该要件。该条要件三为主张其域名注册、使用属于恶意注册的主体不具有合法民事权益,也无正当理由注册、使用该域名。本案中浙江孟乐公司先获得授权使用第 13945752 号"RealMe"商标并签订合同受让该商标,后购买"realme.cn"域名,浙江孟乐公司对域名主要部分具有合法权益,不满足该要件。该条要件四为域名注册、使用者对域名的注册、使用具有恶意。本案中"realme.cn"域名的注册早于第 8959134 号"RealMe"商标的注册,该域名的注册不可能恶意抢注尚未注册、使用的第 8959134 号"RealMe"商标。浙江孟乐公司使用"realme.cn"域名是否存在恶意,须进一步根据《计算机网络域名解释》第 5 条进行分析认定。第一,第 8959134 号"RealMe"商标并非驰名商标,故浙江孟乐公司商业性使用"realme.cn"域名不属于恶意。第二,浙江孟乐公司使用"realme.cn"域名进行其化妆品推广与 RealMe 重庆公司的手机产品在商品类别上存在较大差异,不足以导致混淆或消费者误认。第三,浙江孟乐公司不曾高价出售、出租"realme.cn"域名或以其他方式转让域名以获得不正当高价。第四,浙江孟乐公司购买域名后确实未使用"realme.cn"域名,但是其购买域名到域名被移转至 RealMe 重庆公司仅约 6 个月,并不能说明浙江孟乐公司购买涉案域名就是为了阻止 RealMe 重庆公司使用该域名。故浙江孟乐公司使用涉案域名不属于《计算机网络域名解释》中恶意的具体表现,RealMe 重庆公司也未进一步证明浙江孟乐公司使用涉案域名存在其他应认定为恶意的情形。

综上,浙江孟乐公司对涉案域名具有合法权益,"realme.cn"域名的注册和使用均不存在恶意,不构成域名的恶意抢注,浙江孟乐公司有权继续享有域名"realme.cn"。

五、多元化纠纷解决机制

(一)我国多元化纠纷解决机制的发展沿革

多元化纠纷解决机制是指一个社会中各种纠纷解决方式、程序或制度(包括诉讼与非诉讼两大类)共同存在、相互协调所构成的纠纷解决系统。[①] 改革开放后,我国的社会矛盾激增,诉讼在解决暴增的多样化矛盾时捉襟见肘,诱发诉讼外的多元化的纠纷解决方式。

[①] 参见范愉:《当代世界多元化纠纷解决机制的发展与启示》,载《中国应用法学》2017 年第 3 期。

诉讼外纠纷解决方式以解纷方式法律效力的确定性为标准,可以分为有法律拘束力的解纷方式,如仲裁;无法律拘束力的解纷方式,如调解。根据解纷主体的性质不同,可以分为三类:第一类为享有公权力的组织采取的解纷方式,如行政复议、行政裁决、行政调解。第二类为虽不享有公权力,但是与公权力有密切联系的组织采取的解纷方式,如仲裁、行业协会的调解等。第三类为民间组织采取的解纷方式,如宗教、村内族老等的调解。

随着多元化纠纷解决机制在我国的不断实践,其具有的优势不断凸显。第一,纠纷解决主体数量大,满足我国社会矛盾大量激增后对纠纷解决的需求。第二,纠纷解决主体类型多样,满足我国社会矛盾多样对纠纷解决的需求。很多社会矛盾并不需要以诉讼的方式解决,如邻里纠纷、家事纠纷等,诉讼并非最适宜的解纷方式。第三,解纷成本低。非讼的多元化纠纷方式一般没有诉讼费用,也不需要律师的介入,证据的搜集和固定无须符合严格的法律程序,缩减了大量的解纷成本。第四,解纷效率高。一般情况下,非讼的多元化纠纷方式程序规则松散,能够在双方的参与、协商下发现真实,表达各方诉求,相互理解,达成共识,无须繁多的诉讼程序,所花费的时间较诉讼更短。第五,化解矛盾的效果好。非讼的多元化纠纷解决机制给予纠纷主体更多的参与机会,更多的协商,更易于促成双方共赢。

社会矛盾的激增及多元化纠纷解决机制在化解社会矛盾上的优势使之成为我国法院司法改革的重要内容,党的十八届四中全会《中共中央关于全面推进依法治国若干重大问题的决定》正式确认多元化纠纷解决机制为国家发展目标。在最高人民法院和中央各部门的引导推动下,各级法院及各部门开展了各类纠纷解决方式的实践探索,纠纷解决不再为法院独揽,而是呈现出全社会共同参与,手段方式百花齐放的工作格局。多元化纠纷解决机制的理论研究如雨后春笋,学术界的态度从质疑逐渐转向认可、大力推动,转而更多地研究如何促进和规范多元化纠纷解决机制。调解甚至不再是一个替代性选择,而是诉讼的一个必经程序。最高人民法院《关于人民法院进一步深化多元化纠纷解决机制改革的意见》第27条规定,有条件的基层人民法院对家事纠纷、相邻关系、小额债务、消费者权益保护、交通事故、医疗纠纷、物业纠纷等适宜调解的纠纷,在征求当事人意愿的基础上,引导当事人在登记立案前由特邀调解组织或者特邀调解员先行调解。

(二)纠纷解决方式的选择

诉讼并非纠纷解决的唯一途径,也并非纠纷解决的最优途径,多元化纠纷解决机制的发展为纠纷中的各方主体提供了更多的选择。特定纠纷的解决可以选择多种纠纷解决方式,如诉讼之前先行调解,调解也可以由不同的主体多次进行,或由相同的主体在纠纷解决的不同阶段多次进行。

是否采用多元化纠纷解决方式或者采用何种纠纷解决方式,纠纷主体具有自主选择权,纠纷主体可自行根据纠纷的性质、特点、自身情况等选择纠纷解决方式,实现纠纷与解纷方式的匹配。

在浙江孟乐公司等与RealMe重庆公司等网络域名权属纠纷案中,原告、被告也可以采取多元化纠纷解决方式。实践中,该案原告RealMe重庆公司选择向香港国际仲裁中心投诉解决纠纷,就属于多元化纠纷解决机制之一。原告也可以不选择向香港国际仲裁中心投诉解决纠纷,而直接向法院提起诉讼。该案被告浙江孟乐公司不服香港国际仲裁中心裁决,向人民法院提起诉讼。在仲裁或诉讼过程中,原告、被告双方也可以选择调解。

六、保全的理解与适用条件

(一)保全的概念及类别

争议发生之后到终局判决作出之前存在很长的一段时期,这一时期内争议一方可能实施一定行为造成争议权益发生无法弥补的损害或者导致侵害进一步扩大等,争议一方为了防止这种情况的发生,可以向法院申请请求对被申请人的财产采取临时性控制措施或者责令其为或不为一定行为,这种临时性救济措施在我国主要体现为保全、先予执行等,《民事诉讼法》第九章对其进行了规定。

依据保全的对象是否具有财产性质,可以将保全分为财产保全和行为保全。财产保全,是指人民法院根据利害关系人或者当事人的申请,或者由人民法院依职权对当事人的财产所采取的限制其处分或者转移的强制性措施。[1] 行为保全,是指当事人为维护其合法权益,保证生效裁判的执行、阻断侵害行为继续、避免损失的扩大,人民法院依法要求当事人为一定行为或不为一定行为的民事诉讼制度。[2]

在浙江孟乐公司等与RealMe重庆公司等网络域名权属纠纷案中,浙江孟乐公司为了防止诉讼过程中RealMe重庆公司将"realme.cn"域名转让予他人,向法

---

[1] 参见张卫平:《民事诉讼法》(第5版),法律出版社2019年版,第277页。
[2] 参见张卫平:《民事诉讼法》(第5版),法律出版社2019年版,第281页。

院提出请求冻结该域名,防止终局判决作出前 RealMe 重庆公司转让"realme.cn"域名。这一请求即财产保全,属于请求法院依职权限制"realme.cn"域名处分的强制性措施,而非行为保全。如果 RealMe 重庆公司存在利用"realme.cn"域名实施侵犯申请人商标专用权等其他权益的行为,申请人向法院请求保全的是禁止此类侵权行为的继续,则属于行为保全。

(二)财产保全的适用条件

财产保全依据申请保全的时间可以分为诉前财产保全和诉中财产保全。财产保全在诉前提出的为诉前财产保全,在诉讼过程中提出的为诉中财产保全。诉前财产保全与诉中财产保全的适用条件具有一定差别。

根据《民事诉讼法》第104条,诉前财产保全的适用条件主要有:(1)情况紧急,如果不立刻采取财产保全措施,将会使申请人合法权益受到难以弥补的损害。正是因为情况紧急,才不能等到法院立案或仲裁机构受理仲裁再提出财产保全的申请。情况紧急的判断是如果不及时采取保全措施,申请人受到的损害是难以弥补的,不能在终局判决中通过损害赔偿等方式弥补损害,因而有必要在诉前提出财产保全。(2)须由利害关系人提出财产保全的申请,不能由法院依职权提起。诉前财产保全的提起时间是利害关系人尚未向法院提起诉讼,依据司法的谦抑性、被动性等原则,法院不能主动采取财产保全措施。(3)应当提供担保,不提供担保的,法院裁定驳回申请。诉前财产保全申请时,法院对争议缺少足够的审查,不能判断申请的合法性,为了防止利害关系人滥用财产保全措施,危害被申请人的利益,《民事诉讼法》规定此时的担保为法定担保,法院无权裁定是否提供担保。(4)应当向被保全财产所在地、被申请人住所地或者对案件有管辖权的人民法院提出诉前财产保全的申请。

根据《民事诉讼法》第103条,诉中财产保全的适用条件主要有:(1)可能因当事人一方的行为或者其他原因,使判决难以执行或者造成当事人其他损害的。诉中财产保全的主要目的是防止诉讼中一方当事人恶意处分财产,导致将来的判决无法执行或者难以执行,因而在终局判决作出之前,采取必要的临时性强制措施阻止一方当事人对财产的恶意处分。因此保全的财产范围既包括诉讼标的物,也包括被申请人的其他能够保障判决执行的财产。(2)应为具有财产给付内容的案件。诉中财产保全的主要目的是保障未来判决的执行,故财产保全的是未来可以通过财产获得执行的判决,即具有财产给付内容的判决。(3)诉中财产保全可以是当事人申请,也可以是法院认为有必要时依职权主动采取财产保全。

在浙江孟乐公司等与 RealMe 重庆公司等网络域名权属纠纷案中,浙江孟乐公司在法院立案后提出申请冻结"realme.cn"域名,旨在防止该域名再次转移给他人,导致法院如果终局判决该域名归属于浙江孟乐公司则无法执行的发生,满足诉中财产保全的要件。

──────── 思 考 题 ────────

[1]评析专门域名纠纷解决机制与域名纠纷司法解决方式的异同及优缺点。
[2]域名的法律属性为何?新型财产权益获得法律保护应具备哪些条件?
[3]结合"真假开心网案",分析域名与相似域名之间的纠纷应如何解决。

──────── 推荐阅读 ────────

[1]苏映霞、吴博雅:《国际域名侵权纠纷中恶意要件的适用》,载《人民司法》2020 年第 32 期。
[2]胡相龙、肖毅:《域名权善意取得的构成要件》,载《人民司法》2019 年第 17 期。
[3]高志明:《域名的财产权利客体属性分析——以域名的功用为视角》,载《科技与法律》2017 年第 4 期。
[4]阮开欣:《域名与商标的合理使用问题研究——以微信域名案为视角》,载《黑龙江省政法管理干部学院学报》2016 年第 6 期。

3.3 网络虚拟财产

◻ **理论导读**

网络虚拟财产,是指为所有人支配和控制且能带来经济利益或精神利益的存于网络空间的数字化、非物化财产。网络虚拟财产与物权的客体相比,其特点是数字化、非物化性;与知识产权的客体相比,其特点是特定性,知识产权的客体,如作品可以无限复制,不存在一个特定化的复制件,而虚拟财产的客体是特定的,不可复制的,每一个网络游戏中的道具都是特定的,即使不同的玩家具有相同的游戏道具,每一个游戏玩家的道具都是特定的。网络虚拟财产的外延范围仍有一定争议,主要体现为三类:一为虚拟物类,如网络游戏中的角色、装备、宠物等;二为虚拟货币类,如腾讯公司的 Q 币、百度公司的百度币、比特币等;三为虚拟空间类,如个人主页空间、微博、抖音、小红书等社交网络账号、网络店铺等。

网络虚拟财产的法律保护已为《民法典》确认,该法第 127 条规定:法律对数据、网络虚拟财产的保护有规定的,依照其规定。但其法律属性仍存在争议,有物权说、知识产权说、债权说和多重权利说。各学说均关注网络虚拟财产的某一特征,但缺乏全面性,因而学界始终未能达成一致。

面对网络虚拟财产的法律属性之争,《民法典》基于实用主义,仅规定网络虚拟财产受法律保护,但其权利义务内容依照法律规定。司法实践中,网络虚拟财产法律保护所依据的法律根据纠纷当事人间的关系确定。纠纷当事人为合同各方的,依据有关合同的法律规定,如纠纷发生在玩家和游戏运营商之间,依据有关合同的法律规定判定双方权利义务;纠纷当事人为权利人与侵权人的,依据有关侵权的法律规定,如纠纷发生在游戏玩家与盗取游戏道具的侵权人之间,依据有关侵权的法律规定判定双方权利义务;纠纷以夫妻双方婚姻期间共同经营的网络店铺为诉讼标的的,依据有关婚姻财产分割的法律规定;纠纷以继承人间网络虚拟财产为诉讼标的的,依据有关继承的法律规定。

长沙长郡网络科技有限公司诉廖某虚拟财产侵权责任纠纷案

摘要：被告廖某任职于原告长沙长郡网络科技有限公司（以下简称长郡网络公司），工作期间在各大网络平台通过注册账号发布相关内容进行客户引流，长郡网络公司对客户进行组建社群，推广原告长郡网络公司制作的网络课程，向入群会员收取费用。之后被告离职，双方对于其运营的网络账号及账号所产生的相关收益权属产生争议。经过分析认为，本案中的虚拟财产应当分为注册账号本身及注册账号运营过程中产生的其他相关收益两部分，对其权属分别进行认定。

关键词：网络虚拟财产法律保护的正当性；网络虚拟财产的范围；网络虚拟财产的法律属性；网络虚拟财产的权利归属

一、引言

账号类虚拟财产权益的享有和处分伴随近年来"抖音""快手""知乎"等网络平台的兴起以及《民法典》对于虚拟财产保护相关规定的颁布落实而逐渐受到重视。账号本身以及账号上所添附的虚拟财产权益应当根据实际情况分别对其权属进行讨论。案件裁判结果对落实《民法典》保护网络虚拟财产的立法目的、构建良好的虚拟财产保护与经济发展秩序、推动平台认真落实网络账号实名制、优化数字经济领域营商环境建设具有重要意义。

二、案件当事人

原告：长郡网络公司

被告：廖某

三、案情简介

2016年11月，被告廖某第一次入职原告长郡网络公司，后于2017年10月离职。2018年12月1日，被告廖某再次入职原告长郡网络公司，双方签订了书面《劳动合同》，约定：被告廖某担任推广主管一职，合同期限自2018年12月1日起至2021年12月1日止，共计36个月。同日，原、被告双方还签署了《保密协议》，约定:乙方(被告)应当于离职时,或者于甲方(原告)提出请求时,返还全部属于甲方(原告)的财物,包括甲方(原告)经营信息的一切载体(自媒体账号、社交账号、文件、资料、图表、笔记、磁盘、仪器)。

被告在原告公司工作期间担任运营总监一职,主要负责撰写文章、制作视频并通过社交账号进行发布,推广电商相关内容,实现引流,即将顾客引入原告公司待销售课程的微信群。被告在原告公司工作期间,通过被告个人信息实名注册了以下社交账号:知乎"照顾君""冰山一角"账号、微信"gh_zhaogu"账号(原账号:cj_zhaogu)、今日头条"照顾君"账号、抖音"照顾君"账号。2020年5月,被告廖某从原告长郡网络公司离职,被告离职后,原告每月向其支付2897元竞业限制费用。被告离职时将其注册的前述账号全部带走,并修改了密码。长郡网络公司认为被告已构成对其虚拟财产权益的侵犯,遂诉至法院,请求法院确认涉案账号归原告所有,同时请求被告承担相关侵权责任,赔偿原告经济损失。

四、案件审理情况

(一)诉讼请求权

虚拟财产权的侵权损害赔偿请求权。

(二)请求权基础规范及要件分析

《民法典》第120条:民事权益受到侵害的,被侵权人有权请求侵权人承担侵权责任。

1. 要件分析。

要件一(隐含要件):该民事权益归属于本人。

要件二:该民事权益受到侵害。

2. 法律效果:被侵权人有权请求侵权人承担侵权责任。

(三)抗辩权基础规范

本案被告未提出抗辩,不存在抗辩权。

(四)诉讼主张的检索

主张一:被告廖某在与原告长郡网络公司劳动关系存续期间,按原告指令注册、运营的虚拟账号应当归属于原告。

主张二:被告廖某将账号据为己有拒不交还,构成对长郡网络公司虚拟财产权益的侵犯。

（五）争点整理

双方针对廖某未归还涉案账号无异议，争议主要集中在主张一。

争点：该虚拟财产权益是否应当归属于长郡网络公司？

事实证明：针对该争点，原告提出以下证据：《劳动合同书》和《保密协议》，证明乙方（被告）应当于离职时，或者于甲方（原告）提出请求时，返还全部属于甲方（原告）的财物，包括甲方（原告）经营信息的一切载体（自媒体账号、社交账号、文件、资料、图表、笔记、磁盘、仪器）。被告提出以下证据：账号截图、知乎用户协议、知乎机构号协议等，证明涉案一系列账号系被告廖某本人注册，并实名认证。

事实认定：本案中的虚拟财产应当分为两部分：一为各社交平台的注册账号本身，二为由注册账号运营过程中产生的其他相关收益。针对两部分虚拟财产应当分别进行认定。

1. 账号本身的归属

第一，从账号的初始注册绑定数据来看，账号系廖某注册、绑定。根据被告提交的相关证据，涉案账号均以被告廖某的名义申请注册、开通，并非系遵照原告指示开通，同时所有涉案账号均已绑定被告个人手机号、身份信息。系被告自主开通，由被告自主维护、运营。

第二，从对账号的投入程度来看，涉案账号经过廖某长期运营，粉丝持续增长，被告廖某对于账号运营作出了重要的、无可替代的贡献。相反，原告长郡网络公司未提供任何证据证明其对被告在原告公司工作期间使用上述账号提供了资金或技术支持，故其对账号运营没有发挥明显作用。

综上所述，涉案一系列账号所有权应当归属于被告廖某。

2. 账号产生的其他收益归属

第一，从被告的工作内容来看，被告廖某在原告公司工作期间的职务为运营总监，主要负责撰写文章、制作视频并通过社交账号进行发布，推广电商相关内容，实现引流，因此，被告在原告公司工作期间利用涉案社交账号从事网络推广工作本身属于其工作内容，其利用涉案社交账号从事网络推广工作时产生的网络客户资源理应属于原告公司所有，被告无权进行处分。

第二，从收益的直接来源来看，廖某通过账号内容吸引了部分网络客户，长郡网络公司将各个平台引流过来的客户组建社群，推广公司制作的网络课程，向入群会员收取费用。该部分收益直接产生于长郡网络公司的网络课程销售，原告仅利用账号为长郡网络公司提供了引流服务。

综上所述,账号所产生的其他收益应当归属于原告长郡网络公司。

五、结尾

根据争点结论,涉案一系列账号本身应当归属于被告廖某,该账号产生的其他收益应当归属于原告长郡网络公司。故原告"请求法院确认涉案账号归属于原告所有"的诉讼请求缺乏事实与法律依据,不满足《民法典》第 120 条之规定,不予支持;原告"请求被告承担相关侵权责任,赔偿原告经济损失"的诉讼请求满足《民法典》第 120 条之规定,判决被告廖某赔偿原告长郡网络公司经济损失共计 40,000 元。

六、附录

湖南省长沙市岳麓区人民法院民事判决书,(2020)湘 0104 民初 11224 号。

长沙长郡网络科技有限公司诉廖某虚拟财产侵权责任纠纷案 教学指导手册

▣ 教学具体目标

本案例用于分析网络虚拟财产的法律保护问题。具体包括四个问题:第一,网络虚拟财产的内涵与外延;第二,网络虚拟财产是否属于法律保护的财产;第三,网络虚拟财产的法律属性;第四,网络虚拟财产的权利归属问题。

▣ 教学内容

一、网络虚拟财产的内涵与外延

(一)网络虚拟财产的内涵

网络虚拟财产的内涵,需要抽象网络虚拟财产的共性,表达其本质。首先,其具有虚拟性,不存在实体物,因而与物权的客体不同。其次,其并非智力劳动的成果,不属于现行知识产权法保护的客体,如作品、发明创造、商标等。最后,其具有财产性,因而受到法律的保护。

(二)网络虚拟财产的外延

网络虚拟财产的外延,是指网络虚拟财产的具体表现,也称网络虚拟财产的范围。目前对于什么样的虚拟物品属于网络虚拟财产,有不同的观点。大致可以分为三种观点:广义的网络虚拟财产范围观点、狭义的网络虚拟财产范围观点和网络游戏虚拟财产范围观点。

广义的网络虚拟财产范围观点认为,一切具备现实交易价值的与不具备交易价值的虚拟财产,包括ID、免费的与收费的邮箱、虚拟货币、虚拟装备等,都可以认为是网络虚拟财产。该观点将虚拟财产的范围界定得过广,将不具备交易价值的虚拟客体纳入虚拟财产的范围,无视了虚拟财产仍是财产,应具有财产性的基本要求,故不可取。

狭义的网络虚拟财产范围观点认为,网络虚拟财产只包括具备现实交易价值的网络虚拟财产,只包括那些网络用户通过支付费用取得,并在离线交易的市场内可通过交易获取现实利益的虚拟物品,如游戏中的虚拟装备、收费的电子邮箱等。该观点对虚拟财产应具有交易价值的论断较为合理,但是又要求虚拟财产必须是通过支付费用取得的,忽视了虚拟财产从无到有的成长性,即特定社交账号的初始取得是免费的,不具有交易价值,但经过一段时间的经营可以获得交易价值。

网络游戏虚拟财产范围观点认为,网络虚拟财产仅限于网络游戏中的ID和道具,而且这些ID和道具必须是在现实中可交易的。该观点显然过于狭窄,不符合现实中各类社交账号具有高额市场价值的真实情况,并不可取。

笔者认为,虚拟财产是指一切具有交换价值的,仅能存在于网络空间的电子数据。该概念包括两个特征:第一,具有交换价值,此为财产性要求,使之区别于非财产性客体;第二,仅能存在于网络空间的财产。此为客体虚拟性的要求,否则无法区别于其他所有财产。

(三)网络虚拟财产的司法认定

理论界网络虚拟财产的内涵与外延均缺少统一的界定,司法实务中则更加务实、包容。对于能够特定化独立的网络虚拟物并不强调其价值性,均认可为网络虚拟财产,毕竟,原告、被告双方已对此产生争议,很难否认其价值性。

因此在司法实践中,除了肯定游戏账号、游戏装备为法律保护的客体,还肯定了淘宝店铺账号、微信公众号、QQ 号等均属于网络虚拟财产。

本案中,法院判定微信公众号属于网络虚拟财产。首先,其具有虚拟性,在网络空间存在,并不具有物质实体。其次,其具有财产性,其运营需要投入资金、人力等成本,其运营也将产生收益。此外,其具有交换价值,能够交易并存在对价。最后,其具有特定性、可支配性。微信公众号具有独立性、单一性和可识别性,也具有身份识别性和转让性等,因此,微信公众号符合网络虚拟财产的特征,属于网络虚拟财产。

二、网络虚拟财产是否属于法律保护的财产

(一)学术界主要观点

关于网络虚拟财产是不是财产的争论,目前有肯定论和否定论两种针锋相对的观点。

肯定论者认为,网络虚拟财产就是财产。

中国政法大学教授刘心稳认为,网络玩家的虚拟财产其实是由实际财产演变过来的,玩家有实际花费,也能从这些财产中得到满足感和快乐。

北京大学法学院教授钱明星则认为,网络虚拟财产既然可以交易,也就是说它既有市场价值,也有交换价值,这种属性就可以非常肯定地说明网络虚拟财产具有财产性质。

否定论者认为,网络虚拟财产不是财产。

其理由主要包括以下几点。

第一,"网络虚拟财产"的价值无从归属。例如,网络游戏中的"网络虚拟财产",不过是电脑主机的一段数据而已,是事先由游戏制作人员对游戏进行的规则和系统设定,当游戏按规则进行到一定程度,"网络虚拟财产"便是对游戏中人物的奖励。虽然虚拟的游戏人物是由现实人物所控制的,但是他只能按照游戏规则去玩,脱离了游戏的虚拟人物以及"网络虚拟财产"是不存在的,游戏对"网络虚拟财产"的存在起着决定性作用,因此"网络虚拟财产"只与游戏人物有关,其价值不属于游戏玩家。

第二,"网络虚拟财产"的价格无法自控。例如,玩家虽然拥有了自己的虚拟价值,但是无法控制价值实际的价格。其实"网络虚拟财产"的价格是由该物品的产出与需求量比来决定的。需求量也就是玩家需要该物品的数量,而物品产出则是由游戏规则的产出概率设定来决定的。当玩家多、产出少时,"网络虚拟财产"

的价值会上升;当产出多、玩家少时,"网络虚拟财产"的价值会降低,甚至一文不值。游戏厂商可以自由通过调整物品产出,来调整"网络虚拟财产"的价值;而玩家相对要被动得多,单个玩家是难以影响玩家群体,因此没有办法调整"网络虚拟财产"的价值。"网络虚拟财产"的价值主控权在游戏厂商那里,而国家并没有相关规定,去迫使游戏厂商不得任意调整游戏的物品产出,因此这些"网络虚拟财产"的价值根本得不到保证。

第三,"网络虚拟财产"的财富无法回收。例如,玩家即使在游戏里合法地拥有了虚拟财产,他们还是没有办法主控该财产的出入,也就是说,即使当该玩家不想玩这个游戏了,或者游戏服务器要关闭了,他们还是没有办法将游戏中的"网络虚拟财产"卖掉(除非正好有人愿意买),这时他们不能将这些财产卖给游戏厂商来回收成为现金,如果"网络虚拟财产"合法化,那么对其主人而言,无疑是一个不小的损失。

(二)网络虚拟财产是否属于法律保护的财产的判断思路

网络虚拟财产属于网络技术发展中产生的新型客体,对于新型客体应否属于法律保护的财产需要进行理论分析。分析的思路可以分为三步。第一步,确定法律保护的财产的法律特征。第二步,确定网络虚拟财产的主要特征。第三步,比较网络虚拟财产是否满足法律保护的财产的法律特征,满足的情况下,即属于法律保护的财产,不满足的情况下,就不属于法律保护的财产。以下根据这三步逐一分析。

1. 法律保护的财产的法律特征

法律保护的财产的法律特征有以下几点:(1)劳动所得。财产应当是人劳动所获得的,可以是体力劳动也可以是智力劳动,是特定主体经过一定努力方才获得的。(2)可支配性。财产应能为人所支配,不能为人所支配的客体无法实现权利。(3)可交换性。财产应具有交换价值,具有交换价值源于具有使用价值,只有具备交换价值和使用价值,财产才有社会价值,才可能受到法律的保护。(4)排他性。财产的排他性,在于其可以与其他的财产区别开来,为特定的主体所支配。(5)实在性。实在性,要求财产客观存在,而非主观臆测。文学作品中虚构的长生不老丹就不具有实在性。实在性不等于物质性。法律保护非物质的财产,如知识产权。(6)特定性。特定性也指确定性,财产可以特定为具体的对象。特定性是存在变化的,如海边的沙子往往缺少特定性,但通过一定的方法可以将其特定化,如划定地理范围,或者将其从实体上与其他沙子区别开来,如挖掘装载到卡车中。

2. 网络虚拟财产的主要特征

我国司法实践早在 2001 年的李某晨案(虚拟财产法律保护第一案)中,就肯定了游戏账号和游戏装备属于法律保护的财产。此后涉及的游戏账号、游戏装备等案件中,法院均肯定其应当得到法律的保护。

考察游戏账号、游戏装备等可以发现其具有一些共同的特征。第一,虚拟性。我们通常说网络世界是一个虚拟的世界,作为这个虚拟世界存在物的虚拟财产,毋庸置疑就必然具有虚拟性这样的特征。但是我们不能认为它是虚构的、虚幻的物,同样它也是客观存在的。

第二,客观实在性。网络虚拟财产无论从载体上讲还是从外观表现形式上看,都是早已确定的,相互之间是一一对应的关系,玩家、运营商或任何的第三人都不能改变。

第三,价值性。所谓价值性,其实包括使用价值与交换价值:使用价值是指能够满足人们物质上的与精神上的需求;交换价值是指可以以一定的一般等价物衡量。网络虚拟财产具有价值性,即使用价值和交换价值。游戏玩家获得游戏账号或者游戏装备付出了时间、金钱、劳动,游戏玩家也具有交易游戏装备和游戏装备的意愿和实践。

第四,稀缺性。游戏账号虽然可以随时申请,但是不同账号的等级、装备等不同,致使其产生不同的个性,成为唯一,具有稀缺性。

第五,特定性。游戏账号、装备虽然由数据构成,但也各不相同。不同装备之间在性能、外观等方面皆存在不同。

第六,可支配性。游戏账号、装备的所有人可以移转、许可他人使用其账号或装备,也可以抛弃账号和装备,因而具有可支配性。

3. 网络虚拟财产满足法律保护的财产的法律特征

以游戏账号、游戏装备为基础抽象出的网络虚拟财产的特征完全具备法律保护的财产的法律特征。因此,网络虚拟财产属于法律保护的财产。我国《民法典》也肯定了这一结论,该法第 127 条规定,法律对数据、网络虚拟财产的保护有规定的,依照其规定。

三、网络虚拟财产的法律属性

(一) 网络虚拟财产法律属性的理论分歧

《民法典》肯定网络虚拟财产受法律保护,但一直没有明确其法律属性。学界对网络虚拟财产的法律属性存在争议,主要有知识产权说、物权说、债权说和多重属性说。

1. 知识产权说。知识产权说认为,网络虚拟财产本质上是一种智力成果,应受知识产权法的保护。例如,游戏中的网络虚拟财产产生的过程是网络游戏用户参与游戏、投入智力性劳动的过程,从而创造出了不同角色组合,具有新颖性、创造性和可复制性等特征。因此,网络游戏用户取得的虚拟财产是对知识产权的使用权,而非所有权。美国学者史蒂芬持此观点,他认为,游戏开发商只是创造某些复杂角色的骨架,他们并没有开发网络游戏用户独特的个性,因为网络游戏用户排他地控制角色的某些特征。比如,角色和游戏中其他角色会建立某些关系和联盟,而游戏开发商并没有控制角色的这些特征,因此可以把网络虚拟财产作为知识产权。

2. 物权说。物权说又称所有权说。该说认为网络虚拟财产是一种无形物、虚拟物,它既有别于一般的"有体物",也有别于"知识财产"这种无形财产。网络虚拟财产是物权的一种客体物,具有财产性、真实性和合法性,应当纳入物权的保护范畴。网络虚拟财产是所有权的客体,受物权法的调整。至于网络游戏运营商,只是给网络游戏用户提供网络虚拟财产使用的场地和存储的空间,对网络虚拟财产的绝对支配权是由用户享有的。

3. 债权说。债权说认为,网络虚拟财产的法律属性实质上是一种通过合同确立的债权。例如,游戏中的虚拟财产是网络游戏用户得以请求服务商为其提供特定的游戏服务内容的证据,或被称为债权凭证。此说的立足点是网络游戏用户与网络游戏运营商之间是游戏服务消费合同关系。网络游戏用户通过支付对价取得接受服务的债权,并享有对运营商提供服务的请求权;而服务商则有按约定提供服务并保障服务质量等义务,并且他们之间的权利义务约定不涉及合同外的特定多数人。该说同时认为,网络虚拟财产的所有权是由网络游戏运营商享有,并通过合同将部分权能让渡给网络游戏用户的。网络游戏运营商为了赚取利润,向网络游戏用户转让了部分所有权的权能。这些被转让的权能包括部分占有权、使用权和收益权以及处分权。这些权能的转让使得网络游戏用户得以在参与游戏的时候占有网络虚拟财产而排除其他用户对虚拟财产的占有,同时可以通过使用虚拟财产提升自己的某项能力及等级,并且可以自由进行交易,也就是进行债权的转移。

4.多重属性说。多重属性说认为,网络虚拟财产并不具备独立的属性,不是物,也不是债,不是无形财产,更不是知识产权,而是具备多重法律属性。这些属性包括:第一重属性,在开发商和运营商之间,用户的注册数据资料非运营商的商业秘密,而是属于开发商和运营商之间关于运营事务的信息。第二重属性,在用户与运营商之间,这些数据资料是用户接受运营商提供的网络技术服务的结果,也可以说是网络技术服务的一种服务内容,一旦网络技术服务终止,这种数据资料也将失去其存在的意义。在这种情况下,网络虚拟财产更多地表现为一种债权凭证,基于服务合同而产生,基于合同消灭而消灭,而非基于其本身的价值。第三重属性,用户与用户之间,数据资料属于个人财产范畴,属于用户与运营商之间的权利凭证。网络虚拟财产的交易可以视为债的让与,而数据资料失去控制可以视为第三人侵害债权,类比为动产进行处理。该观点否认了网络虚拟财产独立存在的法律属性,而是将其纳入不同的法律关系下,即在网络服务开发商和运营商、网络用户和运营商及网络用户与第三人之间等情况下分别考察,从而得出网络虚拟财产具有不同的法律属性的结论。

(二)网络虚拟财产法律属性的思考

上述网络虚拟财产法律属性的不同观点,均具有合理性,但是也仅关注到网络虚拟财产的某一方面。例如,从网络虚拟财产的独占性,得出其物权属性;从网络虚拟财产的无体性,得出其知识产权属性;从网络虚拟财产相关主体间的服务合同,得出其债权属性;发现网络虚拟财产具有多重特点,得出其具有多重属性。可谓"横看成岭侧成峰"。

网络虚拟财产法律属性究竟为何?笔者认为不可一概抽象而论,应当具体问题具体分析。不同的网络虚拟财产在不同的法律关系中应具有不同的法律属性。以游戏账号为例,其具有独占性,客体虽然是无体的,但是却具有单一性,不可无限复制,与知识产权的客体可以由无限的载体体现不同,因而其具有物权属性。但是这一物权属性,仅存在于玩家与玩家之间。在玩家与游戏服务商之间,更多的是债权关系。玩家游戏账号的产生是基于与游戏服务商的服务合同,游戏账号的权利义务也是在与游戏服务商的服务合同的基础上产生的,在存在债权合同的基础上,与游戏账号相关的法律关系需要依据合同,故又具有债权属性。笔者认为,游戏账号应为物权属性,但因服务合同的存在,在处理与游戏服务商的关系时,应依据合同,但不否认其物权属性。

微信公众号账号、淘宝店铺账号等,因为运营获得粉丝关注,在流量可转化为利益的情况下,其财产价值不可否认。但其法律属性更具有标识性,成为商誉的载体,更类似于商标而非物权。这些经营性账号的价值并不在于账号自身,而在于其承载的商誉。游戏账号的价值在于其等级、拥有的道具、装备等,微信公众号账号、淘宝店铺账号等则不同,其价值在于其账号的商誉。笔者认为,此类虚拟财产应为工商业标记,属于知识产权。微信公众号账号、微博账号等也可能具有很强的个人属性,成为个人人格的体现,则可能成为人身权与财产权共存的客体,类似著作权的权利性质。在纠纷处理时,也需要充分考察人身权与财产权的二分保护。

四、网络虚拟财产的权利归属的探究

网络虚拟财产法律属性的讨论并不仅是理论问题,也将决定特定网络虚拟财产纠纷将依据哪一类客体的权利义务规范。当网络虚拟财产为物权时,就可以类推适用物权的法律规范,当网络虚拟财产为知识产权时,就可以类推适用知识产权权的法律规范。在权利归属的问题上亦然。

本案中,被告廖某注册了知乎"照顾君""冰山一角"账号、微信"gh_zhaogu"账号(原账号:cj_zhaogu)、今日头条"照顾君"账号、抖音"照顾君"账号一系列社交账号,这些账号的价值并不在于账号本身,而是账号所拥有的关注度、粉丝数量等。这些账号为网络虚拟财产,其法律属性为知识产权。在权利归属的问题上,可以参考知识产权的相关规定。

被告廖某与原告长郡网络公司之间存在雇佣关系,被告对诉争账号是在工作中使用,因而属于职务网络虚拟财产,可以类推适用知识产权中职务作品、职务发明权利归属及利用的法律规定。职务作品、职务发明在权利归属规范上虽有不同,但基本原则一致,均需考虑单位与职员之间的利益关系,实现利益平衡。体现为以下两点:第一,多数情况下允许意思自治,双方可以约定权利的归属。第二,评估单位和职员对知识成果的贡献优势,将权利赋予更多付出的主体。例如,特殊的职务作品,单位对作品的完成具有不可缺少的关键的作用,著作权除署名权之外归单位所有,一般情况下,职务作品的著作权归作者所有。职务发明中,为完成工作任务的发明创造,专利归单位所有,主要利用本单位物质条件的发明创造,可以约定权专利权归属。

被告廖某与原告长郡网络公司之间就诉争账号归属的争议需要考察该账号商誉形成的主要贡献来源于谁,是否存在当事人双方的合同约定,是否存在人格因素,而不能简单地依据账号的注册人是谁,就认为账号应归属于谁。

法院在审查中查明:第一,诉争账号用于经营性活动,与个人人格无关,不具有人身属性。第二,诉争账号为被告就职原告单位之前就已经注册。第三,原告对诉争账号的运营并未有任何资金的投入。第四,诉争账号的运营确系为完成单位的工作任务。第五,诉争账号的归属问题没有合同的约定。诉争账号的归属需要依据上述事实平衡双方利益予以判定。被告对诉争账号有更多的贡献,账号应归属于他,被告对诉争账号的运营是为了完成单位工作任务,因此账号所产生的商业资产应归属于原告,是以法院判定涉案一系列账号本身应当归属于被告廖某,该账号产生的其他收益应当归属于原告长郡网络公司。

―――――― 思 考 题 ――――――

[1]网络虚拟财产的法律属性是什么?
[2]网络虚拟财产的权利归属原则有哪些?
[3]离婚纠纷中,网络虚拟财产如何分割?

―――――― 推 荐 阅 读 ――――――

[1]康娜:《数字经济下虚拟财产的立法进路——基于〈民法典〉第 127 条与保管合同的视角》,载《山东大学学报(哲学社会科学版)》2021 年第 5 期。

[2]高郦梅:《网络虚拟财产保护的解释路径》,载《清华法学》2021 年第 3 期。

[3]瞿灵敏:《虚拟财产的概念共识与法律属性——兼论〈民法总则〉第 127 条的理解与适用》,载《东方法学》2017 年第 6 期。

[4]赵自轩:《网络虚拟财产原始取得的法律依据与权利归属》,载《西南政法大学学报》2020 年第 5 期。

[5]邱波:《网络虚拟财产继承纠纷的裁判思路》,载《人民司法》2020 年第 4 期。

3.4 个人信息

◨ **理论导读**

计算机技术的发展,使个人信息被广泛搜集、使用和交易,这促进了产业的发展,社会治理效率的提升,也增加了个人遭受侵害的风险,影响了个人生活的安宁。世界多数国家已经制定法律保护个人信息,我国《民法典》《个人信息保护法》《消费者权益保护法》《刑法》等多个法律对个人信息予以保护。

个人信息的民法保护主要涵摄四个方面的内容:第一,保护的客体范围,即个人信息的内涵与外延;第二,个人信息的处理规则,即何种条件下可以采取何种方式处理个人信息;第三,个人信息权利义务的内容,即自然人对其个人信息享有的权利和权益,个人信息处理者利用个人信息时负有的义务,二者之间具有对应性;第四,侵害个人信息的法律责任,即违法处理个人信息者应承担的法律责任。

我国《个人信息保护法》于2021年11月1日施行,成为我国保护个人信息的主要法律,并体现了最新的理论成果。该法在总则部分采取"相关说"界定了个人信息的概念,即以电子或者其他方式记录的与已识别或者可识别的自然人有关的各种信息,不包括匿名化处理后的信息。该法确立了个人信息依法应受保护的基本立场,但未肯定个人信息的法律属性为独立的权利,而是从行为的角度确定个人信息处理的行为规范,体现为《个人信息保护法》第二章"个人信息处理规则"和第三章"个人信息跨境提供的规则"。前者又包括一般处理规则、敏感信息的特殊处理规则和国家机关处理个人信息的特殊规则。对个人信息主体享有的权利属性,《个人信息保护法》并未将其表述为个人信息权,而是表述为个人在个人信息处理活动中的权利、个人信息处理者的义务。《个人信息保护法》第六章明确了履行个人信息保护职责的部门及其职权,国家网信部门负责统筹协调个人信息保护工作和相关监督管理工作,国务院有关部门依法在各自职责范围内负责个人信息保护和监督管理工作,县级以上地方人民政府有关部门按照国家有关规定确定其个人信息保护和监督管理职责。最后,《个人信息保护法》第七章规定了违反该法规定的法律责任,包括行政责任和民事责任。民事责任方面包括归责原则、责任方式、损害赔偿金额的确定方式、侵害个人信息的公益诉讼等问题。

《个人信息保护法》的制定标志着我国个人信息立法的基本成熟,但仍有一些问题的立法仅处于初步阶段,如有关自动化决策的规定,仅有一条法律规定,尚无法规制当前广泛使用的算法中存在的问题。该法更多的困境在于实践,该法实施后,主管机关多次开展各类专项监管活动打击违法个人信息处理行为,但违法行为仍大量存在,特别是个人信息违规搜集和使用,生活中的骚扰电话仍困扰着各个自然人。造成上述困境的原因一方面是有关个人信息处理规则有待完善,另一方面是被侵权人的维权成本、维权难度、损害赔偿责任与个人信息处理者违法行为的低成本、隐蔽性、获益数额间的对比,未能产生对违规处理者的威慑。

个人信息法律保护制度仍有较大的完善空间,需要平衡个人信息主体对保护个人信息的需求和数据经济对个人信息处理的需求,实现个人信息主体与个人信息处理者的共赢。

广州唯品会电子商务有限公司与周某聪个人信息保护纠纷案

摘要:周某聪作为唯品会平台的用户,请求唯品会平台提供其搜集的用户信息,属于用户个人信息查阅、复制权的行使。双方就用户查询、复制个人信息的范围存在分歧。两审法院对此进行了详细分析,确定了用户复制、查阅个人信息的范围,具有典型意义。

关键词:个人信息;查阅权;复制权

一、引言

《个人信息保护法》规定了个人信息主体对其个人信息的查阅、复制权,但查阅、复制的范围,权利行使的方式在实务中需要进一步明确。本案对此进行了详细的分析,可供学习研讨。

二、案件当事人

原告:周某聪

被告:广州唯品会电子商务有限公司(以下简称唯品会公司)

三、案情简介

唯品会公司系唯品会平台的运营主体,用户可通过网站和 App 使用该平台;周某聪系唯品会平台的注册用户。2021 年 3 月 1 日,周某聪致电唯品会平台客服,表示其系唯品会平台客户,因其母亲接到陌生电话,对方对周某聪购物留下的个人信息有所了解,故担心个人信息泄露,想知道唯品会平台收集了哪些个人信息,希望唯品会平台披露所收集到的其个人信息(如姓名、性别、出生年月、家庭信息、常用地址、联系方式、账户信息、设备型号操作系统版本、唯一的设备识别符、位置信息、IP 地址等)。唯品会平台客服表示:"用户有填写的信息,可以在 App 个人中心予以查看,且这些信息采取了加密的保护措施,不会泄露;对于用户没有填写的信息,唯品会是没有办法展示的,且鉴于登录账号 6541 用户即周某聪本人账户没有实名认证,唯品会也是没有办法知道的。"

同日,周某聪通过电子邮件"周缦卿〈zho×××@163.com〉"向唯品会公司隐私专职部门邮箱发送邮件,邮件内容称其致电了唯品会平台客服,客服称目前没有渠道向其披露公司所收集的个人信息,因焦虑个人信息被过多收集,请求公司披露相关内容,请求披露的内容同案涉起诉附件清单。唯品会公司未回复该邮件。

在周某聪两次要求唯品会公司披露个人信息的情况下,唯品会公司均不予处理,以不作为的方式侵害了周某聪查询、复制个人信息的权利。周某聪诉请判令唯品会公司向其披露其在使用唯品会电商网站(××)及App客户端(以下统称唯品会平台)的过程中唯品会公司收集的周某聪的所有个人信息。此外,诉请判令唯品会公司删除在周某聪处收集到的所有非必要信息。

四、案件审理情况

(一)诉讼请求权

个人信息的查阅权、复制权、删除权的侵权之诉。

(二)请求权基础规范及要件分析

《个人信息保护法》第45条第1款、第2款:个人有权向个人信息处理者查阅、复制其个人信息;有本法第十八条第一款、第三十五条规定情形的除外。

个人请求查阅、复制其个人信息的,个人信息处理者应当及时提供。

第18条第1款:个人信息处理者处理个人信息,有法律、行政法规规定应当保密或者不需要告知的情形的,可以不向个人告知前条第一款规定的事项。

第35条:国家机关为履行法定职责处理个人信息,应当依照本法规定履行告知义务;有本法第十八条第一款规定的情形,或者告知将妨碍国家机关履行法定职责的除外。

1.要件分析。

要件一:个人信息主体行使个人信息查阅权、复制权请求权。

要件二:要求查阅、复制的信息属于个人信息,并且不属于法律、行政法规规定应当保密或者不需要告知的情形或者告知将妨碍国家机关履行法定职责的。

要件三:个人信息处理者拒绝个人行使个人信息查阅权、复制权。

2.法律效果:个人信息处理者拒绝个人行使权利的请求的,个人可以依法向人民法院提起诉讼。

(三)抗辩权基础规范及要件分析

《个人信息保护法》第18条、第35条规定,在法律、行政法规规定需要保密,或者紧急情况不能及时告知的,或者告知将妨碍国家机关履行法定职责的,可以不告知法定的个人信息收集情况。

本案被告处理个人信息,不属于上述情况,故未提出抗辩。

(四)诉讼主张的检索

主张一:原告请求查阅、复制其个人信息。

主张二:原告主张查阅、复制其要求唯品会公司披露的信息。

唯品会公司主张设备信息以及日志信息是系统自动记录的信息,兼具商业运营信息的属性,企业有权在合理范围内且在不损害用户权益的基础上加以利用。

主张三:原告主张唯品会公司拒绝提供其个人信息查阅、复制,其向唯品会公司发出的申请查阅、复制的邮件并无回复。

唯品会公司主张原告未能证明自己是个人信息主体,故而未予回复。

(五)争点整理

上述主张中法院通过审理认为原告已经通过电话和电子邮件的方式发出查阅、复制个人信息的请求,并且唯品会平台客服在电话中就能够确定原告身份,收到电子邮件后也没有要求原告证明自己的身份,其不予回复的行为就构成拒绝。故本案主要争点为原告可以查阅、复制哪些个人信息。

争点:个人信息查阅、复制权的客体范围。

原告主张复制、查阅的个人信息和一审法院、二审法院判决唯品会公司应当向原告提供的个人信息对比见表3-2,下文一一说明。

表3-2 唯品会案个人信息查阅、复制权的客体对比

	原告	一审判决	二审判决
1	账户信息 账户注册时间、账号、昵称、头像	账户信息 账户注册时间、账号、昵称、头像	账户信息 头像 一审中已经提供:账户注册时间、账号、昵称
2	个人基本信息 姓名、性别、出生年月日、居住地、手机号码、电子邮箱	个人基本信息 性别、居住地、手机号码	一审中已经提供:性别、居住地、手机号码 原告未填"居住地",被告未收集,不属于查阅、复制范围
3	设备信息 设备名称、设备型号、操作系统和应用程序版本、语言设置、移动应用列表、唯	设备信息 设备型号、操作系统版本、唯一设备标识符	设备信息 设备型号、操作系统版本、唯一设备标识符

续表

	原告	一审判决	二审判决
	一设备标识符、运营商网络类型等软硬件特征信息		
4	位置信息 IP地址、GPS位置以及能够提供相关信息的WLAN接入点、蓝牙和基站等信息	除IP地址外不予支持，原告未证明被收集，被告表示未收集	原告、被告没有异议，法院不再审查
5	日志信息 搜索内容、浏览器类型、浏览记录、订单信息、访问日期和时间及您访问的网页记录等	日志信息 支持：浏览记录、订单信息、IP地址 不支持：搜索内容、浏览器类型、访问日期和时间及您访问的网页记录等（理由同上）	日志信息 浏览记录、订单信息、IP地址
6	收货信息 收货人姓名、收货地址、手机号码及相应的订单号、所购商品或服务信息、支付的货款金额及支付方式	收货信息 收货人姓名、收货地址、手机号码及相应的订单号、所购商品或服务信息、支付的货款金额及支付方式	收货信息 收货人姓名、收货地址、手机号码及相应的订单号、所购商品或服务信息、支付的货款金额及支付方式
7	支付信息 与唯品会公司合作的第三方支付机构从唯品会公司收集到的账户信息	支持，属于第10项	支持，属于第10项
8	原告的订单信息、浏览信息、购物习惯等	购物习惯 唯品会确认收集并应披露订单信息	购物习惯 唯品会确认收集并应披露订单信息
9	第三方SDK从唯品会公司收集到的其个人信息	第三方SDK收集的个人信息清单 第三方SDK的名称，第三方SDK已经收集到的周某聪个人信息，包括信息类型、信息内容、使用目的和使用场景	不支持

续表

	原告	一审判决	二审判决
10	对外分享的信息 共享给第三方的信息以及第三方的具体名称	与第三方(包括第三方支付机构)共享的个人信息清单 第三方的具体名称以及共享给第三方的周某聪个人信息,包括信息种类、信息内容、使用目的、使用场景和共享方式	与第三方(包括第三方支付机构)共享的个人信息 第三方的具体名称以及共享给第三方的周某聪个人信息,包括信息种类、信息内容、使用目的、使用场景和共享方式
11	请告知和披露原告的哪些信息被唯品会公司用于用户画像	不支持	不支持
12	以上信息,请求按要求全量披露,并对应说明收集的目的以及使用范围	以上信息生成电子化的个人信息副本	以上信息生成电子化的个人信息副本

原告主张查阅、复制的个人信息可以将其分为三类:(1)唯品会公司收集的用户个人信息;(2)唯品会公司与第三方共享的个人信息;(3)第三方 SDK 搜集的个人信息。

一审中被告唯品会公司提交《原告个人信息情况》,其中记载有周某聪的登录账号、注册时间、昵称、性别、绑定手机号、收件人信息(包括收货人、区域 ID、区域名称、详细地址、邮编、收货手机号、添加时间、送货方式等)等信息,原告确认收到,二审中,周某聪称对于《原告个人信息情况》涉及的个人信息,唯品会公司可以不再向其提供副本。

唯品会公司确认以下信息为其实际收集且应当披露的周某聪个人信息:"账户信息"中的账户注册时间、账号、头像,"个人基本信息"中的性别、手机号码,"设备信息"(设备型号、操作系统版本、唯一设备标识符),"日志信息"中的订单信息、IP 地址,"收货信息"(收货人姓名、收货地址、手机号码及相应的订单号、所购商品或服务信息、支付的货款金额及支付方式),"购物习惯"等。

关于周某聪"昵称"和"居住地"信息的收集。二审中,唯品会公司主张未收集周某聪的昵称和居住地信息,周某聪确认并未在唯品会 App 上填写昵称和居住地信息。双方均确认周某聪在唯品会 App 上的昵称为"唯品会会员",该昵称由唯品会 App 针对未填写昵称信息的会员统一自动生成。

关于表 3-2 中的第 9 项,原告主张"查询第三方 SDK 从唯品会公司收集到的其个人信息",根据《唯品会隐私政策》可知:唯品会公司有向 SDK 共享用户信息的可能。尽管唯品会公司已经在第三方 SDK 目录中列明了可能嵌入的第三方 SDK 名称、用途以及收集个人信息类型,但实际内嵌于唯品会 App 中的第三方 SDK 以及该 SDK 实际收集的用户具体个人信息,用户是无法查阅的。因此,唯品会公司仍有必要向周某聪清晰列出实际内嵌第三方 SDK 收集的周某聪个人信息,包括第三方 SDK 的具体名称,以及第三方 SDK 已经收集到的周某聪个人信息基本情况,包括信息类型、信息内容、使用目的和使用场景。

关于表 3-2 中的第 11 项,原告主张查阅、复制"哪些信息被唯品会公司用于用户画像",参考国家标准《信息安全技术 个人信息安全规范》(GB/T 35273—2020)第 3.8 条规定,用户画像是指"通过收集、汇聚、分析个人信息,对某特定自然人个人特征,如职业、经济、健康、教育、个人喜好、信用、行为等方面作出分析或预测,形成其个人特征模型的过程"。可知,用户画像是通过算法对个人信息的集合或部分集合进行自动化决策的过程。根据《个人信息保护法》第 24 条第 3 款规定,通过自动化决策方式作出对个人权益有重大影响的决定,个人有权要求个人信息处理者予以说明,并有权拒绝个人信息处理者仅通过自动化决策的方式作出决定。本案中,周某聪并未提交证据证明唯品会公司作出了对其个人权益有重大影响的自动化决策,其诉求唯品会公司披露具体哪些信息被用于用户画像,无事实和法律依据,一审法院不予支持。二审法院维持该判决。

关于表 3-2 中的第 10 项,原告周某聪诉请披露的"对外分享的信息:共享给第三方的信息以及第三方的具体名称"。根据《唯品会隐私政策》的约定,唯品会公司可能会将用户的个人信息与其关联方、授权合作伙伴共享,合作伙伴包括商品或技术服务的供应商、第三方商家以及委托唯品会公司进行推广的合作伙伴。该隐私政策并未披露共享个人信息的关联方以及授权合作伙伴的具体名称,根据《个人信息保护法》第 23 条规定的"个人信息处理者向其他个人信息处理者提供其处理的个人信息的,应当向个人告知接收方的名称或者姓名、联系方式、处理目的、处理方式和个人信息的种类,并取得个人的单独同意",唯品会公司有必要根据周某聪的申请披露与第三方共享个人信息清单,列明第三方的具体名称以及共享给第三方的周某聪个人信息,包括信息种类、信息内容、使用目的、使用场景和共享方式。

关于表 3-2 中的第 7 项，周某聪所列清单中的"支付信息：与唯品会公司合作的第三方支付机构从唯品会公司收集到的账户信息"仍属于上述唯品会公司共享给第三方的个人信息范畴，唯品会公司应根据周某聪的申请予以披露。

关于周某聪所列清单的其他信息：姓名、出生年月日、电子邮箱、设备名称、移动应用列表、应用程序版本、语言设置、运营商网络类型等软硬件特征信息，GPS位置以及能够提供相关信息的 WLAN 接入点、蓝牙和基站、搜索内容、浏览器类型、访问日期、时间以及访问的网页记录等，唯品会公司未确认已收集以上个人信息，周某聪亦无证据证明唯品会公司存在收集行为，故周某聪主张查阅、复制以上个人信息，无事实和法律依据，一审法院不予支持。一审判决后，周某聪未提出异议，二审法院不再对其进行审理。

五、结尾

本案被告侵犯原告基于《个人信息保护法》第 45 条所享有的权利，应当向原告提供登录账号、注册时间、昵称、性别、绑定手机号、收件人信息（包括收货人、区域 ID、区域名称、详细地址、邮编、收货手机号、添加时间、送货方式等）、实际内嵌第三方 SDK 收集的周某聪个人信息（包括第三方 SDK 的具体名称，以及第三方 SDK 已经收集到的周某聪个人信息基本情况，包括信息类型、信息内容、使用目的和使用场景）。与第三方共享个人信息清单的，应列明第三方的具体名称以及共享给第三方的周某聪个人信息，包括信息种类、信息内容、使用目的、使用场景和共享方式，包括与唯品会公司合作的第三方支付机构从唯品会公司收集到的账户信息。

六、附录

广州互联网法院民事判决书，(2021) 粤 0192 民初 17422 号。

广东省广州市中级人民法院民事判决书，(2022) 粤 01 民终 3937 号。

广州唯品会电子商务有限公司与周某聪个人信息保护纠纷案
教学指导手册

☐ 教学具体目标

本案例教学具体目标为理解个人信息保护的立法目的、个人信息的内涵、个人信息查阅和复制权的范围及相关的证据规则。

教学内容

一、《个人信息保护法》的立法目的

《个人信息保护法》第1条规定：为了保护个人信息权益，规范个人信息处理活动，促进个人信息合理利用，根据宪法，制定本法。根据该条规定可知该法的立法目的有以下三个方面。

第一，保护个人信息权益。随着网络技术和网络经济的发展，个人信息的处理方式多样化发展、经济价值与日俱增，滥用个人信息，危害个人财产、人身、尊严的风险也层出不穷。《个人信息保护法》第2条[①]专门强调对个人信息的保护，随后通过规定个人信息处理的基本原则、个人在个人信息处理活动中的权利、个人信息处理者的义务等规则保护个人信息权益。

第二，规范个人信息处理活动。个人信息处理活动产生了巨大的经济利益，也诱使各种危害个人信息主体权益的处理活动出现，唯有确定合理规范，将个人信息处理活动限定在特定规则之内才能防止个人信息处理活动损害个人信息权益。

第三，促进个人信息合理利用。个人信息的法律保护并非防止个人信息的利用，而是将其限定在合理的范围内，防止个人信息处理危害的发生，又发挥个人信息处理带来的生产生活便利。个人信息的保护应与信息自由、言论自由、商业活动自由、社会治理等处于一个合理的平衡。《个人信息保护法》第13条第1款第1项规定个人信息处理者处理个人信息应征得个人的同意，但又在同条同款第2项至第7项规定不需要征得个人同意的例外，体现个人信息处理中个人信息保护的主体意愿与公众知情权、社会治理、商业合理适用等平衡。

二、个人信息的界定

（一）个人信息的内涵

我国理论界对个人信息的内涵有识别说和关联说之争。

[①] 《个人信息保护法》第2条规定："自然人的个人信息受法律保护，任何组织、个人不得侵害自然人的个人信息权益。"

识别说,是指能够单独或者与其他信息结合识别特定自然人作为确定该信息是否属于个人信息的标准。我国《民法典》采用这一标准,该法第1034条第2款规定:个人信息是以电子或者其他方式记录的能够单独或者与其他信息结合识别特定自然人的各种信息,包括自然人的姓名、出生日期、身份证件号码、生物识别信息、住址、电话号码、电子邮箱、健康信息、行踪信息等。

关联说,是指与已识别或者可识别的自然人有关的各种信息。我国《个人信息保护法》采用这一标准,该法第4条第1款规定:个人信息是以电子或者其他方式记录的与已识别或者可识别的自然人有关的各种信息,不包括匿名化处理后的信息。

我国理论界对采用识别说与关联说界定个人信息存在争议。二者的差异在于,识别说以个人信息的识别性界定其范围,关联说以个人身份界定个人信息的范围,识别说更注重保护个人信息,如果某类信息不能识别属于特定个人,则缺乏保护的必要。关联说更注重保护个人,只要是个人的信息都应获得保护,无论其是否能够识别信息主体。从理论上看,关联说的保护范围大于识别说的范围,但在数据分析技术高度发达的情况下,一些信息本身虽不具有可识别性却能通过与其他信息结合具有可识别性,可识别信息的范围在不断扩大并与个人关联信息的范围无限接近。

本案中,依据《个人信息保护法》及关联说确定个人信息的范围,则与原告相关的信息均为其个人信息。

(二)个人信息的要件

基于《个人信息保护法》第4条的规定,个人信息应具备以下三个要件。

第一,自然人。个人信息应当是自然人的个人信息,不能是法人或非法人组织的信息。关于死者的个人信息,因为自然人已经死亡,其权利能力消灭,根据《个人信息保护法》的规定,其近亲属为了自身的合法、正当利益,可以对死者的相关个人信息行使查阅、复制、更正、删除等权利;但死者生前另有安排的除外。

第二,已识别或者可识别的自然人。个人信息保护的对象是自然人的个人信息,可识别性是其保护的基础,特定自然人的信息才具有保护的必要,无法与特定自然人关联的信息不存在保护的必要。已识别,又称直接识别,是指信息本身就可以识别出特定的自然人,如居民身份证号、指纹等与特定自然人存在唯一联系的信息。可识别,又称间接识别,是指仅凭该信息本身无法识别特定自然人,但与其他信息相结合能够识别特定的自然人,如个人购物的浏览信息本身是不能够识别特定的自然人的,但是与该账户用户名、用户名实名认证的手机号结合则能够识别特定的自然人。

本案中,由于原告在被告网站进行了实名认证,属于已识别的自然人。

第三,有关的各类信息。个人信息是与已识别或可识别的自然人有关的信息,缺乏相关性的信息不属于个人信息。信息的种类非常宽泛,"各类"信息均为个人信息,未做过多限制,可以是个人的网络账号、送货地址、浏览记录、购物记录等。有关的各类信息不以信息的类型判断是否属于个人信息,而以是否与已识别或可识别的自然人相关为重点,意在更好地保护自然人的个人信息权益,只要能确定或可确定自然人,其信息均受到保护。识别说和关联说的本质差别即在于此。识别说,强调信息本身的识别性;关联说,是确定自然人后与之相关的信息,无论该信息是否具有识别性。可见,依据关联说确定的个人信息的范围大于依据识别说确定的个人信息的范围。

本案中,被告在唯品会平台进行实名注册的事实,使其成为已经识别的自然人,唯品会平台处理的各类信息一旦与原告相关,均为其个人信息,除非唯品会平台切断其处理的信息与自然人之间的特定联系,即匿名化处理。

三、个人信息查阅、复制权的范围

《个人信息保护法》第 45 条第 1 款规定:个人有权向个人信息处理者查阅、复制其个人信息;有本法第 18 条第 1 款、第 35 条规定情形的除外。该条赋予个人信息主体享有个人信息的查阅、复制权。以下分别从该权利的立法原因、权利主体、权利客体、权利内容、权利行使的方式、权利适用豁免、权利救济等方面一一阐述。

(一)个人信息查阅、复制权的立法原因

为了保护个人信息,我国法律规定了个人信息处理的一般规则,包括个人信息处理的公开、透明原则、知情同意原则等,个人信息所有人有权知悉自己的哪些个人信息基于何种目的被如何利用,这些原则的实现依赖于个人信息所有人能够查阅、复制个人信息处理者处理个人信息的各类事项。我国法律还规定个人信息所有者享有可携带权、修改权、删除权等,这些权利的行使以个人信息所有人能够知悉个人信息处理者处理个人信息的各类事项为基础,这依赖于个人信息所有者享有的个人信息查阅、复制权。

(二)个人信息查阅、复制权的主体

个人信息查阅、复制权的权利主体是自然人,该自然人的个人信息被处理,因而其有权对自身的个人信息的处理情况查阅和复制。自然人无权主张查阅、复制他人的个人信息,死者除外。《个人信息保护法》第49条规定死者的近亲属有权查阅、复制死者的个人信息。[1] 该法未规定监护人对其监护的未成年人的个人信息有查阅、复制权,但该法第31条规定个人信息处理者处理未满14周岁的个人信息时应征得其监护人同意。[2] 未满14周岁的未成年人对行为的法律后果缺乏足够的判断,因而处理该类主体的个人信息应征得有判断能力的监护人同意。为了监护人更好地保护其监护对象的个人信息安全,应允许其以保护被监护人个人信息为目的行使法律赋予的各项个人信息权益,包括查阅、复制权。

对个人信息进行查阅、复制的义务主体是个人信息处理者。个人信息处理者,是指在个人信息处理活动中自主决定处理目的、处理方式的组织和个人。[3] 个人信息的处理包括个人信息的收集、存储、使用、加工、传输、提供、公开、删除等。[4]

本案中原告周某聪系唯品会平台用户,其是自身个人信息查阅、复制权的权利主体;唯品会公司对原告个人信息进行处理,包括收集、存储、加工、传输、提供等,为原告个人信息的处理者,是原告个人信息查阅、复制权的义务主体。原告主张查阅、复制唯品会公司与第三方共享的个人信息,是唯品会公司收集原告个人信息并将之提供给第三人的,因此唯品会公司仍属于该个人信息的处理者,属于查阅、复制权的义务主体。对于第三方SDK搜集的个人信息,唯品会公司并未参与该类个人信息的处理,因而不是这类个人信息查阅、复制的义务主体。

(三)个人信息查阅、复制权的客体

按照《个人信息保护法》的规定,个人信息查阅、复制权的客体简单表述为"个人信息",但其还应包括个人信息处理的相关事项。我国国家标准《信息安全技术 个人信息安全规范》第8.1条将个人信息查阅的内容规定为个人信息控制者

---

[1] 《个人信息保护法》第49条规定:"自然人死亡的,其近亲属为了自身的合法、正当利益,可以对死者的相关个人信息行使本章规定的查阅、复制、更正、删除等权利;死者生前另有安排的除外。"

[2] 《个人信息保护法》第31条第1款规定:"个人信息处理者处理不满十四周岁未成年人个人信息的,应当取得未成年人的父母或者其他监护人的同意。"

[3] 参见《个人信息保护法》第73条第1项。

[4] 参见《个人信息保护法》第4条第2款。

所持有的个人信息或者个人信息的类型；上述个人信息的来源、所用于的目的；已经获得上述个人信息的第三人身份或类型。该规定更加明确地说明了个人信息查阅、复制权的客体，了解个人信息如何处理，为何处理是权利主体知情权的应有之义，也是查阅、复制权的应有之义。

本案中，原告主张查阅、复制自身的个人信息属于查阅、复制权的范围，唯品会公司如何使用原告个人信息，如是否利用这些个人信息进行用户画像，唯品会公司与第三方共享原告个人信息的情况，均属于个人信息查阅、复制权的客体。

（四）个人信息查阅、复制权的行使

《个人信息保护法》仅规定"个人请求查阅、复制其个人信息的，个人信息处理者应当及时提供"，并未具体说明个人应依据什么程序有什么限制方能行使查阅、复制权。个人只要能够证明自己的身份，即可向个人信息处理者提出查阅、复制的请求，电话或者邮件等均为可行的方式。

本案中，法院认为个人只要能证明自己个人信息的主体身份即可行使个人信息查阅、复制权，被告提出某些个人信息提供查阅、复制的成本较高，如浏览记录等均和其他个人信息混合存放，分离成本高，应当限制此类信息的查阅、复制。法院并未赞同这一观点，认为个人信息查阅、复制权的行使不受查阅、复制成本高低和难易程度的影响，因此允许原告查阅、复制唯品会公司处理的与其有关的所有个人信息，仅允许个人信息处理者可在合理的时间内提供用户查阅、复制的个人信息。

（五）个人信息查阅、复制权的例外

《个人信息保护法》规定了两类查阅、复制权的例外，一类是法律、行政法规规定应当保密或者不需要告知的情形[1]，另一类是国家机关为履行法定职责处理个人信息，告知个人信息主体将妨碍国家机关履行法定职责的情形[2]。

本案中，唯品会公司处理的原告个人信息不属于法定应当保密的范围，也不是国家机关履行法定职责处理的个人信息，因此，不属于个人信息查阅、复制权的例外情形。

（六）个人信息查阅、复制权的法律救济

对于个人信息查阅、复制权未获实现的，个人信息权利主体能采取何种救济

---

[1] 参见《个人信息保护法》第 18 条第 1 款。
[2] 参见《个人信息保护法》第 35 条。

手段,理论界存在一定争议。有学者曾主张查阅、复制权的不获实现不会导致个人信息权利主体受到损害,因此该主体应向行政主管机关投诉,由行政主管机关责令个人信息处理者改正,但不能向法院提起诉讼。有学者不赞同前述观点,认为个人信息处理者拒不提供个人信息的查阅、复制虽然并不产生对个人信息的实际损害,但仍然构成对权利主体法定权利的侵犯,既然法律已经规定了该权利的存在,就应允许权利主体获得司法的救济,享有向法院提起诉讼的权利。《个人信息保护法》第50条第2款肯定了个人信息权利主体的诉权。①

本案中,被告拒绝了原告对其个人信息的查阅、复制,原告有权向法院提起诉讼。

四、证据资格

(一)证据资格"三标准"的内涵

证据资格是指涉及在司法等活动中决定证据能否被采纳所依据的准则,即什么样的证据可以被采纳。证据资格是大陆法系的概念,在英美法系被称为证据的"可采性",我国亦有学者称之为"证据的采纳标准"。

证据资格的一般标准包括客观性标准(真实性标准)、关联性标准和合法性标准。本案二审中唯品会公司补充了7项证据,周某聪对这7项证据均从"真实性、关联性、合法性"这三个方面进行质证,缘何如此?皆因这三个方面为证据资格的一般标准,只有当一方当事人提交的证据满足这三个标准时,该证据才能被法院采纳。

证据的客观性或真实性,是指证据应该是客观存在的,体现为两个方面:其一,证据的内容必须具有一定的客观性,必须是对客观事物的反映,不能是纯粹的主观臆断、毫无根据的猜测等;其二,证据必须具备客观的外在表现形式,是看得见摸得着的东西,人脑中的案情如果不通过言辞等方式外化,就不能为人所感知,就不符合证据的客观真实性标准。

证据的关联性或相关性,是指证据必须与需要证明的案件事实或其他争议事实具有一定的联系。然而万事万物皆有联系,何种联系能成为"一定的联系",满足证据关联性的标准,极为抽象。正如美国证据学家华尔兹教授所指出的:"……

---

① 《个人信息保护法》第50条第2款规定:"个人信息处理者拒绝个人行使权利的请求的,个人可以依法向人民法院提起诉讼。"

相关性实际上是一个很难用切实有效的方法界定的概念。相关性容易识别，但却不容易描述。"[①]司法活动旨在解决争议，证据的关联性要求应能证明案件事实，解决案件争议问题，与案件事实无关，与案件的争议无关则不具备关联性。

证据的合法性标准，是指证据必须符合法律的规定，主要包括三个方面的内容：第一，证据的调查主体必须符合法律的规定。例如，我国法律法规对鉴定人的资格条件作出了一些限制性规定，因此那些不具备鉴定人资格的人作出的鉴定意见，即使具备了客观性和关联性，也不能采纳。第二，证据的形式必须符合有关法律的规定。例如，如果法律规定证明某种民事关系存在的证据必须以书面形式，或者必须经过公证，那么不具备相应形式的证据不能采纳。第三，证据的收集程序或提取方法必须符合法律的有关规定。例如，我国司法解释规定窃听取得的证据视为非法证据，不得作为民事诉讼中的证据使用。

(二)证据资格"三标准"的适用

以下通过本案二审中唯品会公司提交的7份证据、周某聪的质证及法院最后的认定来分析证据资格的三个标准在具体案件中是如何适用的。

证据1：唯品会公司自行制作的2021年3月1日唯品会公司客服电话入线记录，拟证明2021年3月1日即周某聪拨打唯品会公司客服电话当日，唯品会公司客服共入线电话13××9个。唯品会公司客服每日入线海量来电，难以逐一核实来电人员的身份信息。

周某聪的质证：对证据1的真实性、关联性、合法性均不认可。

原因：该证据是唯品会公司单方制作的，周某聪无法核实其真实性和合法性，并且周某聪在一审中提交的证据可以充分证明，唯品会公司客服在通话的过程中已经明确知道周某聪的账户信息。

证据2：邮箱网关系统隔离记录截图，拟证明周某聪于2021年3月1日发送给唯品会公司的邮件因有禁用词被邮箱网关系统隔离，唯品会公司实际上并未收到该邮件，在不知晓周某聪发送过邮件的情况下未对周某聪邮件请求进行答复，不存在过错。

周某聪的质证：对证据2的真实性、合法性、关联性均不认可。

[①] [美]乔恩·R.华尔兹：《刑事证据大全》，何家弘等译，中国人民公安大学出版社1993年版，第64页。

原因:该证据是唯品会公司单方提供的,周某聪无法核实其真实性和合法性。另外,唯品会公司在一审程序中从未否认过收到周某聪邮件的事实,只是强调其无须向周某聪披露信息。即便唯品会公司确实没有收到周某聪邮件,也是由于唯品会公司系统恶意拦截的缘故,其应承担相应不利后果。唯品会公司在与周某聪的通话中已经明确地拒绝了周某聪关于披露信息的请求,已经侵害了周某聪的查阅、复制权,其是否收到邮件,不影响对其行为的定性。

证据3:(2022)京方圆内经证字第3466号公证书,拟证明周某聪在手机及唯品会App上可以查阅、复制其主张的个人信息,并可自行在唯品会App上获取电子化的个人信息副本。周某聪主张的账户信息、个人基本情况、日志信息、收货信息均可在App"个人中心"中完成查阅,"购物习惯"由用户自行勾选并可随时更改,在"个人中心"中可以查阅用户选择的"购物习惯"。设备信息中的"设备型号、操作系统版本、唯一设备识别符"及日志信息中的"IP地址"在手机的"设置"功能里均可完成查阅。一审判决附表2中所列第1—6项信息,周某聪均可在其手机和唯品会App中完成查阅。唯品会App"个人中心"中向用户公示了《第三方SDK收集个人信息清单》,列明了第三方SDK的名称、使用场景、使用目的、收集个人信息字段、个人信息类型、所属机构及政策说明链接,周某聪可在唯品会App中完成查阅、复制。唯品会App"个人中心"中向用户公示了《与第三方共享个人信息列表》,列明了信息接收方、共享个人信息内容、使用场景、使用目的、共享方式及查阅具体服务方信息的渠道,周某聪可在唯品会App中完成查阅、复制。唯品会App"个人中心—隐私设置"中有"个人信息查看与导出"功能,用户可自行便捷地将电子化的个人信息副本发送到指定邮箱,周某聪可自助获取。

证据4:唯品会App导出个人信息副本的过程截图及提供的个人信息副本、2021年12月21日澎湃新闻文章《从App中"复制"自己的个人信息,有多难?》,拟证明用户可以自行在唯品会App获取电子化的个人信息副本。根据媒体对应用市场上50款常用App在个人信息查阅、复制方面的测评报告,唯品会App采取的提供个人信息副本方式是目前实践中的主流做法,并且唯品会App可以提供的个人信息副本包含的个人信息在目前市面上的App中属于内容较为丰富的。一审法院认定唯品会"应当以常用的电子形式提供个人信息副本,如Excel、Word文档等"不符合当前实践中个人信息复制权的行使方式,违背个人信息保护实践的通常做法。

周某聪的质证：对证据3、证据4的真实性和合法性认可，关联性不认可。因为该两份证据仅能证明唯品会App在一审判决作出后的状态，在一审判决作出前，唯品会App并未向用户提供查阅、复制个人信息途径和渠道，一审判决作出后，唯品会公司对唯品会App进行调整完善、向用户提供查阅和复制部分个人信息的途径和渠道，只能说明唯品会公司认可并以替代的方式履行了一审判决，并不能由此反推一审判决存在错误。

证据5：2021年9月10日、2021年11月4日、2021年12月10日、2022年2月8日，唯品会公司更新隐私政策的公告及其发布的隐私政策和附件，以及唯品会App隐私政策及附件修改对比表，拟证明唯品会公司已按照《个人信息保护法》的规定及主管部门要求，于2021年11月4日修改、发布了《第三方SDK收集个人信息清单》《与第三方共享个人信息基本情况》《App权限使用情况列表》《个人信息收集与使用清单》，通过上述清单、列表的方式向用户披露个人信息收集、共享的情况。周某聪可以在唯品会App上通过《第三方SDK收集个人信息清单》《与第三方共享个人信息基本情况》查阅第三方SDK收集的个人信息及与第三方共享的个人信息详情，唯品会公司已履行《个人信息保护法》规定的个人信息合规义务。唯品会公司跟随法律法规的变动不断完善更新隐私政策及个人信息保护政策，履行《个人信息保护法》规定的个人信息合规义务。一审法院没有查明《个人信息保护法》的生效时间及企业履行新法义务的时间，认定唯品会公司构成侵害周某聪查阅、复制权，存在事实认定错误和法律适用错误。

周某聪的质证：对证据5的真实性、合法性、关联性均不认可。唯品会公司是否如其所述对隐私政策进行了修改，周某聪无法核实，在周某聪已向一审法院起诉且经过两次开庭审理的情况下，唯品会公司如果通过修改隐私政策或唯品会App满足了周某聪查阅、复制个人信息的部分要求，则其应尽快通知周某聪并向法院作出说明，但其在一审判决作出前既未告知周某聪也未向法院说明。至于一审判决作出之后的修改，只能说明唯品会公司认可并以替代的方式履行了一审判决，并不能由此反推一审判决存在错误。

证据6：2021年11月1日工业和信息化部发布的《关于开展信息通信服务感知提升行动的通知》及附件《首批设立"双清单"、提升客服热线响应能力、优化隐私政策和权限调用展示方式的互联网企业名单》，拟证明工业和信息化部于2021

年11月1日发布通知,要求互联网企业在2021年12月底前完成"优化隐私政策和权限调用展示方式",各相关企业应建立已收集个人信息清单和与第三方共享个人信息清单(个人信息保护"双清单"),并在App二级菜单中展示,方便用户查询。唯品会公司为工业和信息化部首批设立"双清单"、提升客服热线响应能力、优化隐私政策和权限调用展示方式的互联网企业之一,于2021年11月4日发布了"双清单",走在互联网企业前列。

证据7:2021年5月11日中国打击侵权假冒工作网发布的《广东三部门联合召开互联网平台企业行政指导会》、2021年4月14日国家市场监督管理总局发布的《互联网平台企业向社会公开〈依法合规经营承诺〉(第一批)》、2020年11月6日市场监管总局等联合召开规范线上经济秩序行政指导会的相关报道,拟证明唯品会公司在《个人信息保护法》颁布前后始终积极参与并接受主管部门的行政指导,按照法律、监管的要求履行个人信息合规义务。

周某聪的质证:对证据6、证据7的真实性和合法性认可,关联性不认可。该证据无法证明唯品会公司协助周某聪实现了用户依照《民法典》第1034条、第1037条的规定享有的查阅、复制个人信息的权利,相反,在整个一审诉讼过程中,唯品会公司始终拒绝周某聪行使查阅、复制个人信息的权利。

诉讼中,一方当事人对另一方当事人提出的证据基本持否定的态度。本案中周某聪对唯品会公司证据的质证皆从证据资格的三个标准着手予以驳斥。周某聪对唯品会公司单方形成的证据,以缺乏真实性为由予以驳斥,对唯品会公司一审后提出的证据,以缺乏合法性为由驳斥,对唯品会公司提出的其他证据以缺乏关联性为由驳斥。

多数的裁判文书里并不明确说明法院是否采纳特定证据以及采纳与否的原因,仅陈述法院根据双方提供的证据认定的案件事实。

―――――― 思 考 题 ――――――

[1] 个人信息的概念有"识别说"和"相关说",比较二者的不同,分别依据两种学说判断电话号码、定位信息、网页浏览信息等是否属于个人信息,思考两种学说各自的合理性。

[2] 自然人对其个人信息享有哪些权利?任选一款App查找行使这些权利的方式,如果不能行使某一权利,思考可能的救济方式及获得救济的障碍。

[3]证据采纳标准与证据采信标准有何不同？如果起诉某 App 违法搜集自己的个人信息，如何搜集并保全证据？

———————— 推荐阅读 ————————

[1]张新宝:《我国个人信息保护法立法主要矛盾研讨》,载《吉林大学社会科学学报》2018 年第 5 期。
[2]周汉华:《个人信息保护的法律定位》,载《法商研究》2020 年第 3 期。
[3]姚佳:《个人信息主体权利的实现困境及其保护救济》,载《中国法律评论》2022 年第 6 期。
[4]程啸、王苑:《论我国个人信息保护法中的查阅复制权》,载《法律适用》2021 年第 12 期。

3.5 数　据

◻ **理论导读**

农业经济时代,关键生产要素是土地与劳动力;工业经济时代,关键生产要素是技术与资本;数据经济时代,数据成为关键生产要素。数据作为新型生产要素,对土体、劳动力、资本、技术等生产要素具有放大、叠加、倍增作用,正在推动生活方式、生产方式和治理方式深刻变革。因此,数据法律制度具有重大意义,理论界对其展开了大量的研究,研究集中于数据概念、数据类型、数据的法律属性、数据的权利内容等方面,但分歧较大,未能达成共识。司法实践中,法官们面对涉数据纠纷,肯定数据法律保护的正当性,积极探索裁判规则,平衡数据生产者与数据利用者之间的利益关系。

2022 年,中共中央、国务院发布《关于构建数据基础制度更好发挥数据要素作用的意见》(以下简称《数据二十条》),确立了我国数据法律制度的基本体系。数据基础法律制度主要包括四个方面。第一,数据产权制度,其核心是将数据分为公共数据、企业数据、个人数据,实行数据分类分级确权授权制度。根据数据来源和数据生成特征,分别界定数据生产、流通、使用过程中各参与方享有的合法权利,实行数据产权三权分置,即数据资源持有权、数据加工使用权、数据产品经营权分置的运行机制。第二,数据流通交易制度,具体包括完善数据全流程合规与监管规则体系、统筹构建规范高效的数据交易场所、培育数据要素流通和交易服务生态、构建数据安全合规有序跨境流通机制。各制度协调运行,保障数据合规获取,安全流通。第三,数据收益分配制度。在初次分配阶段健全数据要素由市场评价贡献、按贡献决定报酬机制,在二次、三次分配阶段发挥政府在数据要素收益分配中的引导调节作用,加强弱势群体保护,应对各类风险,规制资本在数据领域的无序扩张和垄断行为,增进社会公平、保障民生福祉、促进共同富裕。第四,数据安全治理制度。政府、企业、社会公众各司其职,创建政府、企业、社会多方协同的治理模式,形成安全可控、弹性包容的数据要素安全治理机制。

《数据二十条》确定了数据基础制度的基本方向、基本框架,但具体实现仍有待理论界与实务界持续共同努力。

淘宝（中国）软件有限公司与安徽美景信息科技有限公司涉数据产品案

摘要： 数据是数据技术发展后产生的新型客体，如何对数据、数据产品予以法律保护仍属于理论争议问题。司法实践中，涉数据纠纷主要依据《反不正当竞争法》一般条款予以规制。

关键词： 数据产品；个人信息处理；不正当竞争

一、引言

2018年8月16日，杭州互联网法院公开宣判了淘宝（中国）软件有限公司（以下简称淘宝公司）诉安徽美景信息科技有限公司（以下简称美景公司）案，这是大数据时代确认企业对数据财产享有财产性权利的重要案例。该案涉及用户个人信息处理合法性的认定、数据产品如何保护等新兴法律问题。

二、案件当事人

原告：淘宝公司

被告：美景公司

三、案情简介

"生意参谋"系淘宝公司独立开发和运营的零售电商数据产品，用于向淘宝商家提供数据化的商业参考。"生意参谋"对淘宝用户的浏览、搜索、收藏、加购、交易等活动留下的痕迹信息进行加工处理，从而形成了具有衍生性质的数据内容。美景公司涉嫌引诱已订购"生意参谋"产品的淘宝用户下载其产品以分享、共用子账户，并在其平台上出租"生意参谋"产品子账户以获取佣金。与此同时，美景公司组织其平台用户租用"生意参谋"子账户，为用户通过远程登录"出租者"电脑等方式使用"出租者"子账户查看"生意参谋"产品数据内容提供技术帮助，并从中牟利。淘宝公司以美景公司为被告向杭州互联网法院提起诉讼，认为其行为对"生意参谋"已构成实质性替代，直接导致了该产品的订购量和销售额减少，极大地损害了淘宝公司的经济利益；美景公司的行为恶意破坏了淘宝公司的商业模式,严重扰乱数据行业的竞争秩序,已经构成了不正当竞争行为。被告美景公司辩称,淘宝"生意参谋"的原始数据获取未经用户同意,侵犯了用户的财产权、个人隐私和商户的经营秘密,具有违法性;淘宝公司利用垄断优势控制数据衍生产品,使原始数据的拥有者被迫购买由自己数据衍生的数据产品,具有不正当性;其与淘宝并不属于同一市场行业,因此不属于竞争关系,淘宝公司无法依据《反不正当竞争法》予以起诉。

四、案件审理情况

(一)诉讼请求权

停止不正当竞争请求权。

(二)请求权基础规范及要件分析

《反不正当竞争法》第 2 条:经营者在生产经营活动中,应当遵循自愿、平等、公平、诚信的原则,遵守法律和商业道德。

本法所称的不正当竞争行为,是指经营者在生产经营活动中,违反本法规定,扰乱市场竞争秩序,损害其他经营者或者消费者的合法权益的行为。

本法所称的经营者,是指从事商品生产、经营或者提供服务(以下所称商品包括服务)的自然人、法人和非法人组织。

1. 要件分析。

要件一:原告、被告为经营者。

要件二:涉诉行为属于生产经营活动。

要件三:被告行为违反自愿、平等、公平、诚信的原则、法律和商业道德。

要件四:涉诉行为扰乱市场竞争秩序。

要件五:涉诉行为损害了其他经营者或者消费者的合法权益。

2. 法律效果:构成不正当竞争行为。

(三)抗辩权基础规范及要件分析

本案被告未提出抗辩,不存在抗辩权。

(四)诉讼主张的检索

根据构成要件检索诉讼主张,一一对应。

主张一:原告主张被告是经营者。被告未对此否认。

主张二:原告主张被告引诱已订购"生意参谋"产品的淘宝用户下载其产品以分享、共用子账户,并在其平台上出租"生意参谋"产品子账户以获取佣金的行为属于生产经营活动。被告未对此否认。

主张三：原告主张被告的行为具有恶意，破坏了原告的商业模式。被告主张原告利用自己的垄断优势控制数据衍生产品，使原始数据的拥有者被迫购买由自己数据衍生的数据产品，具有不正当性。双方对此存在争点。

主张四：原告主张被告的行为严重扰乱数据行业的竞争秩序。被告主张自己与原告并不属于同一市场行业，因此不属于竞争关系，不会扰乱数据行业的竞争秩序。双方对此存在争点。

主张五：原告主张被告的行为对"生意参谋"已构成实质性替代，直接导致了该产品的订购量和销售额减少，极大地损害了原告的经济利益。被告主张原告"生意参谋"的原始数据获取未经用户同意，侵犯了用户的财产权、个人隐私和商户的经营秘密，具有违法性。双方对此存在争点。

（五）争点整理

上述主张一、主张二无争议，主张三、主张四、主张五存在争议。被告主要以淘宝公司"生意参谋"的原始数据获取未经用户同意，侵犯了用户的财产权、个人隐私和商户的经营秘密，具有违法性为由，主张其不应获得法律保护，自身行为不构成不正当竞争。因此形成以下四个争点。

争点一：淘宝公司收集并使用网络用户信息的行为是否正当？

审理认定：淘宝对网络用户的信息收集符合相关隐私政策的规定，亦符合《网络安全法》第22条第3款、第41条第2款对信息收集的要求，即作出了明示并获取用户同意，且信息收集遵守最小化义务。

争点二：淘宝公司对"生意参谋"数据产品是否享有法定权益？

审理认定：淘宝公司对"生意参谋"享有竞争性财产权益。然而，财产所有权作为一项绝对性权利，一旦被赋予则意味着不特定多数人将承担相应义务，关涉极大。因此，基于物权法定原则，法院并未确认淘宝对数据产品的财产权利。

争点三：原告、被告之间是否存在竞争关系？

审理认定：美景公司与淘宝公司争取吸引的用户群体具有高度重合性，存在此消彼长的或然性对应关系，故二者存在直接竞争关系。

争点四：被告是否损害了原告的合法权益，是否违背了商业道德？

审理认定：美景公司在未付出任何劳动的前提下，将淘宝公司具有竞争性财产权益的数据产品作为盈利工具使用，给淘宝公司的市场收益造成损失，属于"搭便车"的不正当竞争行为。

五、结尾

被告行为满足《反不正当竞争法》第 2 条的适用要件,构成不正当竞争行为,确定本案的法定赔偿数额及合理费用开支共计人民币 200 万元。

六、附录

杭州铁路运输法院民事判决书,(2017)浙 8601 民初 4034 号。

浙江省杭州市中级人民法院民事判决书,(2018)浙 01 民终 7312 号。

浙江省高级人民法院民事判决书,(2019)浙民申 1209 号。

淘宝(中国)软件有限公司与安徽美景信息科技有限公司涉数据产品案教学指导手册

▣ 教学具体目标

本案例用于分析新型财产权利的法律保护问题,具体包括四个问题:第一,数据的法律保护问题;第二,个人信息合法处理规则的理解与适用;第三,《反不正当竞争法》一般条款的理解与适用;第四,信息网络侵权案件的地域管辖问题。

▣ 教学内容

一、数据法律保护的探索

《民法典》第 127 条规定:法律对数据、网络虚拟财产的保护有规定的,依照其规定。该条规定明确了数据可受到法律的保护,但是对如何保护并没有作出明确的规定,依赖其他法律的规定。但我国其他法律尚未对这一新型财产如何保护予以特别规定,也没有明确数据的概念、法律属性等基本问题。

(一)数据概念的界定

我国法学者在研究数据法律问题时,对数据的本质有不同的认识,采用了不同的名词。

有的学者以数据权利保护大数据,认为数据是对事实、活动的数字化记录,具有独立性,形式有多样性。数据是无体的,通常由非物质性的比特(bit)构成。数据是大数据的基础,数据与大数据的关系是包含与被包含的关系,大数据是数据的衍生品。[1] 大数据的法律保护通过构建数据权利来实现。

有的学者提出数据信息的概念,首先界定数据限于在计算机及网络上流通的在二进制的基础上以0和1的组合而表现出来的比特形式,再提出数据信息是指具有一定含义的数据,或者说数据经转换后得到的包含可以被直接理解的内容。根据数据信息的产生和利用途径,数据信息分为原始数据信息和衍生数据信息。原始数据信息是指因自然人、法人及其他组织等在互联网上的行为而直接产生的数据信息,主要由互联网上的个人信息以及社交网络平台或App的浏览记录、电子商务中的购买记录等构成。衍生数据信息则是原始数据信息被开发、处理后的数据信息集合,如通过分析客户的消费记录信息了解客户的消费能力与消费兴趣点,通过分析消费支付信息能透视客户的支付渠道情况等。[2] 即使从该学者所倡数据信息的概念里不能断定其内涵是不是大数据,从其对数据信息的分类中也能判断该学者所说的数据信息为大数据。

有的学者面对数据的发展,提出数据新型财产的概念,区分个人信息和数据资产,进行两个阶段的权利建构:在个人信息或者初始数据层面,配置人格权益和财产权益;在数据资产层面,应由数据经营者(企业)基于数据经营和利益驱动的机制需求,分别配置数据经营权和数据资产权。[3]

有学者比较用户信息、原始信息和数据产品三个概念,认为原始数据与用户信息在物理性质上无本质区别,前者是对后者进行数字化记录的转换。数据产品与用户信息、原始数据具有物理性质上的本质区别,前者是基于后者形成的创造性产品,是区别于原始数据和用户信息的新权利客体。数据产品是在原始数据的基础上通过一定的算法,经过深度分析过滤、提炼整合以及匿名化脱敏处理后形成的预测型、指数型、统计型的衍生数据。[4] 客观上的大数据实际包含用户信息、

---

[1] 参见李爱君:《数据权利属性与法律特征》,载《东方法学》2018年第3期。
[2] 参见方印、魏维:《数据信息权利的物权法保护研究》,载《西部法学评论》2018年第3期。
[3] 参见龙卫球:《数据新型财产权构建及其体系研究》,载《政法论坛》2017年第4期。
[4] 参见徐海燕、袁泉:《论数据产品的财产权保护——评淘宝诉美景公司案》,载《法律适用》2018年第20期。

原始信息和数据产品三者。

上述学者在构建数据法律保护时采用了不同的客体名称,关注到数据客体的某一方面,但也有自身的不足。以数据、数据信息为数据法律保护的本质过于宽泛,数据包含大数据,但网络时代除了数据还有什么?世间所有万物都是数据,如何区分数据中的物、知识财产等特定形式的保护客体?数据信息是以数据形态表现的信息,涵盖了所有数据形态的各私权客体没能实现大数据客体的特定化,同时没有形成与个人信息的区别,导致据此构建的财产权利归属上无法平衡个人信息提供者与大数据控制者的利益。数据产品的概念有一定的进步,指向的客体比较明确,但不当排除了大数据的部分客体;网络平台上的用户信息和原始信息都是大数据的内涵,数据产品不能指代所有的大数据外延。

有学者关注到上述概念的局限性,提出大数据是依据确定目的而挖掘、处理的大量不特定主体的数字信息。该定义由三个要件构成,即行为要件、行为对象和对象性质。行为要件要求有确定目的而挖掘和处理,如果不具备主观上的"特定目的"和客观上"挖掘、处理"的行为,只是静置、沉睡的数据,无法形成预测,就不是"大数据"。例如档案馆里的档案,没有经过有目的的挖掘、处理,就只是大量普通数据而非大数据。行为对象要件有"大量""不特定主体"两个意群。"大量"即大数据的数量级门槛,"不特定主体"是借鉴了刑法对危害公共安全罪的犯罪构成要件思路,目的是区分侵犯商业秘密和信息盗窃。对象要件指"数字信息",是"大数据"与"个人信息"的核心区别。[1] 这种观点将大数据与大数据技术融合起来,强调大数据是被技术处理的大数据。在大数据的概念界定上关注大数据技术特征的观点并非独一无二。有学者认为大数据的概念有广义和狭义之分:广义的大数据强调思维方式,强调使用大量多样且快速更新的数据来预测相应趋势,寻找各种现象之间的相关性;而狭义的大数据被视为技术,即一种挖掘分析数据的计算机技术,运用云计算、机器学习等计算机手段,对人们在互联网上留存的信息进行收集、加工、再创造。[2] 在大数据的法学概念里加入技术的限定,限缩了大数据的范围,有助于明确大数据的内涵与外延。但是大数据的复杂性在于其表现形式的多样性,技术的限缩无异于排除了大数据的部分样态。

---

[1] 参见周林彬、马恩斯:《大数据确权的法律经济学分析》,载《东北师大学报(哲学社会科学版)》2018年第2期。

[2] 参见陈兵:《大数据的竞争法属性及规制意义》,载《法学》2018年第8期。

法学上对于客体或标的的界定离不开客体的现实样态,概念的抽象源自现实的具象。目前已基本认可的大数据有以下四种:第一种,平台收集的用户个人信息①;第二种,平台收集、存储的由用户产生的信息②;第三种,平台直接产生的信息③;第四种,平台分析原始数据得出的衍生数据④。部分学者以数据表述大数据,忽视了大数据对数量的要求。如果缺少量的要求,个人单个数据皆是大数据,各单个事实信息皆是大数据,知识产权保护的各无体物也是大数据,那么大数据就包括所有能以0、1代码表达的数据,计算机世界里的所有数据都是大数据,法律无法应对、解决这样的大数据。部分学者以数据信息表达大数据,同样存在上述问题,此处不再赘述。学者以数据的产生主体不同,将数据分为个人信息和企业数据资产,忽视了个人信息在与主体即个人相脱离、进入公众网络系统后就已然成为大数据的一部分,而不再是个人的财产。法律对个人信息的保护更多是基于个人隐私。学者以数据产品表述大数据,显然只涵盖了第四种数据,无法涵盖前三种数据。学者所提的"大数据是依确定目的而挖掘、处理的大量不特定主体的数字信息",不能完全涵盖第一种、第二种、第三种数据。平台收集的用户个人信息缺少目的要件,也没有对用户个人信息进行再挖掘;平台上用户产生的信息也缺少挖掘和处理;平台直接产生的信息并不必然属于不特定主体,物联网时代非常多的数据是物化数据。

笔者认为,数据的法学概念仍应体现其客观特征,可界定为:大量的独立数据的集合,数据包括三个要件。第一,大量,即数据集合中包含的数据的量特别大,以至于单个数据占整个数据集合的比重可以忽略不计。第二,独立,即构成数据集合的数据是不同的,不会构成同一数据整体,防止电影作品也成为数据。电影作品中也存在大量的数据,但这些数据不是独立的,而是共同构成电影这一数据整体;但如果就大量电影形成的数据集合,则该数据集合属于数据。第三,数据集合,数据是多个数据的集合体,不是单一数据。这个概念可以包含前述四种大数据的样态,亦能够应对未来的技术发展,具有更强的可取性。

---

① 例如,脉脉非法抓取微博用户个人信息被法院判定构成不正当竞争。
② 例如,百度垂直链接大众点评网商家评价信息被法院判定构成不正当竞争、360违反robots协议抓取百度百科等信息。
③ 例如,"车来了"软件窃取实时公交查询软件"酷米客"实时公交信息,构成非法获取计算机信息系统数据罪。
④ 例如,美景公司未经许可向其用户分享淘宝"生意参谋"数据信息。

(二)数据是财产

由计算机技术和网络技术推动新兴的大数据是财产吗？世界的存在物、人类社会的生产物并不都是财产。人类赖以生存的空气不是财产、人类正大力投资研究的月球不是财产、爱因斯坦发现的对世界有巨大影响的相对论也不是财产。

何为财产？马克思主义政治经济学认为，任何商品都具有价值和使用价值两种属性。价值就是凝结在商品中的无差别的人类劳动，使用价值则是满足人某种需求的属性。此处的商品亦为财产。大数据具有价值和使用价值吗？大数据具有价值，凝结了无差别的人类劳动，并不是无序、散乱地存在于人类社会的各个数据的总和。大数据中初始数据的获取需要人类付出劳动进行数据收集、整理；大数据中衍生数据的生产依赖于人类的智力劳动；大数据中因物而生的数据也是人类劳动生产的机器设备产生的，同样是人类劳动的成果。大数据具有使用价值，具有满足人类某种需求的属性。大数据中的初始数据能够为人类开展相关活动提供便利。例如，公众看到大众点评网的点评信息能够知悉特定商家的经营情况，更好地作出自己的选择；公众通过查看百度百科、百度知道等大数据内容可以获取自己需要的相关信息；实时公交系统能使公众知悉特定公交的行进路线和实时位置；交通路况信息能使车辆驾驶人员了解交通实时路况，选择最佳的行车路线；中国知网中大量的学术研究成果使科研学习和科研交流更加便捷。大数据中的衍生数据能够挖掘初始数据中的新价值，更好地满足人类需求。依据机票的历史数据和大数据工具，可以生产出何时购买机票更加优惠的衍生数据；依据用户的个人信息、浏览记录、购买信息可以预测该用户的购买趋势，有针对性地向该用户投放商品广告；根据公众的搜索记录、浏览记录和购买记录可以快速预测流感的暴发；根据车辆的行驶情况可以预测该车发动机的使用情况，据此仅对需要维修的车辆进行及时检修；等等。人类的生活已经在方方面面受到大数据的影响，大数据满足着人类各种各样的需求。所以，根据马克思主义政治经济学，具有价值和使用价值的大数据是财产。

洛克认为，土地和一切低等动物为一切人所共有，但是每个人对他自己的人身享有一种所有权，除他之外任何人都没有这种权利；他的身体所从事的劳动和他的双手所进行的工作是正当地属于他的，所以只要他使任何东西脱离自然所提供的和那个东西所处的状态，这个东西就已经掺进他的劳动，他在其上加入他自己所有的某些东西，因而使它成为他的财产；既然是由他来使这件东西脱离自然所安排给他的一般状态,那么在这上面就由他的劳动加上了一些东西,从而排斥了其他人的共同权利;既然劳动是劳动者的无可争议的所有物,那么对于这一有所增益的东西,除他之外就没有人能够享有权利,至少在还留有足够的同样好的东西给其他人所共有的情况下,事情就是如此。① 洛克的劳动价值理论认为,个人只要使任何东西脱离自然所提供的以及该物所处的状态,这个人就已经付出了他的劳动,而劳动是当然属于个人的;因此,他已经在该物之上添加了自己拥有的某些东西,从而使之成为他自己的财产。尽管洛克的这一理论来自300多年前,但同样可以帮助我们论证大数据的财产性。大数据中的数据来自自然界的万事万物,大数据中初始数据的生成需要人类收集、整理,将之从自然界的各种数据中分离、汇集起来,成为拥有使用价值的存在。收集和整理正是人类付出劳动的过程,收集和整理的结果将大数据与自然界各种数据相脱离,付出劳动的人可以主张收集和整理的大数据是他的财产。大数据中的衍生数据是大数据工具的开发者利用其智力劳动从大数据中挖掘形成的新的数据,仍是劳动的成果,脱离了原本自然的状态。洛克的劳动价值理论还要求个人依其劳动获取其财产时,仍给其他个人留下了足够的自然以便其他人也能够通过自己的劳动获取劳动的成果。大数据财产属性的产生并不违背此前提,大数据属于劳动个人的财产后,其他的个人还可以继续收集、整理自然界的数据,形成自己的劳动成果,主张收集和整理的大数据属于其个人财产。衍生大数据的生成及财产化也给后来的劳动者留有充分的空间,以其智力劳动开发更多样化或更有效率的衍生数据。大数据的财产化符合洛克的劳动价值理论。

英美财产法认为财产是某人所有的具有金钱价值的东西的总称。大数据具有金钱价值吗?实践的发展有力地对此作出了肯定的回答。中国信息通讯研究院结合对大数据相关企业的调研测算,2017年我国大数据产业规模为4700亿元人民币,同比增长30%。大数据的交易价值在实践中被不断地展示。根据马克思历史唯物主义,物质生活的生产方式制约着整个社会生活、政治生活和精神生活的过程;不是人们的意识决定人们的存在,相反,是人们的社会存在决定人们的意识。大数据在实践生活中的不断交易促进了其财产属性确定的必然性。

数据具有财产的属性,应受到法律的保护。法律界面临的难题是赋予其何种

---

① 参见[英]洛克:《政府论》(下篇),叶启芳、瞿菊农译,商务印书馆2017年版,第18页。

财产权更能适应生产力、生产关系发展的需要。

(三)数据的法律属性

1.民事权利与民事权益

民事权利是民事主体依据民事法律取得的可以实施一定行为或获取一定利益的法律资格。简单地说,就是权利主体对实施还是不实施一定行为的选择权。民事权利是公民在社会上存在和生活的最基本的权利,也是与公民日常生活联系最为密切的一项权利。根据民事权利的效力范围,民事权利可分为绝对权和相对权。绝对权又称对世权,是指效力及于一切人,即义务人为不特定的任何人的权利。绝对权的主要特点在于权利人可任何人主张权利,权利人无须借助义务人的行为就可实现其权利。绝对法律关系中的权利人享有的权利即为绝对权。物权、知识产权、人身权都为绝对权。相对权又称对人权,是指效力及于特定人的权利,即义务人为特定人的权利。相对权的主要特点在于权利人只能向特定的义务人主张权利,须借助义务人行为的介入才能实现其权利。相对权是相对法律关系中权利人享有的权利。债权为典型的相对权。

民事权利有广义和狭义之分,广义的民事权利如上所述,狭义的民事权利仅指法律明确肯定为绝对权的各项权利。此处将民事权利与民事权益相比,采狭义的民事权利概念。民事权利具有对世性,对抗所有的第三人。该权利必须是法定的,即法律明确规定公示权利的主体、内容等。

民事权益有广义和狭义之分,广义的民事权益包括民事权利和民事利益。狭义的民事权益仅包括法律肯定的民事利益。此处将民事权益与民事权利相比,采狭义的民事权益的概念。

民事权利和民事权益的区别有三。其一,二者的法律效力范围不同。法律肯定或赋予民事权利绝对的排他性,如物权、知识产权等,可以对抗所有的第三人;若无法律的限制,未经许可的使用都构成侵权。民事权益的排他性范围则弱于民事权利,仅具有有限的权能,仅能对抗不正当且导致民事权益人正当收益受到损害的使用行为。其二,民事权利与民事权益法律效力的不同决定了法律对二者的规范要求也不同。民事权利遵循权利法定主义,法律必须完整地规定权利的取得、具体内容等,公示权利的边界,告知第三人请勿实施侵权行为,第三人不得以无过错为由否认对绝对权的侵犯。民事权益无须遵循权利法定主义,仅能对抗不正当的第三人,行为人自身行为即具有可苛责性,因而应对行为的损害后果承担侵权的责任，所以就无须由法律来明确公示民事权益的内容。其三，民事权利的法定化要求权利客体确定化并加以公示，方能合理地对抗第三人。权利客体的确定性要求权利客体具有区别性和特定性，既能区别于不予保护的对象，也能区别于其他客体；客体的表现形式已经特定化，成为特定物。民事权益不具有对世性，无须法定及公示；客体确定性的要求相对较弱，仅需区别性，无须特定时点的特定化。理论界对数据的法律属性仍存在争议，司法实践回避该问题，采用《反不正当竞争法》予以保护，《数据二十条》提出构建三权分置的数据产权制度。

2. 数据的三权分置

在数据经济时代，数据成为关键生产要素。为促进数据高效合规使用，赋能实体经济，《数据二十条》提出积极构建、完善四项数据基础制度，分别为数据产权制度、数据流通交易制度、数据收益分配制度和数据安全治理制度。

数据产权制度是数据基础制度中的基石，唯有产权明晰，才能进行数据流通交易、收益分配和安全治理。《数据二十条》提出探索数据产权结构性分置制度，即数据资源持有权、数据加工使用权、数据产品经营权分置制度。数据资源依据持有者性质的不同，分为公共数据、企业数据和个人信息数据。公共数据在各级党政机关、企事业单位依法履职或提供公共服务过程中产生，其确权授权制度应在保护个人隐私和确保公共安全的前提下，加强共享开放开发，在用于公共治理、公益事业时有条件无偿使用，在用于产业发展、行业发展时有条件有偿使用。企业数据应为市场主体在生产经营活动中采集加工的不侵害个人信息和公共利益的数据。市场主体在生产企业数据时投入了劳动、资本等生产要素，应依法享有持有、使用、获取收益的权益，但不得据此实施垄断行为。个人信息数据是承载个人信息的数据，数据处理者应当按照个人授权范围依法依规采集、持有、托管和使用该数据。数据产权制度应保护各方依法获得数据的自主管控和流通的权益。

(四) 淘宝"生意参谋"数据产品属性的确定

首先，网络运营者与网络用户之间系服务合同关系。网络用户向网络运营者提供用户信息的真实目的是获取相关网络服务。网络用户信息作为单一信息加以使用，通常情况下并不当然具有直接的经济价值，在无法律规定或合同特别约定的情况下，网络用户对于其提供给网络运营者的单个用户信息尚无独立的财产权或财产性权益可言。其次，鉴于原始网络数据只是对网络用户信息进行了数字化记录的转换，网络运营者虽然在此转换过程中付出了一定劳动，但原始网络数据的内容仍未脱离原网络用户信息范围,故网络运营者对原始网络数据仍应受制于网络用户对于其所提供的用户信息的控制,而不能享有独立的权利;网络运营者只能依其与网络用户的约定享有对原始网络数据的使用权。再次,网络大数据产品不同于原始网络数据,其提供的数据内容虽然同样源于网络用户信息,但经过网络运营者大量的智力劳动成果投入,经过深度开发与系统整合,最终呈现给消费者的数据内容已独立于网络用户信息、原始网络数据之外,是与网络用户信息、原始网络数据无直接对应关系的衍生数据。网络运营者对于其开发的大数据产品,应当享有独立的财产性权益。随着互联网科技的迅猛发展,网络大数据产品虽然表现为无形资源,但可以为运营者所实际控制和使用,网络大数据产品应用于市场能为网络运营者带来相应的经济利益。随着网络大数据产品市场价值的日益凸显,网络大数据产品自身已成为市场交易的对象,已实质性具备了商品的交换价值。对于网络运营者而言,网络大数据产品已成为其拥有的一项重要的财产权益。最后,网络数据产品的开发与市场应用已成为当前互联网行业的主要商业模式,是网络运营者市场竞争优势的重要来源与核心竞争力所在。本案中,"生意参谋"数据产品中的数据内容系淘宝公司付出了人力、物力、财力,经过长期经营积累而形成,具有显著的即时性、实用性,能够为商户店铺运营提供系统的大数据分析服务,帮助商户提高经营水平,进而增进广大消费者的福祉,同时为淘宝公司带来了可观的商业利益与市场竞争优势。"生意参谋"数据产品系淘宝公司的劳动成果,其所带来的权益应当为淘宝公司所享有。

综上所述,淘宝公司对其"生意参谋"数据产品享有竞争性财产权益。

二、个人信息处理规则

《民法典》第1034条第1款规定,自然人的个人信息受法律保护。2021年11月《个人信息保护法》开始实施,对个人信息予以专门法保护。该法细化了《民法典》的规定,具体规定了个人信息处理的规则。

(一)个人信息处理的基本原则

《个人信息保护法》规定了个人信息处理的基本原则,个人信息处理者对个人信息的处理应当遵守这些基本原则。

1. 合法、正当、必要和诚信原则

《个人信息保护法》第5条规定:处理个人信息应当遵循合法、正当、必要和诚信原则,不得通过误导、欺诈、胁迫等方式处理个人信息。合法原则是指个人信息处理者对个人信息的处理应当遵守法律的规定。正当原则是指个人信息处理者对个人信息的处理存在正当的目的,基于非法目的对个人信息的处理属于违法行为。必要原则是指个人信息处理者对个人信息的处理应当是必要的,并且是最小必要原则,旨在禁止个人信息处理者过度收集个人信息,其必要性以其个人信息处理的目的来确定。诚信原则已经成为法律的"帝王条款",个人信息的处理也应遵守诚信原则,对个人信息的处理应当如实说明,按照约定的方式对个人信息进行诚信利用。

2. 目的最小范围原则

《个人信息保护法》第 6 条规定:处理个人信息应当具有明确、合理的目的,并应当与处理目的直接相关,采取对个人权益影响最小的方式。收集个人信息,应当限于实现处理目的的最小范围,不得过度收集个人信息。

该条规范确定了个人信息处理的目的最小范围原则,即个人信息处理者收集个人信息应当具有明确合理的目的,个人信息收集的范围由该目的决定,与该目的直接相关,并且必须以实现处理目的的最小范围收集个人信息,不能过度收集个人信息。例如,企业为了向员工发放工资,可以要求获得员工的特定银行账号,但不得要求个人提供其银行流水、行踪等与发放工资这一目的不相关的信息,也不能要求员工提供多个银行账号,因为一个银行账号就足以满足向员工发放工资这一目的。

3. 公开、透明原则

《个人信息保护法》第 7 条规定:处理个人信息应当遵循公开、透明原则,公开个人信息处理规则,明示处理的目的、方式和范围。

该条规范确定个人信息处理者处理个人信息的目的、方式、范围必须公开、透明,保障个人信息主体充分的知情权。个人信息主体只有在信息公开透明的情况下,才能作出合理的决定,确认是否同意个人信息处理者收集、存储、利用自身的个人数据,为实现个人信息处理的前提——同意规则打下可行的基础。

公开、透明原则要求个人信息处理者以个人信息主体易于发现、理解的方式明示个人信息处理的目的、方式和范围。实践中,一些个人信息处理者将个人信息处理的目的、方式和范围条款隐藏在数十页甚至上百页的用户协议中,虽然在形式上是公开、透明的,但用户多数情况下不可能也不会仔细阅读用户协议,导致实质上用户并不知悉个人信息处理的目的、方式和范围。

4. 确保质量原则

《个人信息保护法》第8条规定:处理个人信息应当保证个人信息的质量,避免因个人信息不准确、不完整对个人权益造成不利影响。

该条规范确定了个人信息处理时的确保质量原则,为后续个人信息主体获得信息查阅、修改、更新的权利提供了原则性依据。个人信息被广泛地使用,越来越多地影响着人们的生活,错误的个人信息将对个人信息主体产生不利的影响,因此必须确保个人信息的质量,保证个人信息准确、及时地更新。个人是最了解自身信息的主体,为确保个人信息质量,应赋予个人信息主体查阅个人信息的权利;个人经过查阅发现个人信息处理者收集、存储的个人信息错误或者没有及时更新的,可以要求个人信息处理者更正或者更新个人信息。

5. 个人信息安全原则

《个人信息保护法》第9条规定:个人信息处理者应当对其个人信息处理活动负责,并采取必要措施保障所处理的个人信息的安全。

该条规范确定了个人信息处理的安全原则。个人信息的泄露会增加个人生命、健康、财产的风险,典型的徐玉玉案就与个人信息泄露具有不可否认的联系。个人信息处理者应当采取必要的技术措施保护其处理的个人信息的安全,在发生安全事件后,应积极通知个人信息主体并采取积极的弥补措施。但在司法实践中,很难认为个人信息主体生命、健康、财产的损失与个人信息泄露存在侵权法认可的因果关系,也很难证明个人信息处理者没有履行必要的安全保障义务,因此个人很难从个人信息处理者处获得损害赔偿。

(二)个人信息处理的主要规则

《个人信息保护法》根据个人信息的类型规定了一般个人信息的处理规则和敏感个人信息的处理规则。

1. 一般个人信息的处理规则

(1)合法处理个人信息的情形

《个人信息保护法》第13条规定,符合下列情形之一的,个人信息处理者方可处理个人信息:

(一)取得个人的同意;

(二)为订立、履行个人作为一方当事人的合同所必需,或者按照依法制定的劳动规章制度和依法签订的集体合同实施人力资源管理所必需;

（三）为履行法定职责或者法定义务所必需；

（四）为应对突发公共卫生事件，或者紧急情况下为保护自然人的生命健康和财产安全所必需；

（五）为公共利益实施新闻报道、舆论监督等行为，在合理的范围内处理个人信息；

（六）依照本法规定在合理的范围内处理个人自行公开或者其他已经合法公开的个人信息；

（七）法律、行政法规规定的其他情形。

依照本法其他有关规定，处理个人信息应当取得个人同意，但是有前款第二项至第七项规定情形的，不需取得个人同意。

实践中最为常见的是上述第一种情形，针对这一情形发展出"告知—同意规则"，具体如下。

第一，同意的作出。该同意应当由个人在充分知情的前提下自愿、明确作出。法律、行政法规规定处理个人信息应当取得个人单独同意或者书面同意的，从其规定。

第二，同意的重新作出。个人信息的处理目的、处理方式和处理的个人信息种类发生变更的，应当重新取得个人同意。

第三，同意的撤回。撤回权，是指基于个人同意处理个人信息的，个人有权撤回其同意。个人信息处理者应当提供便捷的撤回同意的方式。

撤回的效力有两点。第一，个人撤回同意，不影响撤回前基于个人同意已进行的个人信息处理活动的效力。第二，个人信息处理者不得以个人不同意处理其个人信息或者撤回同意为由，拒绝提供产品或者服务；处理个人信息属于提供产品或者服务所必需的除外。

（2）个人信息处理者的禁止性规定

第一，禁止向他人提供，除非获得个人的单独同意。个人信息处理者向其他个人信息处理者提供其处理的个人信息的，应当向个人告知接收方的名称或者姓名、联系方式、处理目的、处理方式和个人信息的种类，并取得个人的单独同意。

第二，禁止利用自动化决策进行差别化待遇。个人信息处理者利用个人信息进行自动化决策，应当保证决策的透明度和结果公平、公正，不得对个人在交易价格等交易条件上实行不合理的差别待遇。

通过自动化决策方式向个人进行信息推送、商业营销,应当同时提供不针对其个人特征的选项,或者向个人提供便捷的拒绝方式。

通过自动化决策方式作出对个人权益有重大影响的决定,个人有权要求个人信息处理者予以说明,并有权拒绝个人信息处理者仅通过自动化决策的方式作出决定。

第三,禁止未经许可在公共场所采集个人识别信息。《个人信息保护法》第26条规定:在公共场所安装图像采集、个人身份识别设备,应当为维护公共安全所必需,遵守国家有关规定,并设置显著的提示标识。所收集的个人图像、身份识别信息只能用于维护公共安全的目的,不得用于其他目的;取得个人单独同意的除外。根据该条规定,日常生活中商场安装摄像头收集人脸信息就属于侵犯个人信息的行为。

2. 敏感个人信息的处理规则

敏感个人信息是指一旦泄露或者非法使用,容易导致自然人的人格尊严受到侵害或者人身、财产安全受到危害的个人信息,包括生物识别、宗教信仰、特定身份、医疗健康、金融账户、行踪轨迹等信息,以及不满14周岁未成年人的个人信息。由于敏感个人信息对信息主体的重要影响,《个人信息保护法》规定了更加严格的处理规则。

(1)应当取得个人的单独同意。

(2)法律、行政法规规定处理敏感个人信息应当取得书面同意的,从其规定。

(3)处理不满14周岁未成年人个人信息的,应当取得未成年人的父母或者其他监护人的同意,并且应当制定专门的个人信息处理规则。

(4)法律、行政法规对处理敏感个人信息规定应当取得相关行政许可或者作出其他限制的,从其规定。

(三)淘宝"生意参谋"有无违反个人信息处理规则

美景公司与淘宝公司"生意参谋"案发生时,《个人信息保护法》尚未颁布生效,但司法机关仍对淘宝公司处理用户个人信息是否违法进行了分析判断。具体分析如下。

第一,根据《网络安全法》的相关规定,网络运营者收集、使用网络用户信息,应根据信息的不同类型,分别承担相应的安全保护义务。对于非个人信息的保护,《网络安全法》第22条第3款仅规定,网络产品、服务具有收集用户信息功能的,其提供者应当向用户明示并取得同意。对于个人信息的保护,《网络安全法》第 41 条、第 42 条则规定了网络运营者应承担更为严格的责任。《网络安全法》第 76 条第 5 项规定,个人信息是指以电子或者其他方式记录的能够单独或者与其他信息结合识别自然人个人身份的各种信息,包括但不限于自然人的姓名、出生日期、身份证件号码、个人生物识别信息、住址、电话号码等。根据上述法律规定,用户信息包括个人信息和非个人信息。前者指向单独或与其他信息结合识别自然人个人身份的各种信息和敏感信息,后者包括无法识别到特定个人的诸如网络活动记录等数据信息。由于法律对收集、使用上述信息规定了不同的标准,同时对如何收集、使用用户信息进行了明确的规制。因此,在评判淘宝公司收集、使用涉案数据信息是否具有正当性时,首先须区分其收集、使用的涉案数据信息属于何种类型。从本案查明的事实来看,"生意参谋"数据产品所涉网络用户信息主要表现为网络用户浏览、搜索、收藏、加购、交易等行为痕迹信息以及由行为痕迹信息推测所得出的行为人的性别、职业、所在区域、个人偏好等标签信息。这些行为痕迹信息与标签信息并不具备能够单独或者与其他信息结合识别自然人个人身份的可能性,故其不属于《网络安全法》规定的网络用户个人信息,而属于网络用户非个人信息。

第二,对于网络运营者收集非个人信息,一审法院认为,网络运营者对于网络用户信息负有安全保护的法定义务;同时,因网络运营者与网络用户之间存在服务合同关系,基于公平、诚信的契约精神原则要求,网络运营者对于保护网络用户合理关切的个人隐私和商户经营秘密负有高度关注的义务。网络用户行为痕迹信息不同于其他非个人信息,这些行为痕迹信息包含涉及用户个人偏好或商户经营秘密等的敏感信息。部分网络用户在网络上留有个人身份信息,其敏感信息容易与特定主体发生对应联系,会暴露其个人隐私或经营秘密。因此,对于网络运营者收集、使用网络用户行为痕迹信息,除未留有个人信息的网络用户所提供的以及网络用户已自行公开披露的信息外,应按照《网络安全法》第 41 条、第 42 条关于网络用户个人信息保护的相应规定予以规制。

第三,根据《网络安全法》第 41 条的规定,网络运营者收集、使用个人信息,应当遵循合法、正当、必要的原则,公开收集、使用规则,明示收集、使用信息的目的、方式和范围并经被收集者同意;网络运营者不得收集与其提供的服务无关的个人信息,不得违反法律、行政法规的规定和双方的约定收集、使用个人信息,并应当依照法律、行政法规的规定和用户的约定,处理其保存的个人信息。本案中,淘宝公司作为淘宝网的服务提供者,在网络上已公示了《淘宝平台服务协议》与淘宝隐私权政策,淘宝隐私权政策明确宣示了收集、使用用户信息的目的、方式、范围,其收集、使用各类网络用户信息与所提供的服务能相互对应,符合必要与最低限度的要求。淘宝隐私权政策提示会根据用户浏览及搜索记录、设备信息、位置信息、订单信息,提取浏览、搜索偏好、行为习惯等特征,基于特征标签进行间接人群画像并展示,且明确告知用户如果拒绝提供相关信息,可能无法使用相应的服务,或者无法展示相关信息,但不影响使用淘宝网浏览、搜索、交易等基本服务,提示了用户的选择权。此外,淘宝公司在淘宝隐私权政策中有以下承诺:"如果我们将非个人信息与其他信息结合用于识别特定自然人身份,或者将其与个人信息结合使用,则在结合使用期间,这类非个人信息将被视为个人信息,除取得您授权或法律法规另有规定外,我们会将该类个人信息做匿名化、去标识化处理。"由此可见,淘宝隐私权政策所宣示的用户信息收集、使用规则在形式上符合合法、正当、必要的原则要求。经审查,"生意参谋"数据产品中可能涉及的用户信息种类均在淘宝隐私权政策已宣示的信息收集、使用范围之内,其中"生意参谋"数据产品所展示的商户经营信息均为商户在淘宝服务平台上已自行公开的信息,未发现淘宝公司有违反其所宣示的用户信息收集、使用规则的行为。

  第四,根据《网络安全法》第 42 条第 1 款规定,"网络运营者不得泄露、篡改、毁损其收集的个人信息;未经被收集者同意,不得向他人提供个人信息。但是,经过处理无法识别特定个人且不能复原的除外"。对此,一审法院认为,网络用户向网络运营者提供信息是基于对该网络运营者信息安全保护能力的信赖,如果网络运营者公开使用或许可他人使用网络用户信息,网络用户信息安全将面临新的不可预测的风险,超出了网络用户对信息安全保护的原有预期。因网络运营者对网络用户信息的安全负有法定保护义务和审慎注意义务,网络运营者公开使用或许可他人使用其收集的网络用户个人信息、个人行为痕迹信息的,应事先另行取得被收集者的明示同意。涉案"生意参谋"数据产品所使用的网络用户信息经过匿名化脱敏处理后已无法识别特定个人且不能复原,公开"生意参谋"数据产品数据内容,对网络用户信息提供者不会产生不利影响。淘宝公司的隐私权政策已宣布:利用个人信息经去标识化处理,且确保数据接收方无法复原并重新识别个人信息主体的,不构成个人信息的对外共享、转让及公开披露行为,对此类数据的保存及处理将无须另行向用户通知并征得用户的同意。因此，淘宝公司公开使用经匿名化脱敏处理后的数据内容属于相关法律规定的除外情形，即无须另行征得网络用户的明示同意。

第五，关于"生意参谋"数据产品中的部分用户信息来源于天猫网用户是否正当的问题，一审法院认为，依照《网络安全法》第42条的规定，"生意参谋"数据产品使用其他网络运营者收集的用户信息，不仅应获得其他网络运营者的授权同意，还应获得该信息提供者的授权同意，即作为第三方的淘宝公司使用天猫网用户信息，受用户授权网络运营者+网络运营者授权第三方+用户授权第三方的三重授权许可使用规则限制。经审查，首先，天猫网隐私权政策除宣示了与淘宝网隐私权政策基本相同的内容外，还明确为便于淘宝平台账户向用户提供会员服务，用户个人信息可能会与其关联公司（包括淘宝公司）共享；其次，天猫网商户及会员用户统一使用淘宝网账户，在注册登记会员时均对《淘宝平台服务协议》及淘宝隐私权政策进行过同意确认。因此，可以认定淘宝公司使用天猫网用户提供的用户信息已获得了用户信息提供者的同意。

综上所述，一审法院认为，从规则公开方面来看，淘宝公司已向淘宝用户公开了涉及个人信息、非个人信息收集规定的法律声明及隐私权政策；从取得用户同意方面来看，淘宝公司在其用户注册账号时通过服务协议、法律声明及隐私权政策的形式取得了授权许可；从行为的合法正当性来看，淘宝公司经授权后收集使用的原始数据均来自淘宝用户主动提供或平台自动获取的活动痕迹，不存在非法渠道获取信息的行为；从行为必要性来看，淘宝公司收集、使用原始数据的目的在于通过大数据分析为用户的经营活动提供参谋服务，其使用数据信息的目的、方式和范围均符合相关法律规定。因此，一审法院认为，淘宝公司收集、使用网络用户信息以及"生意参谋"数据产品公开使用网络用户信息的行为符合法律规定，具有正当性。

上述判断符合《个人信息保护法》规定的个人信息处理的基本原则和处理规则，在《个人信息保护法》颁布之后仍然是正确的。

三、《反不正当竞争法》一般条款的适用

《反不正当竞争法》以维护公平的竞争秩序为立法目的，通过禁止各类不正当的竞争行为，维护有效竞争。对不正当竞争行为的界定，该法采用了具体列举和一般条款相结合的方式，不属于具体列举的不正当竞争的类型，再考察是否适用一般条款。数据的法律保护属于技术产生的新问题,尚未确定为具体不正当竞争类型,司法实践中多适用一般条款审查相关行为是否属于不正当竞争行为。

(一)《反不正当竞争法》一般条款的要件分析

《反不正当竞争法》一般条款体现为该法第 2 条,根据该条规定可知适用不正当竞争行为的一般条款的要件主要有:第一,被告行为具有违法性,违反了自愿、平等、公平、诚信的原则,违反了法律和商业道德;第二,原告存在合法的权益;第三,不正当行为具有损害性,扰乱市场竞争秩序,对原告合法权益造成损害。

1. 违法性

在不正当竞争纠纷中,诉争行为应当具有违法性。具体不正当竞争行为的违法情形由《反不正当竞争法》第 6 条至第 12 条明确列举;一般条款规制的不正当竞争行为则抽象地规定在该法第 2 条第 1 款中,即违反自愿、平等、公平、诚信的原则,违反法律和商业道德,概括为诚实信用原则和商业道德。

诚实信用原则作为民法的"帝王条款",在《反不正当竞争法》中具体化为商业道德。最高人民法院在"海带配额"不正当竞争案中明确指出诚实信用原则表现为公认的商业道德,商业道德又包括商业伦理和行业惯例。司法实践中对此具有较大的自由裁量的空间,特别是新兴的行业本身缺乏商业伦理和行业惯例,法院裁量的依据更多是法院的竞争观。相关裁判往往先行判定行为是否损害了竞争,在损害竞争秩序的前提下,推定构成商业道德的违反。

2. 原告存在合法权益

不正当竞争行为具有危害性,一方面损害了竞争秩序,另一方面损害了原告的合法权益。

原告的合法权益既包括法律明确规定予以保护的权利,如物权、知识产权等,也包括法律明确规定予以保护的利益即法益,如商业秘密、商业标志等,还包括数据产品这一财产性利益。

3. 竞争秩序的理解

就《反不正当竞争法》的适用而言,有静态的竞争观与动态的竞争观之别。互联网竞争秩序时常被有些法官描述为:互联网经营者和平共处、自由竞争,是否使用特定互联网产品或者服务,取决于网络用户的自愿选择;互联网产品或者服务之间原则上不得相互干扰,不得擅自干扰他人产品或者服务的正常运行,不得干扰网络用户终端的共存;确实出于保护网络用户等社会公共利益的需要,网络服务提供者在特定情况下不经网络用户知情并主动选择以及其他互联网产品或者服务提供者同意,也可以干扰其他互联网产品或者服务的运行,但是应当确保并证明干扰手段的必要性和合理性,否则构成不正当竞争。此外,"非公益不干扰"中的"公益"是指特定的或者特殊的公共利益。很显然,这种静态的市场竞争观构想了一幅市场竞争的理想图画,但更多的是一种"乌托邦",市场竞争不是、不必也不可能如此"祥和"与"和谐"。市场竞争向来是动态的,不可能也不应该是静态的。

市场竞争和反不正当竞争并非静态的竞争,而是动态的或者效率的竞争。市场竞争在内生机制("看不见的手")的引导下动态地进行,且现代市场竞争是相互交织和跨界的,市场界限日趋模糊,跨界经营日趋便利,资源配置在更深入、更宽广的范围内有效进行。对不正当竞争行为的判断应当坚持动态的竞争观,反映动态竞争的实际。

(二)美景公司的行为是否属于不正当竞争

在美景公司与淘宝公司案中,美景公司不正当利用淘宝公司的在先劳动成果,攫取其竞争利益并为自己牟利,构成不正当竞争行为。美景公司未付出自己的劳动创造,将"生意参谋"数据产品直接作为自己获取商业利益的工具,其使用"生意参谋"数据产品也仅是提供同质化的网络服务。此种直接据他人市场成果为己所用,从而获取商业利益与竞争优势的行为,明显有悖公认的商业道德,属于不劳而获、"搭便车"的不正当竞争行为,如不加禁止将严重挫伤大数据产品开发者的创造积极性,阻碍互联网产业的发展,进而会影响广大消费者福祉的增进。

综上,法院认为美景公司的行为满足《反不正当竞争法》第2条的适用条件,构成不正当竞争,应予禁止。

四、信息网络侵权案件地域管辖权的确定

(一)信息网络侵权案件对地域管辖规则的挑战

我国民事诉讼中的管辖,是指各级人民法院之间以及同级人民法院之间受理第一审民事案件的分工和权限。[①] 一个具体的民事案件需要到有管辖权的法院提起诉讼,先确定级别管辖,再确定地域管辖。级别管辖为不同级别法院受理第一审民事案件的分工和权限,是第一审民事案件在我国四级法院之间的分工。地域

---

① 参见张卫平:《民事诉讼法》(第5版),法律出版社2019年版,第102页。

管辖是同级别的不同法院受理第一审民事案件的分工和权限,是第一审民事案件在我国同一级别的不同法院之间的分工。依据《民事诉讼法》及相关司法解释①的规定,因一般侵权行为提起的诉讼,由侵权行为地或者被告住所地人民法院管辖,侵权行为地包括侵权行为实施地、侵权结果发生地。

信息网络侵权案件是指涉案侵权行为的某个方面与网络有关,如涉案侵权行为发生在网络空间,侵权行为实施地有时不易确定,侵权结果发生地又往往可以是任何接入网络的地点。这种特殊性一般不影响案件的级别管辖,但会导致案件出现多个甚至无数个任意的地域管辖的连接点,如何合理地确定网络侵权案件的地域管辖成为需要专门解决的问题。

(二)信息网络侵权案件地域管辖权的法律渊源

有关信息网络侵权案件地域管辖问题的规定分布于针对不同侵权行为的司法解释中,且略有不同。

《民诉法司法解释》第 25 条对信息网络侵权行为的地域管辖作了专门规定,解释了侵权行为实施地和侵权结果发生地的内涵:信息网络侵权行为实施地包括实施被诉侵权行为的计算机等信息设备所在地,侵权结果发生地包括被侵权人住所地。

最高人民法院《关于审理侵害信息网络传播权民事纠纷案件适用法律若干问题的规定》(2020 年修正)(以下简称《信息网络传播权纠纷司法解释》)第 15 条规定侵犯信息网络传播权行为的地域管辖法院为侵权行为地或者被告住所地人民法院;侵权行为地包括实施被诉侵权行为的网络服务器、计算机终端等设备所在地;侵权行为地和被告住所地均难以确定或者在境外的,原告发现侵权内容的计算机终端等设备所在地可以视为侵权行为地。

最高人民法院《关于审理专利纠纷案件适用法律问题的若干规定》(2020 年修正)(以下简称《专利纠纷司法解释》)第 2 条规定侵犯专利权案件的地域管辖法院为侵权行为地或者被告住所地人民法院,侵权行为地包括:被诉侵犯发明、实用新型专利权的产品的制造、使用、许诺销售、销售、进口等行为的实施地;专利方法使用行为的实施地,依照该专利方法直接获得的产品的使用、许诺销售、销售、

---

① 《民事诉讼法》第 29 条规定:"因侵权行为提起的诉讼,由侵权行为地或者被告住所地人民法院管辖。"《民诉法司法解释》第 24 条规定:"民事诉讼法第二十九条规定的侵权行为地,包括侵权行为实施地、侵权结果发生地。"

进口等行为的实施地;外观设计专利产品的制造、许诺销售、销售、进口等行为的实施地;假冒他人专利的行为实施地;上述侵权行为的侵权结果发生地。

最高人民法院《关于审理商标民事纠纷案件适用法律若干问题的解释》(2020年修正)(以下简称《商标纠纷司法解释》)第6条第1款①规定了侵犯商标权案件的地域管辖法院为侵权行为的实施地,侵权商品的储藏地或者查封、扣押地,被告住所地人民法院。

上述司法解释中确定的共有的地域管辖连接点均为被告住所地人民法院及侵权行为地,侵权行为地又包括侵权行为实施地和侵权结果发生地,符合我国民事诉讼法地域管辖的一般规定,但是侵权行为地的认定不同,主要分歧在于被侵权人住所地或者被侵权人发生侵权内容的计算机终端等设备所在地能否成为侵权结果发生地。

(三)信息网络侵权案件地域管辖权规则的争议

虽然信息网络侵权案件的地域管辖有明确的司法解释,但上述司法解释在适用中存在争议。《民诉法司法解释》中信息网络侵权行为是否包括信息网络传播权侵权、专利侵权、商标侵权及不正当竞争行为?如果答案是包括,则对于发生在网络空间的信息网络传播权侵权、专利侵权、商标侵权及不正当竞争纠纷,被侵权人住所地法院均有管辖权。例如,某住所地为广州市的商标权人发现住所地为大连市的商标侵权人通过网络销售其生产的商标侵权产品,广州市对商标案件有管辖权的法院可以作为被侵权人住所地法院而拥有管辖权。如果答案是不包括,原告住所地法院则不享有该纠纷的地域管辖权。如果认为《信息网络权纠纷司法解释》《专利纠纷司法解释》《商标纠纷司法解释》中地域管辖的规定属于特定侵权行为的特殊规定,依据特别法优于一般法的原则,应适用特殊规定,即信息网络侵权行为不包括信息网络传播权侵权、专利侵权、商标侵权及不正当竞争行为。但如果从各司法解释的颁布时间来看,《民诉法司法解释》的生效时间为2022年,晚于前述特定侵权纠纷司法解释的生效时间2020年,依据新法优于旧法的原则,应适用新法即《民诉法司法解释》,此时信息网络侵权行为包括信息网络传播权侵权、专利侵权、商标侵权及不正当竞争行为。

---

① 《商标纠纷司法解释》第6条第1款规定:"因侵犯注册商标专用权行为提起的民事诉讼,由商标法第十三条、第五十七条所规定侵权行为的实施地、侵权商品的储藏地或者查封扣押地、被告住所地人民法院管辖。"

笔者更赞同特别法优于一般法的规定。从法解释学的角度而言，上述特别法系根据各特殊侵权纠纷的特殊性确定的地域管辖规则，更符合各特殊侵权纠纷的特点，并且上述特殊侵权纠纷司法解释均于2020年修正，虽晚于2022年《民诉法司法解释》的修正时间，但这个时间段内我国地域管辖规则并未发生大的转变，上述特殊侵权纠纷的地域管辖规则也未有新的发展，故应仍然适用专门性司法解释的规定。从地域管辖合理性的角度而言，如果各类涉网络侵权行为都将被侵权人住所地作为侵权结果发生地，使其成为地域管辖连接点，则一般情况下原告更倾向于选择其住所地法院提起诉讼，背离了我国民事诉讼地域管辖"原告就被告"的基本原则。

（四）本案地域管辖法院的确定

本案原告因被告侵犯其数据权益，构成不正当竞争为由提起诉讼。被告在网络空间向其用户提供原告"生意参谋"内生成的数据，属于信息网络侵权行为，应适用《民诉法司法解释》的规定。本案中原告选择其住所地杭州提起诉讼，属于被侵权人住所地法院管辖。2017年5月1日最高人民法院批复杭州铁路运输法院集中管辖杭州地区涉互联网五类案件。

———— 思 考 题 ————

[1] 思考数据的法律属性及如何对各方主体进行合理权益配置以促进数据保护和数据产业发展。
[2] 阅读《数据二十条》，思考数据基础制度的逻辑体系。
[3] 个人信息处理应遵守哪些基本规则？
[4] 以被侵权人住所地为侵权结果发生地，确定被侵权人住所地法院为地域管辖法院，是否应适用于各类信息网络侵权纠纷？

———— 推荐阅读 ————

[1] 纪海龙：《数据的私法定位与保护》，载《法学研究》2018年第6期。
[2] 梅夏英：《数据的法律属性及其民法定位》，载《中国社会科学》2016年第9期。
[3] 龙卫球：《数据新型财产权构建及其体系研究》，载《政法论坛》2017年第4期。
[4] 申卫星：《数据产权：从两权分离到三权分置》，载《中国法律评论》2023年第6期。

[5] 许可:《从权利束迈向权利块:数据三权分置的反思与重构》,载《中国法律评论》2023 年第 2 期。
[6] 张素华、王年:《数据产权"双阶二元结构"的证成与建构》,载《中国法律评论》2023 年第 6 期。
[7] 敬力嘉:《个人信息保护合规的体系构建》,载《法学研究》2022 年第 4 期。
[8] 叶小琴、王肃之、赵忠东:《大数据时代公民个人信息可识别性认定模式的转型》,载《法治社会》2021 年第 6 期。
[9] 吴伟光:《对〈反不正当竞争法〉中竞争关系的批判与重构——以立法目的、商业道德与竞争关系之间的体系性理解为视角》,载《当代法学》2019 年第 1 期。

4. 合同编

▣ **思维导图**

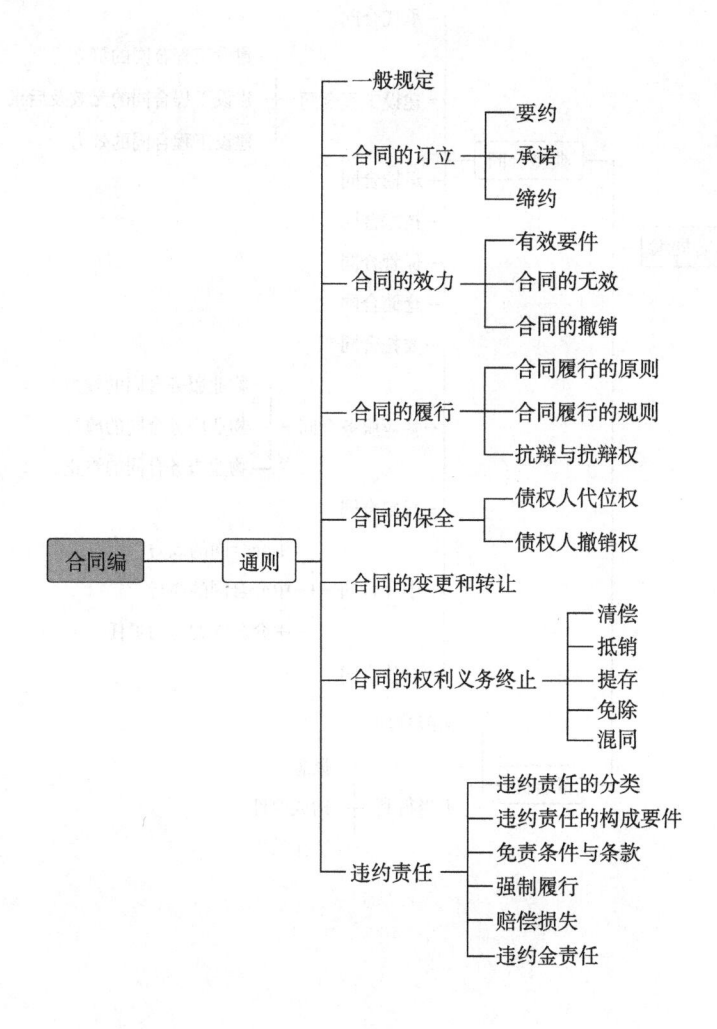

```
合同编 ── 通则 ┬─ 一般规定
              ├─ 合同的订立 ┬─ 要约
              │            ├─ 承诺
              │            └─ 缔约
              ├─ 合同的效力 ┬─ 有效要件
              │            ├─ 合同的无效
              │            └─ 合同的撤销
              ├─ 合同的履行 ┬─ 合同履行的原则
              │            ├─ 合同履行的规则
              │            └─ 抗辩与抗辩权
              ├─ 合同的保全 ┬─ 债权人代位权
              │            └─ 债权人撤销权
              ├─ 合同的变更和转让
              ├─ 合同的权利义务终止 ┬─ 清偿
              │                   ├─ 抵销
              │                   ├─ 提存
              │                   ├─ 免除
              │                   └─ 混同
              └─ 违约责任 ┬─ 违约责任的分类
                         ├─ 违约责任的构成要件
                         ├─ 免责条件与条款
                         ├─ 强制履行
                         ├─ 赔偿损失
                         └─ 违约金责任
```

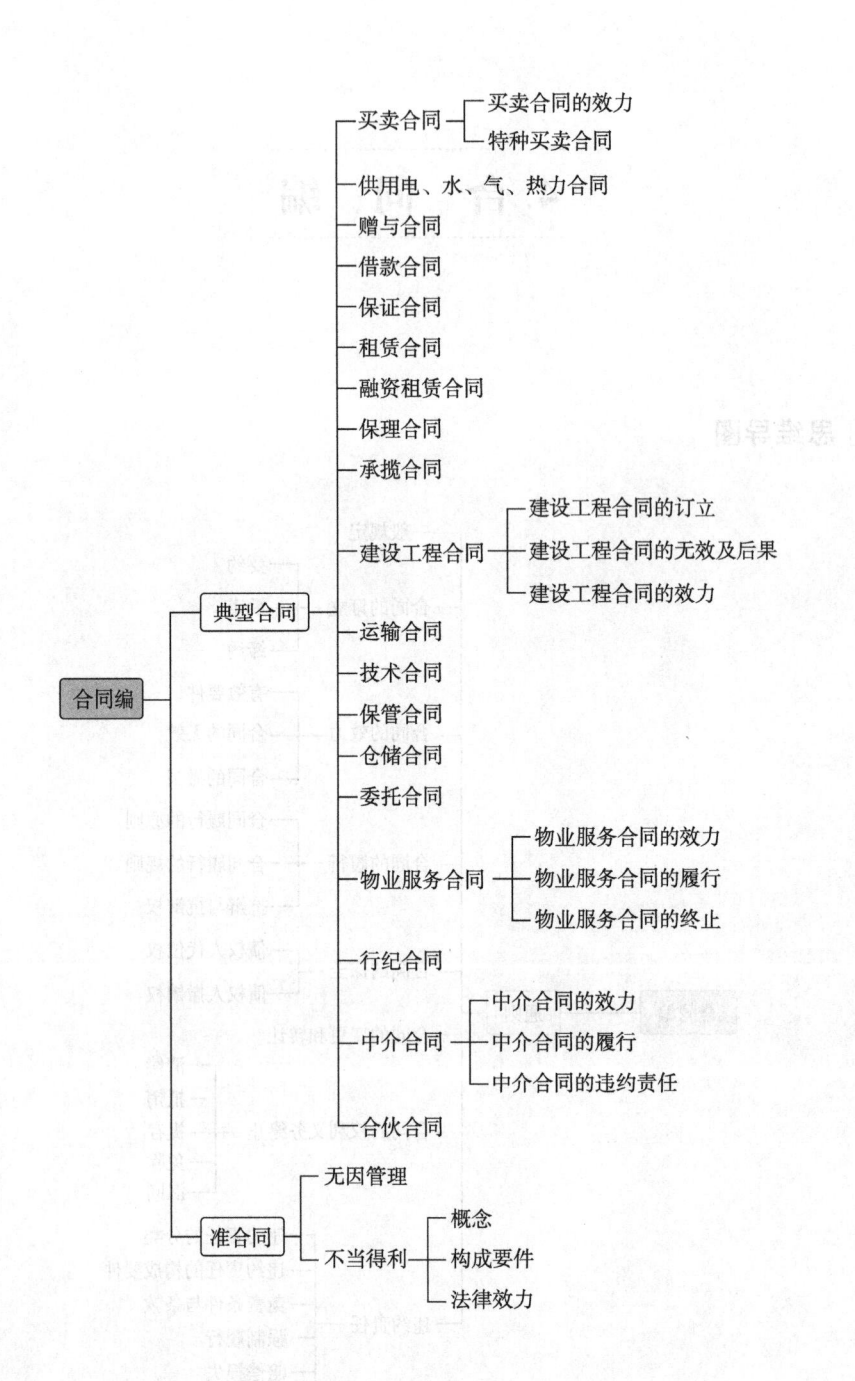

```
合同编
├─ 典型合同
│   ├─ 买卖合同
│   │   ├─ 买卖合同的效力
│   │   └─ 特种买卖合同
│   ├─ 供用电、水、气、热力合同
│   ├─ 赠与合同
│   ├─ 借款合同
│   ├─ 保证合同
│   ├─ 租赁合同
│   ├─ 融资租赁合同
│   ├─ 保理合同
│   ├─ 承揽合同
│   ├─ 建设工程合同
│   │   ├─ 建设工程合同的订立
│   │   ├─ 建设工程合同的无效及后果
│   │   └─ 建设工程合同的效力
│   ├─ 运输合同
│   ├─ 技术合同
│   ├─ 保管合同
│   ├─ 仓储合同
│   ├─ 委托合同
│   ├─ 物业服务合同
│   │   ├─ 物业服务合同的效力
│   │   ├─ 物业服务合同的履行
│   │   └─ 物业服务合同的终止
│   ├─ 行纪合同
│   ├─ 中介合同
│   │   ├─ 中介合同的效力
│   │   ├─ 中介合同的履行
│   │   └─ 中介合同的违约责任
│   └─ 合伙合同
└─ 准合同
    ├─ 无因管理
    └─ 不当得利
        ├─ 概念
        ├─ 构成要件
        └─ 法律效力
```

4.1 买卖合同

▣ 理论导读

胡某瑞诉王某买卖合同纠纷案涉及典型合同中的买卖合同,买卖合同在日常民商事活动中出现频率较高,相关法律和司法解释规定较为完善,具体体现在《民法典》第595条至第647条,以及最高人民法院《关于适用〈中华人民共和国民法典〉合同编通则若干问题的解释》(法释〔2023〕13号)中。然而,随着数字经济的发展,买卖合同涉及对象种类更为丰富。例如网络虚拟财产、数据及其相关物品,其既符合一般买卖合同的法律规定又具有特殊性,其是否能够进行买卖以及在买卖中如何保障相关权利成为司法实务工作面临的难题。本案中法院对原告、被告就购买"矿机"签订的买卖合同是否有效,买卖合同是否应当认定为违背公序良俗的无效合同,以及后续的违约责任及损害赔偿的划分的分析,对我们判定买卖合同是否有效及其依据提供了较为清晰的思路。

胡某瑞诉王某买卖合同纠纷案

摘要：2021年10月18日，胡某瑞与王某通过微信方式达成买卖协议：胡某瑞向王某购买3台神马M20S型机器，又名"矿机"，特指在网络上"挖"比特币的专用计算机设备。2021年10月19日，胡某瑞通过微信、支付宝向王某转款共计62,220元。当天，胡某瑞通过微信指定交货地点为四川省成都市温江区高家村4组45号，收货人为唐某，同时王某通过微信将上游卖家的货物快递单号发送给胡某瑞。2021年10月23日，胡某瑞以微信电话方式欲告知王某机器无法使用，但最终没有联系上王某，胡某瑞随即对机器进行了拆机检查。2021年10月24日，胡某瑞联系上王某后将机器的测试视频、序列号（SN码）及设备照片发送给王某，要求协商处理。2021年10月25日之后，胡某瑞无法再联系上王某。胡某瑞遂诉请解除合同并返还设备款。

关键词：比特币；买卖合同；社会公共利益；金融安全

一、引言

2021年9月，中国人民银行等10部门发布《关于进一步防范和处置虚拟货币交易炒作风险的通知》、国家发展和改革委员会等11部门发布《关于整治虚拟货币"挖矿"活动的通知》，明确虚拟货币相关业务活动属于非法金融活动，严禁新增虚拟货币"挖矿"活动。上述通知表明，对于事关国家金融管理制度、事关金融安全的虚拟货币相关活动，国家采取严格监管态度。市场主体如有违反，对相关交易合同的效力应当依据《民法典》第153条第2款"违背公序良俗的民事法律行为无效"的规定，给予否定性评价，并对各方权利义务作出妥善处理。

二、案件当事人

一审原告：胡某瑞

一审被告：王某

三、案情简介

2021年10月1日，原告需要3台"矿机"，遂在工作群里询问是否有人出售。

随后,被告添加原告微信回复称有3台机器,双方在微信中就设备的价格、支付方式、交付方式协商一致。2021年10月19日,原告以微信转账方式向被告转款32,220元、以支付宝转账方式向被告转款30,000元,共计62,220元,被告按照原告要求将货物送至成都市温江区。原告收到货物后遂投入使用,在使用过程中发现被告所交付的货物存在严重的质量问题,完全不能使用,遂与被告协商退款、退货事宜,但被告一直拒绝配合。据此,原告认为被告未按合同约定提供合格设备的行为已经构成严重违约,被告应及时向原告退还设备款并承担违约责任。

四、案件审理情况

(一)诉讼请求权

返还设备费请求权和损害赔偿请求权的聚合。

(二)请求权基础规范及要件分析

《民法典》第157条:民事法律行为无效、被撤销或者确定不发生效力后,行为人因该行为取得的财产,应当予以返还;不能返还或者没有必要返还的,应当折价补偿。有过错的一方应当赔偿对方由此所受到的损失;各方都有过错的,应当各自承担相应的责任。法律另有规定的,依照其规定。

1. 要件分析。

要件一:原告与被告之间的民事法律行为无效。

要件二:被告因无效行为而取得财产且未返还。

要件三:被告无效行为造成原告损失。

要件四:被告是过错方。

2. 法律效果:满足上述四个要件,认定被告应当返还因行为取得的财产,同时赔偿原告由此所造成的损失。

(三)抗辩权基础规范

本案被告未提出抗辩,不存在抗辩权。

(四)诉讼主张的检索

根据构成要件检索诉讼主张,一一对应。

基于要件一,原告未主张,被告未主张,法院认为原告与被告之间就购买"矿机"形成的协议因损害社会公共利益、不利于节约资源、保护生态环境应属无效法律行为。

基于要件二,原告主张被告已收到原告支付的设备费。

被告承认收到原告支付的设备费,且未退还。

基于要件三,原告主张被告占用原告支付的设备费,未及时退还,应当赔偿设备金产生的利息。

被告认为因原告已经使用机器,并单方面拆机,原告应折价补偿被告。

基于要件四,原告主张与被告协商退款、退货事宜,但被告一直拒绝配合,因此产生利息。

被告认为原告在收到货物后没有按照双方的约定拍开箱视频,未遵循交易习惯,应承担主要责任。

(五)争点整理

法院经过审理,认为要件二和要件三无争议,原告已经向被告支付设备费且被告已收到,案件审理时尚未退还给原告。要件一和要件四存在以下两个争点。

争点一:原告、被告之间的买卖协议是否有效?

法院认为,《民法典》第153条规定:"违反法律、行政法规的强制性规定的民事法律行为无效。但是,该强制性规定不导致该民事法律行为无效的除外。违背公序良俗的民事法律行为无效。"《民法典》第9条规定:"民事主体从事民事活动,应当有利于节约资源、保护生态环境。"本案原告、被告双方所涉交易"矿机"实为在网络上"挖矿"("挖"比特币)的专用计算机设备,原告购买"矿机"的目的是生产虚拟货币。此类"挖矿"活动能源消耗和碳排放量大,不利于国家产业结构优化、节能减排,亦不利于实现碳达峰、碳中和的目标,不利于节约资源、保护生态环境,且虚拟货币生产、交易环节衍生的虚假资产风险、经营失败风险、投资炒作风险等多重风险突出,有损社会公共利益。原告在明知"挖矿"的社会危害性及相关部门明确禁止虚拟货币相关交易的情况下,仍继续购买"矿机"进行"挖矿",原告与被告之间就购买"矿机"形成的协议因损害社会公共利益、不利于节约资源、保护生态环境应属无效。

争点二:原告、被告财物如何返还?

法院认为,《民法典》第157条规定:"民事法律行为无效、被撤销或者确定不发生效力后,行为人因该行为取得的财产,应当予以返还;不能返还或者没有必要返还的,应当折价补偿。有过错的一方应当赔偿对方由此所受到的损失;各方都有过错的,应当各自承担相应的责任。法律另有规定的,依照其规定。"本案原告、被告"矿机"买卖协议无效,自始没有法律约束力,双方因无效的民事法律行为所取得、占有对方的财产无合法根据，应当予以返还，故被告应返还原告货款 62,220 元，原告应返还被告货物 3 台 20s-48w-68t 神马 M20S 型"矿机"。

庭审中，被告对法院认定本案"矿机"买卖民事法律行为无效无异议，但主张原告已经实际使用"矿机"并单方面拆机，原告应折价补偿被告。民事法律行为无效时返还财产系当事人的权利和义务，原物存在的应返还原物，折价补偿系返还财产的另一种形式，其前提是原物不能返还或者没有必要返还。原物不能返还主要是指标的物灭失且无替代品、毁损严重无法修复、属于专有技术和信息资料等无形资产，或者所给付的是各种劳务及物的使用，标的物已经转移给善意第三人等情形，造成原物在法律上和事实上不具有能够返还的条件。原物没有必要返还主要是指在不违反现行法律法规的情况下采取不返还原物的方式对双方无损害，或者返还原物会加重当事人的经济损失造成资源浪费等情形。本案原告收到被告的货物"矿机"后进行使用，发现问题拆机检查，合乎常理；本案被告没有证据材料证明原告单方面拆机使"矿机"已灭失且无替代品或者存在毁损严重无法修复等不能返还或者没有必要返还的情形，故被告主张折价补偿证据不足，法院不予支持。

庭审中，原告主张货款的资金占用利息。本案民事法律行为无效，货款返还、货物返还互为对待给付，原告、被告双方应当同时返还。因原告使用货物一般应当支付使用费，该费用可与被告占有货款的资金占用费相互抵销，故被告仅须返还货款本金，无须支付利息，本案原告要求被告支付资金占用利息的诉讼请求缺乏事实依据和法律依据，法院不予支持。

五、结尾

法院依据《民法典》第 9 条、第 153 条、第 157 条，《民事诉讼法》第 67 条、第 155 条规定形成判决。

法院判决如下：（1）被告于判决生效之日起 15 日内返还原告 62,220 元。（2）原告于判决生效之日起 15 日内返还被告 3 台 20s-48w-68t 神马 M20S 型机器。（3）驳回原告的其他诉讼请求。被告如果未按判决指定的期间履行给付金钱义务，应当依照《民事诉讼法》第 260 条规定加倍支付迟延履行期间的债务利息。案件受理费 1356 元、保全费 642 元、公告费 260 元，由被告负担。

六、附录

四川省井研县人民法院民事判决书，(2021) 川 1124 民初 1619 号。

胡某瑞诉王某买卖合同纠纷案教学指导手册

◻ 教学具体目标

本案例用于分析买卖合同纠纷案中原告和被告之间合同无效情况下,返还请求权和受损害赔偿请求权聚合的成立,需要判断以下四个构成要件:第一,原告、被告之间的法律行为造成了合同无效;第二,被告因行为而获得财产且未及时退还;第三,被告无效的法律行为造成了原告的损失;第四,被告有过错。满足这四个要件,则被告需要返还原告的财产并承担原告的损失。

本案例用于理解诉讼中管辖权异议和诉讼请求变更的适用规则。

◻ 教学内容

一、比特币及相关活动的界定

比特币是虚拟货币的一种,2008年爆发国际金融危机后,中本聪(Satoshi Nakamoto)在P2P foundation网站上发布了比特币白皮书《比特币:一种点对点的电子现金系统》,陈述了他对电子货币的新设想——比特币就此面世。2009年1月3日,比特币创世区块诞生。

(一)比特币的相关概念和特征

比特币是一种用户自治的、跨国界的、去中心化的网络加密虚拟货币,是一种结合了开源软件工程模式、密码学原理和工作量证明机制,在点对点(P2P)等网络和分布式数据库的平台上产生的具有货币发行交易和账户管理功能的开源程序,以其外在的表现形式为由计算机生成的一串串复杂代码。

在比特币领域,通常会涉及"矿工""挖矿""矿场""矿池""矿机"等名词,这些均是形象的比喻和说法。"矿工"需在"矿场"(通常为互联网数据中心,即电力成本低廉、架设"矿机"的地方)里使用"矿机"(装有专业"挖矿"芯片的电脑)"挖矿"(使用"矿机"进行运算)进而获得比特币。"矿场"运营商在"矿池"里为客户提供"矿机"托管服务并收取托管费,或者利用自己的"矿机"自营"挖矿"取得收益,将其作为企业的收入。"矿工"通过向"矿池"贡献算力的方式实现共同"挖矿",并分享"挖矿"回报。与法定货币相比,比特币没有一个集中的发行方,而是由网络节点的计算生成,谁都有可能参与制造,而且可以全世界流通,在任意一台接入互联网的电脑上买卖。不管身处何方,任何人都可以挖掘、购买、出售或收取比特币,并且在交易过程中外人无法辨认用户身份信息。比特币主要有以下四个方面的特征。

第一,去中心化。比特币是一种分布式的虚拟货币,整个网络由用户构成,没有中央银行。比特币不由中央银行统一发放,比特币可以在任意一台接入互联网的电脑上管理。比特币发行是通过开源的点对点算法实现的,较难被操纵发行数量。

第二,数量的稀缺性。比特币的本质是一堆复杂算法所生成的特解。特解是指方程组所能得到无限个(其实比特币是有限个)解中的一组,每一个特解都能解开方程并且是唯一的。"挖矿"的过程就是通过庞大的计算量不断地去寻求这个方程组的特解。由于比特币系统采用了分散化编程,所以每10分钟只能获得25个比特币;根据算法,大概到2140年,流通的比特币上限将会达到2100万个特解。[1]

第三,流通的自由性。任何人在任何地方都可以生产、购买、收取、出售及使用比特币;比特币没有烦琐的额度与手续限制;比特币跨国交易无须经过外汇管制及监管,即可顺利实现全球流通。

第四,存在的持续性。比特币价格可能波动、崩盘,国家可能宣布比特币非法,但比特币和比特币网络难以在全球同步消失。比特币具备一定的安全技术,基础支付体系是安全的:在比特币交易过程中无法辨认用户身份信息,操控比特币需要私钥;比特币可以被隔离保存于任何存储介质,仅有客户自己可以获取比特币;任何个人或组织,只要控制一种虚拟货币网络51%的运算力就可随意操纵交易及币值,而目前控制比特币网络51%的运算力所需要的CPU(中央处理器)/GPU(图形处理器)数量是天文数字,难以实现。

(二)比特币的产生和交易

第一,比特币的产生。"矿工"(类似于货币发行方)借助"矿机"("挖矿"专

---

[1] 参见艾冰、CFP:《揭秘比特币的前世今生》,载《企业观察家》2017年第7期。

用计算机设备)进行"挖矿"(通过计算机随机产生哈希值碰撞,直至计算出正确的哈希值)产生比特币。用户使用"矿机"随机产生64位数字,直到创造出一组正确的数字,将获得25个比特币。比特币采用分散化产生方式,每10分钟最多产生25个,这也保证了比特币资源的稀缺性。用户在产生正确的数值后将比特币交易打包在一个区块内,获得在区块链中的记账权,从而获得比特币。这就是比特币的产生过程,激励着"矿工"维护区块链的安全性和不可篡改性。

第二,比特币的交易。用户通过计算机设备中的"比特币钱包",按比特币地址将比特币直接付给对方。用户可以随机生成比特币地址。比特币地址由一串字符构成,在生成的同时也会产生与之对应的私钥,用于证明比特币的所有权,只有知晓私钥才可以使用该比特币。在交易过程中,交易数据通过进入数据块进行确认,在通过6个区块验证后,交易完成并存储在区块链中。

第三,比特币消费平台。比特币主要有以下几种消费途径:一是部分网站和网络商店接受比特币,甚至存在比特币兑换美元、欧元的服务;二是专门的比特币第三方支付公司,可以提供应用程序接口(API)服务;三是比特币自动提款机,2013年10月29日在加拿大温哥华启用,办理加拿大元与比特币的兑换。[①]

二、比特币的法律定性

比特币是"虚拟货币",可作为"物"的一般属性,以区块链技术为基础的非法定数字货币的一种。[②] 比特币具备一般物的属性,从法律上讲,其拥有者即享受所有权,并依法享有占有、使用、收益和处分的权利。作为"物"的属性,比特币应当是合法的,比特币又区别于一般的"物",因其不具有经济评判的一般经济价值,因此不具有一般"物权"的可以交付的合法形式,也不具有可返还的现实可能。比特币作为"虚拟货币",并非真实的货币,并不能进入金融货币市场作为一般等价物进行流通、支付、兑换、交易。比特币突破"物"的属性,将受到前述货币金融监管机构的严格管控,这就是法律规定通说里常用的兜底性条款,违反了法律强制性规定。

1.比特币作为可交付的客体,具有财产属性,但无法正向认定为"网络虚拟财产"。深圳国际仲裁院曾裁决一起比特币委托理财纠纷案,其裁决书载明:仲裁庭

---

① 参见王素珍:《从货币本质看比特币》,载《中国金融》2014年第9期。
② 参见潘文博:《数字货币的运行机制与法律治理》,载《清华法学》2023年第3期。

认为,根据《关于防范代币发行融资风险的公告》的相关规定,比特币不由货币当局发行,不具有法偿性与强制性等货币属性,不具有与货币等同的法律地位,不能也不应作为货币在市场上流通使用。但并无法律法规明确禁止当事人持有比特币或者私人之间进行比特币交易,而是提醒社会公众注意有关投资风险。[1] 该案合同约定的是两个自然人之间的比特币归还义务,不属于《关于防范代币发行融资风险的公告》中规定的代币发行(ICO)融资活动(融资主体通过代币的违规发售、流通,向投资者筹集比特币、以太币等所谓"虚拟货币"),更不涉嫌非法发售代币票券、非法发行证券以及非法集资、金融诈骗、传销等违法犯罪活动。该案所涉合同有各方当事人的签署,系各方当事人真实意思表示,且未违反法律法规效力性强制性规定,故案涉合同对签约各方具有法律约束力,各方应全面履行合同约定的义务。

深圳国际仲裁院对比特币的主要论证归纳如下。(1)私人之间订立的比特币归还契约并未违反法律法规效力性强制性规定,不应认定为无效。中国法律法规并未禁止私人持有及合法流转比特币。(2)尽管比特币存在于网络虚拟空间,在占有支配以及权利变动公示方法等方面存在特殊性,但并不妨碍其成为交付的客体。(3)在法律法规就比特币予以定性前,仲裁庭无法正向认定其为"网络虚拟财产",但可以从反向认定其既不是由货币当局发行的货币,也不是法定货币的电子化,不产生利息。(4)比特币不是法定货币,并不妨碍其作为财产而受到法律保护。比特币具有财产属性,能够为人力所支配和控制;具有经济价值,能够给当事人带来经济方面的利益。这是当事人一致的意思表示,并不违背法律规定,仲裁庭对此予以认可。

2. 比特币不属于传统物权法意义上的物,但属于合同上意义上的交易对象,在这个意义上受到法律保护。北京海淀区人民法院曾受理一起涉比特币合同纠纷案件,其判决书载明:鉴于我国现行法律没有将比特币等网络虚拟财产规定为物权法上的"物",因而基于物权法定原则,原告无法按照所有权的法律规定(如孳息)而要求被告交付比特币"分叉"所产生的比特币现金,二审亦支持这一判决。[2] 应当看到,比特币的交易现实存在,持有者仍然希望借此获取利益;在网络环境下

---

[1] 参见深圳国际仲裁院委员会裁决书,(2018)深仲裁字第64号。
[2] 参见北京市第一中级人民法院民事判决书,(2018)京01民终9579号。

的商品交换过程中，比特币的价值取决于市场对比特币充当交易媒介的信心，所以基于此，部分观点主张比特币属于合同法上的交易对象，比特币属于应当受到法律保护的"民事利益"。

3. 比特币应当具有虚拟财产的地位。尽管比特币不具备法定货币的地位，但是比特币具有价值性、稀缺性、可支配性，具有作为商品的财产属性，可以认定为虚拟货币。杭州互联网法院曾受理首例涉比特币网络财产侵权纠纷案件，其判决书指出，虽然中国人民银行等部委曾发布文件否定"虚拟货币"作为货币的法律地位，但并未对其作为商品的财产属性予以否认，《关于防范比特币风险的通知》中亦提到"从性质上看，比特币应当是一种特定的虚拟商品"。比特币符合财产的构成要件，具有使用价值和交换价值，以及稀缺性、排他性和可支配性，应当认可其虚拟财产、商品属性及对应产生的财产权益。

4. 比特币与网络游戏虚拟货币的区别。网络游戏虚拟货币限定为网络游戏中的虚拟兑换工具，并且从事网络游戏虚拟货币发行与提供网络游戏虚拟货币交易服务的企业须事先获得行政审批。原文化部、商务部《关于加强网络游戏虚拟货币管理工作的通知》载明："（一）本通知所称的网络游戏虚拟货币，是指由网络游戏运营企业发行，游戏用户使用法定货币按一定比例直接或间接购买，存在于游戏程序之外，以电磁记录方式存储于网络游戏运营企业提供的服务器内，并以特定数字单位表现的一种虚拟兑换工具。网络游戏虚拟货币用于兑换发行企业所提供的指定范围、指定时间内的网络游戏服务，表现为网络游戏的预付充值卡、预付金额或点数等形式，但不包括游戏活动中获得的游戏道具。（二）文化行政部门要严格市场准入，加强对网络游戏虚拟货币发行主体和网络游戏虚拟货币交易服务提供主体的管理。从事'网络游戏虚拟货币发行服务'和'网络游戏虚拟货币交易服务'业务的，依据《国务院对确需保留的行政审批项目设定行政许可的决定》（国务院第412号令）和《互联网文化管理暂行规定》管理。凡提供上述两项服务的企业，须符合设立经营性互联网文化单位的有关条件，向企业所在地省级文化行政部门提出申请，省级文化行政部门初审后报文化部审批。'网络游戏虚拟货币发行企业'是指发行并提供虚拟货币使用服务的网络游戏运营企业。'网络游戏虚拟货币交易服务企业'是指为用户间交易网络游戏虚拟货币提供平台化服务的企业。同一企业不得同时经营以上两项业务。"

比特币与网络游戏虚拟货币存在较大的区别。《关于防范比特币风险的通知》载明:"比特币具有没有集中发行方、总量有限、使用不受地域限制和匿名性等四个主要特点。"网络游戏虚拟货币是由网络游戏运营企业发行,并用法定货币以一定比例进行兑换,系一种以特定数字单位表现的虚拟兑换工具。因此,比特币不能被认定为网络游戏虚拟货币。

三、比特币存在的法律风险和相关纠纷的裁判案例

比特币被我国货币监管机构认定为"虚拟货币",被禁止买卖,且实施严格监管。2013年12月3日,《关于防范比特币风险的通知》明确:比特币是一种特定的虚拟商品;比特币交易作为一种互联网上的商品买卖行为,普通民众在自担风险的前提下,拥有参与的自由。2017年9月4日,《关于防范代币发行融资风险的公告》明确:禁止从事代币发行融资活动;交易平台不得从事法定货币与代币、"虚拟货币"相互之间的兑换业务,不得买卖或作为中央对手方买卖代币或"虚拟货币",不得为代币或"虚拟货币"提供定价、信息中介等服务。2018年1月17日,中国人民银行营业管理部支付结算处《关于开展为非法虚拟货币交易提供支付服务自查整改工作的通知》明确:严禁为虚拟货币交易提供服务,并采取有效措施防止支付通道用于虚拟货币交易。2021年9月,中国人民银行等10部门发布《关于进一步防范和处置虚拟货币交易炒作风险的通知》、国家发展和改革委员会等11部门发布《关于整治虚拟货币"挖矿"活动的通知》,明确虚拟货币相关业务活动属于非法金融活动,严禁新增虚拟货币"挖矿"活动。可见,目前我国对于比特币等"虚拟货币"是严格监管的态势。

1.违反金融监管的规定和违背社会公共利益,请求支付等值虚拟货币的法定货币,不能得到法院的支持。最高人民法院指导案例199号"高某宇与深圳市云丝路创新发展基金企业、李某申请撤销仲裁裁决案"裁判理由载明:相关规定禁止比特币的兑付、交易及流通,炒作比特币等行为为涉嫌从事非法金融活动,扰乱金融秩序,影响金融稳定;涉案仲裁裁决高某宇赔偿李某与比特币等值的美元,再将美元折算成人民币,实质上变相支持了比特币与法定货币之间的兑付、交易,违反了社会公共利益,该仲裁裁决应予撤销。①

2.涉虚拟货币的借贷行为因扰乱经济金融秩序,违反社会公共利益,不受法

---

① 该案的裁判结果如下:广东省深圳市中级人民法院作出(2018)粤03民特719号民事裁定,撤销深圳仲裁委员会(2018)深仲裁字第64号仲裁裁决。

律保护，行为人风险自担。在（2021）粤 0304 民初 55554 号"薛某庆与蒋某民间借贷纠纷案"中，原告提交的借条中载明的款项系通过网络平台向被告支付，支付时采用了虚拟货币"泰达币"。该虚拟货币不能作为货币在市场上流通使用，更不能作为借款合同的标的物，因此原告以"泰达币"完成借款交付不符合法律规定的借款交付方式，原告、被告双方的交易行为扰乱了经济金融秩序，违反了社会公共利益，其行为不受法律保护，由此引发的损失由当事人自行承担。

3. 涉及虚拟货币的委托投资合同因违反金融管理秩序和强制性规定而无效，合同双方对于合同无效的后果均存在过错，由此造成的损失各承担 50% 的责任。在（2021）粤 01 民终 23469 号"陈某英与马某金合同纠纷案"中，根据当事人陈述的交易模式，原告作为投资人委托被告进行虚拟货币的投资理财的行为，属于监管部门明令禁止的非法"虚拟货币"交易，违反了金融管理秩序和强制性规定，双方之间的合作协议应为无效。原告、被告双方在应当知道"虚拟货币"不得交易的情况下，仍然进行交易，对于合同无效的后果均存在过错，综合考虑双方主观认识状态、在涉案交易中所处地位等因素，认定双方对合同无效造成的损失各承担 50% 的责任。

4. 出借人向借款人出借虚拟货币，借款合同有效，借款人应向出借人偿还借款时虚拟货币对应的法定货币价值。在（2021）京 01 民终 1834 号"熊某健与常某民间借贷纠纷案"中，法院认定我国法律没有将以太币等网络虚拟财产规定为物权法上的"物"，但在网络环境下的商品交换过程中，比特币、以太币等虚拟商品的交易现实存在，持有者希望借此获取利益，因而以太币属于合同法上的交易对象，任何人都可以合法持有，具有应当受到法律保护的"民事利益"。原告已向被告发送了相应的以太币，故双方之间存在民间借贷关系，原告向被告支付的以太币实际代价为 1,750,691.9 元，所以被告应向原告支付相应数额的人民币。

5. 涉及虚拟货币的委托理财合同因违反公序良俗而无效，请求返还相应的虚拟货币予以支持。在（2021）沪 0114 民初 22216 号"霍某超与金某珩委托理财合同纠纷案"中，法院认为比特币是以区块链技术为基础的加密性"货币"，其在获得过程中既需要投入一定的物质资本、支付相应对价，也需要耗费相当高的时间和人力成本，同时可以金钱为对价进行转让，产生一定的经济收益，故其具有一定的价值性、稀缺性、可支配性，符合虚拟财产的构成要件。虽然虚拟货币不具有与法定货币等同的法律地位，但相关法律、行政法规并未否认其作为商品的财产属性，亦未禁止持有比特币,故其作为虚拟货币的财产属性应予认可。原告、被告之间的委托理财合同因违反公序良俗无效。无效的法律行为自始无效,被告因该行为取得的5个比特币应当予以返还。

四、管辖权异议

(一)管辖权异议的概念

管辖权异议是指法院受理案件后,当事人提出该法院对案件没有管辖权的主张。法院受理管辖权异议后,应当对此进行审查,异议成立的,裁定将案件移送有管辖权的人民法院;异议不成立的,裁定驳回。及时准确确定案件管辖权,既关乎当事人能否及时接近正义,又关乎程序正义;既是努力让当事人在每一个司法案件中感受到公平正义的第一道关口,也是司法正义的第一道生命线。

(二)管辖权异议的审查

一般而言,管辖权异议的条件主要包括管辖权异议的范围、管辖权异议的主体、管辖权异议的客体和管辖权异议的期间四个方面。

首先,法院要审查当事人提出的异议是否属于管辖权异议,即管辖权异议的范围审查:如果属于管辖权异议,则按照管辖权异议程序进行处理;如果不属于管辖权异议,则不应适用管辖权异议程序进行处理,应依法作出相应处理。管辖权异议主要分为主管异议及受理异议。主管异议为异议人认为原告的起诉不属于人民法院受理民事诉讼的范围,向受诉法院提出异议,请求驳回原告起诉的诉讼行为。受理异议为异议人认为原告的起诉不符合《民事诉讼法》规定的起诉条件,向受诉法院提出异议,请求驳回原告起诉的诉讼行为。

其次,法院要审查管辖权异议的主体。管辖权异议的主体应当是案件的当事人,一般仅限于被告,不包括原告。需要注意以下两点:一是根据最高人民法院经济审判庭《关于法院应原告变更被告之请求而恢复诉讼,变更后的被告是否有权提出管辖异议问题的答复》,变更后的被告在答辩期内有权提出管辖权异议。二是根据《民诉法司法解释》第82条以及最高人民法院《关于第三人能否对管辖权提出异议问题的批复》,有独立请求权第三人和无独立请求权第三人均无权提出管辖权异议。

再次,对管辖权异议客体的审查。管辖权异议的客体为第一审案件管辖权。当事人无权对特别程序案件、二审案件、再审案件管辖提出异议。根据最高人民法院《关于审理民事级别管辖异议案件若干问题的规定》(以下简称《级别管辖异议规定》),管辖权异议客体既包括级别管辖,也包括地域管辖。当然,专门管辖也可以成为管辖权异议客体,即当事人有权提出案件属于普通法院管辖还是专门法院管辖的异议。需要注意以下两点:一是根据最高人民法院《关于适用〈中华人民共和国民事诉讼法〉的解释》(2022年修正)第39条第2款规定,人民法院发回重审或者按第一审程序再审的案件,当事人提出管辖异议的,人民法院不予审查。二是根据最高人民法院《关于适用〈中华人民共和国民事诉讼法〉的解释》(2022年修正)第37条规定,对于依职权移送管辖案件,受移送的人民法院应当受理;受移送的人民法院认为受移送的案件依照规定不属于其管辖的,应当报请上级人民法院指定管辖,不得再自行移送。因此,当事人无权向受移送法院提出管辖权异议。

最后,为法院对管辖权异议期间的审查。一是根据《级别管辖异议规定》第3条规定,答辩期间届满后,原告增加诉讼请求金额致使案件标的额超过受诉人民法院级别管辖标准,被告有权提出由上级人民法院管辖的管辖权异议。二是提交答辩状期间,当事人提出管辖权异议的,法院应当依法审查并作出管辖权异议裁定,不得通过依职权审查作出移送管辖裁定,从而剥夺当事人的管辖异议权和对管辖异议裁定的上诉权。三是根据《民诉法司法解释》第35条的规定,依职权裁定移送管辖的条件为当事人在答辩期内未应诉答辩,期限为答辩期届满后、一审开庭前,即在答辩期间内不得依职权裁定移送管辖。

本案中,被告认为根据原告、被告双方之间的约定,本次交易的收货地点为成都市温江区,按照法律规定买卖合同中有明确收货地点的应当由收货地法院管辖,所以本案有明确的收货地点成都市温江区,应该由成都市温江区法院管辖。本案被告的管辖权异议请求为异议人认为原告的起诉不符合《民事诉讼法》规定的起诉条件,向受诉法院提出异议,请求驳回原告起诉的诉讼行为。本案被告王某某住所地为住四川省井研县,根据《民事诉讼法》第24条的规定,因合同纠纷提起的诉讼,由被告住所地或者合同履行地人民法院管辖,故最终法院没有认定被告的管辖权异议为有效的管辖权异议,驳回了相应诉讼请求。

五、诉讼请求变更

一旦当事人双方之间存在民事纠纷并诉诸法律,一方当事人作为原告将向法院提出诉求,希望通过诉讼程序作出裁断,了结争议的民事纠纷。但基于各种原因,原告在起诉之时向法院提出的诉求未必能够客观或妥当地反映原告的真实请求,因此,在诉讼中就可能发生诉讼请求调整的情形,原告以新的诉讼请求替代原有的诉讼请求,以实现自己的诉求。因此,在民事诉讼实践中,常存在原告提起诉讼之后要求变更或追加诉讼请求的情形。《民事诉讼法》第 54 条第 1 句明确规定,"原告可以放弃或者变更诉讼请求"。该规定原则上明文认可了诉讼请求的变更。最高人民法院的司法解释中对诉讼请求的变更也有直接或间接的规定。本案中胡某瑞变更诉讼请求,不再主张判令解除原告、被告订立的买卖合同,符合相应法律规定。

---- 思 考 题 ----

[1] 比特币相关活动潜在的法律风险是如何产生的?
[2] 比特币相关纠纷的解决方式主要有哪些?
[3] 比特币、虚拟货币、数字货币等概念的区别有哪些?

---- 推 荐 阅 读 ----

[1] 邓建鹏、马文洁:《加密资产司法救济的障碍与化解路径——以首例比特币仲裁撤销案为视角》,载《陕西师范大学学报(哲学社会科学版)》2023 年第 1 期。
[2] 吴烨:《论数字货币的法律性质———个类型化分析视角》,载《科技与法律(中英文)》2023 年第 1 期。
[3] 林鸿:《论虚拟货币纠纷合同效力认定的裁判路径》,载《法律适用》2022 年第 10 期。
[4] 程雪军、李心荷:《论加密数字货币的法律风险与治理路径:从比特币视角切入》,载《电子政务》2022 年第 11 期。
[5] 齐爱民、张哲:《政策与司法背景下虚拟货币法律属性的实证分析》,载《求是学刊》2022 年第 2 期。

4.2 建设工程合同

▣ 理论导读

福建建中建设科技有限责任公司诉力波酿酒(上海)有限公司建设工程合同纠纷案涉及典型合同中的建设工程合同。《民法典》第788条至第808条、最高人民法院《关于适用〈中华人民共和国民法典〉合同编通则若干问题的解释》(法释〔2023〕13号)、最高人民法院《关于审理建设工程施工合同纠纷案件适用法律问题的解释(一)》(法释〔2020〕25号)集中规定了建设工程合同的内容。建设工程合同一般涉及主体类型较多,诉讼标的较大,法律关系复杂,社会影响较大,在审判过程中对合同主体资格的认定、合同的履行、合同的效力、工程价款的计算、工程价款优先受偿权、建设工程违约责任认定等问题的事实认定和适用法律难度比较大。本案例重点探讨实际施工人能否突破合同相对性向发包人主张权利,该问题在建设工程合同纠纷中具有特殊性,突破了合同具有相对性的原则,相关论证和说理过程值得重点关注。

福建建中建设科技有限责任公司诉力波酿酒(上海)有限公司建设工程合同纠纷案

摘要:2018年12月20日,被告力波酿酒(上海)有限公司与第三人中国建筑第七工程局有限公司签订《总承包合同》,约定被告将力波啤酒厂转型项目的主体及地下室工程发包给第三人。2019年3月28日,原告福建建中建设科技有限责任公司与第三人签订《分包合同》约定,由原告承包力波啤酒厂转型项目基坑支护及桩基础工程。由于被告、第三人未按照《总承包合同》《分包合同》履行付款义务,原告曾多次与被告和第三人进行调解,2021年1月20日,原告与第三人签订《力波啤酒厂转型项目基坑支护及桩基础工程施工工程款支付及结算备忘录》,此后第三人仅支付原告5900万元,尚欠付1300万元,原告经催讨未果,故诉至法院。

关键词:建设工程合同;总包;分包;第三人

一、引言

一般而言,合同具有相对性,实际施工人不能突破合同相对性向发包人主张权利。但实践中转包或违法分包的承包人即实际施工人向转包人、违法分包人主张权利往往基于多种原因受阻,其权利不能及时实现,而实际施工人主张权利渠道不畅会直接导致建筑工人的工资不能得到及时发放。基于此种情况,最高人民法院《关于审理建设工程施工合同纠纷案件适用法律问题的解释(一)》第43条第2款对此种情况进行了特别规定,作为《民法典》第465条的例外情况。关于在建筑施工合同纠纷中如何判断合同属于该特别规定的情况,原告与被告普遍存在较大的分歧。

二、案件当事人

一审原告:福建建中建设科技有限责任公司

一审被告:力波酿酒(上海)有限公司

第三人:中国建筑第七工程局有限公司

三、案情简介

2018年12月20日,被告与第三人签订《力波啤酒厂转型项目施工总承包合同》(以下简称《总承包合同》),约定被告将力波啤酒厂转型项目的主体及地下室工程(以下简称总包工程)发包给第三人。2019 年 3 月 28 日,原告与第三人签订《力波啤酒厂转型项目基坑支护及桩基础施工专业分包合同》(以下简称《分包合同》),约定由原告承包力波啤酒厂转型项目基坑支护及桩基础工程(以下简称分包工程),总价款暂估为 1.5 亿元。

此后,第三人在《工程分包预结算书》中确认《分包合同》项下的 5 期工程结算款合计为 1.3 亿元。根据《总承包合同》约定,总包工程于 2020 年 10 月 31 日之前完成封顶工作。由于被告、第三人未按照《总承包合同》《分包合同》履行付款义务,原告曾某 1 于 2020 年 12 月 3 日诉至法院。后因各方达成和解,原告撤诉。2021 年 1 月 20 日,原告与第三人签订《力波啤酒厂转型项目基坑支护及桩基础工程施工工程款支付及结算备忘录》(以下简称《备忘录》),约定第三人于 2021 年 2 月 28 日前完成分包工程无争议部分造价审核,于 2021 年 3 月 15 日前完成全部分包工程造价审核,并于 2021 年 4 月 15 日前支付原告工程款的 80%。此后第三人仅支付原告 5900 万元,尚欠付 1300 万元。原告曾某 2 考虑双方存在长期合作关系的因素,将付款期限延长至 2021 年 5 月 30 日,然而第三人仍未付款。原告经催讨未果,故诉至法院。

四、案件审理情况

(一)诉讼请求权

建筑施工合同工程款请求权。

(二)请求权基础规范及要件分析

《民法典》第 465 条:依法成立的合同,受法律保护。

依法成立的合同,仅对当事人具有法律约束力,但是法律另有规定的除外。

最高人民法院《关于审理建设工程施工合同纠纷案件适用法律问题的解释(一)》第 43 条:实际施工人以转包人、违法分包人为被告起诉的,人民法院应当依法受理。

实际施工人以发包人为被告主张权利的,人民法院应当追加转包人或者违法分包人为本案第三人,在查明发包人欠付转包人或者违法分包人建设工程价款的数额后,判决发包人在欠付建设工程价款范围内对实际施工人承担责任。

1. 要件分析。

要件一:原告是实际施工方。

要件二:第三人的分包合同违法。

要件三:发包人欠付转包人或者违法分包人建设工程价款。

2.法律效果:满足上述三个要件,认定被告(发包方)应当支付原告(实际施工方)建设工程款。

(三)抗辩权基础规范

本案被告未提出抗辩,不存在抗辩权。

(四)诉讼主张的检索

根据构成要件检索诉讼主张,一一对应。

基于要件一,原告主张是自己是适格的实际施工方。

被告主张原告并非《分包合同》项下的实际施工人。

第三人认为原告不属于合同无效情形下的实际施工人。

基于要件二,原告主张分包合同违法。第三人从被告处总承包工程后,违反《总承包合同》关于"基础及主体结构工程严禁分包"的约定,未经被告书面同意,将基坑支护及桩基础工程单独分包给原告,且第三人未举证证明总包工程的主体结构由其自行施工,故第三人的分包行为属于违法分包,《分包合同》应属无效。

被告主张分包合同不违法。在开发建设案涉工程过程中聘请案外人上海某有限公司作为监理单位,该公司有权代表被告对分包单位资质进行审核,第三人经上海某有限公司确认后与原告签订《分包合同》,亦代表被告对该分包行为的认可。

本案第三人中国建筑第七工程局有限公司述称,原告具备专业施工资质,《分包合同》合法有效。

基于要件三,原告主张被告作为发包人,未提供证据证明其已支付第三人全部工程价款。

被告主张已按《总承包合同》及补充协议约定向第三人履行付款义务,不存在欠付第三人工程价款的情形。

第三人认为被告已根据约定按进度支付第三人工程价款,不存在欠付款情形。

(五)争点整理

法院经过审理,认为原告与被告及第三人的分歧较大,对主要构成要件存在以下三个争点。

争点一：原告是否有权直接向被告主张第三人欠付的工程价款？

关于第一个争点，实质在于原告可否依据最高人民法院《关于审理建设工程施工合同纠纷案件适用法律问题的解释（一）》第43条向被告主张权利。法院认为，首先，该条规定为保护建筑行业中广大农民工切身利益、解决农民工工资被拖欠的现实问题，在特定情况下、一定范围内，例外性地允许实际施工人突破合同相对性原则向发包人主张建设工程价款。其次，一般情况下的建设工程合同仍应遵循合同相对性原则，即对于前述规定的适用范围不宜随意扩大，只有在发包人欠付工程价款导致转包人、违法分包人无法支付劳务分包关系中农民工工资时，实际施工人才可以要求发包人在欠付工程价款范围内承担责任。最后，前述规定中的实际施工人系建设工程合同无效情形下的转包合同的承包人、违法分包合同的承包人，以及没有资质、借用有资质的建筑施工企业名义与他人订立合同的承包人等。在合法专业分包、劳务分包中的承包人不应认定为实际施工人。

本案中，原告具有相应的建设工程施工资质，第三人在总承包被告发包的工程后，将其中的基坑支护及桩基础工程分包给原告且经被告认可，现亦无证据证明第三人在总承包及分包过程中存在其他违反法律、行政法规禁止性规定的行为，故《分包合同》合法有效。至于原告主张第三人违反《总承包合同》禁止性约定之意见，并不构成否定《分包合同》效力的法定事由，故法院对其意见不予采纳。因此，原告作为合法专业分包的承包人，并非实际施工人，现其要求被告承担责任，依据不足，法院难以支持。

争点二：被告是否欠付第三人工程价款以及第三人是否怠于向被告主张欠款？

关于第二个争点，法院认为，尽管原告可以以实际施工人的身份向被告主张权利，但根据已查明事实，截至2022年4月，被告已支付第三人工程价款合计66,806.39万元，第三人亦确认被告不存在欠付款的情形。由于目前无证据证明被告欠付第三人工程价款，遑论第三人怠于向被告主张债权，因此原告的诉讼请求亦难以得到支持。

争点三：第三人是否欠付原告工程价款，以及《备忘录》第3条约定的争议解决方式对本案事实的查明是否具有约束力？

关于第三个争点，《备忘录》系原告与第三人之间就分包工程价款结算问题作出的约定,系双方真实意思表示,不违反法律、行政法规禁止性规定,其内容合法有效,对双方产生法律约束力。现第三人与原告对于分包工程价款的结算产生争议,故双方对于该争议的解决方式应受到《备忘录》中关于仲裁条款的约束,即原告应通过仲裁程序先行解决其与第三人之间关于工程价款的争议。在双方争议得到解决之前,法院难以通过现有证据对原告主张的第三人欠款事实作出认定。

五、结尾

在建设工程施工合同纠纷中,法院支持实际施工方作为原告起诉发包人主要为保护建筑行业中广大农民工切身利益、解决农民工工资被拖欠的现实问题,在特定情况下、一定范围内,例外性地允许实际施工人突破合同相对性原则向发包人主张建设工程价款。

六、附录

上海市闵行区人民法院(原上海市上海县人民法院)民事判决书,(2022)沪0112民初11163号。

福建建中建设科技有限责任公司诉力波酿酒(上海)有限公司建设工程合同纠纷案教学指导手册

▣ 教学具体目标

本案例用于分析判断建筑工程合同纠纷中实际施工方起诉发包方是否能突破合同相对性原则,由发包方支付建设工程款。对此需要满足以下三个构成要件:第一,原告是实际施工方;第二,第三人的分包合同违法;第三,发包人欠付转包人或者违法分包人建设工程价款。满足上述三个要件,应认定被告(发包方)支付原告(实际施工方)建设工程款。

本案例用于理解诉讼中第三人相关的适用规则。

▣ 教学内容

一、合同的相对性

合同的相对性，是指合同项下的权利义务由合同的当事人承受，第三人不负担其中的义务，除非法律另有规定。[①] 合同的相对性具体表现在以下三个方面。

1. 合同主体的相对性，是指合同关系仅发生在特定的主体之间，只有合同一方当事人能向合同相对方主张合同权利以及要求承担合同义务。

2. 合同内容的相对性，是指除法律、合同另有规定外，仅有合同当事人才能享有该合同所约定的权利并承担相应的义务，任何第三方均不能就该合同主张权利。在双务合同中，合同的相对性更为突出，在该类合同中，一方权利的实现往往依赖于相对方履行对应的合同义务，权利义务通常都是相互对应的。

3. 违约责任的相对性，是指违约责任只发生在合同当事人之间，合同任何一方均不得依据该合同要求其他第三方承担违约责任，即责任承担的主体是有限的。即使是第三人原因造成的违约，根据《民法典》第593条"当事人一方因第三人的原因造成违约的，应当依法向对方承担违约责任。当事人一方和第三人之间的纠纷，依照法律规定或者按照约定处理"的规定，也只能要求合同当事人承担违约责任。

二、突破合同相对性的主要情形

《民法典》第465条第2款规定："依法成立的合同，仅对当事人具有法律约束力，但是法律另有规定的除外。"该条为合同相对性原则的法律规定。依据上述规定要求，依法成立的合同仅能约束合同当事人，对于合同之外的第三人不具有法律约束力，但是在法律另有规定的情况下，合同相对性原则可以被突破。以下为民事领域突破合同相对性原则的常见情形。

（一）物权化合同

1. "买卖不破租赁"规则的法律依据

《民法典》第725条：租赁物在承租人按照租赁合同占有期限内发生所有权变动的，不影响租赁合同的效力。

[①] 参见崔建远：《论合同相对性原则》，载《清华法学》2022年第2期。

2. "买卖不破租赁"规则的理解

"买卖不破租赁"是对这一规则通俗的阐释,严格来看并不准确。该规则是指在租赁合同有效期内,租赁物因买卖、继承、赠与等原因而发生所有权变动的,租赁合同对新的所有权人有效。其中租赁物所有权的变动,应当发生在租赁物的租赁期间。此处的"租赁期间",包含两层含义:第一层是在租赁合同有效期内,发生了租赁物所有权的变动;第二层是租赁物已经交付给承租人占有。强调"租赁期间"是为了防止出现原房屋所有权人(出租人)与承租人通过倒签《租赁合同》进而损害房屋买受人利益的情况。

"买卖不破租赁"规则的设立,主要是为了保护处于相对弱势地位的承租人的租赁权。承租人承租租赁物,是为了在租赁期内持续、稳定地占有使用租赁物,因此,即使租赁期内租赁物所有权发生变动,原租赁合同仍适用于新的所有权人。

排除适用"买卖不破租赁"规则的情形,主要体现为当事人在租赁合同中另有特别约定。第一,出租人和承租人在签订租赁合同时,事先约定排除适用该规则。此种情形下,当事人之间的意思自治优先适用。第二,租赁物在出租前已设立抵押权,因抵押权人实现抵押权发生租赁物所有权变动的情形。此种情形下,在租赁合同签订之前,租赁物已经依法设定抵押权,预先设定的抵押权优先于后设立的承租权,租赁物"新的买受人"可以不继续履行原租赁合同。第三,租赁物在出租前已被人民法院依法查封,因诉讼当事人实现己方权利而发生租赁物所有权变动的情形。此种情形下,在租赁合同签订之前,租赁物已预先设定权利负担,该权利负担优先于后设立的承租权,租赁物"新的买受人"可以不继续履行原租赁合同。

(二)真正的利益第三人合同

1. 真正的利益第三人合同

(1)法律依据

《民法典》第 522 条第 2 款:法律规定或者当事人约定第三人可以直接请求债务人向其履行债务,第三人未在合理期限内明确拒绝,债务人未向第三人履行债务或者履行债务不符合约定的,第三人可以请求债务人承担违约责任;债务人对债权人的抗辩,可以向第三人主张。

(2)规则理解

真正的利益第三人合同,是指根据法律规定或者当事人约定,将合同所产生的利益归属于合同当事人以外第三人的合同。第三人取得利益的前提为有明确的法律规定或者当事人的明确约定，即合同当事人以外的第三人取得该合同利益，其请求权基础为法律的明确规定或者合同当事人的明确约定。利益第三人享有拒绝的权利。利益第三人合同是为第三人的利益而设置的，根据民法的自愿原则，即使为他人设置利益，他人也有权拒绝；利益第三人的拒绝意思表示，应当以明示方式作出。第三人如拒绝接受该利益第三人合同，应当在合理期限内以明示方式作出；未在合理期限内明确拒绝的，视为第三人接受该合同利益；利益第三人享有维护己方利益的权利。债务人未向第三人履行债务或者履行债务不符合约定的，第三人可以请求债务人承担继续履行、赔偿损失等违约责任。

利益第三人的权利限制：一般认为，第三人对债务人虽取得履行请求权，但由于其不是合同当事人，第三人一般不享有合同解除权、撤销权等。同时，债务人基于债务人地位对债权人所享有的抗辩权，不应因向第三人履行而受到影响。

利益第三人合同本质上属于"利他合同"，即仅为第三人设定权利，其设定的初衷多为提高交易的效率、便于真正利益主体获取合同利益等。利益第三人合同，常见于保险合同、信托合同等领域。

2. 人身保险合同项下受益人享有的权益

（1）法律依据

《保险法》第 18 条第 3 款：受益人是指人身保险合同中由被保险人或者投保人指定的享有保险金请求权的人。投保人、被保险人可以为受益人。

（2）规则理解

人身保险是指以人的寿命和身体为保险标的的保险。当被保险人发生死亡、伤残、疾病等风险事故时或者达到合同约定的年龄、期限时，保险人需按照保险合同约定支付保险金。

如果人身保险合同的受益人为该合同项下投保人、被保险人之外的第三人，则该保险合同本质上归属于"真正的利益第三人合同"，受益人为真正的利益第三人，受益人享有该保险合同项下的保险受益权。

3. 责任保险合同项下第三者享有的权益

（1）法律依据

《保险法》第 65 条第 2 款：责任保险的被保险人给第三者造成损害，被保险人对第三者应负的赔偿责任确定的，根据被保险人的请求，保险人应当直接向该第三者赔偿保险金。被保险人怠于请求的,第三者有权就其应获赔偿部分直接向保险人请求赔偿保险金。

(2)规则理解

责任保险是指以被保险人对第三者依法应负的赔偿责任为保险标的的保险。责任保险合同由保险人和被保险人签订,保险标的为被保险人依法应当向第三者承担赔偿责任。

该种情形下,虽然第三者并非责任保险合同的签订主体,但是其为因保险事故遭受直接损失的主体,如果不允许第三者直接向保险人请求赔偿保险金,将导致保险事故相关争议的解决程序过于冗长、效率低下等。

4.信托合同项下受益人享有的权益

(1)法律依据

《信托法》第2条:本法所称信托,是指委托人基于对受托人的信任,将其财产权委托给受托人,由受托人按委托人的意愿以自己的名义,为受益人的利益或者特定目的,进行管理或者处分的行为。

(2)规则理解

信托是一种财产转移和财产管理的设计,是财产的所有人(委托人)将财产权利委托给受托人,受托人依委托人的意愿,为受益人的利益或为特定的目的,管理和处分信托财产的行为。

如果信托合同的受益人为信托合同项下委托人、受托人之外的第三人,则该信托合同本质上属于"真正的利益第三人合同",受益人为真正的利益第三人,受益人享有该信托合同项下的信托受益权。

(三)附保护第三人作用的合同

1.消费合同项下其他受害人享有的权利

(1)法律依据

《消费者权益保护法》第49条:经营者提供商品或者服务,造成消费者或者其他受害人人身伤害的,应当赔偿医疗费、护理费、交通费等为治疗和康复支出的合理费用,以及因误工减少的收入。造成残疾的,还应当赔偿残疾生活辅助具费和残疾赔偿金。造成死亡的,还应当赔偿丧葬费和死亡赔偿金。

(2)规则理解

附保护第三人作用的合同是一种特定合同,在合同当事人之间发生权利义务关系,同时,债务人对与债权人有特殊关系的第三人负有注意、保护的附随义务,债务人若违反此项义务亦就该特定范围内的人所受的损害负合同责任。

如果经营者提供的产品或服务造成作为合同当事人的消费者以及与消费者具有特定关系的第三人损害,应承担相应赔偿责任。此处与消费者具有特定关系的第三人基于相关规定,享有突破合同相对性的请求经营者承担责任的权利。

2. 产品销售合同项下受害人享有的权利

(1) 法律依据

《产品质量法》第43条:因产品存在缺陷造成人身、他人财产损害的,受害人可以向产品的生产者要求赔偿,也可以向产品的销售者要求赔偿。属于产品的生产者的责任,产品的销售者赔偿的,产品的销售者有权向产品的生产者追偿。属于产品的销售者的责任,产品的生产者赔偿的,产品的生产者有权向产品的销售者追偿。

(2) 规则理解

该种情形下的合同本质上属于"附保护第三人作用的合同"。上述规定项下,有权主张权利的主体为"受害人",并非仅指产品购买者,还包括与产品购买者有特殊关系的第三人。

根据上述规定,如果产品的生产者与销售者并非同一主体,产品本身存在缺陷造成人身损害,则受害人既可以请求产品生产者承担责任(生产者应当对生产的产品质量负责),也可以请求产品销售者承担责任(销售者对销售的产品负有检查验收义务)。

3. 集体旅游合同项下旅游者个人享有的权利

(1) 法律依据

最高人民法院《关于审理旅游纠纷案件适用法律若干问题的规定》第2条:以单位、家庭等集体形式与旅游经营者订立旅游合同,在履行过程中发生纠纷,除集体以合同一方当事人名义起诉外,旅游者个人提起旅游合同纠纷诉讼的,人民法院应予受理。

(2) 规则理解

该种情形下的合同本质上属于"附保护第三人作用的合同"。如果旅游者在集体旅游合同履行过程中受到损害,合同签约主体可以提起诉讼,旅游者个人亦可以提起诉讼,维护己方权益。

(四)合同的保全

1. 债权人代位权

(1)法律依据

《民法典》第535条第1款:因债务人怠于行使其债权或者与该债权有关的从权利,影响债权人的到期债权实现的,债权人可以向人民法院请求以自己的名义代位行使债务人对相对人的权利,但是该权利专属于债务人自身的除外。

(2)规则理解

我国法律设立债权人代位权制度,主要是为了保护债权人的合法权益,防止债务人怠于行使其自身享有的债权或与该债权有关的从权利,进而影响债权人到期债权的实现。代位权的设立宗旨为防止债务人责任财产的消极减少(债务人的责任财产原本应当增加却未增加)。

一般情况下,债权人与第三人(债务人的相对人)之间并不存在直接的法律关系,为了防止债权人恶意提起代位权之诉,影响债务人与债务人的相对人之间法律关系的稳定性与安全性,债权人行使代位权需要满足的条件是债务人的消极行为影响债权人到期债权的实现。

2. 债权人代位保存权

(1)法律依据

《民法典》第536条:债权人的债权到期前,债务人的债权或者与该债权有关的从权利存在诉讼时效期间即将届满或者未及时申报破产债权等情形,影响债权人的债权实现的,债权人可以代位向债务人的相对人请求其向债务人履行、向破产管理人申报或者作出其他必要的行为。

(2)规则理解

一般情况下,债权人行使代位权的前提之一为其对债务人享有的债权已经到期。但在某些特殊情形下,即使债权人的债权未到期,债务人怠于行使权利的行为也可能影响债权人的债权实现,故法律赋予债权人代位保存权。

根据上述规定,债权人有权行使代位保存权的条件包括:首先,债权人对债务人享有合法有效的债权,且该债权未到期;其次,债务人对其相对人享有合法有效的权利;最后,债务人的消极行为会影响债权人的债权实现(如债务人的消极行为导致债务人对其相对人享有的权利的丧失)。

3. 债权人撤销债务人无偿处分行为

(1) 法律依据

《民法典》第 538 条:债务人以放弃其债权、放弃债权担保、无偿转让财产等方式无偿处分财产权益,或者恶意延长其到期债权的履行期限,影响债权人的债权实现的,债权人可以请求人民法院撤销债务人的行为。

(2) 规则理解

我国法律设立债权人撤销权制度,主要是为了防止债务人恶意处分其自身财产,进而影响债权人到期债权的实现。撤销权的设立宗旨为防止债务人责任财产的积极减少(债务人的责任财产原本不应减少却实际减少)。

根据上述规定,债权人有权撤销债务人无偿处分行为的条件包括:首先,债务人存在无偿处分其财产的行为,如放弃债权、无偿转让财产、放弃债权担保等;其次,债务人的无偿处分行为影响债权人的债权实现。

4. 债权人撤销债务人有偿处分行为

(1) 法律依据

《民法典》第 539 条:债务人以明显不合理的低价转让财产、以明显不合理的高价受让他人财产或者为他人的债务提供担保,影响债权人的债权实现,债务人的相对人知道或者应当知道该情形的,债权人可以请求人民法院撤销债务人的行为。

(2) 规则理解

若债务人有偿处分其自身财产,则债务人的相对人取得利益付出了一定的代价,与债务人的无偿处分行为相比,在设计撤销权成立要件时,需要更重视对交易安全因素的考量,需要更加严格适用。

根据上述规定,债权人有权撤销债务人有偿处分行为的条件包括:首先,存在以明显不合理的低价转让财产、以明显不合理的高价受让他人财产或者为他人的债务提供担保的行为;其次,债务人的行为影响债权人的债权实现;最后,债务人的相对人主观上存在恶意。

(五)简化责任追究的情形

1. 单式联运合同项下承运人的连带责任

(1) 法律依据

《民法典》第 834 条:两个以上承运人以同一运输方式联运的,与托运人订立合同的承运人应当对全程运输承担责任;损失发生在某一运输区段的,与托运订立合同的承运人和该区段的承运人承担连带责任。

(2) 规则理解

在单式联运运输中,托运人一般仅与数个承运人中的某一个承运人(多为第一承运人)签订运输合同,与其他区段的承运人一般并未签订运输合同。

根据上述规定,如查明货物的毁损、灭失发生在某一具体运输区段,该区段的承运人和签订合同的承运人承担连带责任。该规定有利于保障托运人的利益,简化责任追究程序,节约司法资源。

2. 建设工程合同项下分包人的连带责任

(1) 法律依据

《民法典》第791条第2款:总承包人或者勘察、设计、施工承包人经发包人同意,可以将自己承包的部分工作交由第三人完成。第三人就其完成的工作成果与总承包人或者勘察、设计、施工承包人向发包人承担连带责任。承包人不得将其承包的全部建设工程转包给第三人或者将其承包的全部建设工程支解以后以分包的名义分别转包给第三人。

(2) 规则理解

根据上述规定,(总)承包人经发包人同意,可以将部分工程分包给其他主体,在总包与分包相结合的承包形式中,存在总包与分包两个不同的合同关系。

为了维护发包人的利益,保证工程的质量,也为了简化责任追究程序、提高司法效率、节约司法资源,适当加重了分包人的责任,第三人(分包人)就其完成的工作成果与总承包人或者勘察、设计、施工承包人向发包人承担连带责任。

3. 违法分包、转包前提下,发包人与违法分包、转包人的连带责任

(1) 法律依据

最高人民法院《关于审理建设工程施工合同纠纷案件适用法律问题的解释(一)》第43条第2款:实际施工人以发包人为被告主张权利的,人民法院应当追加转包人或者违法分包人为本案第三人,在查明发包人欠付转包人或者违法分包人建设工程价款的数额后,判决发包人在欠付建设工程价款范围内对实际施工人承担责任。

(2) 规则理解

在违法分包或者违法转包的情形下,实际施工人与发包人之间虽然并未签订建设工程合同,但为了保护实际施工人(尤其是农民工)的合法权益,也为了简化

诉讼责任追究程序,实际施工人可以突破合同相对性原则起诉发包人。

(六)披露制度的确认

1. 委托人的介入权及第三人的选择权的法律依据

《民法典》第 926 条第 1 款、第 2 款:受托人以自己的名义与第三人订立合同时,第三人不知道受托人与委托人之间的代理关系的,受托人因第三人的原因对委托人不履行义务,受托人应当向委托人披露第三人,委托人因此可以行使受托人对第三人的权利。但是,第三人与受托人订立合同时如果知道该委托人就不会订立合同的除外。

受托人因委托人的原因对第三人不履行义务,受托人应当向第三人披露委托人,第三人因此可以选择受托人或者委托人作为相对人主张其权利,但是第三人不得变更选定的相对人。

2. 规则理解

根据上述规定,受托人以自己的名义与第三人签订合同,在第三人不知道受托人与委托人之间的代理关系时,为更好地保护委托人或者第三人的合法权益、解决因代理产生的合同纠纷等,赋予委托人的介入权及第三人的选择权。

委托人行使介入权的,委托人取代受托人的地位,成为第三人的相对人。除了委托人可以行使受托人对第三人的权利外,第三人自然也可以向委托人主张其对受托人的抗辩。

第三人行使选择权,选择委托人作为其相对人的,委托人取代受托人的地位,则第三人可以向委托人主张权利,而委托人也可以向第三人主张其对受托人的抗辩以及受托人对第三人的抗辩。

突破合同相对性的情形,并非对合同相对性原则的简单否定,而是对合同相对性原则的一种维护和补充,其立法初衷是弥补该原则在大千世界中适用的不足与漏洞,平衡合同当事人与第三人之间的利益、提高交易模式的便捷性等。合同相对性原则及其突破从本质上来说有共同的价值追求,是实现形式正义与实质正义、一般正义与个别正义的有机统一。本案中,原告与被告并无合同关系,二者间并无直接权利义务关系。原告诉被告的行为本质上是突破合同的相对性向被告追偿的行为,但法院认为被告与第三方之间并非违法分包关系,原告亦能支付工人工资,故不属于最高人民法院《关于审理建设工程施工合同纠纷案件适用法律问题的解释(一)》第 43 条第 2 款中规定的突破合同相对性行为,对其诉讼请求不予认可。

三、诉讼中的第三人

(一)第三人的概念

《民事诉讼法》第 59 条规定了民事诉讼中的第三人。民事诉讼一般是双方当事人之间的民事争议引起的,有时也会直接或间接涉及第三人的民事权利义务,从而导致第三人参加诉讼。民事诉讼中的第三人,是指对他人之间的诉讼标的有独立的请求权,或者虽无独立的请求权,但案件的处理结果与其有法律上的利害关系,因而参加到他人之间已经开始的民事诉讼中,以维护自己合法权益的人。

(二)第三人的分类

根据对当事人双方的诉讼标的是否有独立请求权,可将第三人分为有独立请求权的第三人和无独立请求权的第三人。第三人可以是公民,也可以是法人或其他组织。学界对第三人的分类标准也存在不同的学说,如按照第三人参加诉讼的实际地位和作用对第三人予以界定,将其分为独立第三人和非独立第三人两大基本类。[1] 目前,《民法典》将其划分为有独立请求权的第三人和无独立请求权的第三人。

有独立请求权的第三人是指对当事人争议的诉讼标的主张全部或部分权利而参加到已经开始的诉讼中的人。有独立请求权的第三人以起诉的方式参加诉讼,有权向人民法院提出诉讼请求或事实、理由,成为当事人。因为在其看来,原告、被告之间的诉讼侵犯了其民事权益,其既不同意原告的主张,也不同意被告的主张,认为不论原告胜诉还是被告胜诉,都将侵犯他人的利益。也就是说,其是把原告和被告作为共同被告对待的。

无独立请求权的第三人是指对原告、被告双方争议的诉讼标的虽然没有独立的请求权,但案件的处理结果同其有法律上的利害关系,因而参加到已经开始的诉讼中,以维护自己的利益的人。有法律上的利害关系是指原告、被告双方之间争议的法律关系,与第三人参加的另一法律关系有牵连。无独立请求权的第三人可以申请参加诉讼,或者由法院通知其参加诉讼。在诉讼中,其既不是原告,也不是被告,只是参加到当事人一方进行诉讼,具有当事人的诉讼权利义务。判决承

---

[1] 参见张卫平:《我国民事诉讼第三人制度的结构调整与重塑》,载《当代法学》2020 年第 4 期。

担民事责任的无独立请求权的第三人有权提出异议,无权放弃、变更诉讼请求或者申请撤诉。

(三)诉讼程序中的第三人与提起撤销之诉的第三人

从《民事诉讼法》的规定来看,诉讼程序中的第三人与提起撤销之诉的第三人在概念上完全相同,但从第三人参加诉讼和第三人提起撤销之诉的立法目的和司法实务来看,两者有根本区别。①

第一,从立法目的来看,第三人参加诉讼制度是为了一次性解决纠纷、提高诉讼效率和保证裁判之间的一致性。第三人撤销之诉制度是为了保护基于客观原因未参加前诉程序,而受生效裁判损害的程序权利和实体权利。因此,在第三人参加诉讼的情形下,第三人只要符合《民事诉讼法》规定的条件,均可作为第三人参加诉讼,在其范围上不宜作限制。第三人撤销之诉情形,因针对生效裁判提起撤销请求,在其范围上应当予以严格的限制。

第二,从程序功能来看,第三人参加诉讼是一种事先的权利保护程序,而第三人撤销之诉是一种事后救济程序。第三人参加诉讼的条件相对宽松,只要与案件有法律上的利害关系即可参加诉讼,以此为第三人提供救济的机会。第三人撤销之诉的条件非常严格,除与案件有利害关系外,还必须具备生效裁判内容错误且损害其民事权益的实体性要件。所以,对于第三人撤销之诉的原告主体资格和范围的判断,关键在于法律上的利害关系判断,这比第三人参加诉讼的标准更高,必须结合第三人撤销之诉的实体条件,同时具备这些条件才是适格的第三人撤销之诉的主体。

第三,在实务操作上,2012年《民事诉讼法》规定第三人撤销之诉制度后,对于第三人参加诉讼的态度必须进一步转变,在诉讼中包括一审和二审,都要尽可能地将符合法律规定条件的第三人追加进诉讼,即使是有独立请求权的第三人,一旦发现也宜依一定方式告知其依法参加诉讼,以避免生效裁判作出后第三人再提起第三人撤销之诉,从而维护生效裁判的安定性,也有利于提高诉讼效率,及时化解社会纠纷。

---

① 参见最高人民法院民法典贯彻实施工作领导小组办公室编著:《最高人民法院民事诉讼法司法解释理解与适用》(下册),人民法院出版社2022年版,第2页。

---- 思 考 题 ----

[1] 建设工程合同纠纷案中实际施工方要求发包人支付工程款的构成要件有哪些?

[2] 法律规定建设工程合同纠纷案中部分情况可以突破合同相对性的主要原因有哪些?

---- 推荐阅读 ----

[1] 仲伟珩:《论转承包人法律地位的实务模糊、理论澄清与现实进路》,载《法律适用》2023年第7期。

[2] 谢勇、郭培培:《论实际施工人的民法保护》,载《法律适用》2021年第6期。

[3] 时明涛:《民法典时代实际施工人制度的理解与完善》,载《河北法学》2022年第9期。

[4] 崔建远:《论合同相对性原则》,载《清华法学》2022年第2期。

[5] 杨浦:《论合同相对性原则的适用边界》,载《交大法学》2020年第3期。

4.3 物业服务合同

▣ 理论导读

本物业服务合同纠纷案涉及典型合同中的物业服务合同。物业服务合同纠纷与人民群众的生活直接相关,其处置水平是我国基层社会治理能力的重要体现。物业合同纠纷一旦处理不当极易引发群访或群闹现象,造成不好的社会效应。目前,《民法典》第 937 条至第 950 条、《物业管理条例》、最高人民法院《关于审理物业服务纠纷案件适用法律若干问题的解释》(2020 年修正)(法释〔2020〕17号)对物业服务合同相关内容进行了集中规定。据有关数据统计,我国物业合同纠纷多数与业主不满物业公司服务、拒缴物业费有关,该类案件一般事实较为清楚,但是就如何认定物业公司是否充分履行合同义务,实践中存在较多的争议。物业服务合同与《民法典》规定的其他典型合同之间存在明显差别,适用非常态缔约规则,因此,物业合同纠纷在处理过程中更需要关注缔约主体的团体性、缔约程序的法定性、对合同效力相对性原则的突破等。

北京鑫隆基物业管理有限责任公司与周某物业服务合同纠纷案

摘要：2000年4月18日，委托方（甲方）北京丰正房地产开发有限公司与受托方（乙方）北京鑫隆基物业管理中心签订《物业管理委托合同》，委托乙方对部分住宅楼实施物业管理。2000年5月17日，甲方北京鑫隆基物业管理中心与乙方周某就文体路38号院4号楼703号房屋签订《协议书》，约定物业管理项目及收费标准。2016年2月26日，北京鑫隆基物业管理中心公示两份《给文体路38号院部分业主的一封公开信》，指出原有物业费由个人和产权单位两部分共同承担缴纳，依据政府相关文件自2015年1月1日起物业费由个人交纳。北京鑫隆基物业管理有限责任公司主张周某自2016年1月1日起未交纳物业费，请求法院判决周某给付未按期缴纳的物业费及利息。

关键词：物业管理；举证责任；履行瑕疵；事实合同

一、引言

物业服务合同纠纷案中业主违反物业合同约定，拒不交纳物业费，且无法举证证明物业服务人未按照约定和有关规定提供服务的，依据《民法典》第944条第1款关于"业主应当按照约定向物业服务人支付物业费"的规定，对业主行为给予否定性评价，要求业主及时补缴物业费。

二、案件当事人

一审原告：北京鑫隆基物业管理有限责任公司

一审被告：周某

三、案情简介

2000年4月18日，委托方（甲方）北京丰正房地产开发有限公司与受托方（乙方）北京鑫隆基物业管理中心签订《物业管理委托合同》，约定：甲方将丰台区文体路38号院1、2、4号住宅楼及附属配套设施委托乙方实行物业管理；乙方应按国家和市政府等有关部门的规定，负责向产权人及物业使用人收取相应的物业管理费用；委托管理的期限为10年，自2000年5月1日起至2010年4月30日止；甲方向乙方支付共用部位、公共设备设施维修养护费共计338万元。其中含支付回迁居民50%的房屋公共设施基金及回迁户（建筑面积：9856.9平方米）的产权人应交的物业管理费（不含小修费）等。该合同落款加盖了甲方北京丰正房地产开发有限公司、乙方北京鑫隆基物业管理中心的公章以及上级单位北京市丰台区危改开发管理办公室、北京市丰台区房屋土地管理局的公章。

2000年5月17日，甲方北京鑫隆基物业管理中心与乙方周某就文体路38号院4号楼703号房屋签订《协议书》，约定：甲方受北京丰正房地产开发有限公司的委托，对文体路38号院住宅小区实行物业管理；乙方在该小区有房产1套，建筑面积83.67平方米；个人交费项目，一次交清全年的费用，收费内容见该协议附表1；个人缴费时间：每年5月1日至15日，逾期不交处以应交费用3%的滞纳金；协议期限为3年，自2000年5月1日起至2003年4月30日止；等等。该协议附表1载明个人收费项目如下：房屋公共维修基金26元/平方米、装修垃圾清运费20元/自然间、保洁费4元/户·月、保安费5元/户·月、服务费1元/户·月、生活垃圾清运费30元/户·年、税金5.5%，前述第1项、第2项为一次性收费。

2016年2月26日，北京鑫隆基物业管理中心公示两份《给文体路38号院部分业主的一封公开信》。其中一份载明：业主居住的小区2000年由北京丰正房地产开发有限公司委托物业进行管理，物业费由个人和产权单位共同承担缴纳。根据《关于北京市机关事业单位物业服务改革有关问题的通知》（京建发〔2015〕258号）的规定，自2015年1月1日起物业费由个人交纳。另一份载明：业主居住的小区是2000年由北京丰正房地产开发有限公司委托物业进行管理的，物业费由个人和产权人共同承担缴纳。由于该小区业主是回迁业主，当时丰正房地产开发有限公司承诺支付10年物业费，即回迁业主的产权人应承担交纳物业费至2010年4月30日，承诺期满已过多年，自2016年1月1日起恢复交纳产权人应缴纳的物业费。

然而，周某自2016年1月1日起未交纳物业费，由此北京鑫隆基物业管理有限责任公司主张周某给付未按期缴纳的物业费及利息。

四、案件审理情况

（一）诉讼请求权

物业合同中的物业费给付请求权。

（二）请求权基础规范及要件分析

《民法典》第944条：业主应当按照约定向物业服务人支付物业费。物业服人已经按照约定和有关规定提供服务的,业主不得以未接受或者无须接受相关物业服务为由拒绝支付物业费。

业主违反约定逾期不支付物业费的,物业服务人可以催告其在合理期限内支付;合理期限届满仍不支付的,物业服务人可以提起诉讼或者申请仲裁。

1. 要件分析。

要件一:原告和被告之间的物业合同有效。

要件二:原告已经按照约定和有关规定提供服务。

要件三:被告业主违反约定逾期不支付物业费的。

2. 法律效果:满足上述三个要件,认定被告应当依据物业合同的内容,及时给付应按期交纳的物业费。

(三)抗辩权基础规范

诉讼时效抗辩。

《民法典》第188条:向人民法院请求保护民事权利的诉讼时效期间为三年。法律另有规定的,依照其规定。

诉讼时效期间自权利人知道或者应当知道权利受到损害以及义务人之日起计算。法律另有规定的,依照其规定。但是,自权利受到损害之日起超过二十年的,人民法院不予保护,有特殊情况的,人民法院可以根据权利人的申请决定延长。

《民法典》第192条:诉讼时效期间届满的,义务人可以提出不履行义务的抗辩。

诉讼时效期间届满后,义务人同意履行的,不得以诉讼时效期间届满为由抗辩;义务人已经自愿履行的,不得请求返还。

(四)诉讼主张的检索

根据构成要件检索诉讼主张,一一对应。

基于要件一,原告与被告签订的物业合同合法有效,被告应当按照合同约定交纳物业费。

被告不认可2016年后合同中物业收费标准,认为应当按照2016年之前物业收费标准交纳。

基于要件二,原告已经按照合同提供物业管理服务。

被告认为原告物业服务不到位,未尽到合同规定的物业管理义务。

基于要件三,原告要求被告给付拖欠的物业费。

(五)争点整理

法院经过审理,认为要件三无争议,被告截至诉讼前拖欠从2016年起至今的物业费。抗辩权、要件一和要件二存在以下三个争点。

争点一:诉讼时效是否合法?

法院主张周某在一审诉讼中并未提出时效抗辩,且其认可从2016年起未交费的事实,周某仅坚持按照入住案涉房屋时签订的标准交纳物业费,故周某在二审中提出关于时效的上诉意见,法院不予采纳。

争点二:物业费标准是否合理?

法院认为关于物业费标准,北京鑫隆基物业管理中心与北京丰正房地产开发有限公司签订的《物业管理委托合同》中载明物业费标准按市政府等有关部门的规定收取。现北京鑫隆基物业管理中心依据政府指导价确定的标准收取物业费,并无不当。周某以其未见过《物业管理委托合同》为由不予认可相关收费标准,缺乏依据。关于周某认为应按照案涉《协议书》载明的物业费标准交纳费用的主张,因北京鑫隆基物业管理中心对该标准已给予合理解释,该协议是在开发商负担了部分物业费的背景下签订的,且协议的履行期限已届满,故周某该项上诉请求,依据不足,法院不予支持。

争点三:北京鑫隆基物业管理中心物业服务是否到位?

法院认为,周某二审中提供证据欲证明北京鑫隆基物业管理中心物业服务不到位,但其提供的证据存在部分证据未能准确显示证据形成时间的情况。在北京鑫隆基物业管理中心对证据不予认可的情况下,法院认为周某提供的证据不足以证明该中心提供的物业服务存在重大瑕疵,亦不足以证明周某拒交物业费的合理性。周某的上诉意见缺乏依据,法院不予采纳。

五、结尾

物业服务关系民生,在改善居住环境、提升生活品质和社会管理水平等方面发挥着积极作用。《民法典》专门增加物业服务合同章节,为解决物业服务纠纷提供了基本依据。因物业服务具有长期性和持续性,业主以偶然性的物业服务瑕疵为由,认为物业公司构成根本性违约,因而拒缴物业费的行为,不能得到法院的支持。

六、附录

北京市第二中级人民法院民事判决书,(2023)京 02 民终 5466 号。

北京鑫隆基物业管理有限责任公司与周某物业服务合同纠纷案教学指导手册

▣ 教学具体目标

本案例用于分析物业合同纠纷中物业费给付请求权案件。判定物业费给付请求权成立需要以下三个构成要件:第一,物业公司与业主的物业合同有效;第二,物业公司已经按照约定和有关规定提供服务;第三,业主违反约定逾期不支付物业费。满足这三个要件,业主需要给付物业公司物业费。

本案例用于理解民事诉讼中"谁主张,谁举证"规则。

▣ 教学内容

一、物业服务合同的概念和性质

在《民法典》编纂前,对物业服务合同的具体规定欠缺导致业主与物业服务公司的纠纷频发。基于此,《民法典》第三编第二十四章专门增加物业服务合同的规定,主要内容包括物业服务合同的概念、内容、订立、届满和终止等,为实践中处理物业纠纷提供了法律依据。《民法典》第 937 条对物业服务合同作出规定。物业服务合同是物业服务人在物业服务区域内,为业主提供建筑物及其附属设施的维修养护、环境卫生和相关秩序的管理维护等物业服务,业主支付物业费的合同。物业服务人包括物业服务企业和其他物业管理人。

物业服务合同作为一种新的法定合同类型,其法律性质如何界定成为学界争议问题。目前,理论界对于物业服务合同的性质所持的主流观点是委托合同说和集体合同说,其分歧焦点是物业服务企业与业主委员会或业主大会之间的权利义务关系。

根据物业服务合同签订的阶段不同,学界将其分为前期物业服务合同和物业服务合同,①前期物业服务合同是指在房屋销售之前,由建设单位与其选聘的物业服务企业签订的合同;而物业服务合同是指小区成立业主大会后由业主委员会与业主大会选聘的物业公司签订的物业服务合同,该合同成立时前期物业服务合同的效力即终止。基于前期物业服务合同的概念,业主在购房后与建设单位签订合同意味着业主对前期物业服务合同进行了事后追认,即业主已经将选定物业服务企业的事项委托给建设单位,由其代为委托,这种行为称为事后委托,即事后对建设单位的授权行为进行追认,使得前期物业服务合同对业主产生约束力。因此,目前理论界较为一致地认为前期物业服务合同属于委托合同。从涉及前期物业服务合同的司法纠纷来看,法院也以委托合同为前期物业服务合同的性质对具体案件进行判断。

虽然学界对于前期物业服务合同性质的争执较小,但由于物业服务合同中缔约主体与约束主体不一致,故学界对物业服务合同性质争议较大,主要表现为委托合同说和集体合同说这两种观点。

委托合同说分析理由主要如下。其一,物业服务合同在性质上属于委托合同,其原因是二者都属于双务、诺成合同,并且二者都以提供劳动为合同标的,所以物业服务合同在适用时可以参照委托合同的规则。其二,物业服务合同与委托合同的行为对象相似,二者都向合同的当事人提供劳务性质的服务。《民法典》第942条规定了物业服务人的具体义务,表明物业服务人应当按照约定和物业的使用性质向业主提供维修、清洁、养护等劳务性服务,以此维护物业服务区域内的基本秩序。其三,从物业服务合同在《民法典》中所处的位置可以看出,立法者将其放置在委托合同之后,表明立法者对该观点的认可,并且由于住宅小区内部事项复杂,与委托合同相比需要一定的专业性,故学者们认为物业服务合同是特殊的委托合同。

近年来,集体合同说逐渐被更多的学者提倡。② 持集体合同说的学者依托于物业服务合同的特殊性,认为该合同与其他合同存在本质的区别。其一,物业服务合同是由业主大会或业主委员会代表全体业主集体的意识与物业服务企业签

---

① 参见韩世远:《物业服务合同的解释论——以框架合同为视角》,载《中国政法大学学报》2022年第3期。

② 参见朱虎:《物业服务合同作为集体合同:以〈民法典〉规范为中心》,载《暨南学报(哲学社会科学版)》2020年第11期。

订的合同,是一个团体与另一个团体签订的合同,其合同的缔约主体与集体合同较为相似,具有集体合同的特征;其二,在物业服务合同成立之后,全体业主受到由业主大会或业主委员会与物业服务企业签订合同行为的约束,说明物业服务合同中的缔约主体和约束主体并不一致;其三,物业服务合同的诉讼主体也具有特殊性,在解除物业服务合同时需要业主大会或业主委员会共同决定。

二、物业服务合同的内容

(一)业主的权利和义务

1. 业主的权利

根据《物业管理条例》第 6 条第 2 款规定,业主在物业管理活动中,享有下列权利:(1)按照物业服务合同的约定,接受物业服务企业提供的服务;(2)提议召开业主大会会议,并就物业管理的有关事项提出建议;(3)提出制定和修改管理规约、业主大会议事规则的建议;(4)参加业主大会会议,行使投票权;(5)选举业主委员会成员,并享有被选举权;(6)监督业主委员会的工作;(7)监督物业服务企业履行物业服务合同;(8)对物业共用部位、共用设施设备和相关场地使用情况享有知情权和监督权;(9)监督物业共用部位、共用设施设备专项维修资金的管理和使用;(10)法律、法规规定的其他权利。

2. 业主的义务

依据《民法典》第 944 条第 2 款和第 945 条第 1 款规定,业主具有支付物业费的义务和装饰装修房屋的告知义务。

根据《物业管理条例》第 7 条规定,业主在物业管理活动中,履行下列义务:(1)遵守管理规约、业主大会议事规则;(2)遵守物业管理区域内物业共用部位和共用设施设备的使用、公共秩序和环境卫生的维护等方面的规章制度;(3)执行业主大会的决定和业主大会授权业主委员会作出的决定;(4)按照国家有关规定交纳住宅专项维修资金;(5)按时交纳物业服务费用;(6)法律、法规规定的其他义务。

(二)物业公司的权利和义务

1. 物业公司的权利

依据《物业管理条例》规定,物业公司享有以下八项权利。(1)依《公司法》等法律、行政法规规定享有的经营自主权。(2)依物业管理法规的规定享有的管理办法拟制权。(3)依物业管理法规和物业服务合同规定享有的管理事务执行权。

(4)依物业管理法规和物业服务合同规定享有的管理费用收取权。(5)从事专项经营服务业务权。(6)拒绝摊派权。(7)要求业主大会、业主委员会协助管理权。(8)劝阻、制止、处理违反物业管理合同的行为权。

2. 物业公司的义务

根据《民法典》第941条、第942条、第943条规定，物业服务人应当承担亲自提供物业服务的义务、妥善提供物业服务的义务、公开和报告义务。

依据《物业管理条例》规定，物业管理是业主和物业服务企业按物业服务合同约定，对房屋及配套的设施设备和相关场地进行维修、养护、管理，维护物业管理区域内的环境卫生和相关秩序的活动。物业服务企业根据物业服务合同中约定的服务项目和服务标准，为业主提供质价相符的服务。

物业公司在物业服务活动中应当履行下列义务：(1)按照物业服务合同、国家有关物业服务的规范提供物业服务；(2)在业主、物业使用人使用物业前，将物业的共用部位、共用设施设备的使用方法、维护要求、注意事项等有关规定书面告知业主、物业使用人；(3)按照法律、法规的规定和物业服务合同约定做好物业区域内的安全防范工作；(4)定期对物业的共用部位、共用设施设备进行养护，按照物业服务合同约定组织维修；(5)做好物业维修、养护、更新及其费用收支的各项记录，为业主提供免费查询服务，妥善保管物业档案资料和有关财务账册；(6)听取业主委员会、业主、物业使用人的意见，改进和完善物业服务；(7)对物业区域内的违法违规行为进行劝阻、制止，并向业主委员会和有关行政主管部门报告；(8)法律、法规规定和物业服务合同约定的其他义务。

物业服务企业不得以部分业主拖欠物业服务费用、不配合管理等理由减少服务内容、降低服务质量或者中断供水、供电、供气、供热等。业主和物业公司有关物业管理服务的依据就是物业服务合同，如果物业服务企业没有履行物业服务合同，侵害业主权益，业主可要求物业公司限期整改，也可向法院起诉。对业主要求解决的物业服务合同约定以外的事，物业公司应积极与有关部门反映沟通，争取使问题得到解决。要求物业公司承担物业服务合同外的工作，属于变相侵占物业企业和广大业主的权益。一方面，物业费不能全部用于物业服务合同范围内的物业服务支出，对业主合法权益是一种侵害；另一方面，增加物业服务企业成本，也会影响物业公司的经营管理和服务。

三、物业服务合同的终止

(一)业主共同决定解除物业服务合同

业主依照法定程序共同决定解聘物业服务人的,物业服务合同如果对通知期限有明确约定,按照其约定;如果没有约定或者约定不明确,应当提前60日采取书面形式通知业主,未提前通知的,只有在期限届满之后解除才发生效力,而非解除无效。这是基于特殊的政策考量,给物业服务人一定的准备期,以此减少业主的赔偿责任,避免业主承担过重的赔偿责任进而产生社会问题和执行难题。解除合同造成物业服务人损失的,除不可归责于业主的事由外,业主应当赔偿损失。在合同是因不可归责于业主的事由而被解除的情况下,业主不承担赔偿责任。

(二)续聘物业服务人

在物业服务合同期限届满前,依据《民法典》第278条规定,业主有权共同决定续聘或者解聘物业服务人,这要求由专有部分面积占比2/3以上的业主且人数占比2/3以上的业主参与表决,并且经参与表决专有部分面积过半数的业主且参与表决人数过半数的业主同意。在业主共同决定后,由业主委员会,或者未设立业主委员会情况下由全体业主,依据业主的共同决定而与物业服务人续聘或者解聘。同样,如果业主委员会未经业主大会同意,擅自续聘或者解聘,业主大会不予追认的,业主委员会的行为对全体业主不具有法律约束力,由此产生的后果由业主委员会中负有责任的个人承担。

物业服务期限届满后,物业服务人不负有订立新物业服务合同的义务,无论业主是否共同决定续聘,物业服务人都可以不同意续聘。物业服务人不同意续聘的,除非合同对通知期限另有约定,否则物业服务人应当在合同期限届满前90日书面通知业主委员会,未成立业主委员会的情形下应当书面通知业主。

(三)不定期物业服务合同

在物业服务期限届满后,业主没有依法作出续聘或者另聘物业服务人的决定,但是物业服务人继续提供物业服务的,业主与物业服务人之间形成事实上的物业服务合同关系,但是服务期限为不定期。不定期物业服务合同的内容应当与原物业服务合同相同,因此,物业服务人应当依据原物业服务合同的约定提供物业服务,业主也应当按照原物业服务合同的约定支付物业费。当事人可以随时解除不定期物业服务合同,但是应当提前60日书面通知对方。

(四)物业服务人的交接义务

物业服务人在合同终止后的交接义务是物业服务人最为重要的后合同义务之一。交接义务的具体内容包括退出物业服务区域,交还物业服务用房、相关设施、物业服务所必需的相关资料等,配合新物业服务人完成交接工作,并如实告知物业的使用和管理状况。

(五)原物业服务人继续处理物业服务事项

物业服务合同终止后,在业主或者业主大会选聘的新物业服务人或者决定自行管理的业主接管之前,原物业服务人应当继续处理物业服务事项,并可以请求业主支付该期间的物业费。

四、诉讼时效规则

(一)诉讼时效的概念

诉讼时效是指权利人在法定期间内不行使权利即丧失请求人民法院依法保护其民事权利的法律制度。一般而言,法律只保护民事主体在诉讼时效的有效期间内的胜诉权,超过诉讼时效有可能带来败诉的风险。换言之,权利人在法定期间内不行使权利,持续到一定期间而致使其请求权丧失胜诉权的法律事实,可称为诉讼时效超过,也可称为权利消灭。诉讼时效制度自诞生之日起即受到正当性的道德拷问。自原《民法通则》颁布以来,诉讼时效制度在司法实践中经历了"保护义务人"向"保护权利人"的司法理念转变,并不断进行适用范围的限缩、诉讼期间的增加和抗辩阶段的限定等贴近朴素正义感的有益探索。[①]

《民法典》规定诉讼时效的意义不是鼓励债务人想方设法拖延义务的履行,也不是鼓励债务人不劳而获,不履行债务,而在于以下方面。(1)稳定财产关系,以免财产关系长久处于不确定状态。(2)有利于促使权利人及时行使权利。在规定期限内不行使权利而又无正当理由,说明权利人已不关心自己权利的实现。(3)有利于法院更好地收集证据,解决纠纷。如果没有时效限制,案件年代久远将造成纠纷难以解决。

(二)《民法典》中关于诉讼时效的主要规定

《民法典》总则第九章对诉讼时效进行了规定,同时最高人民法院《关于审理

---

① 参见李建华、李广军:《论中国诉讼时效制度的司法本土化向度》,载《社会科学战线》2024 年第 7 期。

民事案件适用诉讼时效制度若干问题的规定》(2020年修正)对此进行了更为详尽的解释和规定。

1. 诉讼时效的一般规定

普通诉讼时效期间是3年,如果法律有特别规定,则不适用普通3年时效,而适用特别时效,最长时效期间为20年。

法律依据:《民法典》第188条规定,向人民法院请求保护民事权利的诉讼时效期间为3年。法律另有规定的,依照其规定。诉讼时效期间自权利人知道或者应当知道权利受到损害以及义务人之日起计算。法律另有规定的,依照其规定。但是,自权利受到损害之日起超过20年的,人民法院不予保护,有特殊情况的,人民法院可以根据权利人的申请决定延长。

2. 诉讼时效的起算

《民法典》一般起算标准应解释为权利人知道或者应当知道可以行使权利之日起算,即行使权利的法律障碍消除且当事人对此知情的最早时点为起算点。对于不同类型请求权而言,"受到损害"的样态并不相同。对"知道"可凭借权利人言行、具体情境等因素认定;"应当知道"应解释为因重大过失而不知。[①]

法律依据:《民法典》第189条规定,当事人约定同一债务分期履行的,诉讼时效期间自最后一期履行期限届满之日起计算;第190条规定,无民事行为能力人或者限制民事行为能力人对其法定代理人的请求权的诉讼时效期间,自该法定代理终止之日起计算;第191条规定,未成年人遭受性侵害的损害赔偿请求权的诉讼时效期间,自受害人年满18周岁之日起计算。

3. 诉讼时效的中止和中断

为防止权利人非自身原因造成诉讼时效届满,保证权利人有足够的行权时间,法律规定在一定情形下诉讼时效可以中止或者中断。我国民事立法上对诉讼时效中止和中断事由通过简单列举与兜底条款相结合的形式加以规定,这使得诉讼时效中止或中断的具体事由存在一定的不确定性。

法律依据:《民法典》第194条规定,在诉讼时效期间的最后6个月内,因下列障碍,不能行使请求权的,诉讼时效中止:(1)不可抗力;(2)无民事行为能力人或

[①] 参见杨巍:《〈民法典〉第188条第2款第1、2句(诉讼时效起算)评注》,载《法学家》2022年第5期。

者限制民事行为能力人没有法定代理人,或者法定代理人死亡、丧失民事行为能力、丧失代理权;(3)继承开始后未确定继承人或者遗产管理人;(4)权利人被义务人或者其他人控制;(5)其他导致权利人不能行使请求权的障碍。自中止时效的原因消除之日起满6个月,诉讼时效期间届满。《民法典》第195条规定,有下列情形之一的,诉讼时效中断,从中断、有关程序终结时起,诉讼时效期间重新计算:(1)权利人向义务人提出履行请求;(2)义务人同意履行义务;(3)权利人提起诉讼或者申请仲裁;(4)与提起诉讼或者申请仲裁具有同等效力的其他情形。

4.诉讼时效的排除适用

我国立法采用从反面列举了不适用诉讼时效的请求权,并且设置了兜底条款,此种规定方式使得实务中诉讼时效的排除适用认定产生较多争议。

法律依据:《民法典》第196条规定,下列请求权不适用诉讼时效的规定:(1)请求停止侵害、排除妨碍、消除危险;(2)不动产物权和登记的动产物权的权利人请求返还财产;(3)请求支付抚养费、赡养费或者扶养费;(4)依法不适用诉讼时效的其他请求权。《民法典》第197条规定,诉讼时效的期间、计算方法以及中止、中断的事由由法律规定,当事人约定无效。当事人对诉讼时效利益的预先放弃无效。《民法典》第198条规定,法律对仲裁时效有规定的,依照其规定;没有规定的,适用诉讼时效的规定。《民法典》第199条规定,法律规定或者当事人约定的撤销权、解除权等权利的存续期间,除法律另有规定外,自权利人知道或者应当知道权利产生之日起计算,不适用有关诉讼时效中止、中断和延长的规定。存续期间届满,撤销权、解除权等权利消灭。

本案中,法院认为周某在一审诉讼中并未提出诉讼时效抗辩,且其认可自2016年起未交费的事实,周某仅坚持按照入住案涉房屋时签订的标准交纳物业费,故二审法院不认可周某提出时效的上诉意见。法院认可周某与物业公司之间形成了事实合同关系,而事实合同关系的起止时间为2016年1月1日至2020年12月31日,此时诉讼时效应该从合同截止时间2020年12月31日起开始计算3年,即2023年12月31日前原告都可以向法院主张自己的权利,并不会超出诉讼时效。

五、举证责任分配

(一)举证责任的概念

《民事诉讼法》第67条第1款"当事人对自己提出的主张,有责任提供证据"

的规定,确立了我国民事诉讼中"谁主张,谁举证"的举证责任一般原则。"谁主张,谁举证"的真实意思是主张法律关系存在、变更、消灭或者权利受到妨害的当事人,应当对产生该法律关系的基本事实承担举证证明责任,所以"谁主张,谁举证"针对的是法律关系,而非仅针对对方说的话。

举证责任的概念以当事人主义诉讼结构为前提,是指在诉讼活动中,由当事人收集和提出证据,并且对自己的证明活动能否使法官的心证达到证明标准负责。举证责任的概念有双重性质:一是行为意义上的举证责任,二是结果意义上的举证责任。

行为意义上的举证责任是指当事人为了避免不利的事实认定及败诉的后果,需要努力收集和提出证据,即举证对于当事人成为必要的情形或构成负担;这一层次的举证责任从诉讼一开始就体现在有关原告、被告收集和提出证据的行为规范之中。结果意义上的举证责任是指当事人没有举证或者虽然提出证据但未能使法官的心证达到证明标准,特别是当诉讼到了最终阶段案件事实仍处于"真伪不明"的状态时,一方当事人将会承受对其不利的事实认定甚至败诉后果;这一层次的举证责任必须经过当事人双方的攻击防御活动,往往在诉讼的最终阶段才能显示其作用。

(二)举证责任的承担

举证责任究竟由哪一方当事人承担,一般根据民事法的实体规范在诉讼前或纠纷发生之前客观地确定下来,且只能由当事人的一方承担而不会同时分配给双方;由于法律事先分配的负担与当事人的主观认识并不相干,举证责任原则上贯穿整个诉讼过程而不会改变,所以其又被称为客观举证责任。《民诉法司法解释》第90条规定:"当事人对自己提出的诉讼请求所依据的事实或者反驳对方诉讼请求所依据的事实,应当提供证据加以证明,但法律另有规定的除外。在作出判决前,当事人未能提供证据或者证据不足以证明其事实主张的,由负有举证证明责任的当事人承担不利的后果。"该条第1款对应的是行为意义上的举证责任,第2款对应的是结果意义上的举证责任。

举证责任必须具体分配给当事人的某一方才能够体现出其驱动攻击防御的重要意义。民事诉讼中关于举证责任分配的基本命题是"谁主张,谁举证",意思是案件事实由哪一方当事人提出,哪一方当事人就应对该事实承担举证责任。

关于客观举证责任事先在当事人之间的分配,我国民诉法学界和司法实务上一般采取的是被称为法律要件分类说的理论以及建立于其上的分配规则。法律要件分类说指的是按照民事实体法把要件事实区分为导致以权利义务为内容的法律效果发生或作为这种效果产生之必要条件的"权利发生事实"、妨碍法律效果发生的"权利妨碍事实"、法律效果虽产生但已归于消灭的"权利消灭事实"以及虽然有关于法律效果的约定但其尚未发生的"权利阻却事实"。很明显，主张权利发生事实的当事人与主张后三种事实的当事人正好构成利益相反的两方，举证责任则按照实体法上每一种权利发生和妨碍、消灭、阻却的要件分类事先配置给互为对手的当事人双方。

《民诉法司法解释》第 91 条规定，人民法院应当依照下列原则确定举证证明责任的承担，但法律另有规定的除外：(1) 主张法律关系存在的当事人，应当对产生该法律关系的基本事实承担举证证明责任；(2) 主张法律关系变更、消灭或者权利受到妨害的当事人，应当对该法律关系变更、消灭或者权利受到妨害的基本事实承担举证证明责任。

本案中，周某主张物业公司没有尽到其应尽的义务，并向法庭提交《文体路 38 号院业主的呼声》和照片打印件若干，主张楼道内广告未及时清理、墙皮脱落、杂物堆放影响出行、电线裸露有安全隐患、开关损坏，地下室常年有人居住，大门及电梯内贴有广告、消防器材老化存在安全隐患，用以证明北京鑫隆基物业管理中心物业管理混乱、不到位，小区房屋被擅自出租，该中心收取了小区广告收益。如果上述证据被法院采纳，意味着可以减少甚至免除被告的物业费用（因物业公司未全面履行合同约定义务）。但二审法院认为周某提供的部分证据未能准确显示证据形成时间，在北京鑫隆基物业管理中心不予认可的情况下，周某提供的证据不足以证明该中心提供的物业服务存在重大瑕疵，亦不足以证明周某拒交物业费的合理性。周某的上诉意见缺乏依据，法院不予采纳，周某最终承担了举证不能的后果。

―――――― 思 考 题 ――――――

[1] 物业公司何种行为会构成根本性违约？
[2] 业主不交纳物业费的主要抗辩事由有哪些？
[3] 物业服务合同的法律性质是什么？

—————— 推荐阅读 ——————

[1] 韩世远:《物业服务合同的解释论——以框架合同为视角》,载《中国政法大学学报》2022年第3期。

[2] 朱虎:《物业服务合同作为集体合同:以〈民法典〉规范为中心》,载《暨南学报(哲学社会科学版)》2020年第11期。

[3] 杨立新:《物业服务合同:从无名合同到典型合同的蜕变》,载《现代法学》2020年第4期。

[4] 郑峥:《物业服务合同纠纷的诉源治理:现实需求及实施路径》,载《中州学刊》2021年第11期。

[5] 徐涤宇:《物业服务合同法律构造之中国模式》,载《法学研究》2021年第3期。

[6] 薛源:《民法典新增物业服务合同效力探讨》,载《学术界》2020年第10期。

4.4 中介合同

🔲 理论导读

万某宝与上海泉顺房地产经纪有限公司(以下简称泉顺公司)中介合同纠纷案涉及典型合同中的中介合同。随着我国服务业的快速发展,中介合同在日常生活中使用的频率逐步提高,因此,我国《民法典》第961条至第966条对中介同相关内容进行了明确规定。上述关于中介合同的规定与之前法律规定相比,将"居间合同"的合同名称改为"中介合同",新增了"禁止跳单"规则以及中介合同参照适用委托合同的规则,同时规定了未促成合同成立时的必要费用请求权限于"约定"情形。其中《民法典》第965条规定的"禁止跳单"规则,与最高人民法院指导案例1号之间具有密切的联系。禁止"跳单"是对诚信核心价值观的弘扬,有利于维护房地产交易市场的健康发展。本案例聚焦于中介合同中"跳单"行为的认定,梳理"跳单"行为认定的法律依据和事实依据,确定相关违约责任承担。

万某宝与泉顺公司中介合同纠纷案

摘要:2021年10月28日,万某宝(甲方、出售方)与泉顺公司(乙方、限时代理方)签订《房屋委托限时代理协议》,约定甲方委托乙方限时出售涉案房屋,甲方确定乙方为出售上述房地产的唯一受托方;甲方违反该协议第4条约定的甲方义务均属甲方违约,此种情况下,甲方须按照该协议第2条所约定委托房屋出售总价金额的2%支付乙方违约金,并返还乙方已支付的限时出售定金。2021年11月21日,万某宝通过其他公司居间将涉案房屋出售给他人,泉顺公司基于此认为万某宝违反合同约定,要求万某宝承担违约责任。

关键词:中介合同;独家委托;违约金;违约责任

一、引言

"跳单"并不是严格意义上的法律术语,而是一种为了避免或减少佣金支付义务而违反合同义务的违约行为,常见于商品房交易中,具体指买受人通过中介公司找到房源,或出卖人通过中介公司找到买家后,绕过中介进行交易的行为。实践中,中介公司往往在中介合同中约定禁止"跳单"的条款,在《民法典》实施以前,该禁止条款的法律效力以及对"跳单"行为的认定存在诸多分歧。《民法典》新增了"跳单"违约条款,首次将"跳单"行为上升到法律层面,对违背契约精神的行为进行了严格规制。

二、案件当事人

一审原告:泉顺公司

一审被告:万某宝

三、案情简介

2021年10月28日,万某宝(甲方、出售方)与泉顺公司(乙方、限时代理方)签订《房屋委托限时代理协议》,约定甲方委托乙方限时出售涉案房屋,限时代理期限自2021年10月28日起至2022年2月28日止,甲方委托出售总价为430万元。该协议约定了乙方义务:(1)积极为甲方寻找介绍并提供适合的房地产需求信息,通过泉顺公司销售网络推广、对外合作销售推广以及甲方授权乙方向其他第三方居间委托出售上述物业并寻找介绍适合的客户;(2)提供咨询服务,并在甲方的要求下,根据甲方提供的证件和资料,协助甲方与介绍的购买方以及介绍的第三方居间签署房屋买卖合同,协助甲方与介绍的购买方办理房产过户手续;(3)甲方有权随时向乙方了解限时代理事项的进展情况,乙方有义务根据甲方要求向甲方报告相关情况;(4)为甲方限时代理出售的房屋在门店外挂出售标志;(5)为限时代理房产提供修整建议书,使房产更易于销售成交;(6)为限时代理房产做免费评估,提供参考意见;(7)协助甲方与物业管理处交涉房屋修护、保养、收费等事宜。该协议约定了甲方义务:(1)由于限时代理期间乙方将投入大量时间和精力销售该房产,因此限时代理期内甲方不得取消该委托;(2)乙方会利用各种能尽快促成交易的营销渠道为甲方寻找、介绍买房客户,不排除找到的买房客户或第三方居间私自与甲方交易,此种情况下甲方自行出售或交由其他第三方居间出售的均属乙方介绍;(3)甲方确定乙方为出售上述房地产的唯一受托方,乙方先行向甲方支付限时出售定金且在签订该协议时甲方已实际收取该笔限时出售定金;(4)甲乙双方确定房屋委托限时代理介绍服务费用数额为甲方所出售房屋买卖合同总价金额的1%,甲方应在与购买方或介绍的第三方居间签订房产买卖合同当日向乙方支付房屋委托限时代理介绍服务费用并返还乙方已支付的限时出售定金;(5)甲方违反该协议第4条约定的甲方义务,均属甲方违约,此种情况下甲方须按照该协议第2条所约定委托房屋出售总价金额的2%支付乙方违约金,并返还乙方已支付的限时出售定金。

2021年11月21日,万某宝通过其他公司居间将涉案房屋出售给他人,泉顺公司认为万某宝违反合同约定,要求万某宝承担违约责任。

四、案件审理情况

(一)诉讼请求权

违约金请求权。

(二)请求权基础规范及要件分析

《民法典》第577条:当事人一方不履行合同义务或者履行合同义务不符合约定的,应当承担继续履行、采取补救措施或者赔偿损失等违约责任。

《民法典》第6条:民事主体从事民事活动,应当遵循公平原则,合理确定各方的权利和义务。

《民法典》第7条:民事主体从事民事活动,应当遵循诚信原则,秉持诚实,恪守承诺。

《民法典》第585条:当事人可以约定一方违约时应当根据违约情况向对方支付一定数额的违约金,也可以约定因违约产生的损失赔偿额的计算方法。

约定的违约金低于造成的损失的,人民法院或者仲裁机构可以根据当事人的请求予以增加;约定的违约金过分高于造成的损失的,人民法院或者仲裁机构可以根据当事人的请求予以适当减少。

当事人就迟延履行约定违约金的,违约方支付违约金后,还应当履行债务。

1. 要件分析。

要件一:原告与被告之间的合同合法有效。

要件二:原告履行合同义务。

要件三:被告违反合同义务。

2. 法律效果:满足上述三个要件,认定被告应当依据合同规定支付违约金。

(三)抗辩权基础规范

本案被告未提出抗辩,不存在抗辩权。

(四)诉讼主张的检索

根据构成要件检索诉讼主张,一一对应。

基于要件一,原告主张《房屋委托限时代理协议》合法,泉顺公司为万某宝出售涉案房屋的唯一受托方,与万某宝形成独家代理法律关系。

被告主张签订的《房屋委托限时代理协议》不真实,其与泉顺公司建立的并非独家代理居间关系。

基于要件二,原告主张泉顺公司通过各渠道发布了万某宝涉案房屋的售房信息,带看了几十组客户。

被告主张泉顺公司的业务员仅向其介绍过一个客户。

基于要件三,原告主张被告跳过泉顺公司,通过其他中介交易。

被告主张房屋交易系通过与与泉顺公司有关联的其他中介出售,未违背合同约定。

(五)争点整理

法院经过审理,认为原告与被告在主要构成要件上均存在较大争议。

争点一：原告与被告签订的《房屋委托限时代理协议》是否有效？

法院认为，当事人对自己提出的诉讼请求所依据的事实或者反驳对方诉讼请求所依据的事实有责任提供证据加以证明；没有证据或者证据不足以证明当事人的事实主张的，由负有举证责任的当事人承担不利后果。万某宝上诉不同意承担违约责任的主要理由系涉案《房屋委托限时代理协议》并不真实，但是据此并未提供充足的证据予以证明。在此情况下，泉顺公司依据该协议主张万某宝承担相应的违约责任具有合同依据和法律依据。

争点二：被告是否尽到《房屋委托限时代理协议》中的独家委托应承担的义务？

法院认为，当事人之间采用独家委托的交易模式，就意味着委托方将丧失一定期间内的委托选择权，将交易成功的机会完全寄托于独家受托方。因此，根据《民法典》的诚实信用原则，中介方应当相对应地全面履行自身义务，以高于非独家委托的标准，更积极、主动、优质地提供中介服务。本案中，泉顺公司作为中介方，有责任在独家委托期间使万某宝享受到特别的优质服务，以积极作为的态度，尽快在独家委托期间内促成涉案系争房屋交易。但泉顺公司亦未提供证据证明其完成协议约定的委托事项，泉顺公司履行居间义务存在严重不足之处。

争点三：被告是否应当向原告承担违约责任？

法院认为，当事人对自己提出的诉讼请求所依据的事实或者反驳对方诉讼请求所依据的事实有责任提供证据加以证明。没有证据或者证据不足以证明当事人的事实主张的，由负有举证责任的当事人承担不利后果。万某宝上诉不同意承担违约责任的主要理由系涉案《房屋委托限时代理协议》并不真实，但是据此并未提供充足的证据予以证明，在此情况下，泉顺公司依据该协议主张万某宝承担相应的违约责任具有合同依据和法律依据。一审法院认为协议约定万某宝违约时应承担房价款金额2%的违约金，而泉顺公司居间成功的佣金仅为房价款的1%。假设万某宝并无违约，泉顺公司在约定的委托期限内完成了委托事项，泉顺公司依据协议可获得的佣金报酬为43,000元；若万某宝违约，泉顺公司反而可获得86,000元的违约赔偿，显然合同约定的违约金过高，超过了违约所造成的损失，亦超出了万某宝在订立合同时可以或应当预见的损失范围。万某宝提出违约金过高需调整的意见，法院予以采信。结合万某宝的违约行为及其过错程度、泉顺公司履行协议的情况、万某宝违约给泉顺公司所造成的实际损失等因素，根据公平原则、诚实信用原则予以衡量，法院对于违约金的金额予以调整，酌定违约金以8000元计算，二审法院认可这一酌情裁定。

五、结尾

尽管《民法典》新增了"跳单"违约条款，但是实践中，中介合同格式条款居多，约定也较为笼统，在判定一方是否存在"跳单"等违约行为时，合同双方当事人往往遭遇举证难等困扰。因此，合同当事人应通过明确中介服务条款，对每一环节的佣金进行细化并分别计算，留存签字的书面服务进程确认单，遵守诚实信用原则，这样才能促进公平、竞争、有序的房产交易环境的形成。

六、附录

上海市第一中级人民法院民事判决书，(2023)沪01民终4300号。

万某宝与泉顺公司中介合同纠纷案教学指导手册

▢ 教学具体目标

本案例用于分析中介合同纠纷案中，需要判断的三个构成要件：第一，原告与被告之间的合同合法有效；第二，原告履行合同义务；第三，被告违反合同义务。满足上述三个要件，认定被告应当依据合同规定支付违约金。

本案例用于理解诉讼中上诉的相关法律规定和规则。

▢ 教学内容

一、"跳单"行为及其法律规制

近年来，随着二手房市场交易需求的增加，房产中介行业得以迅猛发展，实践中"跳单"现象也逐渐增多。《民法典》颁布并实施后，将违背契约精神的"跳单"行为上升到法律层面进行严格规制，明确禁止"跳单"行为。

（一）"跳单"行为的认定

"跳单"是中介行业的行话，通常指买受人通过中介公司找到房源，或出卖人通过中介公司找到买家后，绕过中介进行交易的行为。《民法典》第965条规定：

"委托人在接受中介人的服务后,利用中介人提供的交易机会或者媒介服务,绕开中介人直接订立合同的,应当向中介人支付报酬。"在司法实践中,人民法院对于是否构成"跳单"违约行为具有较大的司法裁量权。认定"跳单"行为时,人民法院主要考量以下因素。

1. 委托人是否接受了中介人的服务。审判实践中,法院认定该要件成立的前提是委托人与中介人之间存在真实有效的中介合同关系。如双方签订了中介合同或者房地产求购确认书、委托看房确认书等其他能够明确双方权利义务的书面协议,则双方的中介合同关系通常没有争议。如双方未签订书面协议,则中介人往往需要通过通话聊天记录、带看记录、证人证言等证据来证明自己为委托人提供了相应服务。

2. 委托人是否利用了中介人提供的信息机会或者媒介服务。按照中介合同约定,中介人向委托人提供服务之后,委托人是否利用了中介人提供的这一服务而订立合同,是判断是否构成"跳单"违约的关键。实践中委托人为增加交易成交机会,可能同时向多家中介登记自己的房屋信息,造成多家中介掌握同一房源信息。同样,买方也可以通过多家中介了解到该房源信息。判断是否"跳单"需要综合判断委托人与中介人之间有无委托协议、是否为独家委托、买方最终与卖方达成买卖合意使用了哪一家中介提供的服务信息等。

例如,在最高人民法院指导案例1号"上海中原物业顾问有限公司诉陶某华居间合同纠纷案"中,法院认为:"房屋买卖居间合同中关于禁止买方利用中介公司提供的房源信息却绕开该中介公司与卖方签订房屋买卖合同的约定合法有效。但是,当卖方将同一房屋通过多个中介公司挂牌出售时,买方通过其他公众可以获知的正当途径获得相同房源信息的,买方有权选择报价低、服务好的中介公司促成房屋买卖合同成立,其行为并没有利用先前与之签约中介公司的房源信息,故不构成违约。"

3. 绕开中介人直接订立合同。实践中委托人绕开中介人直接订立合同,主要有三种表现方式:一是委托人利用中介人提供的信息机会或者媒介服务,直接与相对人订立合同;二是委托人在某中介人处获得信息机会或享受媒介服务后,发现其他中介人要求的报酬更低,遂利用已经掌握的机会、服务在其他中介人处与相对人完成交易;三是委托人将中介人提供的信息透露给亲朋好友,以亲朋好友的名义与合同相对方订立合同,以达到绕开中介人的目的。"跳单"行为的一般目的主要在于省去中介费用的支出,若房源为公开信息,且委托人基于其他原因(如中介服务的优劣等),另行委托他家中介公司促成合同成立,并支付了相应的合理中介费用,亦可能不构成"跳单"。

例如,在宁乡市金乐家房产经纪有限公司、汤某行纪合同纠纷案中,湖南省宁乡市人民法院认为:"因原告所掌握的涉案房屋房源并非其一家独有,其他个人或单位可以通过正当途径获知,被告通过已获得原房主授权的其他中介公司了解到了同一房源信息,而被告作为消费者,有权选择其认为价格低、服务好的中介公司来完成交易,这符合市场交易习惯,不能认定被告的行为构成违约。"①

(二)"跳单"违约后的法律责任

根据《民法典》第 965 条规定,委托人构成"跳单"行为的,应当向中介人支付报酬。那么报酬的标准如何确定,便成为交易各方的主要争议焦点。因"跳单"本质上是委托人违反中介合同约定的违约行为,故此时的报酬应属于委托人在中介合同项下所应承担的违约责任。考虑到完整的中介服务通常涵盖提供房源信息、上门带看、协助商谈价格与签约、协助办理贷款与过户等一般环节以及解除查封、涤除抵押等特殊环节,而在"跳单"纠纷中大部分中介人仅提供了部分环节的服务,法院一般不会判令委托人按照约定全额支付报酬,而是根据具体情况酌情调减报酬金额。

例如,在怀化阳阳地产经纪有限公司、邓某文等行纪合同纠纷案中,湖南省怀化市鹤城区人民法院认为:"在二手房买卖合同中,中介人与委托人约定的报酬,需要中介人履行一系列合同义务,包括提供有用的房源信息、带买房人看房、协助双方商谈价格、协助办理贷款、协助办理产权过户等,而本案被告'跳单'发生在原告带第三人看房、协助商谈价格之后,订立买卖合同之前,此时原告仅履行了部分合同义务,故根据权利义务一致的原则,本院酌定被告按照涉案房屋实际交易价格的1%向原告支付报酬。"②

(三)不构成"跳单"时中介人的权利救济

《民法典》第 964 条规定:"中介人未促成合同成立的,不得请求支付报酬;但是,可以按照约定请求委托人支付从事中介活动支出的必要费用。"实践中,人民

---

① 湖南省宁乡市人民法院民事判决书,(2022)湘 0182 民初 7537 号。
② 湖南省怀化市鹤城区人民法院民事判决书,(2021)湘 1202 民初 6289 号。

法院一般从案件的实际情况出发,以中介方已提供的服务内容和支出费用情况为依据,酌情确定必要费用数额。

例如,在平江县陈某中介服务店、苏丰行纪合同纠纷案中,湖南省平江县人民法院认为:"中介人未促成合同成立的,不得请求支付报酬,但是可以按照约定请求委托人支付从事中介活动支出的必要费用……为平衡当事人的利益,本院根据案件实际情况,酌情确定由被告给付原告房屋中介费金额为人民币 1200 元。"①

（四）"禁止跳单"条款的效力认定

实践中,中介人为保障自己的合法权益,通常在中介合同中载明禁止委托人"跳单"的条款。对于禁止"跳单"条款的法律效力问题,司法实践中有不同的认识。常见的"禁止跳单"条款有以下两种。

1. 委托人在看房后×个月内,利用中介人提供的信息、机会等条件但未通过中介人而与第三方达成买卖交易的,委托人应按照与出卖方就该房地产买卖达成的实际成交价的×%,向中介人支付违约金。该约定属于中介合同中常有的禁止"跳单"格式条款,其本意是防止买方利用中介公司提供的房源信息却"跳"过中介公司购买房屋,从而使中介公司无法得到应得的佣金。该约定并不存在免除一方责任、加重对方责任、排除对方主要权利的情形,常被认定有效。

例如,在高新技术产业开发区新发益田枫露房屋信息咨询部、郝某行纪合同纠纷案中,吉林省长春市中级人民法院认为:"双方签订的《房屋限时代卖合同》属于中介合同性质,合同第六条的约定属于房屋买卖中介合同中常有的禁止'跳单'格式条款,其本意在于防止委托人在接受中介人的服务后,利用中介方提供的交易机会或者媒介服务,绕开中介公司与他人直接订立房屋买卖合同,使中介公司无法得到合同约定报酬。该约定符合法律规定的中介合同法律关系特点,并不违反公平原则,系合理确定各方的权利义务,不存在免除一方责任、加重对方责任、排除对方主要权利的情形,而是基于双方意思自治下对合同一方的合理限制,也有利于维护正常的交易秩序,应认定有效。"②

2. 在多个中介人掌握同一房源信息的情况下,中介合同约定:中介人带委托人看房后,委托人不得私下或者通过其他中介人与合同相对人订立合同,否则仍

---

① 湖南省平江县人民法院民事判决书,(2022)湘 0626 民初 2227 号。
② 吉林省长春市中级人民法院民事判决书,(2023)吉 01 民终 133 号。

需支付报酬。该约定属于典型的"旱涝保收"条款,即中介人完成带看服务后,无论报价高低、服务好坏、报酬多寡,委托人只能选择该中介人进行交易,否则就构成"跳单"违约。该条款通常会被法院认为是中介人利用自己的优势地位而设立的"霸王条款",限制了委托人的选择权,应属无效。

"跳单"行为不仅会让中介人的付出得不到相应的回报,也会增加房产交易的风险,如房屋产权问题、资金安全、物业纠纷等隐患。应如何避免"跳单"造成的损失?对于中介来说,未来提供每一步服务都需要留个心眼,将书面证据留好,避免客户"跳单"。无论何时,正规流程的服务总是受到法律保证的,法律对合理的中介费是支持的。对于委托人来说,凡是自己签订的任何书面的确认书,都会在后续被作为法律上的证明。所以,委托人不应在中介未提供任何服务时先签约,同时签约后也要本着契约精神支付相应的中介费。

二、违约金的法律认定

违约金,是指合同的一方当事人不履行或不适当履行合同时,按照合同的约定,为其违约行为支付的一定数额的金钱。违约金一般分为惩罚性违约金和赔偿性违约金,两者均属于担保物权的担保范围。

(一)违约金的分类

惩罚性违约金是固有意义上的违约金,又称违约罚金。债务人违约时,除须支付违约金外,其他因债之关系所应负的一切责任,均不因之而受到影响。债权人除请求违约金外,还可以请求债务履行或者不履行所生之损害赔偿。

赔偿性违约金是当事人双方预先估计的损害赔偿总额,又称损害赔偿额的预定。由于债权人于对方违约而请求损害赔偿时须证明损害及因果关系,而此类举证不但困难且易产生纠纷,因此,当事人为避免上述困难及纠纷,预先约定损害赔偿数额或者其计算方法。

(二)违约金的性质和功能

违约金制度起源于罗马法,现已为民商事合同中一种广泛应用的救济方式。各国对其性质的规定存在较大差别。大陆法系国家普遍认为违约金具有惩罚性,而英美法系国家却承认其补偿性。

我国对于违约金的规定借鉴了大陆法系的观点,即违约金的性质既强调赔偿性,又有限地承认违约金的惩罚性。在司法实践中,即便是赔偿性违约金,仍然具有双重功能:一是惩罚性功能,又称压力功能;二是补偿性功能。

1. 惩罚性功能

通过违约金,债权人掌握了一种压力手段,债务人为避免支付违约金会竭力履行其债务。作为债务不履行后果的预先安排,约定违约金可以让债务人更明确、清楚地感知其违约可能引发的不利后果;这种对不利后果的预知及带来的警示,是违约金预先约定性在事实层面引发的效果,从而形成促使对方依约行事的压力。更重要的是,违约金规则不同于一般违约责任,尤其是损害赔偿的构造,使压力功能得以在规范层面获得落实。发挥违约金条款惩罚性功能,对于督促债务人诚信履行合同、促使合同目的实现,具有重要意义。在商事交易中,当事人通过合同对各方权利义务进行适当安排,合同义务的充分履行对于稳定交易预期、维护交易安全、促进交易发展具有重要意义。因此,虽然我国法律规定的违约金属于以填补损失为主的赔偿性违约金,但仍然需要给违约金赔偿性功能的发挥留有适度空间,赋予当事人在一定幅度内约定高于实际损失的违约金的权利,提高违约成本,降低主观违约风险。

2. 补偿性功能

违约金条款的主要功能在于预先约定违约造成的损失赔偿额,在违约事实发生时,债权人可直接主张违约金以弥补违约行为造成的损失。约定违约金相对于法定损害赔偿,最大的优势在于简化损害举证规则,即债务人违反合同约定时,债权人无须就其所遭受的损害逐一举证,可直接主张违约金。在债权人能够对其实际损失进行合理说明,且债务人不能举证证明约定违约金过分高于债务人实际损失的情况下,人民法院对债权人按照约定主张的违约金应予支持。

(三)违约金的常见问题

1. 违约金和利息能否同时主张

最高人民法院《关于审理民间借贷案件适用法律若干问题的规定》(2020年修正)第29条规定,出借人与借款人既约定了逾期利率,又约定了违约金或者其他费用,出借人可以选择主张逾期利息、违约金或者其他费用,也可以一并主张,但是总计超过合同成立时一年期贷款市场报价利率4倍的部分,人民法院不予支持。

最高人民法院《关于进一步加强金融审判工作的若干意见》规定,严格依法规制高利贷,有效降低实体经济的融资成本。金融借款合同的借款人以贷款人同时主张的利息、复利、罚息、违约金和其他费用过高,显著背离实际损失为由,请求对总计超过年利率24%的部分予以调减的,应予支持,以有效降低实体经济的融资成本。规范和引导民间融资秩序,依法否定民间借贷纠纷案件中预扣本金或者利息、变相高息等规避民间借贷利率司法保护上限的合同条款效力。

2. 违约金和定金竞合选择权

《民法典》第588条规定,当事人既约定违约金,又约定定金的,一方违约时,对方可以选择适用违约金或者定金条款;定金不足以弥补一方违约造成的损失的,对方可以请求赔偿超过定金数额的损失。

3. 违约金是否有上限规定

违约金可分为法定违约金和约定违约金。法定违约金是指由法律明文规定适用情形、比例或者金额的违约金;约定违约金是指合同双方当事人在签订合同时自行约定适用情形、比例或者金额的违约金。如果合同中只对违约金作了原则性约定,没有具体约定违约金的比例或者数额,并且有关法律也没有明确规定违约金比例或者金额,则可按照《民法典》中关于承担违约金责任的一般原则执行。

如果合同中没有违约金条款,法律也未规定违约金比例或者数额,那么只要违约造成了对方的损失,违约方就应向对方支付赔偿金。该赔偿金的数额应当按照对方遭受的实际损失确定。当事人可以约定一方违约时应当根据违约情况向对方支付一定数额的违约金,也可以约定因违约产生的损失赔偿额的计算方法。

违约金的比例取决于具体的情况,如买方违约时定金不能收回,卖方违约时加倍返还定金等。相关司法解释中的"当事人以约定的违约金过高为由请求减少的,应当以违约金超过造成的损失30%为标准适当减少",应该是对《民法典》违约金相关规定的注解,而不是对违约金比例的规定。

三、上诉的相关法律规定

一审法院的判决作出后,原告、被告双方有可能不服,双方都有权在法律规定的时间范围内提起上诉,进行二审,而提起上诉需要了解以下事项。

(一)上诉主体

上诉人和被上诉人的范围相较于一审原告和被告范围而言较为宽泛。

法律依据:《民诉法司法解释》第315条规定,双方当事人和第三人都提起上诉的,均列为上诉人;人民法院可以依职权确定第二审程序中当事人的诉讼地位。《民诉法司法解释》第316条规定,《民事诉讼法》第173条、第174条规定的对方当事人包括被上诉人和原审其他当事人。

（二）上诉时间

上诉时间一般是一审判决或裁定送达之日起 15 日内。

法律依据：《民事诉讼法》第 171 条规定，当事人不服地方人民法院第一审判决的，有权在判决书送达之日起 15 日内向上一级人民法院提起上诉；当事人不服地方人民法院第一审裁定的，有权在裁定书送达之日起 10 日内向上一级人民法院提起上诉。

（三）上诉材料

应当准备书面的上诉状，一般是递交原审法院法官，由原审法院将上诉状及一审案卷材料移送至上级法院，也可以直接向第二审人民法院上诉。

法律依据：《民事诉讼法》第 172 条规定，上诉应当递交上诉状；上诉状的内容应当包括当事人的姓名、法人的名称及其法定代表人的姓名或者其他组织的名称及其主要负责人的姓名，原审人民法院名称、案件的编号和案由，上诉的请求和理由。《民事诉讼法》第 173 条规定，上诉状应当通过原审人民法院提出，并按照对方当事人或者代表人的人数提出副本；当事人直接向第二审人民法院上诉的，第二审人民法院应当在 5 日内将上诉状移交原审人民法院。

（四）审理方式

上诉案件一般是开庭审理，合议庭也可以决定书面审理。2021 年全国人大常委会通过了修正后的《民事诉讼法》，新增民事二审独任制审理模式的规定。关于民事二审独任制审理模式是否合理，理论上存在一定争议。[①]

法律依据：《民事诉讼法》第 176 条规定，第二审人民法院对上诉案件应当开庭审理；经过阅卷、调查和询问当事人，对没有提出新的事实、证据或者理由，人民法院认为不需要开庭审理的，可以不开庭审理；第二审人民法院审理上诉案件，可以在本院进行，也可以到案件发生地或者原审人民法院所在地进行。

（五）审理结果

分情况处理，总体来说，驳回上诉，维持原判的案例偏多。

法律依据：《民事诉讼法》第 177 条规定，第二审人民法院对上诉案件经过审理，按照下列情形分别处理。(1)原判决、裁定认定事实清楚，适用法律正确的，以

[①] 参见王琦、黄恒林：《民事二审独任制的正当性基础与优化路径》，载《华侨大学学报（哲学社会科学版）》2023 年第 5 期。

判决、裁定方式驳回上诉,维持原判决、裁定;(2)原判决、裁定认定事实错误或者适用法律错误的,以判决、裁定方式依法改判、撤销或者变更;(3)原判决认定基本事实不清的,裁定撤销原判决,发回原审人民法院重审,或者查清事实后改判;(4)原判决遗漏当事人或者违法缺席判决等严重违反法定程序的,裁定撤销原判决,发回原审人民法院重审。原审人民法院对发回重审的案件作出判决后,当事人提起上诉的,第二审人民法院不得再次发回重审。

（六）错过上诉期后的救济路径

当事人申请再审,应当在判决、裁定或者调解书发生效力后6个月内提出;有《民事诉讼法》第200条第1项、第3项、第12项、第13项规定情形的,自知道或应当知道之日起6个月内提出。按照生效裁判文书的落款时间,申请再审超过6个月期限的,应提交送达回证等能够证明裁判文书实际生效日期的材料。

法律依据:《民事诉讼法》第210条规定,当事人对已经发生法律效力的判决、裁定,认为有错误的,可以向上一级人民法院申请再审;当事人一方人数众多或者当事人双方为公民的案件,也可以向原审人民法院申请再审。当事人申请再审的,不停止判决、裁定的执行。

---------- 思 考 题 ----------

[1]"跳单"行为是否必然造成中介合同中的根本性违约?
[2]如何理解中介合同中的"独家委托"条款的合法性?
[3]违约金的认定规则有哪些?

---------- 推荐阅读 ----------

[1]周江洪:《民法典中介合同的变革与理解——以委托合同与中介合同的参照适用关系为切入点》,载《比较法研究》2021年第2期。
[2]于立、王玥:《"跳单问题"的研究范式与理论成果》,载《经济与管理研究》2019年第6期。
[3]周江洪:《委托合同任意解除情形的"直接损失"》,载《浙江学刊》2023年第3期。
[4]其木提:《居间报酬请求权的法理依据》,载《法学》2018年第7期。

4.5 不当得利

▣ 理论导读

李某全与任某华不当得利纠纷案属于准合同中不当得利规定的内容。在罗马法的后古典时期以前,准合同尚未被作为一种技术性概念使用,其只是法学家为弥补市民法上债之二分法的不周延性而提出的描述性概念。[①] 我国《民法典》合同编独具匠心,坚持实用主义的定位,在不设置债法总则的前提下,在通则和典型合同两个分编后,专门设置准合同编规定无因管理和不当得利。我国《民法典》第985条至第988条集中规定了不当得利的内容。不当得利法同样始于罗马法,集大成于德国民法,旨在调整私法上无法律上原因的财产变动,涉及整个私法关系。[②] 通过对李某全与任某华不当得利纠纷案的认识和分析,学生可以充分理解不当得利和准合同的相关知识点。

[①] 参见吴训祥:《〈民法典〉中准合同制度的历史演变与体系效应》,载《法制与社会发展》2022年第1期。

[②] 参见王泽鉴:《不当得利法释义学的建构》,载《交大法学》2024年第4期。

李某全与任某华不当得利纠纷案

摘要:2022年9月14日,李某全在某小区负责保洁工作时,不慎使电梯受损。电梯维护单位代表任某华认定电梯多处需要更换配件,李某全与任某华达成书面协议,依据电梯需要更换的零件,支付维修费13,500元。后李某全主张,双方协商一致确定的款项系更换电梯部件的费用,但在实际维修中任某华并未花费13,500元,存在恶意夸大电梯损坏程度,骗取李某全近1万元的情况。遂李某全向法院起诉,要求任某华返还维修电梯的不当得利。

关键词:不当得利;显失公平;胁迫;举证责任

一、引言

不当得利是指无法律根据使他人受到损失而自己获得利益的事实。不当得利纠纷诉讼旨在调节民事主体之间的财产流转关系,恢复民事主体之间特定情形下所发生的非正常利益变动,属于对已发生财产变动的撤销。法院认定构成不当得利应当严格依据《民法典》的法律规定,充分平衡受损人与得利人的权益,严格依照其排除情形和构成要件认定不当得利成立与否。

二、案件当事人

一审原告:李某全

一审被告:任某华

三、案情简介

李某全原系北京勤得利物业管理中心(以下简称勤得利中心)的保洁员,其被派至某小区负责保洁工作,其中包括1号楼1单元1号(以下简称1号)电梯的保洁工作。根据该电梯上张贴的特种设备使用标志记载,该电梯的使用单位为润嘉物业管理(北京)有限公司(以下简称润嘉物业公司),维保单位为中豪公司,任某华系中豪公司员工。2022年9月14日,李某全在1号电梯保洁时,因操作不当造成1号电梯故障,润嘉物业公司向中豪公司报修后,任某华前往现场查看,后以公司名义致函。函件载明以下内容:"2022年9月14日1:29报修1号电梯停止运行,我公司人员迅速赶到现场对电梯进行检查,确认电梯轿厢门头变形,轿厢位置变动,光幕轿顶主板轿厢显示板机械锁门锁门机主板,为保证电梯正常运行需要对其进行更换。更换部件具体如下……合计21,320.8元。"

李某全认可其应对电梯维修费用承担给付义务,但对中豪公司函件载明的更换部件总费用不认可。后经李某全、润嘉物业公司、勤得利中心及任某华沟通协商,确定由任某华以个人名义维修电梯并收取费用,费用共计13,500元。

李某全于2022年9月15日通过微信向任某华转账6500元,于9月20日向勤得利中心经理程某微信转账7000元,由程某代其向任某华转账6000元,程某退还李某全1000元。任某华认可收到的12,500元实际来源于李某全。

任某华收到上述款项后对1号电梯进行了维修,电梯恢复正常运行。2022年9月20日,李某全与程某签订协议约定:"9月14日1号电梯维修总费用13,500元。9月15日转账6500元,9月20日转账7000元,以后再有其他事情与保洁员李某全再无关系,双方达成协议签字确认。"同日,勤得利中心经理程某与任某华签订协议:9月15日收到6500元,9月20日收到6000元,作为电梯维修费用,以后有任何责任与勤得利中心无关,双方已达成协议,一共12,500元。任某华认可上述协议内容,表示签订协议时本人与父亲任某1均在场,其委托任某1签字,并由自己收取费用共计12,500元。

后李某全主张,双方协商一致确定的款项系更换电梯部件的费用,但在实际维修中任某华并未花费13,500元,存在恶意夸大电梯损坏程度,骗取李某全近1万元的情况。遂李某全向法院起诉,要求任某华返还维修电梯的不当得利。

四、案件审理情况

(一)诉讼请求权

不当得利返还财产请求权。

(二)请求权基础规范及要件分析

《民法典》第985条:得利人没有法律根据取得不当利益的,受损失的人可以请求得利人返还取得的利益,但是有下列情形之一的除外:

(一)为履行道德义务进行的给付;

(二)债务到期之前的清偿;

(三)明知无给付义务而进行的债务清偿。

1. 要件分析。

要件一:原告产生损失。

要件二:被告取得利益。

要件三:原告损失与被告获利之间存在因果关系。

要件四:被告获得利益没有法律依据。

2. 法律效果:满足上述四个要件,认定被告应当返还不当得利。

(三)抗辩权基础规范

本案被告未提出抗辩,不存在抗辩权。

(四)诉讼主张的检索

根据构成要件检索诉讼主张,一一对应。

基于要件一,原告向被告支付的电梯维修费用为 12,500 元。

基于要件二,被告收取了电梯维修费用 12,500 元。

基于要件三,原告将电梯维修费用支付给被告。

基于要件四,原告主张被告收取的电梯维修费用没有法律依据。被告认为其收取的费用系实际电梯维修费,具有合法依据。

(五)争点整理

法院经过审理,认为要件一、要件二和要件三无争议,原告已经向被告支付电梯维修费 12,500 元,基于要件四存在一个争点,即任某华的收款行为是否具有法律依据,是否构成不当得利。

法院认为,本案中,李某全主张任某华收取 12,500 元构成不当得利,应对不当得利构成要件相应的事实进行举证。根据本案查明的事实,李某全在工作期间操作失误导致涉案电梯受损,其与其所在单位勤得利中心应对此承担相应的赔偿责任。经李某全、勤得利中心、涉案电梯的管理人润嘉物业公司及任某华协商达成一致意见,由任某华个人对电梯进行维修,由李某全支付电梯维修费 12,500 元,各方之间达成了电梯维修协议。涉案电梯经任某华维修后已正常运行,李某全向任某华支付的 12,500 元为电梯维修费,且该金额已经相关利害关系方确认,任某华取得该款项有事实和法律依据,不属于不当得利。李某全上诉提出的其是在物业工程主管、环境部经理、保洁公司经理等多方威胁、欺骗、诱导之下与任某华达成书面协议,且任某华提交的函件造假,恶意夸大电梯损坏程度,任某华未更换全部部件,要价高于实际成本等理由,不符合法律规定的不当得利的构成要件,故一审法院驳回其要求任某华退回其支付款项的诉讼请求并无不当,二审法院予以维持。

五、结尾

不当得利返还请求权属于债权请求权,得利人和受损人之间即便存在基础法律关系,也不必然得出得利人占有利益有法律根据的结论,也不能仅以得利人对标的存在法律上的权利就直接认定不构成不当得利,还需要进一步查明得利人的权利范围,综合判断得利人是否构成不当得利。

六、附录

北京市第一中级人民法院民事判决书,(2023)京01民终3172号。

李某全与任某华不当得利纠纷案教学指导手册

▣ 教学具体目标

本案例用于分析不当得利案件中债权返还请求权的成立,证明上述请求权形成需要判断以下四个构成要件:第一,原告产生损失;第二,被告取得利益;第三,原告损失与被告获利之间存在因果关系;第四,被告获得利益没有法律依据。满足上述四个要件,认定被告应当返还不当得利。

本案例用于理解诉讼中证据认定的适用规则。

▣ 教学内容

一、不当得利的概念和构成要件

不当得利是指没有合法根据,使他人受到损失而自己获得利益的事实。其中取得不当利益的人叫受益人,财产受到损失的人叫受害人。因不当得利没有合法根据,即使属既成事实亦不受法律保护,受益人取得的不当利益应当返还受害人。

不当得利制度旨在调整欠缺法律依据的财货变动,使无法律上原因而受利益,致使他人受损害者,负返还所受利益的义务。不当得利制度的规范目的重在去除不当得利,而非损害赔偿。因此,得利少于损失时,返还的数额以得利为准;

得利大于损失时,返还的数额以损失为准。此外,成立不当得利之债不以当事人的过错为构成要件,仅在确定返还范围时须考虑受益人主观上为善意或恶意。

不当得利的构成要件如下。(1)一方获得利益:财产积极增加,即财产本不应增加而增加;财产消极增加,即财产本应减少而未减少。(2)他方受到损失:财产积极减少,即财产本不应减少而减少;财产消极减少,即财产本应增加而未增加。(3)获得利益与受到损失之间具有因果关系(在给付型不当得利中,给付关系替代因果关系)。(4)获得利益没有法律依据。

二、不当得利的排除情形

(一)给付型不当得利的排除情形

以下情形虽符合给付型不当得利要件,但法律特别规定受损失的人不得请求返还:(1)为履行道德义务进行的给付,如对救助自己生命的人支付报酬;(2)债务人为清偿未到期债务而给付;(3)明知无给付义务而进行的债务清偿;(4)因不法原因而给付,如支付毒资、赌债、找关系"捞人"而支付,但不法原因仅存在受领一方的,给付一方享有不当得利返还请求权。

(二)其他排除情形

(1)强迫得利,是指受损人因其行为使受益人受有利益,但违反了受益人的意思,不符合其经济计划的情形,如油漆他人即将拆除的围墙、维修预计拆除的房屋等。此时,应就受益人的整个财产结合其经济计划认定其是否具有返还义务以及返还范围。(2)反射利益,是指一方虽因一定的行为受益,但并未损害他方利益,不符合不当得利构成要件。(3)非财产性受益,不当得利仅调整财产利益关系,无法律依据而受非财产性利益,不成立不当得利。

三、不当得利案件的裁判要点与难点

(一)不当得利案件的裁判要点

法院审理不当得利纠纷案件应秉持三项原则:一是合法性原则,应严格将《民法典》相关规定作为裁判依据;二是合理性原则,应充分平衡受损人与得利人的权益,区分不当得利的不同类型,根据个案情况公平合理地分配举证责任并确定责任范围;三是独立性原则,不当得利返还请求权属于独立的债权请求权,应严格依照其排除情形和构成要件认定不当得利成立与否。具体而言,在处理不当得利返还请求权与其他请求权关系中,在两者发生竞合时应当尊重当事人的选择权。如当事人选择以不当得利起诉,则法院可遵循以下步骤审理:首先,审查当事人诉求

是否符合不当得利纠纷案件的受理条件或者是否构成重复起诉;其次,审查是否存在不当得利的排除情形;再次,判断是否符合不当得利的构成要件进而认定是否构成不当得利;最后,如果构成不当得利,则进一步确定得利人返还义务的范围。

1. 不当得利返还请求权与其他请求权关系的认定

(1)不当得利返还请求权与其他请求权的竞合。不当得利作为一项独立的法律制度,系独立的债的发生原因,具有严格的构成要件及适用范围,不能视为当事人在其他具体民事法律关系缺乏证据时的兜底请求权基础。虽然《民法典》对于不当得利与其他请求权关系未作出明确规定,但根据《民法典》关于不当得利的立法模式、除外情形、返还范围、第三人返还等规则可以判断,《民法典》总体以支持权利竞合为主。在法律未明文排除不当得利返还请求权的情形下,不当得利返还请求权可与其他请求权发生竞合。例如,合同撤销或解除情形下的利益返还、双务合同中一方履行不能但已获利益的返还,属于合同请求权与不当得利请求权的竞合;再如,侵权人未经受损人同意处分受损人的财产而取得利益,属于侵权请求权与不当得利请求权的竞合;又如,在得利人已将取得的利益无偿转让给第三人的情况下,受损人可基于原物返还请求权直接追索该物,也可主张不当得利返还,属于不当得利请求权与原物返还请求权的竞合。由于不当得利返还请求权与其他请求权在构成要件、举证责任分配等方面存在不同,当事人有权根据己方意愿在法律权限内行使相关权利,选择请求权基础。

(2)先诉其他请求权败诉后再诉不当得利的处理。在司法实践中,部分不当得利纠纷案件当事人先诉其他请求权败诉后,又以不当得利提起诉讼。由于其他请求权和不当得利返还请求权的构成要件不同,法院审理案件的重点亦不尽相同。一方面,不宜基于受损人先诉败诉的结果,作出不利于受损人的预先判断。另一方面,受损人在前案中对涉案利益主张的法律关系被生效判决否定,只能证明双方之间不成立前案所诉的法律关系,不能当然得出得利人获得利益无法律根据的结论,更不能因此认定受损人已完成"无法律根据"的举证责任。法院应当根据不当得利构成要件及排除情形,结合当事人提交的证据以及举证责任分配,作出是否构成不当得利的认定。

2. 不当得利纠纷案件的程序审查要点

(1)审查是否属于民事诉讼的受理范围。由于不当得利的形成原因多种多样,可能存在涉及行政管理、刑事追赃、刑事附带民事诉讼或执行程序的不当得利。因此,在审理不当得利纠纷时,需要准确审查财产利益发生变动的原因,判断当事人的诉求是必须在其他程序中解决,还是可以提起民事诉讼予以救济。如果当事人的诉讼请求应由其他程序如行政诉讼、刑事退赔等救济,则法院应当裁定驳回起诉,并告知当事人通过其他程序救济。

(2)审查不当得利的请求权人与相对人。不当得利纠纷案件的主体包括得利人和受损人。若财产的流转中有第三人介入,则可能构成多人关系的不当得利。典型情况如指示给付关系下的不当得利:例如,指示人与领取人之间的法律关系无效或者被撤销,造成指示行为欠缺法律基础,致使指示人对领取人产生不当得利请求权;再如,指示人与被指示人之间的法律关系无效或者被撤销,致使被指示人对指示人产生不当得利请求权。在处理多人关系的不当得利时,首先应判断何人对何人的给付欠缺给付目的,则该两者之间的基础法律关系存在瑕疵,应当作为不当得利请求权的请求权人及相对人。在特殊情形下,应当允许受损人直接向第三人进行追偿。根据《民法典》第986条规定,得利人不知道其所取得的利益无法律根据,且将取得的利益无偿转让给第三人的,因得利人所取得的利益已经不存在,对受损人不再承担返还利益的义务。根据《民法典》第988条规定,第三人因得利人的无偿转让行为而间接取得利益的,受损人可请求第三人返还不当得利,此时第三人成为不当得利纠纷案件的主体。该情形下,受损人与第三人之间外观上并无直接的法律关系,上述规定实质上穿透两重法律关系,直接赋予受损人向第三人主张权利的请求权基础。在涉及多人关系的不当得利纠纷案件中,如果原告仅起诉一方主体,为查明案件事实、厘清各方主体之间的法律关系,必要时可以追加相关法律主体为第三人参加诉讼。

(3)审查原告主张的请求权基础是否恰当。当事人的诉讼请求应当与其主张的事实相对应。如当事人主张不当得利请求权,法院经审查发现案涉法律关系的性质与当事人主张不一致的情形,应当依据最高人民法院《关于民事诉讼证据的若干规定》第53条规定,将法律关系性质作为焦点问题进行审理,必要时引导当事人变更其诉讼请求。需要注意的是,释明时应做到程序公开透明、态度客观中立,且要把握释明的限度。如当事人变更诉讼请求,法院应当准许;如当事人坚持原诉讼请求,则判决驳回原告的诉讼请求。

(4)审查提起不当得利纠纷诉讼是否构成重复起诉。审判实践中,当事人有时会就同一事实提起包括不当得利诉讼在内的前后多起诉讼。对于提起不当得利纠纷是否构成重复起诉，法院可根据《民诉法司法解释》第247条规定进行审查，即需要同时满足后诉与前诉的当事人相同，后诉与前诉的诉讼标的相同，后诉与前诉的诉讼请求相同或者后诉的诉讼请求实质上否定前诉裁判结果三个条件。一般情形下，当事人先诉民间借贷纠纷、委托理财合同纠纷等诉讼，撤诉或者败诉后又提起不当得利之诉，由于两诉涉及的诉讼请求不同，后诉不当得利不构成重复起诉。然而，如果前诉案件中法院已对当事人提起不当得利的事实作出实体判断或者作为裁判依据，后诉不当得利实质是为了否定前诉的结果，则构成重复起诉。

3. 不当得利纠纷案件的实体审查要点

（1）不当得利排除情形的认定。根据《民法典》第985条规定，符合下列情形之一的，则一般认定得利人不构成不当得利。

给付系履行道德义务。得利人取得的利益如果符合社会一般道德观念，则可排除不当得利的返还。判断是否构成基于道德义务的给付，应结合社会一般道德观念、当事人之间的关系、给付标的物的价值等情形确定。履行道德义务的典型情况包括向实施救助行为的人支付报酬、对介绍婚姻的非职业介绍人支付报酬、后顺位扶养义务人为扶养而给付费用等。

清偿未到期的债务。未到期的债务本身属于客观存在的债务，债权人受领未到期债权的清偿，对于债权人而言不存在财产利益的增加，且债权人的受领行为系基于双方的合法债权债务关系，具有法律根据。因此，债权人取得债务人提前清偿的款项不构成不当得利。

明知无给付义务而进行债务清偿。受损人明知其无给付义务而向他人给付，属于当事人处分行为，不构成不当得利。然而，附有条件的给付行为本身不以给付人的主观意志为转移，或者给付人给付时主观上不知其无给付义务等情形，仍成立不当得利。

（2）不当得利构成要件的审查。根据《民法典》第122条规定，是否满足不当得利的构成要件可从两个方面进行审查：一是有无法律根据；二是一方获利是否致使他方受损。

一方面，不当得利与其他请求权之间常常存在竞合，导致"无法律根据"的认定成为一大难点。通说认为，应当以欠缺给付目的为判断标准，即"无法律根据"

是指得利人占有利益缺乏根据。因此,得利人和受损人之间即便存在基础法律关系,也不必然得出得利人占有利益有法律根据的结论,也不能仅以得利人对标的存在法律上的权利就直接认定不构成不当得利,还需要进一步查明得利人的权利范围。

给付型不当得利中"无法律根据"主要表现为给付目的欠缺,主要存在以下三种情形。一是给付目的自始欠缺,即得利人在获得他人给付时无法律上的原因或者给付的原因自始未成立或无效、被撤销。例如,依据买卖合同交付物品而买卖合同未成立,或者债务人不知所欠债务已经清偿而进行债务履行或者错误地偿还他人债务等。二是给付目的嗣后消失,即得利人获得给付时具有法律上的原因,但是完成给付后该原因灭失。例如,附解除条件或附期限的法律行为,当条件成就或者期限届满时效力灭失;双方当事人依共同意志而使合同解除等。三是给付目的不达,即受损人以达到某种意图而进行给付,但得利人受领利益后,受损人的给付目的并未达成。例如,以结婚为目的给付嫁妆或彩礼但并未登记结婚,或虽登记结婚但实际未共同生活,后双方离婚。

非给付型不当得利中"无法律根据"的认定因其产生原因区分为以下五种形态。一是因得利人的事实行为而产生,如得利人未经他人同意占有、使用他人财产或侵害他人权益而得利。二是因得利人的法律行为而产生,如得利人基于强制执行获得利益,后因执行依据被撤销,受损人可请求得利人返还不当得利。三是因受损人的行为产生,如受损人误认为得利人财产为自己财产,而对其加工导致该财产价值的增加。四是因第三人的行为而产生,如第三人将受损人的肥料施予得利人的土地,此时得利人因第三人的行为获得了本应属于受损人的肥料,构成不当得利。五是因自然事件而产生,如他人所有的家畜因非人为原因进入得利人住所而为得利人所占有。

另一方面,一方获得利益并致他方受损。一方获得利益,既包括财产的积极增加,也包括财产的消极增加。财产的积极增加是指财产本不应增加而增加,又包括权利的增加或义务的消失。前者如物权、知识产权的取得等,后者如权利负担的涤除、债务免除或减少等。财产的消极增加是指财产本应减少却未减少所产生的利益,如本应支出的费用未支出,本应负担的债务而未负担。致使他方受损既包括财产的积极减少,也包括财产的消极减少。财产的积极减少是指现存财产的减少,即财产不应减少而因不当得利事件减少;财产的消极减少则是指财产本应增加而因不当得利事件未增加。一方获得利益与另一方承受损失之间存在因果关系。获益必然有他方的损失作为一个对等关系,如果一方获得的利益并不损害他方的合法利益,则不构成法律上的不当得利。

(3)不当得利纠纷案件的举证责任分配。在不当得利纠纷案件审理中,对于一方获得利益、另一方承受损失、损失和获利之间存在因果关系的证明属于对积极事实的证明,根据"谁主张,谁举证"原则,一般由提起诉讼的受损人承担举证责任。

给付型不当得利中"无法律根据"的举证责任分配。给付型不当得利中,受损人系使案涉财产发生变动的主体,其最初给付时具有明确的给付目的,应当对其给付目的消失的缘由有相当了解,并对得利人获得利益"无法律根据"的原因有一定的认知。"无法律根据"不是单纯的消极事实,受损人应当能够对欠缺给付目的的具体原因进行说明,故给付型不当得利中应由受损人对"无法律根据"承担举证责任。

受损人需要举证证明的事项包括受损人原本给付的初始目的、给付目的为何消失或者未实现、受损人与得利人之间不存在基础法律关系等。具体而言,在给付对象错误的情形中,受损人需要举证证明与得利人素无往来,因而欠缺给付原因,或者提供正确的收款人信息、描述汇款操作时的具体情形等,证明给付原因的确不存在。在给付对象明确的情形中,受损人需要举证证明其基于特定的基础法律关系作出给付行为,之后该法律关系又发生某种变化,从而导致"无法律根据",该要件的证明内容同样具体、特定,不存在难以证明的困境。

对于受损人而言,由其承担举证责任不仅符合"谁主张,谁举证"的法律原则,也不违背举证的便利性和公平性。对于得利人而言,无论其占有利益是基于占有公示还是登记公示,其对标的物享有的权利都应当受权利正确性推定原则的保护。如果仅因被提起不当得利诉讼,就要求财产所有人对自己财产获得具有法律上的原因承担举证证明责任,则不利于维护财产的安定性。

即使利人在抗辩中就案涉给付主张存在相关基础法律关系,也仅作为对受损人主张的积极否认,不改变待证事实证明责任的分配。在要件事实是否"无法律根据"真伪不明的情况下,受损人作为主张不当得利请求权的一方若不能提供有效证据,则应承担举证不能的不利后果。

非给付型不当得利中"无法律根据"的举证责任分配。非给付型不当得利中

"无法律根据"的举证,往往需要借助对一方获得利益、另一方承受损失、损失和获利之间存在因果关系的证明来完成。对于"无法律根据"的举证责任归属,通常由引起财产发生变动的主体承担举证责任。

其一,受损人自己的行为导致自身利益受损,由受损人自行承担举证责任。其二,自然事件引起的不当得利,适用"谁主张,谁举证"的一般规则,由受损人承担举证责任。其三,由得利人或第三人引起的不当得利。在此情形下,当事人之间的财产利益失衡状态并非由受损人的主动行为造成,即受损人系被动对其财产权益失去控制力,受损人一般无法通过财产权益的变动过程来证明对方获得利益无法律根据。考量当事人举证能力强弱、距离证据远近等因素,必要情况下由得利人对其取得利益有法律根据承担举证责任,更加符合举证责任分配的公平性和合理性。

(4)得利人返还义务范围的认定。在认定得利人构成不当得利的基础上,应对得利人需要承担的返还义务范围进行认定。不当得利在性质上属于法定之债,得利人返还义务范围由法律直接规定。得利人返还义务的范围依得利人主观上是善意还是恶意有所不同。

第一,得利人善意与否的认定标准。得利人善意与否的认定,取决于得利人主观上对其获得利益无法律根据是否明知。得利人并不知悉其对不动产登记、动产占有、商事登记等表象的认识与真实情况不一致时,该认知状态在法律上可被评价为善意。相反,如果得利人因不知被社会大众普遍知悉的事实而获利,尽管从其个人角度而言确实不知,但这种不知的状态归因于其粗心大意的过失,则得利人仍需要承担责任。在得利人对其"不知"状态的形成存在故意或负有重大过失的情形下,得利人不能被判断为善意。

关于得利人是否善意的举证责任分配,受损人如主张得利人为恶意得利,需举证证明得利人系明知无法律根据而获得利益;如受损人不能完成上述举证责任,则应就此承担举证不能的不利后果,可以认定得利人获得利益为善意。

需要注意的是,受损人主观上是否存在可归责性,不属于不当得利案件的审查范围。不当得利与侵权损害不同,无须依据得利人与受损人的过错确定各自的责任比例。因此,在确定得利人应返还的范围时,无须考虑受损人的主观状态。

第二,善意得利人返还义务范围的认定。根据《民法典》第986条规定,善意得利人返还义务范围以其现存利益为限。如果现存利益灭失,善意得利人的返还义务可予免除。如果善意得利人现存利益小于受损人的损失,则得利人应当以现存利益为限承担返还义务。如果善意得利人的实际利益大于受损人的损失,则得利人仍仅以受损人的客观损失为限承担返还义务。

现存利益是指得利人在受损人提出返还请求时尚存的利益。关于现存利益的认定,应重点审查以下要点:首先,得利人的现存利益应以受损人提出返还请求之日为准。其次,关于得利人返还利益的形态,可以采用返还原物和偿还价款两种方式,不以标的本身为限。除标的本身外,以下亦属于现存利益的范围:一是因不当得利标的产生的孳息以及得利人因该标的所取得的其他利益;二是得利人因消费他人利益而节省的消费开支;三是得利人因不当得利标的从第三人处获得的损害赔偿等。

关于返还利益时可扣除的费用,包括得利人为获得利益所支出的必要费用、得利人因获得利益导致自身利益消灭或价值减损等。前述损失的扣除应同时满足以下三项条件:首先,应以得利人主观无过失为前提,如得利人因故意或重大过失导致上述损失发生,则不予扣除费用;其次,得利人所受损失应与得利事实之间具有因果关系;最后,损失系因得利人信赖其得利有法律根据而发生,即只有善意得利人方可扣除费用。

第三,恶意得利人返还义务范围的认定。根据《民法典》第 987 条规定,恶意得利人应当返还其取得的全部利益。无论所得利益是否存在,恶意得利人均应承担返还所得利益的责任,若造成损失还应进行赔偿。恶意得利人较重的返还责任还体现在返还所得利益的附加利息。其所得利益为金钱时,应当按法定贷款利率自得利时起算利息,并将利息一并返还受损人。如果受损人的实际损失大于恶意得利人所获利益,恶意得利人还需对不足部分另行赔偿。

自始恶意得利人的返还范围为取得的全部利益以及该利益产生的全部孳息。嗣后恶意得利人在知晓获益无法律根据前,应适用《民法典》第 986 条规定,返还义务的范围以现存利益为限;在知晓获益无法律根据后,应适用《民法典》第 987 条规定,返还其取得的全部利益。

(二)不当得利案件的裁判难点

1. 不当得利返还请求权与其他请求权的关系认定难

由于不当得利通常伴随基础法律关系发生,常出现不当得利返还请求权与其他请求权同时存在的情形。对于不当得利返还请求权与其他请求权的关系,学理上存在竞合说和辅助说两种观点,对于当事人是否可以同时享有不当得利返还请求权和其他债权或者物权请求权存在分歧。由于《民法典》对不当得利返还请求权与其他请求权的关系并未作出明确规定,实践中部分当事人将不当得利作为诉讼策略,在其他请求权被否定后通过不当得利救济,或者为规避举证责任而故意隐瞒基础关系直接提起不当得利诉讼,法院如何处理上述情形尚存在争议;对于不当得利与其他救济程序如何衔接,尚需要进一步明确。

2."无法律根据"的举证责任分配难

在司法实践中,不当得利纠纷案件主要争议之一为"无法律根据"的举证责任如何分配,而举证责任分配给何方当事人往往决定案件败诉结果由谁承担。实践中对此主要存在三种观点:第一种观点认为,应当按照"谁主张,谁举证"的一般规则,由主张不当得利一方承担举证责任。第二种观点认为,"无法律根据"属于消极事实,主张消极事实的一方,不负证明责任,故应由得利人就其所获利益具有法律根据承担举证责任,即举证责任应倒置。第三种观点认为,主张不当得利一方一般应当就"无法律根据"承担举证责任,但也存在例外情形,即法院应当根据不当得利的不同类型,进一步分析确定举证责任分配。

3.得利人返还范围的认定难

从不当得利制度的功能分析,不当得利不在于填补损害,而在于得利人返还其无法律根据而取得的利益。通说认为,不当得利中善意得利人与恶意得利人的返还义务范围不同,因此得利人善意与否的认定往往直接决定得利人需要返还利益的多寡。由于得利人善意与否是对得利人主观认知状态的评判,通常需要结合得利人认知水平、得利人占有利益是否基于可信赖表象事实等进行综合判断,难以形成客观明了的认定标准,故对于得利人返还义务范围的认定标准有待进一步明确。此外,返还义务范围是否因恶意得利人知道或者应当知道其获利无法律根据的时间不同而有所区别、在标的物灭失或者转让的情形下得利人的返还义务范围又如何认定等,在司法实践中均存在争议。

———— 思 考 题 ————

[1]简述无因管理与不当得利的异同点。

[2]简述不当得利制度的法理价值。

[3]本案例中,原告以不当得利为由起诉是否合适?

———————— 推荐阅读 ————————

[1]山本敬三、高济民:《民法的改正与不当得利法的再思考》,载《南大法学》2023年第2期。

[2]吴国喆:《〈民法典〉不当得利制度的返还规则续造》,载《法律科学(西北政法大学学报)》2023年第2期。

[3]冯德淦:《获利返还制度的法理研究》,载《法制与社会发展》2023年第1期。

[4]李昶:《告别独立于不当得利返还的占有回复规则——基于规则冲突的反思与重构》,载《交大法学》2022年第5期。

[5]李静:《不当得利纠纷与合同纠纷的重复起诉规制》,载《中国社会科学院研究生院学报》2019年第5期。

5. 侵权责任编

☐ **思维导图**

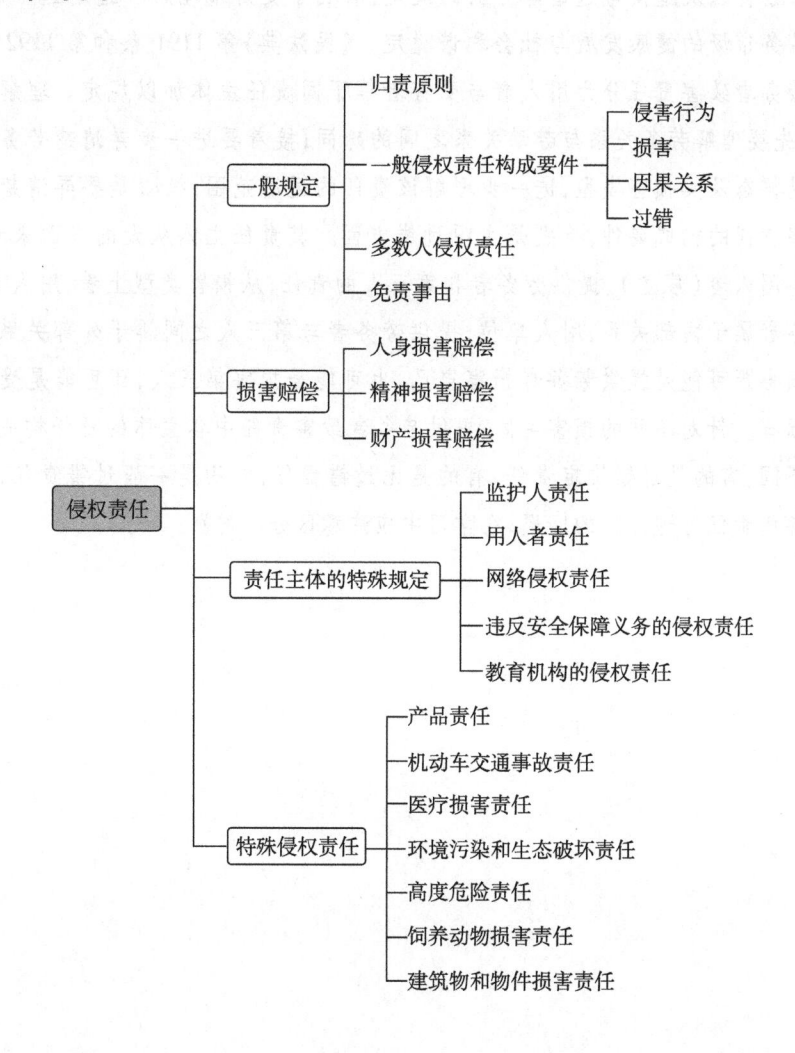

```
侵权责任
├── 一般规定
│   ├── 归责原则
│   ├── 一般侵权责任构成要件
│   │   ├── 侵害行为
│   │   ├── 损害
│   │   ├── 因果关系
│   │   └── 过错
│   ├── 多数人侵权责任
│   └── 免责事由
├── 损害赔偿
│   ├── 人身损害赔偿
│   ├── 精神损害赔偿
│   └── 财产损害赔偿
├── 责任主体的特殊规定
│   ├── 监护人责任
│   ├── 用人者责任
│   ├── 网络侵权责任
│   ├── 违反安全保障义务的侵权责任
│   └── 教育机构的侵权责任
└── 特殊侵权责任
    ├── 产品责任
    ├── 机动车交通事故责任
    ├── 医疗损害责任
    ├── 环境污染和生态破坏责任
    ├── 高度危险责任
    ├── 饲养动物损害责任
    └── 建筑物和物件损害责任
```

5.1　提供劳务者致害责任

▣ 理论导读

提供劳务者致害责任制度是雇佣关系中一项重要的法律制度,旨在保护受害人的合法权益,明确雇佣关系中的责任分担。明确相关法律依据、责任基础、适用范围与条件以及追偿与过错等方面的规定,有利于更好地理解和适用这一制度,促进劳务市场的健康发展与社会和谐稳定。《民法典》第1191条和第1192条将提供劳务者致害责任分为用人者与受害者等不同责任主体加以规定。理解该责任,首先要理解劳务关系与劳动关系之间的殊同;接着要进一步弄清楚劳务关系的常见样态及其损害类型,进一步理解该责任的适用范围;核心是要弄清楚每一种损害责任的构成要件,特别是主观过错方面。其责任主体从大的方面来看,可以分为用人者(雇主)、提供劳务者和第三人的责任;从损害类型上看,用人者、提供劳务者属于内部关系,用人单位、提供劳务者与第三人之间属于外部关系。这里的损害既可能是提供劳务者损害自己,也可能是损害第三人,还可能是受到第三人损害。针对不同的损害主体,提供劳务者致害责任中各主体的责任构成要件有所不同,有的是过错推定责任,有的是无过错责任,有的是一般过错责任,同时涉及替代责任与追偿权的问题,在学习中应注意区分与辨别。

宋某侠与宋某利等提供劳务者致害责任纠纷案

摘要：在个人之间存在劳务关系的前提下，提供劳务的一方因劳务活动自身受到伤害的，责任如何承担？我国有大量的农民工进城务工，提供劳务者损害责任是一个非常常见的侵权领域。劳务人员权利受到损害又常与安全生产事故或弱势群体利益保护相关联。劳务关系与劳动关系如何区分？劳务关系呈现什么样态？提供劳务者损害责任的类型、各自的适用范围、构成要件等又如何？实践中大量存在的劳务派遣关系中劳务侵权责任如何承担？通过本案例的教学，学生可对劳务侵权有更为全面的把握。

关键词：劳务侵权；劳务派遣关系；雇主责任；安全生产事故

一、引言

劳务人员在给雇主提供劳务的工作过程中受到伤害如何获得救济，是关乎社会对于弱势群体利益保护的一个重要话题。《民法典》规定个人之间形成劳务关系，提供劳务一方因提供劳务而受到损害的，由劳务提供者和劳务接受者双方按各自过错承担责任。接下来我们以真实案例学习劳务提供者损害责任的有关规定与法理。

二、案件当事人

原告：宋某利，男，1963年9月11日出生，汉族，住烟台市莱阳市。

被告：宋某侠，男，1971年7月17日出生，汉族，住烟台市莱阳市。

被告：中铁十一局集团第五工程有限公司，住所地重庆市市辖区沙坪坝区新桥街道新桥新村71号。

被告：潍坊鼎昌市政工程有限公司，住所地潍坊市寒亭区固堤街道办事处便民服务中心三楼315室。

三、案情简介

2019年，被告中铁十一局集团第五工程有限公司与被告潍坊鼎昌市政工程有限公司签订《劳务分包合同》，被告将其总承包施工的山东省文登至莱阳高速公路路桥工程第八合同段分包给潍坊鼎昌市政工程有限公司,劳务分包内容为路基边坡绿化工程。经审查,潍坊鼎昌市政工程有限公司具有承包该工程相应资质。后潍坊鼎昌市政工程有限公司将部分工程分包给了宋某侠。2020年6月,宋某侠雇用原告宋某利到案涉工程工地工作,工资标准为日工资160元。2020年8月5日,宋某利在工作中被钢丝绳抛上空中摔落地面受伤。事故发生后,原告立即被送往海阳市人民医院治疗,2020年8月5日至8月12日在该医院住院治疗。原告被诊断为脑挫伤(重度),创伤性蛛网膜下腔出血,开放性颅骨骨折,颈椎骨折(多发),创伤性湿肺,肋骨骨折(左侧多发),开放性腹部损伤,膝关节脱位,皮肤挫伤(全身多发),肺部感染,低蛋白血症。2020年8月12日,为进一步诊治,原告被转至烟台毓璜顶医院住院治疗至2020年9月21日。2020年9月21日至12月3日,为求进一步治疗,原告被转至烟台海港医院住院治疗。2021年1月3日至1月18日,原告第二次入住烟台海港医院治疗。上述住院治疗产生的医药费全部由宋某侠垫付。宋某利以宋某侠、中铁十一局集团第五工程有限公司、潍坊鼎昌市政工程有限公司为被告向法院提起诉讼,请求依法判令三被告对其所受损害承担连带赔偿责任。

四、案件审理情况

诉讼期间,宋某利向法院申请,要求对伤残等级、误工期限、护理期限及人数、用药合理性、营养期限、护理依赖程度进行鉴定。法院于2021年6月9日委托烟台正大法医司法鉴定所进行鉴定,烟台正大法医司法鉴定所于2021年7月2日作出烟正司鉴[2021]临鉴字第168号司法鉴定意见书,评定如下:(1)宋某利的损伤构成一级伤残。(2)宋某利伤后误工期限、护理期限、营养期限均自受伤之日起至伤残评定前一日止,护理人数为住院期间2人护理,其余时间1人护理。(3)审阅被鉴定人海阳市中心医院、烟台毓璜顶医院、烟台海港医院住院病历长期医嘱单、临时医嘱单,被鉴定人用药基本合理。(4)宋某利截至鉴定时状态属完全护理依赖。

(一)原告宋某利认为被告应承担侵权责任的理由

1. 法律依据

《民法典》第1192条第1款:个人之间形成劳务关系,提供劳务一方因劳务造成他人损害的,由接受劳务一方承担侵权责任。接受劳务一方承担侵权责任后,可以向有故意或者重大过失的提供劳务一方追偿。提供劳务一方因劳务受到损害的,根据双方各自的过错承担相应的责任。

《民法典》第791条第3款:禁止承包人将工程分包给不具备相应资质条件的单位。禁止分包单位将其承包的工程再分包。建设工程主体结构的施工必须由承包人自行完成。

2.事实依据

第一,原告在被告承包、分包的工程项目工地上提供劳务时受到人身伤害,并提供相关的医院证明和司法鉴定意见,表明原告宋某利与被告宋某侠之间形成个人劳务关系,原告在给被告提供劳务过程中受到伤害。

第二,原告住院治疗产生的医药费全部由被告宋某侠垫付,表明被告知道其应承担责任。

(二)被告宋某侠对于承担原告损害责任的意见

第一,原告宋某利在工作过程中存在重大过失,未按照操作规程进行工作导致安全事故发生,应当减轻或免除被告的责任。

第二,对原告宋某利所受损失赔偿项目计算依据有异议。关于误工费,宋某利为无固定职业,其收入情况不稳定,对其收入的计算标准应当以其上一年度平均工资为计算标准;关于护理费,原告主张其妻子及儿子为其提供护理,但其子仅提供了月平均收入,并未证明其子为护理原告致其没有发放工资,对其护理费的请求有异议;营养费应以50元/天为计算标准;对于长期护理费,本案以5年计算长期护理费较为合理。

(三)被告中铁十一局集团第五工程有限公司对于承担原告损害责任的意见

被告中铁十一局集团第五工程有限公司作为工程总承包方,将本案所涉工程发包给潍坊鼎昌市政工程有限公司。潍坊鼎昌市政工程有限公司具备工程相应资质和安全生产许可证,且双方签订了劳务分包合同。中铁十一局集团第五工程有限公司在本案所涉工程的发包过程中并不存在过错,被告中铁十一局集团第五工程有限公司对于原告的损失不承担赔偿责任。

(四)被告潍坊鼎昌市政工程有限公司对于承担原告损害责任的意见

被告潍坊鼎昌市政工程有限公司与原告宋某利之间不存在劳务关系,原告宋某利所受损害应由被告宋某侠承担。

(五)法院关于原告宋某利所受损害责任承担的认定

1.关于原告损害责任承担主体及其份额的认定

本案被告中铁十一局集团第五工程有限公司为该工程的总承包方,被告潍坊鼎昌市政工程有限公司为分包方,被告潍坊鼎昌市政工程有限公司又将案涉工程劳务分包给了被告宋某侠。宋某侠雇用原告宋某利工作,原告在提供劳务时受伤,被告宋某侠作为接受劳务一方应当承担民事赔偿责任。原告宋某利作为完全民事行为能力人,有义务、有责任进行安全生产,但宋某利在提供劳务时自我安全意识不强,疏于注意,造成自己受伤,对于自身损害应承担相应的责任,责任比例以10%为宜。被告中铁十一局集团第五工程有限公司作为工程总承包方,将本案所涉工程发包给被告潍坊鼎昌市政工程有限公司;被告潍坊鼎昌市政工程有限公司具备工程相应资质和安全生产许可证,且双方签订了劳务分包合同;被告中铁十一局集团第五工程有限公司在本案所涉工程的发包过程中并不存在过错,原告要求该单位承担赔偿责任,事实依据不足,理由不充分,法院不予支持。被告潍坊鼎昌市政工程有限公司将该工程再次分包给被告宋某侠,而被告宋某侠并不具备相应资质,被告潍坊鼎昌市政工程有限公司在知道或者应当知道接受发包的被告宋某侠没有资质时仍然将工程分包给被告宋某侠,故其应对被告宋某侠承担的赔偿数额承担连带赔偿责任。综上,原告的损失由被告宋某侠、被告潍坊鼎昌市政工程有限公司承担连带赔偿责任,原告宋某利对于自身损害应承担相应的责任,责任比例以10%为宜,被告宋某侠、被告潍坊鼎昌市政工程有限公司承担90%的责任。

2. 关于原告损害数额的认定

原告主张医疗用具费12,901.96元,所提供的单据大部分为非正式发票,且仅有少部分单据上有宋某利的名字,又未提交证据证明这些单据上所列项目与原告受伤治疗有关,因此对该部分费用法院不予支持。原告主张住院伙食补助费13,700元,计算方式:100元×住院天数137天=13,700元,于法有据,法院予以支持。原告主张误工费52,960元,计算方式:160元(事故发生前工资)×331天(根据鉴定报告,原告的误工期限为自受伤之日起至伤残评定前一日止)=52,960元,于法有据,法院予以支持。原告主张护理费92,333.78元,计算方式:护理人员宋某超(系原告儿子):7500元(事故发生前月平均工资)÷30天×331天(受伤之日至评残前)=82,750元。护理人员原告妻子刘某娟:43,726元(山东省2020年度城镇居民人均可支配收入)÷365天×80天=9583.78元。对于原告儿子宋某超部分的护理费,原告提供的证据能够证明宋某超事发前月工资为7500元,以7500元(事故发生前月平均工资)÷30天×331天(受伤之日至评残前)计算的护理费82,750元,有事实依据,法院予以支持。护理人员原告妻子刘某娟部分的护理费9583.78元,于法有据,法院予以支持。上述护理费共计92,333.78元。原告主张残疾赔偿金874,520元,计算方式:43,726元(山东省2020年度城镇居民人均可支配收入)×20年(至原告57岁)×100%(伤残等级一级)=874,520元,于法有据,法院予以支持。原告主张营养费24,748元,计算方式:27,291元(山东省2020年度城镇居民人均消费性支出)÷365天×331天=24,748元,于法有据,法院予以支持。原告主张交通费252.5元,有证据证明,法院予以支持。原告主张长期护理费为1,800,000元,计算方式:7500元(事故发生前月工资)×12个月×20年=1,800,000元。法院认为,应以山东省2020年度城镇居民人均可支配收入43,726元×10年=437,260元更为合理。原告主张鉴定费5240元,精神抚慰金50,000元,于法有据,法院予以支持。以上各项损失共计1,551,014.28元。上述费用除精神抚慰金50,000元外,其余1,501,014.28元由宋某侠和潍坊鼎昌市政工程有限公司承担90%即1,350,912.85元,故宋某侠和潍坊鼎昌市政工程有限公司应承担的总费用为1,400,912.85(1,350,912.85+50,000=1,400,912.85)元。

五、附录

山东省莱阳市人民法院民事判决书,(2021)鲁0682民初2851号。

山东省烟台市中级人民法院民事判决书,(2022)鲁06民终5769号。

宋某侠与宋某利等提供劳务者致害责任纠纷案教学指导手册

▣ 教学具体目标

本案例就个人劳务侵权责任进行讲授,具体要解决的问题主要包括:(1)劳务关系与劳动关系之殊同;(2)劳务关系中的几种样态;(3)劳务提供者损害责任的类型;(4)劳务提供者损害责任的适用范围;(5)劳务提供者损害责任的实体构成要件。

🔲 教学内容

一、劳务关系与劳动关系之殊同

劳务全称劳动服务,经济学上劳务是服务业的一种表现形式,是指通过劳动方式向他人提供非实物型的具有某种特殊使用价值的生产或生活服务的劳动。显然,劳务就是劳动。所谓劳务关系,是指劳务提供者与接受者就劳务供给与费用等方面达成劳务合同后形成的一种合作关系。劳动关系,是指劳动者与用人单位依法签订的以劳动岗位、工资福利、奖惩等为内容的合同法律关系。显然,劳务关系与劳动关系有许多共同之处。一是二者产生的核心基础相同,都产生在对自然人的活劳动价值利用之上的社会关系。无论是劳务关系还是劳动关系,都源自劳动创造价值,利用人们劳动创造的价值来满足生产、生活需要,都是发生在价值创造人与利用人之间的社会关系。二是二者都具有经济关系属性。在劳务关系中,劳务提供方通过提供劳务从劳务需求一方取得相应的劳务报酬,而劳务需求方利用劳务提供方所提供的劳务以满足相应的需求并获得相应的利益;在劳动关系中,同样的劳动者向用人单位提供活劳动并从用人单位处获得相应的经济报酬,而用人单位通过利用劳动者的劳动而获得利益,这些都是建立在劳动价值利用基础上的经济关系。三是劳动者都处于相对弱势地位。无论是劳务关系还是劳动关系,用人单位在市场交易中多处于卖方地位,一般情况下劳动提供者处于相对弱势地位,毕竟劳动提供者数量众多,如果无人需求其劳动,其财务来源就处于较大压力之下。当然,劳动关系与劳务关系也会出现交叉的情形,如被派到合资、参股单位的职工如果与原单位仍保持着劳动关系,应当与原单位签订劳动合同,原单位可就劳动合同的有关内容在与合资、参股单位订立劳务合同时,明确职工的工资、保险、福利、休假等有关待遇。[①]

虽然都是以提供劳动服务为主要内容的合同关系,劳动关系与劳务关系仍具有明显区别。一是主体不同。劳务关系可以发生在个人之间、单位之间、单位与个人之间;而劳动关系只存在于单位与个人之间。二是关系不同。劳务关系中,双方主体平等,根据双方约定而形成以实现债权债务为内容的一种平等的经济合

---

① 参见原劳动部于1995年发布的《关于贯彻执行〈中华人民共和国劳动法〉若干问题的意见》第14条。

作关系,不存在人身从属关系属性,强调"用工"的属性;而劳动关系则是具有《劳动法》规定的用人主体资格的用人单位与符合劳动年龄并具有履行劳动合同能力的个人之间存在的管理与被管理、支配与被支配的从属性关系,强调"用人"的属性。三是关系稳定性不同。一般来说,劳动关系产生于劳动者与用人单位提供的生产资料结合起来的持续过程,一旦确立就相对稳定;而劳务关系一般产生于特定工作,多为临时性或一次性的任务,稳定性较差。四是关系兼容性不同。某一主体可以与其他数个主体之间存在劳务关系,即劳务关系不存在兼容性问题,而个人与单位之间不可能既存在劳动关系又存在劳务关系,而且一个人只能与一个单位存在劳动关系,不能同时与另一个单位也保持劳动关系。五是待遇不同。劳务关系中劳动者的待遇较为简单,一般只涉及一次性的劳动报酬问题,无社会保险等福利待遇,意味着劳务需求者所需承担的义务较为单纯;而劳动关系中劳动者除享有定期劳动报酬外,还包括其他法定的各项福利待遇如社会保险待遇等,也意味着用人单位所需承担的义务相对复杂。六是双方主体的称谓不同。在劳务关系中,接受劳动服务的一方称为用工方,提供劳动服务的一方称为劳务人员;而在劳动关系中,接受劳动服务的一方称为用人单位,提供劳动服务的一方称为劳动职工。当然,劳务关系与劳动关系还在诸如承担法律责任、国家干预程度、法律适用、纠纷解决路径等方面存在不同,在此不再赘述。梁慧星教授认为,随着社会主义市场经济体制的确立,原先关于劳动关系与劳务关系的区别已无意义。《民法典》实施前采用《工伤保险条例》上的"用人单位"概念,用人单位与其职工之间的关系涵盖人事组织关系、劳动合同关系、聘用合同关系等,都属于劳动关系的范畴,凡不属于该范围的即属于劳务关系的范畴。[①]

二、劳务关系中的几种样态

(一)个人之间形成的劳务关系

个人之间劳务关系主要表现为一种特殊的雇佣关系,即受雇人员(劳务提供者)在一定或不特定的期间内受雇主(劳务接受者)的指挥与安排,为其提供特定或不特定的劳务以完成一定的工作任务,雇主依约支付报酬的关系。例如,个人承揽劳务关系中,承揽人(受雇人员)向定作人(雇主)提供其所需求的加工、定作

[①] 参见梁慧星:《侵权责任编若干条文的解释与适用》(上),载微信公众号"韩骁律师"2022年11月21日,https://mp.weixin.qq.com/s/bDiBFhZ68_Tz3viwePj5zQ。

等劳务,定作人支付报酬。《民法典》第1192条规定了个人之间劳务关系中劳务提供者受到损害的责任承担问题。本案中,原告宋某利受被告宋某侠雇用到其建筑工地提供劳务,二人形成个人间的劳务关系。

(二)单位与个人之间形成的劳务关系

实践中,此类劳务关系有多种常见的情形。一是用工单位将某项工作任务发包给个人,或者将某项工作临时或一次性地委托给个人,双方签订劳务合同。二是由劳务需求单位与劳务派遣公司订立合同,劳务需求单位提出所需劳务人员条件,由劳务派遣公司向劳务需求单位派遣劳务人员。此时,劳务需求单位与劳务派遣公司所派出的劳务人员之间的关系就属于单位与个人之间的劳务关系。当然,此时劳务派遣公司与所派出的劳务人员之间则属于劳动关系,此种情况相当于劳务需求单位向劳务派遣公司"租借劳务"。三是那些在原单位中待岗、下岗、内退、停薪留职人员,在外从事一些临时性有酬工作而与另外的劳务需求单位建立的劳务关系。因为这些人员与原单位的劳动关系并未解除,其与新的劳务需求单位之间只能成立劳务合同关系。四是离退休人员又续聘原单位或其他单位的,这种合同聘用关系属于劳务关系。[①]

(三)单位之间形成的劳务关系

常见单位间劳务关系就是发生在劳务需求单位与劳务派遣公司之间以签订劳务合同为基础所形成的权利义务关系。

三、劳务提供者损害责任的类型

根据损害对象的不同,劳务提供者损害可以分为自身受损害和损害他人。所谓劳务提供者自身受损害责任,是指在劳务关系存续期间,劳务提供者自身因为履行劳务工作而受到损害的责任。根据劳务提供者自身受到损害的成因不同,劳务提供者损害责任包括内部损害责任和外部损害责任。所谓内部损害责任,是指在劳务关系存续期间,劳务提供者自身因履行劳务工作而受到劳务行为损害的责任。此时,劳务提供者受到损害要么归咎于自身,要么归咎于劳务接受者,要么归咎于双方。所谓外部损害责任,是指在劳务关系存续期间,劳务提供者自身因履行劳务工作而受到第三人行为损害的责任。此时,劳务提供者受到的损害责任归

---

① 参见2020年发布的最高人民法院《关于审理劳动争议案件适用法律问题的解释(一)》第32条第1款规定:"用人单位与其招用的已经依法享受养老保险待遇或者领取退休金的人员发生用工争议而提起诉讼的,人民法院应当按劳务关系处理。"

咎于第三人。劳务提供者损害他人责任,是指在劳务关系存续期间,劳务提供者因履行自己的工作职责而损害(除劳务提供者、劳务接受者之外)第三人的责任。此时,存在应由劳务提供者还是劳务接受者向第三人承担责任的问题。

本案中,原告宋某利作为劳务提供者在执行工作任务时受到伤害,属于劳务提供者自身受损害责任情形。因为本案中并不存在第三人损害宋某利的情形,故宋某利的损害属于内部损害责任。

四、劳务提供者损害责任的适用范围

(一)个人与单位间形成劳务关系,劳务提供者损害第三人的责任

《民法典》第1191条第1款[1]规定了个人与单位形成劳务关系,劳务提供者损害他人的责任承担问题。根据该款规定,劳务提供者因履行工作任务而损害他人的,由用人单位对外承担侵权责任。用人单位在承担侵权责任后,对内享有向劳务提供者的追偿权(此时,劳务提供者须有故意或重大过失)。这实际上就是一种雇主责任。《民法典》中"用人单位"一词,与《工伤保险条例》中的概念相一致,范围包括我国的法人、非法人组织和有雇工的个体工商户等民事主体;"工作人员",是指用人单位除法人代表或负责人之外的全部职员,也包括雇工或劳务人员。用人单位对第三人承担侵权责任的前提是其工作人员应对第三人的损害承担责任,如果其工作人员无须对第三人损害承担责任,那更谈不上用人单位承担责任。由此可以看出,用人单位或劳务接受一方对其劳务提供者损害他人承担无过错责任。也就是说,无论劳务接受者有无过错,对其劳务人员损害他人都应由其首先依法对外承担侵权责任。法律规定用人单位(劳务接受者)为其工作人员(劳务提供者)致人损害承担的雇主替代责任,能够保障第三人受到的损害得到及时救济。毕竟,用人单位是其工作人员履行工作任务的指挥者与受益人,就财力而言相对于其工作人员在责任承担上更有保障。当然,此处劳务提供者损害第三人的合法权益,必须是在执行工作任务时,否则责任应由劳务提供者自己承担。如何判断劳务提供者在执行工作任务?劳务提供者执行工作任务,不仅指劳务提供者执行劳务接受者之命令、委托任务本身或者执行工作任务所必要的行为,还包括劳务提供者滥用职务或利用职务上的机会但与执行工作任务的时间或场所有密切关

---

[1] 《民法典》第1191条第1款规定:"用人单位的工作人员因执行工作任务造成他人损害的,由用人单位承担侵权责任。用人单位承担侵权责任后,可以向有故意或者重大过失的工作人员追偿。"

联的执行任务相关行为。这些行为在客观上足以使第三人相信劳务提供者在执行工作任务，即使此时劳务提供者为自己的利益而为非法行为，也应归属为执行工作任务的行为。

（二）个人间形成劳务关系，劳务提供者损害自己的责任

《民法典》第1192条第1款规定："个人之间形成劳务关系，提供劳务一方因劳务造成他人损害的，由接受劳务一方承担侵权责任。接受劳务一方承担侵权责任后，可以向有故意或者重大过失的提供劳务一方追偿。提供劳务一方因劳务受到损害的，根据双方各自的过错承担相应的责任。"根据该条规定，因受害者的不同，个人劳务损害责任可以分为损害他人责任和自己损害责任。所谓损害他人责任，是指劳务人员因自己为劳务接受方提供劳务而造成他人损害，此时接受劳务一方对受损害的他人承担责任。自己损害责任是指劳务人员为劳务接受方提供劳务而造成自己损害，此时劳务人员和劳务接受方按各自的过错承担责任。该条中所谓"接受劳务一方"，即雇主或使用人；"提供劳务一方"，即雇员或被使用人。雇员为雇主履行职务工作而造成他人损害的，由雇主对他人承担侵权责任，这与《民法典》第1191条第1款关于雇主、用人单位责任的规定一致。

劳务提供者与劳务接受者之间因劳务造成劳务提供者损害的，按各自的过错承担责任，即此时劳务提供者受到损害可能是因为自己或劳务接受者一方存在过错，也可能双方都存在过错，法律规定双方按各自的过错承担责任。如果劳务提供者受到损害完全是因为自己一方的过错，那么责任完全由自己承担；如果劳务提供者受到损害完全是劳务接受者一方造成的，那么责任完全由劳务接受者一方承担；如果劳务提供者受到损害是双方的过错造成的，则各自按过错大小承担比例责任。但是，梁慧星教授认为，该责任规定是完全不当的。他认为工人们因劳动而受到损害是典型的工伤、劳保问题，不属于侵权责任问题，更不属于侵权责任法的调整对象，而是合同法、劳动法、社会保险法乃至宪法问题。[①] 因此，劳动者在履行劳动工作受到损害时应享有工伤保险待遇，不论其有无过错。如果按过错来决定责任承担，多数情况下受害人很难证明用人单位存在过错，此时劳动者只能自食其果，这对劳动者而言极不公平。

[①] 参见梁慧星：《侵权责任编若干条文的解释与适用》（上），载微信公众号"韩骁律师"2022年11月21日，https://mp.weixin.qq.com/s/bDiBFhZ68_Tz3viwePj5zQ。

(三)个人间形成劳务关系,劳务提供者受第三人损害的责任

《民法典》第1192条第2款①规定了劳务提供者受第三人损害的责任承担。此时,在劳务提供者、劳务接受者与第三人之间存在三层法律关系:一是劳务提供者与劳务接受者之间的内部劳务关系;二是劳务提供者与第三人之间的外部侵权法律关系;三是劳务接受者与第三人之间的外部侵权法律关系(劳务提供者受到损害可能中断劳务关系,由此不得不面临损失)。该款规定了劳务提供者的两个请求选择权:一是请求第三人承担侵权责任;二是请求劳务接受者承担补偿责任。按常理来说,谁侵权就应由谁承担责任。侵权是由第三人造成的,劳务提供者当然可以向该第三人请求损害赔偿。同时,该款规定了劳务提供者向劳务接受者的选择请求权,旨在强化对于劳务提供者受损害权益的救济保障。毕竟,劳务提供者相对于劳务接受者处于弱势地位,在提供劳务期间权益一旦受到损害,维权面临高昂成本或存在风险(有时找不到第三人或第三人无力承担责任),维权困难或失败会导致受害的劳务提供者生活处于窘迫境地,其生存利益会受到危害。出于体恤弱者,法律规定作为劳务受益人的劳务接受者预先补偿提供劳务一方所应获得的由第三人承担的损害赔偿金;劳务接受者在向劳务提供者承担补偿责任后,享有向第三人的追偿权。该款规定能够引导劳务接受者在劳务关系存续期间,注意对劳务提供者加强劳动安全防护,防止其受到第三人的伤害。

五、劳务提供者损害责任的实体构成要件

劳务提供者损害责任可以分以下几种情况来讨论各自的实体构成要件。

(一)劳务提供者受到外部损害责任

根据《民法典》第1192条第1款的规定,个人间劳务关系中劳务提供者受到外部损害的责任构成要件有五:一是个人间形成劳务关系;二是存在第三人加害行为;三是提供劳务一方受到损害;四是第三人加害行为与提供劳务一方受到损害后果之间具有因果关系;五是第三人存在过错。由此可见,该款规定的劳务提供者受到外部损害的责任对于劳务接受者而言属于无过错责任,即无论劳务接受者有无过错,劳务提供者都可以向其主张损害补偿责任。但是,对于第三人的侵权责任,该款并未明确是否适用无过错责任。从一般侵权行为理论来看,第三人

---

① 《民法典》第1192条第2款规定:"提供劳务期间,因第三人的行为造成提供劳务一方损害的,提供劳务一方有权请求第三人承担侵权责任,也有权请求接受劳务一方给予补偿。接受劳务一方补偿后,可以向第三人追偿。"

应承担过错责任。《民法典》第1192条第2款规定的"因第三人的行为造成提供劳务一方损害",意即提供劳务一方的损害可归咎于第三人的加害行为,即第三人存在故意或过失。当然,第三人可以主张劳务提供者自身的过错、不可抗力来减轻或免除责任。如果第三人对于劳务提供者损害的侵权责任不能成立,那么劳务提供者即便受到损害也不能向第三人请求损害赔偿,也就无权要求劳务接受者先行补偿了。此外,个人间劳务关系并不限于两个自然人之间的劳务关系,也适用于单位和个人之间形成的劳务关系。此处使用"个人",意味着作为劳务接受方的雇主未给劳务提供方办理工伤保险,否则该雇主就成为《民法典》第1191条第1款所规定的"用人单位"了。当个人与单位形成劳务关系时,若个人在为单位提供劳务期间受到第三人的侵害,那么接受劳务的单位应就提供劳务的个人承担补偿责任,同时享有对第三人的追偿权。

(二)劳务提供者受到内部损害责任

根据《民法典》第1192条第1款的规定,个人间劳务关系中劳务提供者受到内部损害责任的构成要件有五:一是个人间形成劳务关系;二是存在劳务致害行为;三是提供劳务一方受到损害;四是劳务致害行为与损害后果之间有因果关系;五是劳务提供者或劳务者接受者存在过错。由此可以看出,当劳务提供者或劳务接受者都不存在过错时,劳务提供者所受损害如同完全为自己过错的情形,劳务提供者将因得不到任何救济而自食其果。由此,只要劳务接受者不存在过错,那么就可以推定劳务者所受损害完全是劳务提供者自己过错所造成的。这显然与事实不符,毕竟有些劳动本身是存在损害风险的,此时劳动者无论如何注意,只要从事该项劳动工作就会面临该损害风险。因此,梁慧星教授关于劳动者因劳动工作造成自身损害应由工伤保险法、合同法来调整,而不应由侵权责任法来调整的观点是符合实际的。

本案中,原告宋某利作为劳务提供者在执行工作任务中使自己受到伤害,因加害无第三人,应按照内部损害责任来处理。根据《民法典》第1192条第1款规定,法院认定被告宋某侠雇用原告宋某利工作,原告宋某利在提供劳务时受伤,被告宋某侠作为接受劳务一方应当承担民事赔偿责任。同时,法院认为原告宋某利作为完全民事行为能力人,有义务有责任进行安全生产,但其在提供劳务时自我安全意识不强,疏于注意,造成自己受伤,对于自身损害应承担相应的责任,责任比例为10%。法院最后认为被告宋某侠应承担原告损失的责任比例为90%。由此，法院按原告、被告双方对于原告发生损害各自存在的过错，分别判双方承担责任的比例份额。但是，法院对于被告宋某侠存在过错及其程度并未作出有说服力的论证。法院在其判决书中阐述："宋某侠雇用宋某利工作，原告在提供劳务时受伤，宋某侠作为接受劳务一方应当承担民事赔偿责任。"本案中，被告宋某侠作为劳务接受方对于劳务提供者原告宋某利所受损害承担的责任似乎是无过错责任。这显然与法律规定"提供劳务一方因劳务受到损害的，根据双方各自的过错承担相应的责任"不符，因为法律规定是按各自的过错承担相应的责任。法院认定原告属于自身安全的注意义务，存在过错，应承担10%的责任，接着就直接认定被告应承担90%的责任，依据何在呢？法院最终认为被告潍坊鼎昌市政工程有限公司将该工程再次分包给被告宋某侠，而被告宋某侠并不具备相应资质，被告潍坊鼎昌市政工程有限公司在知道或者应当知道接受发包的雇主宋某侠没有资质时仍然将工程分包给宋某侠，故其应对宋某侠承担的赔偿数额承担连带赔偿责任。但是，法院并未明确援引相关的法条来支撑其观点。本案原告援引《民法典》第791条第3款①的规定，该款规定只是法律禁止性规定，并未就相关责任承担作出规定。因此，法院应援引《安全生产法》第103条第1款②的规定来论述被告潍坊鼎昌市政工程有限公司将案涉工程违法再次分包给不具有资质的包工头宋某侠，导致发生生产安全事故给他人造成损害，与承包方承担连带赔偿责任。

（三）劳务提供者损害第三人的责任

《民法典》第1191条第1款规定了个人与单位形成劳务关系，劳务提供者（工作人员）损害他人的责任承担问题。由此，劳务提供者损害他人责任的实体构成要件如下：一是个人劳务提供者与用人单位形成劳务关系；二是劳务提供者存在劳务（履行工作职务）加害行为；三是第三人有损害后果；四是第三人的损害后果与劳务提供者的劳务加害行为存在因果关系；五是劳务提供者存在主观过错。虽然该款并未明确规定劳务提供者因过错致第三人损害，但是劳务提供者损害他人

---

① 《民法典》第791条第3款规定："禁止承包人将工程分包给不具备相应资质条件的单位。禁止分包单位将其承包的工程再分包。建设工程主体结构的施工必须由承包人自行完成。"

② 《安全生产法》第103条第1款规定："生产经营单位将生产经营项目、场所、设备发包或者出租给不具备安全生产条件或者相应资质的单位或者个人的，责令限期改正，没收违法所得；违法所得十万元以上的，并处违法所得二倍以上五倍以下的罚款；没有违法所得或者违法所得不足十万元的，单处或者并处十万元以上二十万元以下的罚款；对其直接负责的主管人员和其他直接责任人员处一万元以上二万元以下的罚款；导致发生生产安全事故给他人造成损害的，与承包方、承租方承担连带赔偿责任。"

属于普通民事主体之间的侵权行为,应按一般过错原则来归责,除非法律有明确规定适用其他归责原则。用人单位在向第三人承担侵权责任后,有权向存在故意或重大过失的劳务提供者追偿。

《民法典》第 1191 条第 2 款①规定了在劳务派遣关系中,劳务提供者损害第三人的责任承担问题。该款延续了该条第 1 款的立法精神,即个人与单位形成劳务关系,作为工作人员的劳务提供者在执行用工单位(劳务接受者)的工作任务而损害第三人的,由劳务接受者向第三人承担侵权责任,即劳务使用者责任。因为存在劳务派遣关系,那么劳务派遣单位是否可以免责?该款接着规定,劳务派遣单位承担与其过错相应的责任。从该款规定来看,受害的第三人可以单独向劳务接受者(用工单位)请求损害赔偿,也可以劳务接受者(用工单位)和劳务派遣单位为共同被告,要求两者承担按份责任。因为在劳务派遣关系中,劳务提供者与劳务接受者(用工单位)存在劳务关系,同时与劳务派遣单位存在劳务关系,二者其实都属于劳务使用者,理应都承担劳务使用者责任。该款首先规定了由用工单位向第三人承担侵权责任,毕竟劳务提供者作为工作人员是在履行用工单位的工作任务,用工单位对于第三人来说更为直接可辨。劳务派遣单位与用工单位存在合同关系,相当于用工单位向劳务派遣单位租用了其工作人员,而这对于第三人来说信息并不对称,所以法律规定第三人可向用工单位请求损害赔偿。但是,如果派遣单位存在过错,导致劳务提供者(工作人员)损害第三人权益,则派遣单位也应承担侵权责任。这里的过错是指派遣过错,即对劳务人员的选任、派遣存在过错。例如,派遣单位将不熟练工当作熟练工派遣到用人单位,结果被派遣劳务工在执行工作任务时因对工作不熟练而造成第三人损害,此时派遣单位即存在派遣过错。派遣单位承担与其过错相对应的责任,即派遣单位承担责任时要看其过错严重程度。派遣单位过错严重,就承担较重的责任;过错较轻时,就承担较轻的责任。其过错严重程度的衡量标准应根据实际情况来确认。例如,将普通电工当作水电工来派遣,就属于较轻过失;将非熟练工当作熟练工来派遣,就属于重大过失。在实际诉讼中,受到损害的第三人可单独以用工单位为被告,也可将用工单位与派遣单位作为共同被告诉至法院。在第三人单独起诉用工单位时,用工单位

---

① 《民法典》第 1191 条第 2 款规定:"劳务派遣期间,被派遣的工作人员因执行工作任务造成他人损害的,由接受劳务派遣的用工单位承担侵权责任;劳务派遣单位有过错的,承担相应的责任。"

要求法院追加派遣单位为共同被告,法院应当准许;当用工单位未要求追加派遣单位为共同被告时,法院不得直接以职权追加。毕竟,如果用工单位想追究派遣单位责任,可以合同违约为由另行起诉追究派遣单位的责任。

———— 思 考 题 ————

[1]在劳务派遣关系中,劳务提供者受第三人侵害责任如何界定?
[2]劳务提供者损害责任中的"过失"如何界定?
[3]劳务提供者损害责任适用什么归责原则?

———— 推荐阅读 ————

[1]滕炜主编、全国人大常委会法制工作委员会社会法室编著:《劳务派遣制度解读与法律适用》,中国法制出版社2013年版。
[2]李海明、白永亮编著:《劳务派遣法律规制的理论与实务》,法律出版社2017年版。
[3]李永军主编:《民法典侵权责任编法律适用与案例指引》,中国民主法制出版社2022年版。

5.2 建筑物和物件损害责任

▣ 理论导读

建筑物和物件损害责任,是指建筑物、构筑物或者其他设施及搁置物、悬挂物等物件,由于存在缺陷或疏于管理、维护,造成他人损害时,物件的所有人、管理人或者使用人应承担的侵权责任。这一责任类型属于特殊侵权责任,在《民法典》侵权责任编中有明确规定。建筑物和物件损害责任是民法中一个重要而复杂的领域,主要涉及建筑物、构筑物或其他设施及其组成部分因缺陷、管理不善等造成他人损害时,相关责任人应承担的侵权责任。根据损害方式和物件类型的不同,建筑物和物件损害责任包括但不限于以下类型。(1)建筑物、构筑物或其他设施倒塌、塌陷损害责任:适用过错推定原则,由建设单位和施工单位承担连带责任,除非能证明不存在质量缺陷。(2)建筑物、构筑物或其他设施及搁置物、悬挂物损害责任:同样适用过错推定原则,所有人、管理人或使用人不能证明自己没有过错的,应承担侵权责任。(3)抛掷坠落物损害责任:从建筑物中抛掷物品或物品坠落造成他人损害的,由侵权人承担侵权责任;难以确定具体侵权人的,由可能加害的建筑物使用人给予补偿。(4)堆放物损害责任:堆放物倒塌、滚落、滑落造成损害的,由堆放物的所有人或管理人承担责任。(5)障碍通行物损害责任:在公共道路上堆放、倾倒、遗撒妨碍通行的障碍物造成损害的,由行为人承担责任。(6)林木损害责任:林木折断、倾倒、果实坠落等造成损害的,由林木所有人或管理人承担责任。(7)地面施工损害责任:在公共场所或道路上挖掘、修缮安装地下设施等造成损害的,施工人不能证明已设置明显标志和采取安全措施的,应承担侵权责任。(8)地下工作物损害责任:窨井等地下设施造成损害的,管理人不能证明尽到管理职责的,应承担侵权责任。因此,建筑物和物件损害责任的归责原则主要包括过错推定责任和无过错责任。其中,过错推定责任是主要的归责原则,无过错责任则适用于特定情况。在建筑物和物件损害责任案件中,根据《民法典》的相关规定,被侵权人有权要求责任人承担侵权责任,包括赔偿损失、恢复原状等。同时,如果责任人在赔偿后能够确定其他责任人,有权向其他责任人追偿。

杨某晶与北京市八大处均胜投资管理公司侵权责任纠纷案

摘要：建筑物和物件损害责任的理论基础是什么？建筑物等设施倒塌、塌陷损害责任有何类型，各自构成要件如何？建筑物等设施倒塌、塌陷损害责任与安全保障义务人责任有何区别？建筑物等设施倒塌、塌陷损害责任同地下设施与施工损害责任有何区别？这些问题不仅困扰着理论工作者，还困扰着实务工作者。建筑物和物件损害责任与传统基于人行为的法律责任有很大不同，在民事侵权法领域作为一类特殊侵权来处理。本案例是在《民法典》实施后作出裁判，办案法官就建筑物等设施倒塌、塌陷损害责任相关要件事实的认定具有一定的代表性，原告的诉讼策略也具有一定的典型意义。

关键词：建筑物和物件损害责任；质量缺陷责任；管理瑕疵责任；安全保障义务

一、引言

《民法典》第1252条第1款规定了建筑物等设施因质量缺陷发生自然倒塌、塌陷的侵权责任，有别于建筑物等设施管理瑕疵的侵权责任，不适用于无质量缺陷的建筑物等设施倒塌、塌陷侵权的情形；第2款规定因建筑物等设施管领人在维护、保养过程中存在有过失的管理瑕疵而致人损害的责任。同时，法院认可原告援引《民法典》第1198条所规定的安全保障义务人责任来寻求救济，而实际上建筑物和物件损害责任与安全保障义务人责任的适用范围有明显差异。其实，建筑物和物件损害责任同地下设施与施工损害责任也有明显区别。对于遭受建筑物和物件损害的受害者如何进行诉讼维权？通过本案例的教学，学生能够较为全面地把握建筑物和物件损害诉讼中所涉及的理论与实务问题。

二、案件当事人

原告：杨某晶，女，1965年12月6日出生，汉族，住河南省新蔡县。

委托诉讼代理人：时某奎，北京市凯诺律师事务所律师。

被告：北京市八大处均胜投资管理公司，住所地北京市石景山区西黄村。

委托诉讼代理人：仇某娟，大沧海律师事务所北京分所律师。

委托诉讼代理人：文某蓝，湖南德都律师事务所律师。

三、案情简介

2018年3月14日，原告之子李某在等待其女朋友使用案涉厕所时，由于紧邻厕所入口处的化粪池井盖断裂，跌落化粪池内受伤，经送医院抢救无效死亡。为主张权利，原告及原告丈夫（已于不久前去世）曾通过代理人向海淀区人民法院先后起诉北京市环山园艺公司、北京市海淀区四季青镇经济合作社及中国铁路北京局集团有限公司。经该院调查，未认定案涉化粪池在上述被告土地上。原告代理人及原告弟弟通过现场测量，确定案涉化粪池位于京门铁路与西五环交会点沿京门铁路往东145米处往南约15米位置。结合上述案件，从当事人出事的地籍档案和海淀区人民法院现场调查情况来看，该化粪池位于被告的土地上。案涉化粪池修建在被告土地上，被告作为建设和管理主体，未尽合理修缮、管理和安全警示义务。原告对于其子遭遇人身损害，向法院提起诉讼，要求被告承担侵权责任。

四、案件审理情况

原告杨某晶认为案涉化粪池修建在被告北京市八大处均胜投资管理公司的土地上，被告作为建设和管理主体，未尽合理修缮、管理和安全警示义务，对于原告之子遭遇人身损害，应当承担相应侵权责任。原告遂向法院提出以下诉讼请求。(1)判令被告赔偿原告因儿子李某受伤死亡所遭受的各项经济损失：医疗费4679.97元(包括太平间停放遗体费用3000元)、交通费20,252.5元(其中包括运送遗体回乡费用12,000元)、住宿费738.00元、丧葬费53,083.98元(按照2019年度职工月平均工资标准计算8847.33元×6个月)、被扶养人生活费430,380元(2019年度北京市城镇居民人均消费支出430,38元×20年×1人÷2人)、死亡赔偿金1,476,980元(2019年度北京市城镇居民人均可支配收入73,849元×20年)、精神损害抚慰金10万元；(2)案件受理费由被告承担。法院受理后，根据全国人民代表大会常务委员会《关于授权最高人民法院在部分地区开展民事诉讼程序繁简分流改革试点工作的决定》，依法适用普通程序，独任公开开庭进行了审理。

(一)杨某晶认为被告构成侵权的理由

1. 法律依据

第一，《民法典》第1252条：建筑物、构筑物或者其他设施倒塌、塌陷造成他人损害的，由建设单位与施工单位承担连带责任，但是建设单位与施工单位能够证明不存在质量缺陷的除外。建设单位、施工单位赔偿后,有其他责任人的,有权向其他责任人追偿。因所有人、管理人、使用人或者第三人的原因,建筑物、构筑物或者其他设施倒塌、塌陷造成他人损害的,由所有人、管理人、使用人或者第三人承担侵权责任。

第二,《民法典》第1198条第1款:宾馆、商场、银行、车站、机场、体育场馆、娱乐场所等经营场所、公共场所的经营者、管理者或者群众性活动的组织者,未尽到安全保障义务,造成他人损害的,应当承担侵权责任。

第三,最高人民法院《关于适用〈中华人民共和国民法典〉时间效力的若干规定》、《精神损害赔偿司法解释》、最高人民法院《关于审理人身损害赔偿案件适用法律若干问题的解释》等相关条款。

2.事实依据

第一,案涉化粪池修建在被告北京市八大处均胜投资管理公司的土地上。

第二,被告是案涉化粪池的建设和管理主体。

第三,被告对案涉化粪池未尽合理修缮、管理和安全警示义务,以及公共场地安全保障义务。

第四,原告之子遭遇人身损害。

第五,原告之子遭遇人身损害与被告对案涉化粪池未尽管理义务以及公共场地安全保障义务具有因果关系。

第六,原告提交2018年3月15日北京市殡仪服务及自选殡葬用品收费确认单,其中载明各项费用合计15,000元,原告主张其中存放遗体费用3000元;原告提交火车票、飞机票及住宿费发票,主张产生交通费(包含遗体运送费)及住宿费损失合计20,990.5元;原告主张丧葬费53,083.98元、被扶养人生活费430,380元、死亡赔偿金1,476,980元。

第七,其他相关证据:户口簿、公安部门的调查结论、居民死亡证明、医院急诊处方笺、残疾证、扶贫手册、住院病历、诊断证明、法院民事判决书等。

(二)被告北京市八大处均胜投资管理公司反对承担侵权责任的理由

第一,被告不是死亡事故发生地厕所及化粪池的建设者、使用者、所有者,事故厕所及化粪池不是被告的资产;被告不是侵权责任主体,安全保障义务应限于合理限度范围内,与其管理控制能力相适应;被告与原告之间不存在法定或约定的安全保障义务,被告无须承担安全保障义务。

第二,被告未实施侵权行为,对原告之子溺亡后果不存在过错,侵权责任应由实际建设者、使用者承担。

第三,认为综合周边环境可知,事故发生时附近仅有一个厕所,厕所及化粪池仅供其东侧租户使用,其他居民前来使用该厕所是不方便的,故东侧租户对该厕所及化粪池占有、使用、受益的同时,即设定了安全管理责任。厕所及化粪池的安全保障、修缮、管理义务则应由旁边建设、使用厕所的租户人群承担。

第四,死者本人应为责任主体,就事故发生承担责任。

第五,本案适用过错责任归责原则,原告应就被告违法行为、主观过错、损害后果且违法行为与损害后果之间具有因果关系等侵权责任构成要件承担举证责任。原告未证明涉案化粪池在被告土地范围内,且死者跌落化粪池的原因尚不明确,原告现有证据不能证实被告未尽安全保障义务致其子死亡或者对死者跌落化粪池存在过错。

第六,原告主张适用 2019 年赔偿标准没有依据。

(三)法院关于本案被告应承担侵权责任的认定理由

第一,本案适用《民法典》及相关司法解释。依据最高人民法院《关于适用〈中华人民共和国民法典〉时间效力的若干规定》第 2 条、第 3 条之规定,《民法典》实施前的法律事实引起的民事纠纷案件,当时的法律、司法解释有规定,适用当时的法律、司法解释的规定,但是适用《民法典》的规定更有利于保护民事主体合法权益,更有利于维护社会和经济秩序,更有利于弘扬社会主义核心价值观的除外。《民法典》施行前的法律事实引起的民事纠纷案件,当时的法律、司法解释没有规定而《民法典》有规定的,可以适用《民法典》的规定,但是明显减损当事人合法权益、增加当事人法定义务或者背离当事人合理预期的除外。本案中,根据查明的事实,原告之子系因案涉厕所化粪池上的水泥盖板断裂塌陷跌落化粪池溺亡。溺亡事故发生时,相关法律及司法解释对公共场所管理人以及建筑物、构筑物塌陷致人损害的侵权赔偿责任归责原则、责任主体等尚未有具体明确的规定。为依法平衡当事人利益关系,更好地及时保护民事主体的合法权益,诠释社会规则、规范社会行为,倡导社会主义核心价值观,弘扬社会主义法治精神,本案应适用《民法典》及相关司法解释的有关规定处理。

第二,被告作为案涉厕所及化粪池侵权责任的主体。根据法律规定,不动产登记包括土地及其附着物。其中地上附着物是在土地上建造的一切建筑物、构筑物及地上定着物的总称。集体所有的不动产包括法律规定的属于集体的土地以及集体所有的建筑物、其他不动产等。本案中，被告虽否认系案涉厕所及化粪池的建设者、管理人和使用人，但综合（2018）京0108民初29871号、（2018）京0108民初55478号案件查明的事实、在案证据材料，相关公司、部门均已提交的各自用地权属证据，再加之海淀区法院及本案一审法院现场勘验状况及有关部门调查、核实及答复意见，现有证据已形成完整证据链条，足以充分证实案涉厕所及化粪池位于被告土地权属界线范围之内，即案涉厕所及化粪池位于被告享有权属的土地上。被告未能提交足以反驳的证据且证实案涉厕所及化粪池存在其他建设者、管理者或明确具体使用者，应认定被告对其土地上的案涉厕所及化粪池行使所有者或管理者之职责。

第三，关于案涉厕所及化粪池致人损害责任归属论证。这里的构筑物或者其他设施，一般是指人工建造、固定在土地上的，除建筑物以外的设施，如道路、桥梁、隧道、厕所及化粪池等。建筑物、构筑物等倒塌、塌陷损害责任，是指建筑物、构筑物或其他设施发生倒塌、塌陷，致他人人身、财产遭受损害，建设单位、施工单位及其他责任人所应承担的侵权责任。建设单位、施工单位建设的公共厕所及化粪池上的盖板存在质量瑕疵等断裂塌陷致人损害的，应推定其存在过错，但能够证明不存在质量缺陷的除外。公共厕所及化粪池的所有人、管理人、使用人因管理、维护缺陷而发生倒塌、塌陷致人损害的，所有人、管理人、使用人应直接承担责任。本案中，根据现场勘查情况，化粪池虽已被填埋，但尚未完全填平，死者李某系站立在化粪池水泥盖板上，因化粪池水泥盖板塌陷跌入化粪池溺亡。被告不能充分证实已尽到对案涉厕所及化粪池修缮、维护等管理义务，故应认定其对李某溺亡存在过错，且该过错与李某死亡之间存在因果关系，被告应当承担与其过错相应的赔偿责任。

第四，被告是否违反公共场地安全保障义务的论证。本案中，根据查明的事实，案涉厕所及化粪池位于被告权属土地上，周边租户、居民及过往行人均可使用，具有公共场所性质。事故发生后，被告虽将案涉厕所入口封堵，并将化粪池填埋，以避免类似悲剧事件再次发生，但其在未能证实存在其他责任主体的前提下，应对已经发生的溺亡事故承担侵权赔偿责任。被告对建设在其土地上的公用厕所及化粪池，应负有善良管理人之职责，但其疏于管理和维护是造成化粪池上水泥盖板塌陷，李某跌入化粪池溺亡的主要原因，其消极不作为与李某死亡之间存在直接因果关系。在溺亡事故发生时及本案庭审过程中,被告主张不知案涉厕所及化粪池何时、何人所建,亦不认可所占土地权属。由此,可以认定被告对建设在其土地上的构筑物的潜在风险,疏于履行维护和管理职责,违反了对进入其土地之上的"公共场所"尽合理限度和范围内的使他人免受人身及财产损害的安全保障义务,对此,亦应认定其主观上存在过错。

第五,关于双方责任负担比例的论证。事故发生时,李某作为完全民事行为能力人,亦应当对自身安全尽到审慎的注意义务。据原告所述,李某路经案涉厕所,在女厕所旁边等待其女朋友使用案涉厕所时,因厕所外化粪池水泥盖板不结实,没有警示标志,李某站在上面不稳,就掉了下去。从事故现场勘验状况及拍摄的照片看,李某跌落于女厕入口一侧的化粪池内溺亡,该化粪池水泥盖板高于女厕入口处地面。在事发当日晚公厕周围没有灯光的情况下,李某对站立在靠近厕所化粪池水泥盖板上等待其女朋友的危险性应当有一定的辨识力和预见,但因自己疏忽跌落于化粪池中,自身亦存在一定过错,应对损害后果承担部分责任。结合本案事实、双方的过错程度及原因力的大小等因素,法院酌情确定被告对原告的损害后果承担60%的责任,原告自身承担40%的责任。

第六,原告损害数额的认定。原告主张医疗费合计1625.77元,有诊疗费发票为据,应予以确认。原告所主张的停放、运送遗体等费用,应属于丧葬费范畴。原告主张因处理李某死亡而产生合理的交通费和住宿费,结合原告提交的票据、关联性、必要性,法院酌定5000元。

根据相关司法解释规定,死亡赔偿金按照受诉法院所在地上一年度城镇居民人均可支配收入或者农村居民人均纯收入标准,按20年计算。丧葬费按照受诉法院所在地上一年度职工月平均工资标准,以6个月总额计算。被扶养人生活费根据扶养人丧失劳动能力程度,按照受诉法院所在地上一年度城镇居民人均消费性支出和农村居民人均年生活消费支出标准计算。"上一年度",是指一审法庭辩论终结时的上一统计年度。因此,根据原告提供的证据材料,现其依据2019年城镇居民标准主张死亡赔偿金(包括被扶养人生活费)、丧葬费,合计为1,960,443.98元,其计算标准和方式符合法律规定,且有事实依据,法院予以确认。被告对原告上述费用计算方式无异议,但认为应当根据2017年费用标准计算,其抗辩意见缺乏法律依据,法院不予采纳。原告主张赔偿精神损失10万元,符合法律规定,法院予以确认。综上,上述各项费用合计2,067,069.75元,被告北京市八大处均胜投资管理公司按照60%承担赔偿责任,其应赔偿损失共计1,240,241.85元。

(四)关于追偿权问题

法院认为,被告主张本案应由案涉厕所旁边的建设者、使用厕所租户人群承担赔偿责任,但未能明确该厕所及化粪池的具体建设者或使用人。因此,被告承担赔偿责任后,如有其他责任人,可以向其他责任人追偿。

五、附录

北京市石景山区人民法院民事判决书,(2020)京0107民初9112号。

杨某晶与北京市八大处均胜投资管理公司侵权责任纠纷案教学指导手册

▣ 教学具体目标

本案例供法律硕士民法与民事诉讼原理与实务课程案例教学使用。

在民事诉讼法上,本案例就民事诉讼程序中以下问题进行讲授:(1)民事诉讼程序繁简分流;(2)独任审理制。

在民事实体法上,本案例就《民法典》侵权责任编中建筑物和物件损害责任进行讲授,具体要解决的问题主要包括:(1)建筑物和物件损害责任的原理;(2)建筑物等设施倒塌、塌陷损害责任;(3)建筑物等设施倒塌、塌陷损害责任与安全保障义务人责任的区别;(4)建筑物等设施倒塌、塌陷损害责任同地下设施与施工损害责任的区别;(5)本案诉讼策略。

▣ 教学内容

一、民事诉讼程序繁简分流改革

(一)全国人大常委会授权试点改革

习近平总书记在2019年中央政法工作会议上强调:"要深化诉讼制度改革,推进案件繁简分流、轻重分离、快慢分道。"中央全面深化改革委员会审议通过的

《关于政法领域全面深化改革的实施意见》,将"推进民事诉讼制度改革"确定为重大改革任务,由最高人民法院牵头推进。近年来,随着经济社会快速发展,案件数量持续高速增长,人民群众对法院解决纠纷的能力和水平提出更高要求,期待司法更加公正高效权威、诉讼更加普惠便捷多元,原有的诉讼机制亟须优化调整。司法实践中,部分地方法院已经为此作出了许多有益探索。为了进一步从制度上挖掘潜力、提升效能、激发活力,按照重大改革先行先试的原则,全国人大常委会决定授权最高人民法院自2019年12月29日起在北京、上海两直辖市的中级、基层人民法院,南京、苏州、杭州、宁波、合肥、福州、厦门、济南、郑州、洛阳、武汉、广州、深圳、成都、贵阳、昆明、西安、银川等市域中级人民法院及其辖区内基层人民法院,北京、上海、广州知识产权法院,上海金融法院,北京、杭州、广州互联网法院,就优化司法确认程序、完善小额诉讼程序、完善简易程序规则、扩大独任制适用范围、健全电子诉讼规则等,开展民事诉讼程序繁简分流改革试点工作。试点期间,试点法院暂时调整适用《民事诉讼法》相关条款的规定。试点工作应当遵循《民事诉讼法》的基本原则,充分保障当事人诉讼权利,促进提升司法效率,确保司法公正。最高人民法院牵头研究制定试点具体办法,报全国人大常委会备案。试点期限为二年,自试点办法印发之日起算。最高人民法院应当加强对试点工作的组织指导和监督检查,并就试点情况向全国人大常委会作出中期报告。试点期满后,对实践证明可行的,应当修改完善有关法律;对实践证明不宜调整的,恢复施行有关法律规定。

(二)最高人民法院发布实施办法

2020年1月15日,最高人民法院发布《民事诉讼程序繁简分流改革试点实施办法》,共计30条,分设一般规定、优化司法确认程序、完善小额诉讼程序、完善简易程序规则、扩大独任制适用范围、健全电子诉讼规则、附则等七个方面的内容。试点改革前,司法确认程序仅适用于依照《人民调解法》达成的调解协议,只能由人民调解委员会所在地基层人民法院受理。这样既不利于发挥商事调解、行政调解、行业调解等多元解纷机制的作用,妨碍了"将非诉讼纠纷解决机制挺在前面",也不利于中级人民法院、专门人民法院开展与其职能特点相对应的诉前调解工作。针对上述问题,该实施办法扩大了司法确认程序适用范围,调整适用了2017

年《民事诉讼法》第194条①、最高人民法院《关于人民法院特邀调解的规定》第19条的规定,将特邀调解组织或者特邀调解员调解达成的民事调解协议纳入司法确认范围,明确了司法确认案件的管辖规则,允许中级人民法院、专门人民法院受理符合级别管辖、专门管辖标准的司法确认案件。试点改革前,小额诉讼程序适用率普遍偏低,其推动普惠司法、降低诉讼成本、优化司法配置的作用未能充分发挥。由此,该实施办法调整设置独立于简易程序的小额诉讼程序规则、扩大小额诉讼程序适用范围、简化审理方式和裁判文书、设置合理审理期限、完善程序转换机制。试点改革前,独任制、合议制等审判组织形式与审理程序、审级设置严格绑定,无法根据案件类型、难易程度等因素灵活确定,严重制约了司法效能。为此,该实施办法突破传统审判组织配置模式,扩大了独任制的适用范围,建立独任制与合议制的转换规则。互联网技术的迅速发展,更有利于为人民群众提供普惠均等、便捷高效、智能精准的司法服务。为进一步拓展互联网司法的制度创新空间,该实施办法重点从四个方面构建了电子诉讼规则:(1)确立在线诉讼活动的法律效力;(2)明确电子化材料提交的效力和规则;(3)完善在线庭审规则;(4)完善电子送达机制等。②

二、独任制

作为我国法院审判组织形式之一,独任制与合议制相对应,是指由一名审判员独自对案件进行审判,并对自己承办的案件负责的审判制度。根据法律规定,适用简易程序审理的民事案件,采用独任审理。基层人民法院审理的基本事实清楚、权利义务关系明确的第一审民事案件,可由审判员一人适用普通程序独任审理。经过民事诉讼程序繁简分流改革并对《民事诉讼法》进行修正之后,二审程序中,中级人民法院对第一审适用简易程序审结或者不服裁定提起上诉的第二审民事案件,事实清楚、权利义务关系明确的,经双方当事人同意,也可以由审判员一人独任审理。但是,下列民事案件,不得采用独任审理:涉及国家利益、社会公共利益的案件;涉及群体性纠纷,可能影响社会稳定的案件;人民群众广泛关注或者其他社会影响较大的案件;属于新类型或者疑难复杂的案件;法律规定应当组成合议庭审理的案件;其他不宜由审判员一人独任审理的案件。

---

① 现行《民事诉讼法》第205条。
② 在总结经验的基础上,全国人大常委会分别于2021年、2023年修正《民事诉讼法》时吸收了该项试点改革的部分成果。

在独任审理过程中,法院发现案件不宜采用独任审理的,应当裁定转由合议庭审理。当事人认为案件采用独任审理违反法律规定的,可以向审判法院提出异议。审判法院对当事人提出的异议应当审查,异议成立的,裁定转由合议庭审理;异议不成立的,裁定驳回。

三、建筑物和物件损害责任

建筑物和物件损害责任,传统上又称物权侵权责任,解决的是物而非人致人损害的责任问题,这一侵权名称下涵盖四种相关的侵权:一是建筑物本身致人损害发生的侵权;二是与建筑物相关的物件致人损害发生的侵权;三是工作物致人损害发生的侵权;四是林木致人损害发生的侵权。《民法典》第七编第十章关于建筑物和物件损害责任的规定是在原《民法通则》的特殊侵权责任和原《侵权责任法》的物件侵权责任基础之上发展演变而来的。《民法典》规定的建筑物和物件损害责任,涵盖适用过错推定责任的狭义工作物责任、适用无过错责任的建筑物倒塌责任、适用法定过错判断标准的不当处置工作物的行为责任和适用公平责任的高空抛物致害责任等,属于一种集多种归责原则、不同责任形式于一体的特殊侵权责任。为平衡相关人利益,《民法典》将这些由物致人损害的不同类型侵权责任统一起来命名为建筑物和物件损害责任,这是我国在借鉴国外相关法学理论与实践成果,总结概括我国法治实践经验后的一种立法创新。

我国《民法典》第七编第十章从第1252条至第1258条集中规定了八种物件致害责任:建筑物、构筑物或其他设施致害;搁置物、悬挂物致害;抛掷物致害;堆放物致害;障碍物致害;林木致害;施工地面致害;地下设施致害。

《民法典》侵权责任编所规定的建筑物、构筑物或者其他设施责任与传统法上工作物责任一脉相承。建筑物等设施为人类所建所用,其缺陷或者管理瑕疵致人损害是一类重要的特殊侵权形式,法国、德国、日本、瑞士等大陆国家民法对此都有规定。建筑物等设施致人损害的特点在于,损害并非直接发生于人的行为作用,而是因人对建筑物等设施的建设、维护、管理缺陷或不当,物在自然力的作用下(或经人行为介入之后)致害。此时,物是人之过失的一种承载体。即便损害是在建筑物等设施与自然力之共同作用下发生的,但人不能因自然力而免责。如此规定旨在要求与土地相连的建筑物等设施,因其设置风险或保管瑕疵给他人造成损害的,由该建筑物等设施的所有人、占有人或其他维护义务人承担赔偿责任。如此规定的原因来自危险控制理论。建筑物等设施的所有人、占有人或其他维护义务人,具有管控建筑物等设施损害风险的能力,因此应承担相应义务,保障进入建筑物等设施的其他人的人身、财产安全。其他人因合同或用益物权承担维护义务,防范风险、保障安全义务,分担风险控制义务。立法将这些义务上升为法定义务,要求违反这些义务的人对受害者承担侵权责任,有利于对建筑物等设施固有风险的防范,警示义务人履行义务,保障无辜受害人得到应有的救济。

四、建筑物等设施倒塌、塌陷损害责任

(一)适用范围

该款中,建筑物等设施倒塌、塌陷造成他人损害的起因是建筑物等设施存在的质量缺陷,用但书将不存在质量缺陷的情形予以排除。因此,该款只适用于建筑物等设施因质量缺陷发生自然"倒塌、塌陷"侵权,有别于建筑物等设施管理瑕疵侵权,不能适用于无质量缺陷的建筑物等设施倒塌、塌陷侵权的情形。该款中的建筑物等设施属于土地上的定着物,属于不动产的范畴。

该款中的倒塌、塌陷,是建筑物等设施缺陷侵权的典型情形。但建筑物等设施存在质量缺陷侵权的情形非常多见,包括房屋、厂棚、窑洞等倒塌、塌陷;道桥垮塌、堤坝溃决;城墙、碉堡垮塌;广告牌、通信、输电、运动、休闲娱乐、旅游运输等设施发生坠落、断裂、倾倒或脱落,等等。此处的倒塌、塌陷只是一种立法技术上的示例性列举,凡建筑物等设施因存在质量缺陷侵权的,均可援引该款。

本案中,原告杨某晶之子李某在等待其女朋友使用案涉厕所时,由于紧邻厕所入口处的化粪池井盖断裂,跌落化粪池内受伤后抢救无效死亡。案涉化粪池属于该款规定的构筑物,因塌陷、断裂而致人受到损害,受害人可以援引该款规定进行维权。如化粪池存在建造质量缺陷,受害人可要求化粪池的建设和施工单位承担侵权责任。因受害人无法找到案涉化粪池的建设与施工单位,退而针对其所有人或管理人寻求救济。

(二)责任类型

建筑物等设施致人损害责任可以分为两种情形:一是建筑物等设施缺陷损害责任;二是建筑物等设施管理瑕疵责任。二者的区别见表5-1。

表 5-1　缺陷损害责任与管理瑕疵责任的对比

	缺陷损害责任	管理瑕疵责任
责任根据	设计施工违反规定的标准,致建筑物等设施存在不合理的致害危险	管理瑕疵,即管理人过失
保护对象	除建设、施工单位之外的人	除建筑物等设施所有人、占有人、管理人之外的人
归责原则	无过错责任	过错推定责任

从表 5-1 可以看出,建筑物等设施缺陷损害责任与建筑物等设施管理瑕疵责任产生的根据明显不同:一个是建筑物等设施设计与施工等建设缺陷导致的不合理的致害风险;另一个是建筑物等设施管领人在维护、保养过程中有过失的管理瑕疵致人损害。二者的保护对象和归责原则也由此不同。建筑物等设施缺陷损害责任所保护的对象是除建设、施工单位之外的任何人,而建筑物等设施管理瑕疵责任所保护的对象是建筑物等设施管领人之外的任何人。建筑物等设施缺陷损害责任类似于产品质量责任采无过错责任或严格责任,只要发生此类损害,无论设计与施工者有无过错均应承担侵权责任,除非设计者或施工者能证明自己一方不存在质量缺陷。建筑物等设施管理瑕疵责任则采过错责任,即过错推定,如果建筑物等设施管领人不能证明自己无过错,则应推定有过错,违反了法定的注意义务,应承担侵权责任。

本案中,原告杨某晶主张的是作为构筑物的化粪池的管理瑕疵责任。杨某晶主张案涉化粪池修建于被告北京市八大处均胜投资管理公司的土地上,被告作为建设和管理主体,未尽合理修缮、管理和安全警示义务,对于原告之子遭遇人身损害,应当承担相应侵权责任。显然,根据《民法典》第 1252 条第 2 款的规定,本案被告北京市八大处均胜投资管理公司作为案涉化粪池的所有者和管理者,对于案涉化粪池存在危险未能尽到安全警示义务或合理修缮、管理义务,应承担与之过错程度相当的赔偿责任。

(三)责任主体范围

《民法典》第 1252 条第 1 款规定建筑物等设施缺陷侵权的责任人为建设单位与施工单位。此处的单位是指法人、非法人组织而非自然人,包括具有责任能力的有雇工的个体户,而排除农村承包经营户、无雇工的个体户。此处的建设单位,一般是委托施工单位建造建筑物等设施的法人、非法人组织或者有雇工的个体户（俗称包工头）。因此，个人（包括农民家庭户）为生产、生活自建住房、温棚、养殖场圈等不属于该款中的建设单位。此处的施工单位为建设工程施工单位，是指具有相应的资质从事建设工程施工的企业法人、非法人组织或有雇工的个体户。因此，个体建筑工人提供的施工劳务不在施工单位之列。就本案而言，被告北京市八大处均胜投资管理公司否认系案涉厕所及化粪池的建设者、管理人和使用人。但是，案涉化粪池建在被告所有的土地上，因此，可以推定案涉化粪池属于被告所有或建造。如果被告不能反证成功，应承担举证不能的后果，即案涉化粪池为被告所有或建造，被告是案涉化粪池的所有人或管理人，承担管理瑕疵担保义务或危险控制义务。由此可见，本案被告是适格的责任主体。

（四）追偿权

《民法典》第1252条第1款规定了建设单位、施工单位向其他责任人的追偿权。此处的所谓其他责任人，是指除建筑物等设施的建设单位、施工单位之外，其行为导致建筑物等设施存在质量缺陷的人。例如，违法拆除承重墙改变建筑物的受力结构、挖掘地下室破坏建筑基础、在楼顶加盖阁楼或者空中花园等破坏建筑物结构或超过建筑物承受限度导致建筑物存在质量缺陷的行为人，属于其他责任人。该条第2款所规定的所有人、管理人、使用人或者第三人，也属于其他责任人的范畴。第三人的范围涵盖履行与建筑相关的合同行为导致建筑物等设施存在质量缺陷的合同另一方当事人，包括建筑设计单位、工程监理单位、假冒伪劣建筑材料供应商等，属于建设单位与施工单位追偿权的对象。

建筑物因附近土地权利人工程建设取土、取水、钻探等行为而倒塌、塌陷，城市地面建筑物等设施因地铁建设施工而倒塌、塌陷，桥梁因受到撞击而垮塌，建筑物受到合法或违法爆破而倒塌等，上述建筑物等设施因相关行为人实施的行为而倒塌、塌陷，不存在质量缺陷。此时，建设单位与施工单位可以通过主张并举证证明发生倒塌、塌陷的建筑物等设施本身不存在质量缺陷免于承担责任。因此，以上属于人为破坏因素导致本不存在质量缺陷的建筑物等设施倒塌、塌陷的情形，相关人员并不属于其他责任人的范畴。

就本案而言，被告北京市八大处均胜投资管理公司被推定为案涉化粪池的管理人或所有人，在庭审时被告未能反证成功。但是，如果在本案判决生效后，承担本案赔偿责任的北京市八大处均胜投资管理公司找到证据证明该案化粪池的建造、施工单位在建造案涉化粪池时存在质量缺陷，那么，本案被告北京市八大处均胜投资管理公司可以作为原告，以案涉化粪池的建造、施工单位为被告向法院提起追偿之诉。

（五）合理使用期限

常识表明，任何建筑设施等设施都有合理的使用期限。《民法典》第1252条所规定的建筑物等设施倒塌、塌陷损害责任，必须发生在建筑物等设施的合理使用期内；超出该合理使用期，建筑物等设施发生倒塌，要求建设单位与施工单位承担无过错责任，则属强人所难。确定合理使用期限时，在遵守法律、法规的强制性规定的条件下，建设工程合同有明确约定的，可从其约定；合同未约定的，可结合行业惯例、所在地建筑设施的通常使用期限、所在地地质和气候条件、建筑设施使用目的、使用频率、所影响的权益范围，为防范危险所需支出的成本等因素综合予以确定。合理使用期限可以作为建筑物等设施因质量缺陷致人损害的免责事由，但不能作为管理瑕疵责任的免责事由，相反，其可以成为管理瑕疵责任的推理事由之一。建筑物等设施已经超过合理使用期限就不能继续正常使用，其管理人或所有人应禁止其使用，予以拆除或更新改造，而不能放任其继续使用。

就本案而言，如果案涉化粪池已经超过其合理使用期限仍在继续使用，那么可推定本案被告北京市八大处均胜投资管理公司作为管理人或所有人在管理上存在明显瑕疵，应承担侵权责任。

（六）实体构成要件

建筑物等设施缺陷侵权责任的构成要件有以下五个：一是适用建筑物的范围条件，即建筑物、构筑物或者其他设施；二是适用侵害行为条件，即建筑物等设施倒塌、塌陷等自然性事实行为；三是损害后果条件，即造成他人损害的后果；四是因果关系条件，建筑物等设施倒塌、塌陷的侵害行为与他人所受损害后果之间具有因果关系；五是质量缺陷条件，即建筑物等设施在建造上存在质量缺陷。建筑物等设施管理瑕疵责任的构成要件也有五个：一是适用建筑物的范围条件，即建筑物、构筑物或者其他设施；二是适用侵害行为条件，即建筑物等设施倒塌、塌陷等自然性事实行为；三是损害后果条件，即造成他人损害的后果；四是因果关系条件，建筑物等设施倒塌、塌陷的侵害行为与他人所受损害后果之间具有因果关系；五是存在管理瑕疵条件，即管理人在管理建筑物等设施时未尽到法定的注意义务。

本案中，原告杨某晶主张被告北京市八大处均胜投资管理公司对于作为一种构筑物的案涉化粪池存在管理瑕疵而发生井盖断裂致使原告之子合法权益受到侵害。原告所主张的建筑物等设施管理瑕疵责任的五个要件已经具备，被告除非有法定的免责事由，否则应承担相应的侵权责任。

（七）免责事由

根据《民法典》第1252条的规定，建筑物等设施因质量缺陷致人损害的，采无过错责任，除非建设或施工者能证明不存在建筑物等设施建造质量缺陷。因此，在建筑物等设施因质量缺陷致人损害案件中，不存在质量缺陷是被告建筑物等设施的建设或施工单位免于承担责任的一个法定事由。同时，建筑物等设施的建设或施工单位能证明案涉建筑物等设施超过合理使用期限的，也可以主张超过合理使用期限而免责。当然，如能证明建筑物等设施因不可抗力而致人损害的，建筑物等设施的建设或施工单位也可免于承担责任。建筑物等设施因质量缺陷致人损害的，采过错推定责任，如果建筑物等设施能证明不存在管理瑕疵，建筑物等设施的所有人或管理人也可以主张免责。同样地，不可抗力或存在质量缺陷，建筑物等设施的所有人或管理人都可以主张免责。

就本案而言，被告北京市八大处均胜投资管理公司未主张不存在管理瑕疵，未主张第三人的过错、受害人自己的过错，也未主张不可抗力，因此，被告未主张免责事由。

五、建筑物等设施倒塌、塌陷损害责任与其他相关责任的区别

（一）与安全保障义务人责任的区别

本案中，原告杨某晶还援引《民法典》第1198条所规定的安全保障义务人责任来寻求救济。在本案实体判决部分，法院也援引该条，认为原告请求法院判令被告赔偿原告因儿子李某受伤死亡所遭受的各项经济损失的诉讼请求符合《民法典》第1252条、第1198条之规定。但是，本案中所涉及的《民法典》第1252条规定的建筑物等设施倒塌、塌陷损害责任与该法第1198条所规定的安全保障义务人责任还是有明显区别的。《民法典》第1198条第1款规定了该条的适用范围，限于宾馆等经营场所、公共场所以及群众性活动所发生的侵权。案涉厕所及化粪池是否建造并附属于该条所指称的经营场所、公共场所以及群众性活动场地，说明论证并不充分。判决书中只写明"案涉厕所及化粪池位于被告权属土地上，周边租户、居民及过往行人均可使用，具有公共场所性质"。案涉厕所能被别人利用属于公共场所,那么案涉化粪池也是被人利用的公共场所吗？毕竟,本案发生致人损害的是化粪池这一设施而非厕所。因此,本案被告北京市八大处均胜投资管理公司是否负有《民法典》第1198条所规定的安全保障义务并不明确。被告北京市八大处均胜投资管理公司可主张案涉化粪池为自己的私有财产,并非经营场所或公共场所,更与群众性活动无关。同时,被告北京市八大处均胜投资管理公司还可主张当事人不适格,因为被告北京市八大处均胜投资管理公司并非经营场所、公共场所的经营者、管理者或者群众性活动的组织者。显然,本案原告及法院援引《民法典》第1198条之规定认为被告北京市八大处均胜投资管理公司负有安全保障义务在法理上难以立足。

(二) 与地下设施和施工损害责任的区别

本案中,案涉化粪池属于一种地下设施,窨井盖断裂致他人人身伤亡损害。本案原告是否可以主张相关主体承担《民法典》第1258条[①]规定的地下设施与施工损害责任？《民法典》第1258条所规定的地下设施与施工损害责任发生在公共场所。此类场所一般分为两类：一是公有公用的城镇街道、胡同、广场、公路、河滩、海滩、公园等场所,即场所归国家所有并由政府管理,由公众使用；二是经营性的超市、营业厅、场站、场馆、场所等供顾客使用的公共场所,即场所归属于营利性法人、非法人组织或者个体户且由管理人管理。《民法典》第1258条所规定的公共场所,是指公有公用的公共场所。此处的地下设施,一般是指建设在地面以下的公用设施,如地下管网、过街地下通道、地铁站口、人防工程等。窨井,是指城市上下水道或其他地下管线工程的地面出入口,此类设施归国家所有,供社会公用,由地方政府专设的特别法人负责管理。根据《民法典》第1258条之规定,地下设施与施工损害责任实际上存在两类侵权行为：一类是地下设施施工损害,另一类是地下设施管理瑕疵损害。地下设施与施工损害责任的实体构成要件有五个：一是侵权发生场所属于公共场所；二是引起损害的行为是在公共场所挖掘、修缮安装地下设施等施工行为；三是他人发生损害后果；四是在公共场所挖掘、修缮安装地下设施等施工行为与他人所受损害之间存在因果关系；五是采主观过错推定,在公共场所挖掘、修缮安装地下设施等施工行为人不能证明已经设置明显标志和

[①] 《民法典》第1258条规定:"在公共场所或者道路上挖掘、修缮安装地下设施等造成他人损害,施工人不能证明已经设置明显标志和采取安全措施的,应当承担侵权责任。窨井等地下设施造成他人损害,管理人不能证明尽到管理职责的,应当承担侵权责任。"

采取安全措施即可推定其有过错。窨井等地下设施管理瑕疵损害责任的构成要件也有五个：一是侵权发生场所属于公共场所；二是引起损害的行为是在公共场所挖掘、修缮安装地下设施等施工行为；三是他人发生损害后果；四是在公共场所挖掘、修缮安装地下设施等施工行为与他人所受损害之间存在因果关系；五是管理人不能证明自己无管理瑕疵。受害人自己移走井盖，管理人可主张过失相抵；因不可抗力移开井盖，管理人可主张免责；因第三人移开井盖，管理人可以向该第三人主张追偿。

本案中，紧邻厕所入口处的案涉化粪池是否属于城市地下公用设施？显然，缺少证据支持。本案中，案涉化粪池虽在形式上可视为地下设施，但是在性质上难以被归于公共地下设施的范畴。虽因化粪池井盖断裂而受到损害，原告仍难以援引《民法典》第1258条所规定的地下设施与施工损害责任进行维权。

六、本案的诉讼策略

本案原告之所以胜诉，显然是其代理律师在分析案情的基础上采取了正确的诉讼策略。本案原告想通过诉讼维权，第一任务应是寻找本案的责任主体。本案并非因人的行为而侵害受害人权益，而是作为工作物件的化粪池井盖突发意外断裂所致的人身伤亡，可以将本案定性为工作物件侵权。工作物件侵权产生于物件本身所具有的危害风险。该风险可能来自物件形成时期，也可能来自物件形成后的管理时期。在物件形成时期产生的危害风险属于质量缺陷，而在物件管理时期形成的危害风险应归于管理瑕疵。在物件形成时期，物件因质量缺陷发生垮塌或崩溃致人损害的，应由该物件的建设单位、施工单位作为责任主体；因长期缺乏维修、照看等产生危害风险致人损害的，表明物件管理人具有管理瑕疵，此时对于物件本身是否有质量缺陷在所不问，物件管理人应作为责任主体承担与其管理瑕疵程度相对应的侵权责任。因此，本案原告的代理律师通过先期的诉讼寻找被告不适格后，终于找到案涉化粪池所在土地的权利人，即本案被告——北京市八大处均胜投资管理公司。因案涉化粪池属于人工构筑物，如果土地权利人不能反驳其不是真正的建设者、施工者，一般可推定土地权利人知悉其建设者、施工者。当然，因建设、施工过程未知，原告很难主张并证明土地权利人是案涉化粪池的建设单位或施工单位，只能以定着物依附土地的属性推定该化粪池属于被告土地权利人所有或管理，除非被告土地权利人能证明案涉化粪池的所有者或管理者另有其人，否则其将被认定为案涉化粪池的管理人。因案涉化粪池在发生事故前仍在工作使用中,所以,管理人对其危害风险应尽到善良管理人的注意义务,否则应承担与其过错程度相当的法律责任。所以,本案原告援引《民法典》第 1252 条第 2 款的规定,要求被告承担建筑物等设施倒塌、塌陷损害责任中的管理瑕疵责任。根据建筑物等设施倒塌、塌陷损害管理瑕疵责任的构成要件,本案的建筑物等设施倒塌、塌陷损害管理瑕疵责任已经构成:一是案涉化粪池属于该条款中的构筑物;二是侵害行为条件,即案涉化粪池井盖发生断裂塌陷等自然性事实行为;三是损害后果条件,即原告杨某晶之子李某掉入化粪池而死亡的后果;四是因果关系条件,案涉化粪池井盖发生断裂塌陷的侵害行为与原告杨某晶之子李某掉入化粪池而死亡之间具有因果关系;五是存在管理瑕疵条件,即本案被告不能证明尽到善良管理人的注意义务,即推定其存在管理瑕疵。

虽然本案原告代理律师也援引了《民法典》第 1198 条第 1 款所规定的安全保障义务人责任,但是就本案而言,发生致人损害的案涉化粪池是否属于该条款所指的公共场所存在疑问。当然,本案原告代理律师援引《民法典》第 1252 条第 2 款之规定足以让被告为其疏于管理的行为承担责任;但在责任承担上,本案被告并未主张免责事由,而是主张原告作为成年人具有完全的行为能力,是自身安全的第一责任人,进而主张过失相抵。最终,法院酌定由被告承担原告损失 60% 的责任份额,也采认了被告过失相抵的主张。本案中的化粪池构筑于地面以下,可以作为地下设施来看待,似乎与地下设施与施工损害责任竞合。实际上,《民法典》第 1258 条中所规定的地下设施限于公有公用的地下设施,而案涉化粪池并非公有公用,而归本案被告私有私用。所以,本案所涉责任属于《民法典》第 1252 条第 2 款规定的建筑物等设施倒塌、塌陷损害责任中的管理瑕疵责任,与该法第 1258 条所规定的地下设施与施工损害责任并不发生竞合。本案的原告为了保障其胜诉而援引《民法典》第 1258 条作为其请求权依据之一,本可以理解,但未想到法院也认可了原告的该项请求权,这对于原告来说可谓意外惊喜,但对于法院来说有失司法严谨。

思 考 题

---

[1] 最高人民法院 2020 年发布的《民事诉讼程序繁简分流改革试点实施办法》与 2016 年发布的《关于进一步推进案件繁简分流优化司法资源配置的若干意见》在民事案件办案程

序繁简分流范围和措施上有何异同?

[2]建筑物等设施倒塌、塌陷损害责任与安全保障义务人责任有何异同?

[3]建筑物等设施倒塌、塌陷损害责任与地下设施与施工损害责任有何异同?

---------- 推荐阅读 ----------

[1]梁慧星:《建筑物和物件损害责任的理解与适用》,载《法治研究》2023年第1期。

[2]刘士国:《特殊侵权责任研究》,上海人民出版社2023年版。

[3]贾小龙、王祎敏:《特殊侵权责任研究》,中央编译出版社2018年版。

5.3 饲养动物损害责任

🔲 理论导读

　　饲养动物损害责任，是指动物饲养人或者管理人在饲养的动物造成他人损害时，根据损害动物的种类和性质适用无过错责任原则或者过错推定原则，应当承担赔偿责任的特殊侵权责任。饲养动物损害责任理论是民法中侵权责任法的一个重要组成部分，主要涉及动物饲养人或者管理人在其饲养的动物造成他人损害时应承担的侵权责任。饲养动物损害责任的特殊性表现如下：一是责任主体特定。责任主体为动物的饲养人和管理人，即能够通过自己的控制行为掌握饲养动物危险性扩散的人。二是责任形态特殊，是对物的替代责任，即饲养人或管理人并非对自己的行为负责，而是对与其具有一定关系的"物"（动物）造成的损害负责。三是归责原则多元，根据不同情况，可能适用无过错责任原则或过错推定原则。饲养的动物造成他人损害的，一般采无过错责任原则，动物饲养人或者管理人应当承担侵权责任。这一原则体现了对受害人权益的保护，以及对饲养动物潜在危险的预防。在某些情况下，违反管理规定未对动物采取安全措施造成他人损害，虽然也适用无过错责任原则，但能够证明损害是被侵权人故意或重大过失造成的，可以减轻或免除责任，此时适用的是过错推定原则。

　　在责任类型上，饲养动物损害责任表现为以下几种常见情形。一是违反管理规定的动物损害责任：未对动物采取安全措施造成他人损害的，动物饲养人或者管理人应当承担侵权责任。二是禁止饲养的危险动物损害责任：禁止饲养的烈性犬等危险动物造成他人损害的，动物饲养人或者管理人应当承担侵权责任。三是动物园的动物损害责任：动物园的动物造成他人损害的，动物园应当承担侵权责任，但能够证明尽到管理职责的，不承担责任。四是遗弃、逃逸的动物损害责任：遗弃、逃逸的动物在遗弃、逃逸期间造成他人损害的，由原动物饲养人或者管理人承担侵权责任。饲养动物损害责任还涉及第三人过错与追偿权问题：第三人的过错致使动物造成他人损害的，被侵权人可以向动物饲养人或者管理人请求赔偿，也可以向第三人请求赔偿;动物饲养人或者管理人赔偿后,有权向第三人追偿。饲养动物损害责任理论对于维护社会公共安全、保护受害人权益具有重要意义。未来,随着社会的发展和法律的完善,饲养动物损害责任理论将不断得到丰富和发展。同时,广大动物饲养人和管理人应提高法律意识和社会责任感,加强对饲养动物的管理和约束,共同营造和谐、安全的社会环境。

欧某珍与高某饲养动物损害责任纠纷案

摘要：饲养动物侵权责任的适用范围、实体构成要件、免责事由以及行为违规性是否为承包饲养动物侵权的必要条件，都是值得探讨的问题。本案扩展问题：动物园饲养动物侵权是否适用与普通私人饲养动物侵权一样的规则；当饲养动物高空坠落致人损害责任发生法条竞合时，受害人如何选择；在存在间接因果关系时，对于因果关系的证明负担如何分配。这些问题不仅困扰着理论工作者，还困扰着实务工作者。本案虽在《民法典》实施之前判决，但是《民法典》关于饲养动物侵权责任的规定与原《侵权责任法》的相关规定并无太大差异，在此直接援引《民法典》中的相关规定来阐述本案涉及的法律问题。

关键词：饲养动物侵权；间接因果关系；动物园饲养动物侵权；高空坠物侵权责任

一、引言

在饲养动物损害责任纠纷案件中，饲养动物虽未直接接触受害人，但其追赶、逼近等危险动作导致受害人摔倒受伤的，应认定其与受害人发生身体损害结果之间存在因果关系。饲养动物损害责任适用无过错责任归责原则：当动物的加害行为造成损害事实发生时，动物的饲养人或者管理人应当承担侵权责任。动物饲养人或管理人不能举证证明受害人对损害的发生存在故意或者重大过失的，应当承担全部的赔偿责任。

二、案件当事人

原告：欧某珍

被告：高某

三、案情简介

2017年8月13日19时20分20秒，原告欧某珍在丈夫陪同下徒步经台山市台城舜德路2号前面宽敞公共人行道时，遇趴在台阶上休息的由被告高某饲养的一只棕色"泰迪犬"。"泰迪犬"见欧某珍夫妻接近，站立起来向欧某珍方向走了两步。欧某珍见"泰迪犬"靠近,惊慌往其左侧避让时摔倒受伤。欧某珍受伤后即被送往台山市人民医院住院治疗,翌日转佛山市中医院住院治疗,共住院治疗13日,支出的住院医疗费为50,328.41元,在诊疗期间没有医嘱建议需加强营养辅助治疗。事发后,欧某珍家属报警,派出所介入调查,高某在询问笔录中确认狗主人为其本人,事发时没有拴狗绳,欧某珍伤情为其狗攻击所致。广东法维司法鉴定所于2017年11月15日接受欧某珍的委托,并于同月16日作出《司法鉴定意见书》,对欧某珍的损伤鉴定意见如下:欧某珍的损伤被评定为9级伤残;后续治疗费约需12,000元;产生的鉴定费为3000元。

四、案件审理情况

原告欧某珍认为被告高某提供的监控录像清晰显示:2017年8月13日19时20分20秒,原告欧某珍在丈夫陪同下徒步经台山市台城舜德路2号前面宽敞公共人行道,即旭诚驾培信息咨询服务中心与聚鲜楼邻接处,遇趴在台阶上休息、由被告高某饲养的一只棕色"泰迪犬",该犬见原告欧某珍夫妻接近,站立起来向原告欧某珍方向走了两步(约50厘米)。此时欧某珍与"泰迪犬"相距约3米,原告欧某珍见"泰迪犬"靠近,惊慌中往左侧避让时摔倒受伤。原告欧某珍受伤后即被送往台山市人民医院住院治疗,翌日转佛山市中医院住院治疗,共住院治疗13日,支出的住院医疗费为50,328.41元。广东法维司法鉴定所于2017年11月15日接受原告欧某珍的委托,并于同月16日作出《司法鉴定意见书》,对原告欧某珍的损伤鉴定意见如下:欧某珍的损伤被评定为9级伤残;后续治疗费约需12,000元;产生的鉴定费为3000元。原告欧某珍认为被告高某对其饲养的狗看管不严,导致其遭该狗伤害,给其带来了肉体和精神上的极大伤害。故原告诉至法院,请求法院判令高某赔偿原告因遭高某所养犬只伤害而产生的住院医疗费、住院伙食费、住院护理费、交通费、营养费、残疾赔偿金、精神损失抚慰金等共计209,775.03元。

(一)原告欧某珍认为被告高某承担侵权责任的理由

1. 法律依据

《民法典》第1245条:饲养的动物造成他人损害的,动物饲养人或者管理人应当承担侵权责任……(原《侵权责任法》第78条)

《民法典》第1246条:违反管理规定,未对动物采取安全措施造成他人损害的,动物饲养人或者管理人应当承担侵权责任……(原《侵权责任法》第79条)

2.事实依据

第一,原告欧某珍存在人身受损害的后果,并提供相应的证据支持。

第二,被告高某饲养的狗有攻击原告的动作和危险。

第三,原告欧某珍人身受损害的后果与被告高某饲养的狗有向其攻击的动作和危险有因果关系。

第四,被告高某饲养狗违反有关管理规定。

(二)被告高某认为其不应承担侵权责任的理由

第一,原告欧某珍发生摔倒与狗的攻击倾向没有因果关系,本案没有证据证明欧某珍摔倒是宠物狗造成的。

第二,从视频中欧某珍行走路线的变化可见,欧某珍在路过时不但没有选择回避宠物狗,而且有意选择接近宠物狗的路线经过,说明欧某珍不是如其所称极其怕狗的人。

第三,视频中原告欧某珍开始摔倒时是在视频之外,在接近倒地时才进入镜头,无法得知其摔倒的原因,有可能是被石头绊倒,也有可能被其他动物、昆虫攻击,宠物狗在视频中没有任何攻击、恐吓、接触行为,故本案视频不能证明宠物狗与欧某珍摔倒有因果关系。

第四,视频的不全面性决定了其无法反映出原告欧某珍摔倒的真实原因。欧某珍基于某种原因站立不稳,该情况发生在何时何地在视频中均没有体现,而视频也拍摄不到欧某珍四周的情况,仅因宠物狗出现在视频中就认为是动物损害,显然更多的是人为主观臆断,并无客观事实依据。

(三)法院关于被告高某应承担侵权责任的认定理由

第一,被告高某饲养的"泰迪犬"与原告欧某珍的损害后果有因果关系。法院认为,被告高某提供的监控录像清晰显示,高某饲养的狗是体形较小、性情温顺的棕色"泰迪犬";本案中高某未采取安全防范措施,致使饲养的"泰迪犬"肆意在公共场所活动,并在靠近欧某珍时令欧某珍受惊吓、倒地受伤,高某作为动物饲养人及管理人应承担相应责任。

第二,关于被告高某养狗是否违反规定的认定。《广东省犬类管理规定》第4条规定:"县以上城市(含县城镇、近郊)、工矿、港口、机场、游览区及其三公里以内的地区,经济开发区、各类有对外经济合作的乡镇政府所在地,均列为犬类禁养区。上述地区的机关单位、外国驻粤机构、外籍人士等,因特殊情况需要养犬者,须经当地公安部门批准,领取《犬类准养证》并对犬只进行免疫注射后方可圈(栓)养。"被告高某未有证据证明其所饲养的"泰迪犬"取得了犬类准养证,违反了上述饲养犬只的管理规定。

第三,关于原告高丽珍是否存在重大过失。法院认为,在该"泰迪犬"见原告欧某珍靠近时没有吠叫、没有向欧某珍攻击、仅向欧某珍移动约50厘米且与欧某珍仍相距约3米的前提下,欧某珍由于过度惊慌,采取避让措施不当摔倒致自己受伤,其本身存在重大过失。

第四,关于原告欧某珍损失数额的认定。法院认为,公民的人身权受法律保护,饲养的动物造成他人损害的,动物饲养人或者管理人应当承担侵权责任。经法院核准,事故导致原告欧某珍的损失、减少的收入和增加的必然支出有:医疗费50,812.03元(其中门诊费483.62元、住院费50,328.41元);后续治疗费12,000元;残疾赔偿金135,663元(2016年广东省一般地区城镇居民人均可支配收入37,684.30元/年×18年×20%残疾赔偿系数);鉴定费3000元;精神损害抚慰金,根据《精神损害赔偿司法解释》第10条规定,涉案事故致欧某珍伤残,其遭受较大精神痛苦,结合其在事故中的伤残等级及本地生活水平等因素,酌情确定为6000元;住院伙食补助费1300元(100元/天×13天);交通费,在欧某珍未能提供相关票据情况下,一审法院视其复诊次数及住院时间酌定1000元;合计209,775.03元。

第五,关于双方责任份额的认定。

法院认为考虑到欧某珍的重大过失,结合本案实际情况,欧某珍的上述209,775.03元损失,法院酌定以高某承担30%责任为宜,即62,932.50(209,775.03元×30%)元。

一审宣判后,欧某珍与高某均不服,向广东省江门市中级人民法院提起上诉,要求撤销一审判决,并依法改判支持自己一方主张。

广东省江门市中级人民法院经审理后认为,欧某珍的部分上诉请求理据充分,应予支持;高某的上诉请求理据不足,不予支持。根据原《侵权责任法》第22条、第78条、第79条,2015年最高人民法院《关于适用〈中华人民共和国民事诉讼法〉的解释》第90条以及2017年《民事诉讼法》第170条第1款第2项的规定,判决如下:

(1)撤销广东省台山市人民法院(2017)粤0781民初2581号民事判决;

(2)高某应在判决生效之日起10日内给付欧某珍209,775.03元;

(3)驳回欧某珍的其他诉讼请求。

如果高某未按判决指定的期间履行给付金钱义务,应当按照 2017 年《民事诉讼法》第 253 条之规定,加倍支付迟延履行期间的债务利息。

一审案件受理费 5064 元(已由欧某珍预交),高某负担 4270 元,欧某珍负担 794 元。欧某珍多预交的一审案件受理费 4270 元,由一审法院予以退回;高某应向一审法院补缴案件受理费 4270 元。二审案件受理费 6437 元(已由上诉人高某预交 1373 元,上诉人欧某珍预交 5064 元),由上诉人高某负担 5643 元,欧某珍负担 794 元。上诉人欧某珍多预交的二审案件受理费 4270 元,由二审法院予以退回;上诉人高某向二审法院补缴案件受理费 4270 元。

五、附录

广东省台山市人民法院民事判决书,(2017)粤 0781 民初 2581 号。

广东省江门市中级人民法院民事判决书,(2018)粤 07 民终 2934 号。

欧某珍与高某饲养动物损害责任纠纷案教学指导手册

▣ 教学具体目标

在民事实体法上,本案例就饲养动物侵权责任进行讲授,具体要解决的问题主要包括:(1)饲养动物侵权责任与责任主体;(2)饲养动物侵权责任的构成要件;(3)饲养动物侵权责任的抗辩事由;(4)动物园饲养动物的侵权责任;(5)饲养动物高空坠落致人损害责任的法条竞合。

在程序法上,本案例将就加倍支付迟延履行期间债务利息进行讲授。

▣ 教学内容

一、饲养动物侵权责任与责任主体

(一)饲养动物侵权责任的特点与适用范围

《民法典》第 1245 条规定:"饲养的动物造成他人损害的,动物饲养人或者管理人应当承担侵权责任……"据此,饲养动物侵权责任,是指人工饲养的动物损害他人人身或财产依法由动物的饲养人或管理人承担的责任。在漫长的进化过程中，人类逐渐学会了饲养动物为人类自身服务。不同于野生动物处于自然生存状态，人工的饲养动物体现了人对动物的占有和控制。能够活动的物不同于一般不动的物，动物因其自身的特性对人具有一定的内在危险性。根据风险控制理论，引发、控制风险的人应对其所引发、控制风险的成本负责。饲养动物侵权责任，实际上就是让那些饲养动物而引发、控制动物致他人损害风险的人对其饲养动物给他人所造成的实际损害承担责任。因此，饲养动物侵权责任属于特殊侵权责任：一是造成侵害的直接行为主体不是人，而是由人饲养的动物，此类损害可以归为物件损害范畴；二是饲养动物致人损害由动物的饲养人或管理人承担责任，这是一种人对物的替代责任；三是因饲养的动物本身具有危害性，饲养动物侵权就责任成立而言采无过错原则，便于对受害者进行救济。

根据动物受人类控制的程度，与人类饲养相关的动物可以分为：受人类控制的饲养动物；因抛弃、遗失、逃逸脱离人类控制的饲养动物；回归自然的驯养动物；等等。在人类控制下的饲养动物侵害他人的，根据《民法典》第1245条规定，应由动物饲养人或者管理人承担侵权责任，这是对饲养动物侵权责任的一般规定。不管什么动物，只要是人工饲养并受人控制的动物，其饲养人或管理人就需要承担控制动物损害风险的义务。个人、家庭、企业、机构等饲养的任何动物，都可适用此规则。抛弃、遗失、逃逸的饲养动物不再受饲养人或管理人控制，这些动物致人损害似乎不应由饲养人或管理人承担责任，其实不然。抛弃、遗失、逃逸的饲养动物之所以能致人损害，正是因为其饲养人、管理人故意的抛弃行为或管理不善使得受饲养的动物脱离其控制。饲养人或管理人抛弃所饲养的动物，可以视为对其饲养动物所有权的放弃。但是，如果这种被抛弃的饲养动物未被新的饲养人、管理人饲养或占有而致人损害，仍应由抛弃饲养动物的原饲养人或管理人承担责任。当然，被抛弃的饲养动物已经被新的饲养人或管理人占有管领，此时该饲养动物造成他人损害，应由其新的饲养人或管理人承担责任。遗失饲养的动物并不意味着饲养人或管理人放弃了对该饲养动物的权利，只是暂时丧失了对该遗失动物的控制力。因此，遗失的饲养动物造成他人损害的，仍应由其饲养人或管理人承担责任。至于逃逸的饲养动物，动物饲养人或管理人对于该逃逸动物的权属关系并未发生变化，其在逃逸期间造成他人损害的，该逃逸动物的饲养人或管理人仍应承担责任。经过驯养的野生动物就是家养动物，等同于人工饲养动物，驯养动物的所有人对之享有所有权。驯养的动物致人损害的,其所有人应按饲养动物致人损害规定来承担责任。驯养动物彻底脱离驯养人,回归自然(不再由人类饲养或管理)后,又变成野生动物。回归自然的驯养动物应当按照野生动物对待,此时其造成他人损害,驯养动物的所有人或管理人不承担责任,按照野生动物致人损害的规则处理。

在有些饲养动物致害方式并不直观,受害者对因果关系举证困难的情况下,不妨通过其他特殊侵权责任来维权。例如,对于饲养家禽与患染疾病之间的因果关系举证困难时,受害者不妨以家禽排泄粪便造成环境污染为由,根据《民法典》中关于环境污染侵权案件因果关系举证责任倒置的规定,要求被告承担环境侵权责任以及因果关系不存在的举证责任。

(二)饲养动物侵权责任主体

《民法典》第1245条规定饲养动物致人损害的责任主体是动物的饲养人或管理人。此处的饲养人或管理人,实际上就是指动物的所有权人或实际占有人。动物由所有权人直接饲养时致人损害的,应由饲养人承担责任。动物所有权人委托他人实际饲养、管理动物,委托的所有权人仍为饲养人,接受委托的实际管理饲养动物的人为管理人,此时饲养动物致人损害的,所有权人和管理人对受害人承担连带责任。此时,受害人可以要求所有权人或管理人之一承担责任,也可以要求二者承担连带责任。

管理人是指实际接受动物所有权人的委托而代为饲养、管理、照看动物的人。管理人与所有权人之间属于委托饲养合同关系。管理人与所有权人之间的权利义务由合同约定,但对于受到委托饲养动物损害的人而言,管理人与所有权人之间的委托合同关系属于内部关系,二者应对受害者所受损害承担连带责任。管理人对饲养动物的内在危险有实际控制力,因对动物的合法管理而承担责任。因此,管理人需在动物的饲养、管护上具有相当的独立性,享有一定的决策权;而那些直接养护或杂役人员无此独立性,不具有管理人的法律地位,对饲养动物致人损害不承担外部责任。

拾得逃逸或遗失的动物,若出于为动物所有权人利益的考虑而暂时饲养管理动物,则属于无因管理。除非无因管理人对其暂时管理的动物致人损害存有重大过失,该无因管理人不承担侵权责任,饲养动物所造成的损害应由其动物饲养人或管理人承担责任。若拾得人拒绝返还其所拾得的饲养动物,其占有则为非法占有,无因管理行为则转为侵权行为。此时,原饲养人或管理人不再对逃逸或遗失动物致人损害负责,应由拾得人作为侵权人对其非法占有他人的动物所造成的损害承担侵权责任。《民法典》第1249条规定:"遗弃、逃逸的动物在遗弃、逃逸期间造成他人损害的,由动物原饲养人或者管理人承担侵权责任。"

对于那些被盗窃或抢占的饲养动物,盗窃人或抢占人以非法手段取得对动物的实际占有,该行为违法性本身毋庸置疑。该非法行为切断了原饲养人或管理人与动物之间的法律联结,应对其实际掌控下的动物致害风险承担法律责任。被盗窃或抢占的饲养动物致人损害的,应由盗窃者或抢占者作为侵权人对他人所受损害承担责任。同时,饲养动物的盗窃者或抢占者需就其盗窃或抢占行为向原饲养人承担侵权责任。

本案虽是《民法典》实施前判决的案件,但是其援引法条内容与《民法典》相关规定并无太大差异,在此就以《民法典》中的规定来对相关法律问题进行阐述分析。本案案情相对简单,原告欧某珍认为被告高某对饲养的狗看管不严导致其遭受损害,依据《民法典》第1245条规定的饲养动物侵权责任要求被告对其进行损害赔偿。同时,原告又依据《民法典》第1246条的规定,认为被告违反管理规定,未对饲养动物采取安全措施造成其损害,亦主张被告承担损害赔偿责任。因此,本案原告主张的就是被告承担饲养动物损害责任。

二、饲养动物侵权责任的实体构成要件

(一)饲养动物侵权责任的三要件

根据《民法典》第1245条的规定,饲养动物侵权属于物件侵权,法律上采无过错责任原则,因此,侵权责任成立需要三要件:加害行为、损害后果与因果关系。饲养动物侵权采无过错原则,意味着也有例外情形,即特定情况下适用绝对责任和过错推定责任。在诉讼中,关于实体要件的证明是有顺序的。受害人作为原告向法院提起诉讼主张被告承担饲养动物侵权责任,那么首先需要证明被告饲养或管理的动物侵害了其合法权益,此处就包含加害行为、损害后果与因果关系三个实体要件。原告需要证明被告的饲养动物对其有加害行为,自己有损害后果,二者有因果关系。换言之,只有原告完成这三要件的证明,才需考虑被告有无过错,是否承担无过错责任、绝对责任或过错推定责任。

本案中,原告欧某珍主张被告高某为其饲养的狗造成人身伤害承担饲养动物损害责任。饲养动物损害责任的实体构成要件有三:加害行为、损害后果与因果

关系。首先，原告欧某珍委托司法鉴定机构对于其所受损伤进行鉴定并出具鉴定意见，司法鉴定机构为欧某珍的损伤评定了等级并对后续治疗费用进行了评估。如此，原告欧某珍举证证明了其有损害后果。其次，加害行为及其因果关系的证明就非常关键。本案的一个焦点问题就是被告高某饲养的狗对原告欧某珍是否存在加害行为。一般情况下，狗伤人需要对人的身体有物理接触。本案中，原告欧某珍看到被告高某饲养的"泰迪犬"站立向其方向走了两步，从常识来看，被告饲养的"泰迪犬"似乎有攻击人的准备。"泰迪犬"这种看起来意欲攻击的动作是否构成本案的加害行为非常关键。如果没有原告欧某珍的出现，"泰迪犬"是否仍要站立向其方向走两步？从案情描述来看，被告的"泰迪犬"原是"趴在台阶上休息"，显然，若没有旁人出现，正在休息的"泰迪犬"是不会站立向欧某珍方向走两步的。因此可以推断，此时"泰迪犬"因为陌生人靠近而准备发起攻击。饲养的动物，特别是犬类，长有尖牙利爪，具有攻击性，且可能携带狂犬病毒，具有内在的危害风险。因此，当欧某珍夫妻出现并靠近被告饲养的"泰迪犬"时，被告饲养的"泰迪犬"站立向欧某珍方向走了两步，这种意欲攻击的行为是一种具有高度危险性的加害行为。最后，因果关系的证明就显得十分必要，而因果关系其实是本案的一个关键争点。一般情况下饲养动物伤人会有物理接触，而本案中被告高某饲养的"泰迪犬"只是有准备攻击的动作，并未真正实施攻击，而原告欧某珍因惊慌向左侧避让时摔倒受伤。显然，本案中原告欧某珍受伤的直接原因是其未站稳而摔倒，间接原因是其惊慌中做出的紧急避让行为，而其惊慌的原因是看到被告高某饲养的"泰迪犬"对其做出意欲攻击动作。从原告欧某珍所受伤害的原因远近角度来说，近因也就是直接原因为自己未站稳而摔倒，自己未站稳是因为失去重心控制，原因可能是地面不平或湿滑、鞋跟偏高、腿脚本身有伤病等，当然惊慌也是原因之一。如果排除地面不平或湿滑、鞋跟过高、腿脚受伤等其他因素，惊慌避让是原告失去重心控制而摔倒的唯一原因，那么其惊慌避让的原因则是其受伤的原因。此时，原告惊慌避让的原因相对其受到伤害后果而言则属于远因。原告欧某珍惊慌还可能有其他原因，如看到地面有老鼠经过或受到其他动物攻击等。如果原告欧某珍惊慌仅是因为看到被告高某饲养的"泰迪犬"对其有准备攻击动作，那么被告高某饲养的"泰迪犬"对原告欧某珍有准备攻击的动作是其受到伤害的原因。因此，从因果关系链条来看，本案中原告欧某珍认为被告高某饲养的"泰迪犬"对其有准备攻击的动作导致其惊慌避让而摔倒受伤，因为缺少物理性接触，被告高某饲养的"泰迪犬"意欲攻击的动作只是原告欧某珍惊慌摔倒受伤可能的原因。这种可能性以常识来判断确实存在,但这种可能的原因之外还会不会有其他原因存在? 原告欧某珍对此种因果关系的证明达到何种程度才能卸除举证责任? 根据民事侵权案件的一般证明标准,原告欧某珍对此项要件事实的证明应达到高度盖然性标准,即达到 2/3 以上的可能性。那么,本案中原告欧某珍对此因果关系存在是否达到高度盖然性标准? 从本案所列证据来看,该项要件事实的证明可能还有待强化。原告高丽珍需要排除地面不平或湿滑、鞋跟偏高、腿脚有伤病等其他可能使其重心不稳而摔倒的原因,以证明惊慌避让是使其重心不稳而摔倒的唯一原因。此时,原告欧某珍对此要件事实的举证证明才算达到高度盖然性标准。本案中,被告高某主张欧某珍的摔倒可能系石头绊倒或者被其他动物攻击所致,关键是此项主张的证明责任归属于哪一方当事人。如果法院认为应归属于原告,那么原告应排除这种可能性;如果法院认为应归属于被告,那么被告应承担证明责任。民事诉讼中举证责任分配实行"谁主张,谁举证"的原则,那么该主张由被告提出,相关证明责任应由被告承担。被告主张原告可能由石头绊倒,而被石头绊倒与原告摔倒受害之间属于直接因果关系,此时应由原告负责排除。被告主张原告可能受到其他动物攻击并因此摔倒受伤,就原告摔倒受到伤害而言,受到其他动物攻击则属于间接原因即远因,被告对此应承担证明责任。因本案中因果关系并非直接因果关系,各种损害后果产生的原因中有直接原因也有间接原因,根据民事诉讼的一般证明标准,因果关系的证明需达到高度盖然性标准,那么原告主张因果关系存在,就应对于其损害后果产生的直接原因即近因承担达到高度盖然性标准的证明责任。在原告完成证明责任后,如果被告主张导致近因出现的远因还不止原告主张的远因,那么被告应对此主张承担证明责任。综合本案中的因果关系证明,可以用图 5-1 来表示。

由图 5-1 可以看出,原告对于其因摔倒遭受人身伤害原因的证明需达到高度盖然性标准,不仅需要证明惊慌避让的心理原因是其摔倒的原因,还要排除其他可能促成其摔倒的常见原因,否则其证明只能达到可能性标准,而不是高度盖然性标准。在原告完成举证后,被告认为并非其狗的攻击动作导致原告惊慌避让,而是其他动物攻击导致原告惊慌避让,那么被告需就此承担证明责任。因此,从本案的证明情况来看,原告需要进一步排除造成其摔倒的其他比较常见的原因,比如拿出当时穿的鞋子,证明其鞋跟适宜;申请法院对其当时受伤地点进行勘验,以证明地面平整;根据当日或之前几日天气状况,证明地面不存在湿滑现象;拿出医学体检结果,以证明其腿脚未受伤害;请证人出庭证明或拿出路边监管视频材料等以证明当时无其他人推搡,以上诸证据表明原告受到惊吓本能避让导致其未站稳而摔倒,可以排除其他常见的摔倒原因。如此,原告即完成其摔倒受伤是因受狗意欲攻击惊吓的因果关系证明。被告此时主张原告受到惊吓并非因为受其狗意欲攻击惊吓,而是因为受其他动物攻击惊吓,那么被告需就此承担证明责任并达到高度盖然性标准。

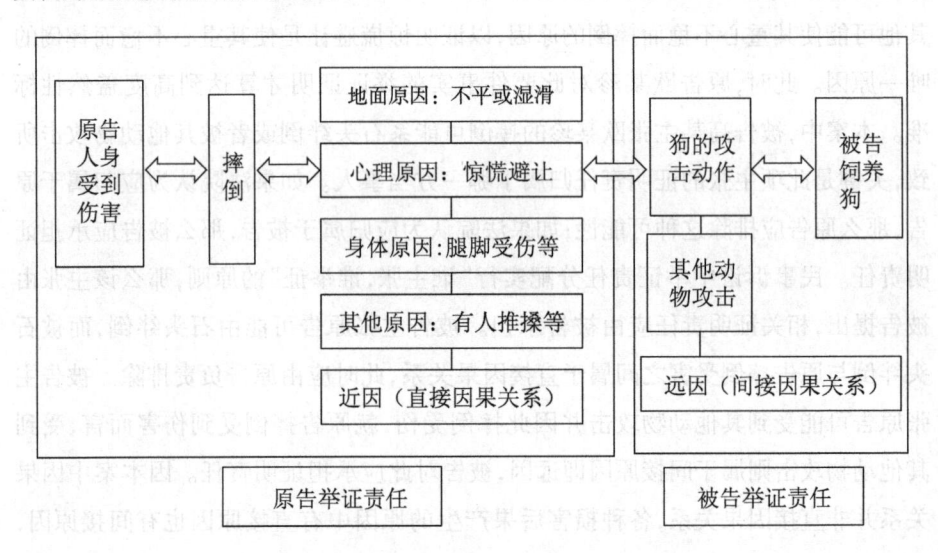

图 5-1 本案因果关系示意图

(二) 实行无过错责任原则的理由

学理上,饲养动物侵权采无过错责任原则有以下理由。

1. 动物具有内在危险性。我国法律上的物包括动物和不动物,动物是物的一种。但是,法律并未将这种动物与作为物件的不动物等同,而是将其视为危险物。动物本身具有生命且能够主动行为,而一般的危险物件并不具有生命,因此,动物又不是一般的危险物。饲养动物虽具有危险性,但本身并不具有控制危险的"智力、精神",故对其给人类造成的侵权责任应适用运行中的航空器和高速列车等危险物件致人损害的归责原则——无过错责任原则。对饲养动物侵权适用无过错责任原则是各国立法的普遍做法。

2. 由饲养人承担动物致害责任,体现权利义务的一致性。动物的所有人或管理人是饲养动物的权益人，通过饲养动物获得利益，同时应为饲养动物侵权承担责任。按风险控制理论，那些控制饲养动物的人要为饲养动物产生的风险承担责任。

3. 管理人承担连带责任是因其与所有权人具有委托关系。管理人与所有权人之间属于委托饲养合同关系。管理人依委托合同取代所有权人对饲养动物进行合法管理，直接参与饲养动物的危险控制。同时，管理人在动物的饲养、管护上具有相当的独立性，享有一定的决策权。为了更好地救济受害者，我国立法上要求管理人与所有权人一样需向饲养动物侵害的受害人承担连带责任，且都采无过错责任原则。对此，我国立法不同于德国：德国法将饲养人与管理人进行区分，对于饲养人承担责任采无过错原则，而对于管理人采过错推定责任。

（三）违规性不是饲养动物侵权责任的构成要件

《民法典》第1246条规定："违反管理规定，未对动物采取安全措施造成他人损害的，动物饲养人或者管理人应当承担侵权责任……"据此，违规性似乎是饲养动物侵权责任的构成条件。据《民法典》第1245条的规定可知，饲养动物侵权适用无过错责任原则，饲养动物无论是否违反管理规定造成他人损害，都不影响侵权责任成立。只要饲养动物侵权责任成立，除非受害人自己对于损害发生存在故意或重大过失，动物饲养人或管理人就需承担责任。由此，违反管理规定并不是饲养人或管理人承担侵权责任的必要条件。即使未违反管理规定，致害动物的饲养人或管理人也需要承担侵权责任，那么，违反管理规定而致人损害，饲养人或管理人更需要为饲养动物侵权承担责任。《民法典》的该条规定旨在强调饲养动物应遵守相关管理规定，应对饲养动物采取必要的安全防范措施，防患于未然，并不具有独立的规范对象。该条规定容易让人产生误解，以为违规性是饲养动物侵权责任成立的必要条件之一，实属多余。

本案中，原告援引《民法典》第1246条的规定并援引《广东省犬类管理规定》以说明被告违反了犬只管理规定，要求被告承担饲养动物损害责任。其实，原告援引此条实属多余，因为原告援引《民法典》第1245条的规定就已足够。原告胜诉的关键在于其能完成所主张的侵权责任成立的三个实体要件的证明，而被告行为的违规性并不是侵权责任成立的必要条件。

（四）损害后果不限于人身损害

饲养动物造成他人人身伤害是最为常见的动物侵权损害后果。但动物侵权中的损害后果并不限于人身损害。财产损害也是常见的饲养动物损害后果，如牲口踩踏庄稼、宠物猫抓捕邻居的宠物松鼠等。在我国法律上，动物归属于物的范畴，是财产权的客体。饲养动物对他人动物造成的伤害，就是对他人财产权的侵害，饲养人或管理人需要对他人承担侵权责任。在损害赔偿范围的计算上，不能因受害动物具有生命且与人类可能具有某种亲密关系就适用有关人身损害赔偿规则来计算，而只能按财产损害赔偿规则来计算。

（五）饲养动物的社会责任

饲养动物在法律上是饲养人的动产，饲养人作为所有权人对其具有支配权，似乎可以任意处分饲养动物。但是，饲养动物本身具有社会性，不可避免地会影响他人。这些影响有的可能已经表现为法律上的损害后果，而其他影响虽尚未表现为损害后果，但饲养人或管理人有义务对其饲养动物潜在的损害承担预防义务，并在违反该义务时承担责任。在一些情况下，若饲养动物对他人合法权益构成威胁或带来不可避免的不利影响，饲养人或管理人需承担停止侵害、排除妨碍、消除危险等侵权责任。在处置、屠宰饲养动物时，饲养人或管理人有义务遵守社会公德，尊重善良风俗。《民法典》第1251条规定："饲养动物应当遵守法律法规，尊重社会公德，不得妨碍他人生活。"该条规定表明动物饲养人或管理人对饲养动物承担社会责任。

三、免责事由

任何侵权责任都有免责事由。饲养动物侵害他人合法权益的，饲养人或者管理人虽承担无过错责任，但也并不是在所有情况下对饲养动物造成的所有损害都承担赔偿责任。免责事由分为法定免责、约定免责和不可抗力免责三大类。《民法典》中规定了两种法定免责事由，即受害人自己的过错和第三人过错。

（一）受害人自己的过错

饲养人或管理人对于其饲养的动物因其内在的危险性而承担无过错责任，皆因饲养人或管理人对其饲养的动物具有危险控制力。当受害人故意追求损害后果的发生时，饲养人或管理人对此类损害的发生防不胜防，再要求其对此承担责任则过于苛刻。受害人故意行为已超出饲养人或管理人的危险预防范围，法律不应强人所难。受害人故意是一种具有主观恶性的过错，且故意行为与损害后果之间具有因果关系，法律上要求对与自己的行为不具有因果关系的损害后果承担责任，显然有违公平正义。每一个理智正常的人都是维护自身利益的第一责任人，所谓"人不为己,天诛地灭"。受害人自己故意造成的损害,应由行为人自己承担责任。因此,在受害人故意造成损害发生时,饲养人或管理人不存在任何过错的,受害人应自担损失。但当受害人只具有轻微过失或一般过失时,动物饲养人或管理人仍应承担无过错责任。当受害人具有重大过失时,受害人需要对其因重大过失造成自身的损害承担相应的责任,此时,可以免除动物饲养人或管理人的部分或全部责任。《民法典》第1245条规定:"……但是,能够证明损害是因被侵权人故意或者重大过失造成的,可以不承担或者减轻责任。"

法律规定饲养人或管理人应对其所饲养或管理的一般危害风险动物造成的损害承担无过错责任。原因在于:一方面,饲养、管理动物通常具有满足个人或社会需要的价值,对人类具有正面的积极效果;另一方面,动物的行为具有潜在的危害风险,容易侵害他人合法权益,引发社会纠纷,要求对所饲养、管理的动物具有控制力的人负责防范损害的发生。但是,对于一些具有高度危害风险的烈性动物而言,其造成他人生命、财产的严重损害的可能性非常高,且该损害相较于饲养此类动物所带来的收益明显得不偿失。立法者选择绝对禁止饲养此类具有高度危害风险的烈性动物。因此,违反这种法律禁止性规定而饲养烈性动物致人损害的,无论受害人有无故意或重大过失,饲养人或管理人都应承担侵权责任。此种责任即为绝对责任,相较于无过错责任,这种绝对责任显然极大地增加了饲养烈性动物的义务,反映了立法对人们行为的引导作用。《民法典》第1247条规定:"禁止饲养的烈性犬等危险动物造成他人损害的,动物饲养人或者管理人应当承担侵权责任。"当然,何为危险动物,国家有关管理部门应该出台相应的管理清单予以明确。

(二)第三人过错

第三人过错导致饲养动物致人损害的,第三人应承担过错责任。此处的第三人是除饲养人或管理人之外的第三人。在诉讼中,被告饲养人或管理人认为第三人存在过错需承担责任的,应由被告饲养人或管理人承担举证责任。当受害人直接以第三人为被告要求其承担责任时,应由受害者承担第三人存在过错的举证责任。毕竟,不同于饲养人或管理人承担无过错责任,第三人承担的是一般过错责任,此过错责任并不能直接推定,而应由受害人加以举证证明。第三人过错责任的承担应与其过错程度相对应。若损害全部由其过错行为所致,第三人应承担全部责任;损害部分由其过错行为所致,第三人只承担与其过错行为相对应的责任。

显然,第三人过错意即第三人存在故意或过失,并由此引发受害人被饲养动物侵害。当第三人有过错并需要承担责任时,第三人、动物的饲养人、管理人三者对受害人承担连带责任。《民法典》第 1250 条规定:"因第三人的过错致使动物造成他人损害的,被侵权人可以向动物饲养人或者管理人请求赔偿,也可以向第三人请求赔偿。动物饲养人或者管理人赔偿后,有权向第三人追偿。"换言之,若第三人的过错并不足以致受害人全部损害的,第三人向受害人承担全部赔偿责任后,有权向饲养人或管理人追偿。

四、动物园饲养动物的侵权责任

动物园饲养动物与私人饲养动物在饲养目的和受益主体上具有明显不同。在我国,动物园特别是公立的动物园,属于非营利性事业单位法人,其饲养动物并非为了私用或商用,而是出于社会公众教育、生物保护等公益性目的。受害人作为社会公众的一员,也是动物园饲养动物的受益人,如果援用"谁受益、谁赔偿"原则来要求动物园对动物致害承担无过错责任可能不符合逻辑。动物园作为公益事业的承担者,法律重在确保其履行职责,而非确保私人权利不受侵害。同时,动物园饲养动物与私人饲养动物一样,对于动物内在的危险性具有控制力,理应承担这种损害风险的预防义务。因此,立法者在动物园饲养动物与私人饲养动物致人损害的责任构成上作出区分,当动物园饲养动物致人损害时,用过错推定责任取代无过错责任。申言之,当动物园因其饲养动物致人损害被诉时,动物园若能证明自己尽到管理职责并无过错的就免于承担责任。所以,《民法典》第 1248 条规定:"动物园的动物造成他人损害的,动物园应当承担侵权责任;但是,能够证明尽到管理职责的,不承担侵权责任。"当然,私立动物园饲养动物造成他人损害的,也应承担过错推定责任,毕竟私立动物园也具有公益的属性。此处需要指出的是,《民法典》中的动物园作为一种机构,其工作人员不同于动物饲养人或管理人,不是饲养动物致人损害的法定责任主体。动物园的工作人员基于职务或雇佣关系为动物园服务,工作人员照管动物是履行职务的行为,对于其直接照管的动物致人损害并不是法定的责任主体。在照管饲养动物时,动物园的工作人员也可能会受到动物的侵害,此时受害的工作人员也属于《民法典》第 1245 条所规定的"他人"范畴,动物园也要为之承担侵权责任。当然,工作人员受到饲养动物伤害一般可先要求工伤赔偿,若工伤赔偿金不足以赔偿其全部损失,可再根据《民法典》的侵权责任规定要求动物园弥补。

五、饲养动物、高空坠落致人损害责任的法条竞合

依据《民法典》,若饲养动物高空坠落致人损害,受害人请求损害赔偿至少有三条路径可供选择。其一,依据《民法典》第1245条主张饲养动物侵权责任,该条规定饲养动物致人损害时,饲养人或管理人应承担无过错责任。其二,依据《民法典》第1253条主张地上建筑物物件责任,该条规定物件致人损害时,所有人或管理人应承担过错推定责任。其三,依据《民法典》第1254条主张高空抛物责任,该条规定区分所有建筑物使用人应承担过错推定的共同危险责任。相较而言,受害人依据《民法典》第1245条主张饲养动物侵权责任对其更为有利,因为被告对其饲养动物致人损害承担无过错责任。如高空坠落的动物归属不明,受害人依据《民法典》第1254条主张高空抛物责任,可以免于对因果关系的本证责任,对其维权更为有利。

六、加倍支付迟延履行期间债务利息

早在1991年制定的《民事诉讼法》第232条就有规定,在执行生效裁判时,被执行人未按判决、裁定和其他法律文书指定的期间履行给付金钱义务的,应当加倍支付迟延履行期间的债务利息。据此,加倍支付迟延履行期间债务利息是指被执行人在未按判决、裁定和其他法律文书指定的期间履行给付金钱义务时需要承担的责任。法律规定被执行人加倍支付迟延履行期间的债务利息,主要是为了通过制裁不按照生效法律文书指定期间履行的行为,达到促使债务人及时履行义务的目的,同时进一步补偿债权人因迟延履行产生的损失。如果债务履行义务人在法律文书生效后主动履行给付义务,债权人却怠于接受,则案件进入执行程序后,申请人就不能再要求被执行人加倍支付迟延履行期间的债务利息。当然,主动履行应同时满足有明确的意思表示和实际的履行行为两个条件。

迟延履行期间的债务利息,包括迟延履行期间的一般债务利息和加倍部分债务利息。迟延履行期间的一般债务利息,根据生效法律文书确定的方法计算;生效法律文书未确定给付该利息的,不予计算。加倍部分债务利息的计算方法为债务人尚未清偿的生效法律文书确定的除一般债务利息之外的金钱债务乘以日1.75/10000再乘以迟延履行期间。加倍部分债务利息自生效法律文书确定的履行期间届满之日起计算;生效法律文书确定分期履行的,自每次履行期间届满之日起计算;生效法律文书未确定履行期间的,自法律文书生效之日起计算。加倍部分债务利息计算至被执行人履行完毕之日;被执行人分次履行的,相应部分的

加倍部分债务利息计算至每次履行完毕之日。

———— 思 考 题 ————

[1] 饲养动物侵权有何免责事由?
[2] 受委托饲养的动物侵害他人合法权益的情况下责任如何承担?
[3] 受害人因饲养动物高空坠落而受到伤害应如何主张救济对其有利?

———— 推荐阅读 ————

[1] 刘士国:《特殊侵权责任研究》,上海人民出版社2023年版。
[2] 程啸:《侵权责任法》(第3版),法律出版社2021年版。
[3] 杨立新:《侵权责任法》(第4版),法律出版社2020年版。

5.4 环境私益侵权责任

▣ 理论导读

环境私益侵权责任实际是指传统私法下的环境侵权责任。环境侵权责任理论是环境法和侵权责任法交叉领域的一个重要组成部分，旨在规范因环境污染或生态破坏行为造成他人损害时，行为人应承担的法律责任。这里的"污染环境"和"破坏生态"是环境侵权行为的两种主要形式。学界一般认为，环境侵权责任作为一种特殊侵权责任，其特殊性主要表现如下。一是适用无过错责任原则。环境侵权责任通常适用无过错责任原则，即无论行为人是否存在过错，只要其行为造成了环境污染或生态破坏并导致他人损害，就应承担侵权责任。二是因果关系的复杂性。环境侵权的因果关系往往具有隐蔽性、长期性和不确定性，需要通过科学方法进行认定和推定。三是损害的广泛性和严重性。环境侵权往往导致不特定多数人的损害，且损害后果可能具有广泛性和严重性，甚至影响人类健康、生态平衡和社会稳定。环境侵权责任采无过错责任原则，旨在加强对环境污染和生态破坏行为的规制，保护受害人的合法权益，并促进生态环境的保护和可持续发展。当然，也有学界援引一些环境单行法上的规定来证明生态破坏侵权责任并不完全与环境污染侵权责任相同，生态破坏侵权中也存在过错责任的情形。在环境侵权诉讼中，由于原告和被告双方实力相差悬殊，现代环境法一般会减轻原告受害人的举证负担，而要求环境侵权人承担较重的举证负担。虽然我国在法律上规定要求被告侵权人承担因果关系不存在的举证责任，而最高人民法院通过司法解释仍然要求原告受害者承担被告的侵害行为与其所遭受的损害后果有关联性的举证责任，即要求原告对于因果关系承担初步证明责任。随着生态环境问题的日益突出和公众环保意识的不断提高，环境侵权责任理论将得到更加深入的研究和发展。未来，环境侵权责任制度将更加完善，对环境污染和生态破坏行为的规制将更加严格，对受害人的保护将更加全面和有力。同时，随着科学技术的进步和司法实践的积累，环境侵权因果关系的认定将更加科学和准确，为环境侵权案件的公正审理提供有力保障。

刘某洪与陆良金瑞达瓷业有限公司水污染责任纠纷案

摘要:民事诉讼中证据交换的作用、方式以及环境污染侵权中责任实体构建要件、举证责任分配及证明程度等问题不仅困扰着理论工作者,还困扰着实务工作者。环境污染侵权中不仅原告证明难,其实被告也存在证明难的问题。那么,法院认定事实及裁判对法官来说,要求就相当高了。本案例在《民法典》实施后作出裁判,办案法官就排污行为、损害后果以及因果关系的认定思路具有一定的代表性,整体上反映了环境污染侵权案件的裁判特点。本案例中,原告个人和被告公司委托律师参加诉讼,其诉讼能力、诉讼策略以及科学证据的运用在环境污染侵权案件中具有一定的典型意义。

关键词:证据交换;环境污染侵权;因果关系;举证责任;证明程度

一、引言

虽然生态文明建设实现新进步已经列入"十四五"时期经济社会发展总目标之中,各地对于生态环境保护也加大了整治力度,但是,环境污染和侵权行为仍时有发生。一方面,人们需要从环境中获取物质和能量以满足生产生活活动所需;另一方面,人们的生产生活活动所产生的废弃物无不排入环境。立法者为这种废物排放活动确立标准,一旦超标排放就构成违法,就会面临法律制裁。排放废物污染环境、损害他人合法权益的行为,即环境污染侵权仍需要承担民事侵权责任。环境污染侵权案件如何诉?如何判?有何特殊性?通过本案例的教学,学生能够较为全面地把握环境污染侵权诉讼涉及的理论与实务问题。

二、案件当事人

原告:刘某洪

被告:陆良金瑞达瓷业有限公司(以下简称金瑞达公司)

三、案情简介

本案当事人分别为原告刘某洪和被告金瑞达公司。刘某洪是一个种植专业户,自2003年在陆良县板桥镇××村土官坟处承包50亩土地用于种植经济农作物。为方便生产生活,刘某洪于2008年出资在该承包土地上打了一口72米的机井抽取地下水用于生产生活,该机井水达到正常饮用水标准。被告金瑞达公司是一家瓷砖工厂,于2004年3月30日登记成立。其厂址西面与刘某洪的种植场所相距约1000米,厂址高于原告取水机井约15米。多年来双方相安无事。

2020年,金瑞达公司进行高档墙地砖生产线技改项目,扩建了部分生产基地范围,于2020年3月开始投入生产。金瑞达公司投产后,刘某洪于2020年8月发现其用于生产灌溉及生活的机井井水出现浑浊状态,井水呈泥红色。刘某洪遂向金瑞达公司反映该情况,双方协商解决未果。

四、案件审理情况

刘某洪认为金瑞达公司扩建后距离其承包地仅500米,厂里的污水全部排放到地下水中,导致其机井井水变浑浊,呈泥红色,抽水机受到堵塞而烧坏3台,生产生活无法使用,增加生产生活成本。2020年10月至2021年4月,刘某洪承包的50亩蔬菜缺水灌溉,种植的50亩松花菜全部绝收,损失巨大。后经咨询专家及鉴定,机井水水质受到污染的根本原因系金瑞达公司往地下排放污水。刘某洪向金瑞达公司提出整改请求,向环保部门反映投诉。后金瑞达公司经整改后,2021年8月刘某洪的机井水质变清澈。刘某洪认为半年来其50亩松花菜因金瑞达公司的污染颗粒无收,为了维护自己的合法权益,2022年1月将金瑞达公司诉至法院,请求法院依法判决由被告赔偿其2020年10月至2021年4月50亩松花菜农作物损失75万元,判令被告承担鉴定费3405元,等等。双方当事人围绕诉讼请求向法院提交了证据,法院组织当事人进行了证据交换和质证。对当事人无异议的证据,法院予以确认存卷佐证,并对有争议的证据予以认定。

(一)刘某洪认为被告构成水污染侵权的理由

第一,原告是80多亩土地及山林的20年合法承包权的权利人,其中50亩用于种植蔬菜,并提供承包合同、林权证、种植营业执照等书证。

第二,原告出资打了一口直径110厘米、深72米的机井,用于经营生产、蔬菜种植及生活饮用,并提供机井照片。

第三,原告在被告瓷砖厂扩建之前经营的蔬菜地没有受到地下水污染,机井井水清澈,蔬菜生长旺盛,并举出被告扩建厂房前井水照片、蔬菜生长的照片作为证据。

第四,原告在被告瓷砖厂扩建之后,机井水变浑浊,抽水机阻塞烧坏3台,并举出照片作为证据。

第五，原告种植的 50 亩松花菜遭受绝收的损失，并提供照片作为证据。

第六，原告曾向被告交涉，要求被告整改；原告曾向当地环保部门举报投诉，并提供相关通话记录作为证据。

第七，被告经环保部门要求整改，整改后原告的机井井水不再浑浊，原告提供照片作为证据。

第八，原告的机井井水受到污染，在被告整改后井水水质又恢复正常，并提供第三方中介机构的监测报告、检验报告作为证据。

第九，原告种植的 50 亩松花菜损失评估数额 75 万元，并提供第三方中介机构的评估报告。

第十，被告有向厂外排放污水的行为，原告拿出视频并申请三位证人出庭作证。

(二)被告金瑞达公司认为未对原告构成水污染侵权的理由

第一，被告承担环境污染侵权责任的前提条件是有污染环境、破坏生态的违法行为或者事实，原告投诉后行政机关联合执法查明被告并未向外排放污水。

第二，原告井水浑浊与被告没有直接因果关系。根据原告提供的监测报告，原告水井中悬浮物检测数严重高于被告厂内机井及废水循环池中的水质检测指标。

第三，原告遭受损失期间，被告处于停工停产状态，根本不具备产生废水的可能，更加不可能发生排污的情形。被告提供自己停工停产的申请报告和用电数据作为证据。

第四，原告有两口深井，相距不到 50 米，其中一口正常，另一口却出现水质浑浊情况，原告的井水水质浑浊可能与该水井的地质和周边环境条件有关，原告并未排除这些可能的因素。

第五，原告松花菜实际受损情况及受损数量证据不足，其提供的评估报告存在明显瑕疵，不应采信。

第六，被告工业生产废水经处理后循环使用，环保部门现场勘验不存在外排情况，并提供主管部门的监测报告、检验报告作为证据。

(三)法院关于存在水污染侵权行为的认定理由

第一，被告存在水污染侵权行为。原告提供的证据证实了被告存在通过暗管向公司西面排放污水的情况,且在原告投诉举报后才进行相应的雨水收集池改造。经过对比可知,被告在未经环保部门验收合格的情况下已经进行了相应生产活动,违反了防污设施同时投产使用的规定。原告提供的证人以及当地生态环境部门回复法院函办情况证明了原告主张受损害期间,被告确实存在生产污水向原告取水、种植方向排放的侵权事实。被告建造雨水收集池后,原告长期浑浊的水体渐渐转变为清澈状态,正是对被告排放污水行为导致机井井水浑浊的有力证明。因此,被告金瑞达公司存在水污染侵权行为。

第二,认为原告的机井井水浑浊与被告排水行为有因果关系。依据2020年最高人民法院《关于审理环境侵权责任纠纷案件适用法律若干问题的解释》第7条的规定,被告辩解在原告受污机井与被告之间的别人家机井水质未出现异常,原告距受污机井50米处的另一口机井没有任何水质问题,以及监测报告证实仅原告受污机井井水存在悬浮物严重超标的情况,主张原告受污机井井水浑浊与被告行为之间不存在因果关系。但曲靖市生态环境局陆良分局于2021年4月13日出具了《关于办理曲靖市12345政府热线综合平台办件系统投诉件转办问题的办理结果报告》,从陆良县环境检测站监测报告结果与刘某洪提供其委托广东省中山市质量监督检测所的检测报告结果出发,认为报告结果显示与原告所受损害没有直接关系,但并不能据此认定没有因果关系的结论意见。首先,由于无相关证据证明原告及被告周边群众先前用水水质检测结果,使得原告侵权行为发生后的水质检测结果与未发生侵权行为时的井水水质检测结果无法进行比对,故无法判断被告污水排放的污染物到达原告机井井水水体的可能性。其次,由于地下地质、水文情况不明,故不能以相似深度内别人家的机井水未见异常而认定原告机井水质浑浊与被告排放污水的行为没有因果关系。机井使用时间、机井防护等因素的差异,以及地质构造不同,可能导致别人家的机井水体不易受到污染。原告申请证人程某出庭证实了其机井井水近年来也偶尔出现水体浑浊的情况。最后,原告受污机井井水浑浊的原因不明确,故不能因原告受污机井井水清澈后氨氮、氟化物指标均达到地下水质量常规指标及限值Ⅱ类以上,就认为被告排放污水行为没有造成损害的可能性。因地下水存在过滤自净的过程,被告外排水体在地质渗透过程中特定污染物(环保部门认定为氟化物)存在被过滤的可能性;也存在因地质构造特殊,被告外排的水体导致水压增加,含水层上面的泥质随水体渗透过程从裂隙处进入含水层的可能性;还存在被告公司排放的水体渗透导致含水层中空泥土层发生坍塌而使井水变浑的可能性。原告距受污机井50米处的另一口机井没有出现水质问题，原因是未受污染的机井深度是受污染机井深度的2倍多，理应位于不同的含水层，故无可对比性。依据《民法典》第1230条"因污染环境、破坏生态发生纠纷，行为人应当就法律规定的不承担责任或者减轻责任的情形及其行为与损害之间不存在因果关系承担举证责任"的规定，以及环境污染侵权案件举证规则，被告应就行为与损害之间不存在因果关系承担举证责任。在未准确查明原告受污机井井水浑浊原因状况下，被告提供的证据不足以证明其行为与损害之间不存在因果关系，被告主张原告机井井水浑浊与被告外排污水的行为之间不存在因果关系的辩解不能成立。依照环境污染侵权责任举证规则，法院认定被告排放污水行为与原告井水浑浊存在因果关系。

第三，关于原告对其因污染受到损害后果的证明情况认定。最高人民法院《关于审理环境侵权责任纠纷案件适用法律若干问题的解释》第6条规定，被侵权人根据《民法典》第七编第七章的规定请求赔偿的，应当提供证明以下事实的证据材料：(1)侵权人排放了污染物或者破坏了生态；(2)被侵权人的损害；(3)侵权人排放的污染物或者其次生污染物、破坏生态行为与损害之间具有关联性。原告刘某洪提供的照片均客观反映了被告存在排放污水的侵权行为，以及其抽取的灌溉池中的机井井水浑浊的事实，还有对比侵权事实发生前后经营土地概貌、土地受污以及松花菜长势、品质变差的事实。办案人员实地走访估算其种植面积约60亩，以及村民证实其种植松花菜的事实，故原告刘某洪已按举证责任分配初步证明其因被告公司污染行为受到的损害，以及侵权人的次生污染物与被侵权人损害之间具有关联性。但是，原告提交的证据不足以证明井水受污浑浊导致所种植松花菜全部绝收的事实。首先，原告没有提交相关证据证明2021年上半年该批松花菜干枯及销毁的事实。其次，原告提供的照片显示其所称受污染松花菜有采摘痕迹。再次，原告关于缺乏灌溉用水导致松花菜绝收的主张与曲靖市生态环境部门联合调查时核实原告存在新机井的事实相互矛盾。原告已于2021年2月打造了另一口机井，且水质良好，其采取的应对措施可以有效满足松花菜种植的用水需要。根据种植常识判断，2021年1月至5月该批松花菜不应再发生全部绝收的侵权损害后果。最后，原告提交的损失评估报告仅依据原告委托，根据市场价格调查而对委托鉴定标的50亩松花菜按绝收状况作出农产品市场价值认定，在未对受损面积、损害状况及损害原因进行核实的情况下作出了评估结果。针对农业损失,应当由具备相应农作物损失鉴定资质的农业司法鉴定机构对实际损失面积、损失情况及造成损失的主要原因等进行鉴定。由于已经没有相应的鉴定条件,故无法进行补充鉴定。但是依据环境监测机构的水质监测报告形成时间可以判断,原告因井水遭受污染向环保部门反映后,陆良县环境监测站于2020年12月31日出具了该报告,且报告显示此时原告家的井水确实存在悬浮物严重超标的情形。2021年2月1日陆良水务局水事违法案件调查报告记载,当时原告的两口深井,一口水质正常,一口水质不正常。由此可见,原告机井井水确实长期处于受污染状态,原告提供的照片还证明了井水浑浊导致其土地遭受污染、松花菜长势品相变差的事实。由此可知,原告2020年8月至12月种植的松花菜确实因水质浑浊而产生损失,其种植经营收入必然受损,生产成本必然增加。后为避免损失,原告采取补救措施另行打井取水。

第四,关于被告承担水污染侵权责任的认定。被告作为产生、排放污水的单位,是生态环境污染责任主体和污染者防治责任主体,本应自觉加强用水及污水管理,尽可能将生产生活污水进行封闭式管理,经污水处理合格后并入公共污水排放设施或外运排放,并监督防止污水发生渗透或外漏。但被告并未按"三同时"制度提前建设污水收集池,也未按规定设置专门排污口,而是通过暗管和雨水口排放,将生产污水混合厂区雨水进行外排和地下渗透,存在水污染侵权行为。在诉讼过程中,被告未提供水污染物排放自动监测数据,仅以当地环保部门出具的办理报告关于其排水情况符合要求、正常雨水排放的结论,辩解其没有水污染侵权行为以及原告损失举证不能,以规避其环境污染侵权责任。该纠纷中原告刘某洪因自身诉讼能力不足,且水体浑浊原因排查难度和成本较高,在遭受污染发生后及时向环保部门反映投诉,以期积极解决。被告在知晓原告水井出现状况后,对原告的损失置若罔闻,未采取积极态度帮助减少原告损失,不利于矛盾的解决以及周边和谐关系的建立。原告证明其损失虽不够客观,现已不具备鉴定条件,但原告提交的证据证实井水浑浊确实导致种植的松花菜受到损失,且2021年为避免损失又打造另一口深井,存在增加生产成本、证明成本等客观事实。原告的损失应当包括因松花菜品质差而减少的收入,以及为避免水污染造成收入减少而增加的本不必要的开支。在相关部门实地走访过程中,原告陈述其南面还有一口灌溉用井的事实,即其受污染机井仅提供部分灌溉用水,而非全部种植面积灌溉用水的事实,依据其提供的松花菜照片,综合考虑原告受损的可能范围、损害证明程度、产生的鉴定费用、增加的生产成本等事实,参考物价部门认定的 75 万元的调查结果,酌情认定原告刘某洪因水污染产生的损失如下:(1)第一批松花菜以种植面积、灌溉机井数量酌情认定受损面积为 50%,酌情认定因品质问题而减少 50% 的收入,即 112,500 元;(2)原告第一次委托广东中山市质监机构鉴定费用 1483 元;(3)根据原告陈述其新打机井投入约 26,000 元,酌情支持 20,000 元。以上费用共计 133,983 元,由被告金瑞达公司赔偿原告。诉讼费用按比例由当事人分担。

五、附录

云南省罗平县人民法院民事判决书,(2022)云 0324 民初 234 号。

刘某洪与陆良金瑞达瓷业有限公司水污染责任纠纷案
教学指导手册

◨ 教学具体目标

在民事诉讼法上,本案例重点就以下问题进行讲授:(1)证据交换制度;(2)环境司法鉴定制度及其存在的问题;(3)当事人的诉讼策略。

在民事实体法上,本案例主要就环境污染侵权责任实体构成的理解与证明进行讲授,具体要解决的问题主要包括:(1)环境污染侵权的实体构成要件;(2)举证责任分配及其证明程度。

◨ 教学内容

一、证据交换制度

证据交换制度是一种举证程序制度,当事人根据约定或法院的指定,在适宜的案件程序中对各自所持有的证据及其证明对象以一定的方式相互交换,以达到固定证据、归纳争点的目的,证据交换的结果将产生法律约束力。证据交换属于一种证据制度,交换的主体是当事人,交换的对象是指所有案件证据,有当事人自愿交换和法院指令交换两种情形,分为交换程序和法律效果两部分。我国早期民事诉讼实践采证据随时提出主义,当事人可以在一审裁判作出之前的任何阶段提出证据,没有适用证据交换制度的空间。随着司法改革实践的推进,我国开始采证据适时提出主义,出现了关于举证期限的规定。在举证期限内,双方当事人需集中向法院完成举证义务。虽然当事人在举证期限内向法院提出了证据,但是在这些证据庭审前没有经过交换的情况下,当事人一方一般并不清楚对方提出了何证据用于支持何事实主张。在进入庭审阶段后,当事人一方在得知另一方提出的证据和事实主张后可能需要出示证据加以反驳,从而请求法院给其时间继续举证,庭审程序就可能因此暂时中止,又恢复到举证阶段。如此,诉讼程序的安定性会消蚀,诉讼可能迟延。为了更为彻底地完成举证任务,当事人有必要在审前进行证据交换,通过一次或多次的证据交换相互知悉对方的证据及其证明对象,对双方无争议的证据和事实主张加以归纳固定,在庭审中着重解决那些有争议的证据和事实主张。因此,在证据适时提出主义的背景下,证据交换就是举证期限制度的延伸,属于举证制度的一部分。

20世纪90年代,我国部分地方开展的司法改革中已经有关于证据交换制度的实践,但是真正使证据交换成为一项法律规则的,还是2001年最高人民法院发布的《关于民事诉讼证据的若干规定》,其中第37条、第38条、第39条、第40条对证据交换制度加以规定。2019年,最高人民法院对于该司法解释进行修正,并对举证期限与证据交换制度加以完善。根据该规定,我国通过司法解释建立起的证据交换制度主要包括如下内容:法院组织证据交换进行审理前准备时,证据交换之日举证期限届满;证据交换的时间可以由当事人协商一致并经人民法院认可,也可以由人民法院指定,当事人申请延期举证经人民法院准许的,证据交换日相应顺延;证据交换应当在审判人员的主持下进行,在证据交换的过程中,审判人员对当事人无异议的事实、证据应当记录在卷;对有异议的证据,按照需要证明的事实分类记录在卷,并记载异议的理由,通过证据交换,确定双方当事人争议的主要问题;当事人收到对方的证据后有反驳证据需要提交的,法院应当再次组织证据交换。一般案件证据交换不超过两次,重大、疑难和特别复杂案件确有必要的可以不限于两次。2023年修正的《民事诉讼法》第68条第2款中规定了法院对于当事人逾期提供证据的处置措施:一是应当责令其说明理由;二是拒不说明理由或者理由不成立,法院根据不同情形可以不予采纳该证据,即证据失权;三是虽采纳该证据但予以训诫、罚款。

二、环境污染侵权责任实体构成要件

民事责任一般是对损害进行填补,包括违约责任和侵权责任。构成民事侵权责任的必要条件一般有四:加害行为、损害后果、因果关系、主观过错。环境污染侵权责任是指受害人因其人身、财产权益直接或间接受到行为人环境污染行为的危害而行为人依法应承担的民事责任。环境污染侵权是环境侵权中最为常见也是最受关注的一类侵权。根据侵权责任构成理论,环境污染侵权责任也可以从加害行为、损害后果、因果关系和主观过错四个方面进行考察。

(一)加害行为

环境污染侵权中的加害行为,又称排污行为或排放废弃物的行为。2020 年修正的最高人民法院《关于审理环境侵权责任纠纷案件适用法律若干问题的解释》[1]第 6 条将之界定为排放了污染物的行为。[2] 对此要件证明,需要解决两个层面的问题:一是确定加害行为人,即排污者本人或其他应为排污行为负责的人;二是证明排污者排放了污染物。实体法上规定侵权责任构成一般有四个要件,即加害行为、损害后果、因果关系和主观过错,并没有将加害行为人或侵权责任人作为要件之一。实体法上作如此规定,暗含着这样一个常识:加害行为必然是有加害人的行为,当人们说加害行为时就意味着该行为是某主体的行为。民事侵权诉讼程序启动后,法院首先需要确定案件当事人,即原告和被告。在环境污染侵权诉讼中,法律要求原告在起诉时被告要明确,而且原告想取得胜诉有一个前提条件,即被告适格。此时,实体法上侵权责任中的加害行为要素之一——行为人或责任主体,就转换为程序法上的被告。

环境污染加害行为人,一般是指环境污染侵权行为人、排污者、废弃污染物的制造者或传播者,是向环境中排放废弃物,侵害他人合法权益的单位和个人。环境污染侵权人一般为环境污染行为的实际实施者,最为常见的环境污染侵权责任主体是排污单位或企业,在环境污染侵权诉讼中通常作为被告。一般来说,排污者较单一,如本案例一样,加害行为人容易确定。但对一些较为复杂的案件,如排

---

[1] 2023 年,最高人民法院发布了《关于审理生态环境侵权责任纠纷案件适用法律若干问题的解释》《关于生态环境侵权民事诉讼证据的若干规定》,同时废止了 2020 年修正的《关于审理环境侵权责任纠纷案件适用法律若干问题的解释》。

[2] 最高人民法院《关于审理生态环境侵权责任纠纷案件适用法律若干问题的解释》、最高人民法院《关于生态环境侵权民事诉讼证据的若干规定》将该加害行为界定为污染环境的行为。

污者众多、存在跨区域或流域污染、污染物在环境中发生转化或排污者不明确的案件,确定适格的侵权责任人对于受害者村民和居民个人来说并不容易。在环境污染侵权诉讼中,也有非排污者单独或与排污者共同作为被告的情形,这些非排污者通常是其他对于环境污染损害发生负有某种义务的人。在涉及如下主体的环境污染侵权诉讼中,非排污者作为被告的适格性常会受到质疑:一是环境行政机关;二是居民楼电梯、水泵等噪声污染侵权诉讼中,设备供应商、房产开发商或物业公司等;三是建设项目施工所致污染侵权诉讼中,项目的建设单位、施工单位等;四是城市污水污染案件中城市生活污水集中处理设施的产权所有者、建设者、维护者、监管者;五是排污者委托的环境监测机构等。在环境污染侵权诉讼中,因被告不适格而被法院驳回的案件并不少见。实践中,法院判决确认环境污染侵权诉讼的适格被告多为废弃物的排放者;排放噪声的设备供应商及其安装者、购买者与管理维护者;排污项目的施工单位、建设单位;环境监测服务机构;污染物处理设施的产权所有人或管理人等。原告提起环境污染侵权诉讼的目的在于追究被告的民事责任,被告是否适格主要看其对于防止污染侵害是否负有某种法定或约定的义务,而环境行政机关一般不作为环境污染侵权之诉的适格被告。此外,适格的被告还应具有民事行为能力。

环境污染侵权的实质是排污侵权。"环境污染"一词重在表述环境自身受到污染损害的过程或结果,并未表明产生损害的原因,而排污行为才是环境污染侵权中的加害行为。由于只从形式上理解环境污染侵权这一提法,实践中有些法院要求原告首先证明存在环境污染的事实,而若原告无法证明环境受到污染,法院就认为侵权成立的基础事实不存在。在排污侵权中,排污行为是致害原因,原告只要证明被告存在排污事实即可而无须纠缠于环境是否受到污染。有的法院甚至认为被告只有排污超标才构成污染,而法律和司法解释并未要求污染者排污超标才能构成侵权。2020年修正的最高人民法院《关于审理环境侵权责任纠纷案件适用法律若干问题的解释》第1条第2款明确规定:"侵权人以排污符合国家或者地方污染物排放标准为由主张不承担责任的,人民法院不予支持。"[①]超标排污是污染者承担排污行为违反行政法规范所引起的行政责任的必要条件,而不是其承

---

① 现为最高人民法院《关于审理生态环境侵权责任纠纷案件适用法律若干问题的解释》第4条第1款:"污染环境、破坏生态造成他人损害,行为人不论有无过错,都应当承担侵权责任。"环境污染侵权实行无过错责任,行为人排污达标与否都不影响侵权责任的成立。

担环境污染民事侵权责任的必要条件。

(二)损害后果

在环境污染侵权诉讼中,原告的损害后果是指其人身权利、财产权利和(或)精神利益受到被告排污行为的损害。诉讼中原告需要证明两个问题:一是该损害后果是原告合法权益受到损害,即权益归属问题;二是该损害后果的具体质与量,包括权益类型及损害程度、范围、价值大小和数量等。第一个问题关乎原告对讼争的损害后果是否享有救济请求权,即原告是否适格。原告需证明自己受损权益人的身份。本案中,原告拿出承包协议书、林权证等来证明自己是合法权益人。实践中,有不少原告无法证明自己是讼争的合法权益人。第二个问题就是具体的损害结果。在损害结果的证明上,原告是否需要先弄清楚该损害为污染损害?实践中,有的法院要求原告先要证明该损害后果是受到污染而发生的损害。那么,污染损害如何界定?有的法院将污染损害理解为污染物本身所能造成的损害。这种理解失之偏颇,应将其扩大理解为污染物或次生污染物本身及其与环境其他因素相结合而生污染效应所造成的损害,即污染效应损害。在理论上,排污行为所导致的损害后果应包括原告因被告排污所发生的直接损失和受害者为恢复到损害之前的状态所支出的所有成本。以水污染损害为例,水污染损害后果包括水污染所致渔业财产或人身损失以及消除水污染所需的费用。对于污染所致人身损害的案件,有时人身损害(患有某种疾病)作为污染损害结果本身难以证明,但是原告为了防止或减轻损害而采取的体检和替代饮水等支出作为损害结果则被法院支持。对于人身损害后果,有时法院还结合原告的家庭境况、治疗情况及其他原因综合分析后确定。对于那些必将发生的损失,原告虽未能举证证明,法院也可以酌情判赔。

(三)因果关系

环境污染侵权中的因果关系是指加害行为与损害后果之间的引起与被引起的关系,即加害行为是因,损害结果为果。在很多物质型污染侵权中,排污者的排污行为与受害者权利损害之间存在较长的链条,对二者之间因果关系的证明相对复杂且困难。如果对因果关系进行倒序证明,那就需要先证明受害者的人身或财产损害由环境污染所引起,这种因果关系属直接因果关系。这种污染侵害以何种机制并在多大程度上产生了该损害后果,显然是一个科学技术问题。此时,往往需要检测。检测报告可能指出了污染物,但是这种污染物从哪里来仍是一个问题:原生污染物、次生污染物或复合污染物。当污染物为次生污染物或复合污染物时,其如何生成又是一个科学技术问题,既需要相关的专业技术知识,又需要作检测分析。这种损害结果由何污染物所致及其相应的致害机制的证明具有明显的科学技术性特点,无论对于原告还是对于被告来说都是件困难的事情。因此,在环境污染侵权诉讼中,对因果关系要件的证明经常借助由第三方中介机构所出具的检测、鉴定或评估报告等科学证据,此类案件中科学证据的使用频率较高。

因果关系在科学上主要属于事实判断的问题,法律上的因果关系还涉及价值判断的问题。在排污行为要件中,达标排污或未造成区域环境质量超标的排污并非无害行为。因此,在一定区域内所排污染物(能量)未超过适用该区域的环境质量标准,并不能作为排污行为与损害后果无因果关系的认定标准。有案例显示如果长期处于某种强度的电磁辐射场中,家禽会出现生病死亡的现象。这表明,长期生活在低于国家排放标准的电磁辐射场中,特定种类的生物也可能因无法承受特定强度的电磁辐射污染而生病或死亡,这相当于排污与损害后果之间具有因果关系的事实关联问题。但是,在现有的经济技术条件下,为了能保障社会生产生活所需的电力生产供应,立法者允许电力设施一定强度之下的电磁辐射排放,这显然属于一种价值衡量的结果。然而,这并非表明立法者因为环境质量达标而否定法律因果关系或者相当性。① 此时,法官对于立法者意图的领悟或价值选择对于受害者能否在个案中获得救济显得至为关键。因果关系具有价值判断的属性,还表现在某种具有间接影响的因素是否应作为法律上的损害原因加以考虑上。例如,在污染物与人身健康损害的因果关系问题上,特定疾病与特定污染物在病理上难以确定有直接的因果关系;但是,长期处于受此种污染物污染的环境中,该类疾病容易因污染而产生,该污染物产生的环境污染作为诱发性因素应否作为法律上的损害原因加以考虑也属价值判断的问题。

当致害原因并不唯一时,还需要明确某因引起某果的作用力大小,即原因力大小。当某一损害结果是多种因素相互结合而促成时,应判断原告损害结果的原因是否可以区分,如果可以区分则被告的排污行为在整个原因体系中占多大比例仍然需要证明,被告只需承担比例或按份责任;如果不能区分,则被告面临承担连带责任。但是,当致害原因并不唯一时,有的法院认为因不能排除损害后果的其

---

① 参见尤明清:《论环境质量标准与环境污染侵权责任的认定》,载《中国法学》2017 年第 6 期。

他成因而对该因果关系存在不予认定,这实际上又关乎举证责任分配及证明标准的问题。本案中,被告认为原告并未证明其排放污水是原告井水污染的唯一原因,但是,法院并未要求原告达到此证明程度。相较于被告的诉讼实力,原告在污染侵权诉讼中一般处于弱势地位。囿于缺少专门知识与取证手段,原告对于因果关系的证明非常困难。本案中,被告委托了专业律师作为诉讼代理人,而原告则是本人参加诉讼。为了减轻原告的证明负担,《民法典》第 1230 条规定:"因污染环境、破坏生态发生纠纷,行为人应当就法律规定的不承担责任或者减轻责任的情形及其行为与损害之间不存在因果关系承担举证责任。"该条将环境侵权案中不存在因果关系的证明责任分配给了被告,要求被告本证因果关系不存在。这实际上是法律对于因果关系直接作出了存在的推定,由被告来反证这种推定不成立,否则就要在诉讼中承担不利的后果,即俗称因果关系举证责任倒置。当然,这种由法律直接对因果关系存在作出推定,似乎有悖推理逻辑,毕竟这种推定缺少事实前提基础。因此,最高人民法院《关于审理环境侵权责任纠纷案件适用法律若干问题的解释》第 6 条对于这种因果关系存在的证明责任倒置进行了矫正,要求原告首先证明被告排放的污染物或者其次生污染物与损害之间具有关联性,即承担关联性的本证责任。这种关联性就是损害行为与损害结果之间存在某种合理怀疑的因果关系,即原告对于存在因果关系之证明达到可以引起合理怀疑的程度即可。那么,被告在反证时,需要达到排除原告合理怀疑的证明程度,才能推定其排污行为与损害后果之间不存在因果关系。

(四)主观过错

《民法典》第 1229 条规定:"因污染环境、破坏生态造成他人损害的,侵权人应当承担侵权责任。"因此,在环境污染侵权案件中,一般采无过错责任或严格责任原则,即排污者无论有无主观过错,对于其排污行为导致的损害都要承担侵权责任。实践中,仍有人将环境污染侵权直接或变相理解为过错责任。本案中,被告委托的律师代理人认为被告承担环境污染侵权责任的前提条件是有污染环境、破坏生态的违法行为或者事实,这种观点显然是错误的。在环境污染侵权诉讼中,排污者承担侵权责任不以存在过错为必要条件,更不以违法为必要条件,其行为无论有无过错,无论违法与否,只要造成原告合法权益的损害,就应当承担侵权责任。无过错责任旨在填补受害者所遭受的损害,无论污染者有无过错,无辜受害者都应得到救济。但是,作为承担侵权责任一方的污染者,如果无论排多排少即无论超标还是达标排污,侵害他人权益都只承担无差别侵权责任,就无动力减少排污,不利于预防恶意排污侵权。因此,有学者主张环境污染侵权应"实行无过错责任与过错责任共同适用的二元归责体制,达标排放造成损害仍需要承担侵权责任,但以填补受害人损失为限;超标排放则认定为具有过错,除填补损失外,由法官根据案件的具体情况判断是否适用惩罚性赔偿、精神损害赔偿或预防性责任方式(停止侵害、消除危险等)"①。

当然,环境污染侵权实行无过错责任的对象应限于排污者,而对于其他责任主体则适用过错责任(或过错推定责任)。在环境污染侵权诉讼中,如果原告所追责的对象不是排污者自身,而是其他对污染损害防止负有法定或约定义务的人,则其他对污染损害负有防止义务的人承担民事侵权责任需以存在主观过错为必要条件。另有学者认为,环境污染侵权责任过错之有无要据被告承担的责任类型或形式而定,如果原告请求被告承担损害赔偿等补偿性责任,则适用无过错责任;如果请求承担停止侵害、消除危险等预防性责任,则适用过错责任。我们对此观点不敢苟同,主观过错之有无属认定侵权责任成立时需考虑的要素。至于侵权责任成立后,受害者请求排污者承担何种民事责任形式则与危害行为属性、受损利益属性以及受害者的忍受限度等多种因素有关,不能将承担的责任形式作为责任构成标准。毕竟要求排污者以何种形式承担责任取决于受害者的选择偏好,具有个体主观随意性;法律对于环境侵权责任采用何种归责原则,不应由个体性因素来决定,而应采用一种强制性的普遍规则。

三、环境污染侵权实体要件举证责任分配及其证明程度

(一)举证责任的概念

从字面意义上来看,"举证"即举出或拿出证据,而"责任"作义务解;"举证责任"就是提证义务,即当事人所承担的依照规定向法院提交自己所收集和拥有的证据的义务。实际上,我国理论界与实务界对于"举证责任"一词赋予了多种含义。一方面,举证不仅是向法院提交证据,而且要用证据进行证明以让法官相信其主张的真实性和合法性;另一方面,"责任"不仅作义务来理解,还要作"不利后果"即违反义务的不利法律后果来理解。如此,举证责任这一术语中,"举证"一词有双层含义,包括提出证据和用证据证明;而"责任"一词也有双层含义,包括义务

---

① 陈海嵩:《论环境法与民法典的对接》,载《法学》2016年第6期。

和不利后果。举证义务是当事人向法院承担的程序法上的作为义务,而案件不利的判决结果则是法院通过权衡全案事实与法律规定对败诉一方当事人科处的法律责任。这种法律责任既有实体法律责任内容,如判决一方向另一方承担侵权或违约责任,又有程序法律责任内容,如判决一方承担相关的诉讼费用。败诉一方当事人承担的这种不利法律后果是程序法上义务未满足的结果吗?我们认为,不完全是。一方面,程序法上的责任承担仅存在于当事人与法院之间,属于公法关系,而当事人之间的实体权利义务关系属于私法关系。虽然法院可以判决败诉一方承担相关诉讼费用,但是,这些诉讼费用是当事人向法院承担而不是向对方当事人承担。另一方面,实体法上的责任承担仅存在于当事人之间,是当事人违反法定或约定的义务而依法应向对方承担的法律责任。当事人向法院提起诉讼被正式受案后,法院则获得了对当事人实体权利义务关系的司法裁判权。在对抗制模式下,奉行证据裁判主义的法院有权要求当事人对其主张的事实向法院承担提证证明义务。如果当事人能拿出证据证明其主张真实合法,法院就依法支持当事人的主张,否则法院将不支持当事人的主张。法院对于当事人主张的支持或不支持就是当事人对法院承担的举证义务所产生的法律效果,具有程序法上的权利义务对应关系。

从程序法来看,举证是当事人的一项权利和义务;听证、认证也是法院的职责,是法院裁判权的重要内容。一方面,当事人的举证权对应法院的审核认证义务,即当事人有权向法院进行举证证明其主张,而法院有义务对当事人的证据进行审核认证并依法作出相应的结论;另一方面,法院享有听证权,有权要求当事人承担举证义务,同时有义务对当事人提交的证据进行听证并依法作出判断。法院支持或否决当事人主张的结果,最终会在裁判文书中以对当事人的实体权利义务进行处置的形式体现。由此,当事人在程序法上所承担的举证义务,最终会影响其实体法上的权利义务承担。如果当事人举证成功,则其实体权利主张会得到法院相应的支持,否则将被法院否决。虽然当事人的主张被法院否决并承担实体法上的不利后果是因为举证失败,但是这并非源于当事人不履行举证义务。事实上,当事人已经履行了其举证义务,只是相对于对方当事人的举证,败诉一方的举证行为并没有说服法官相信其主张的事实更为合法可信。由此,举证成功与否并不是举证义务是否得以履行或被违反的标准,即便双方当事人都积极履行了举证义务,总有一方会举证成功,另一方会举证失败。当事人这种败诉的不利后果本质上是法院判定其实体法上应承担的法律义务或不享有某种权利的体现,而不是其程序法上法律义务的体现。所以,这种不利的实体法后果并不是当事人违反举证义务的结果。即便当事人一方或双方基于某种原因举证不能,若这种举证不能可被认为是对举证义务的违反,法院也并不必然判定该方当事人承担不利的实体法后果,因为法院本身也具有查清案件事实之职责。如在缺席裁判案件中,缺席一方并未举证,法院也并不必然判其败诉。质言之,当事人在裁判上所承担实体法上不利的后果仍然是其私法权利义务的体现,并不是其对程序法上举证义务违反的法律后果。举证义务是程序法义务,性质上属公法义务,违反公法上的举证义务应以妨害举证行为论处或其举证权利应受到某种限制。反观当前我国主流学术界与实务界所谓的举证责任,这一术语既承担着公法上举证义务的内涵,又承担着私法上法律责任的内涵,导致举证责任内涵出现公私混杂、实体与程序混杂、义务与责任混杂三种不同属性的事物混杂的局面,这对举证责任这一术语来说显然是难以承受之重。所以,为了避免这种混乱现象,对举证责任内涵的理解应该做减法,使其含义恢复到一种较为单纯的界定。

如果举证责任中的"责任"一词仅限于行为义务而无不利后果,那么当事人对于举证义务的承担将无任何压力,责任将被虚置。义务的履行完毕或结束应有一个满足标准的问题,那就是当事人的举证证明行为能让法院相信其主张的事实合法可信。达到该标准,当事人的主张会得到法院支持,其关于该主张的举证责任将被法院免除;达不到该标准,当事人的主张将得不到法院的支持,当事人将因此承担基于该主张不被法院支持的后果。此为当事人需要承担的举证后果责任,这种后果承担使举证责任在性质上更像责任。因此,举证责任这一概念宜包含这种后果责任。但是,这种后果责任并不是实体法上的后果,而是程序法上的后果。所以,举证责任宜作如下界定:当事人为了使法院支持其主张而按照规定向法院承担的提供证据证明其所主张事实合法可信的义务。从该定义来看,可以得出关于举证责任的如下结论。一是举证责任是当事人承担的对其主张提供证据加以证明的责任,提供证据只是手段,证明则是目的。举证责任实质上就是举证证明责任或证明责任。二是举证责任中的责任有行为义务和结果责任两种属性:举证责任作行为义务来理解时,是当事人向法院承担的举证证明义务;举证责任作行为结果责任来理解时,是当事人对法院不支持其主张的一种风险负担。三是当事人对其主张的举证证明能获得法院确信则意味着当事人履行举证行为义务满足了法院的要求,此时当事人举证成功;当事人举证行为义务未能满足法院要求即举证失败。四是当事人对其主张的举证行为义务的满足情况与举证结果责任的负担呈反向相关关系,即举证行为义务未得到满足则举证失败,当事人需承担法院不支持其主张的风险。五是举证责任仅限于主张,当事人对其主张承担相应的举证责任,某主张一旦获得法院支持,该项主张上的举证责任即被免除。但是,可能有人会认为,设立举证责任的目的就是在案件事实真伪不明时解决案件败诉风险由谁承担的问题,[1]如果举证责任不是对案件事实真伪不明时的败诉风险负担,那么该风险又如何负担呢?我们认为,这涉及举证责任的分配问题,界定好举证责任的概念能为解决案件事实真伪不明时谁应承担败诉风险这一问题奠定良好的前提条件。一般情况下,法律无须对于举证责任作出特殊安排,原告到法院打官司,需要向法院主张被告侵权责任成立,由被告向其承担法律责任,即"谁主张,谁举证"。但是,对于主张侵权责任成立涉及两个方面的事实,即正面证立的事实(积极事实)和无反面抵消的事实(消极事实)。按照德国学者罗森贝克的法律构成要件分类说理论,向法院提告的一方只需承担法律责任成立的积极要件事实的证明责任,而对于抵消这种积极要件事实的消极要件事实的证明责任则由另一方在积极要件事实得以证明后承担。也就是说,原告需主张并证明其认为责任成立的要件事实,其举证证明完成后,由被告承担消极要件事实的证明责任,用以抵消原告的证明。因此,实体法上一般不对于举证责任作出特殊规定,在对抗制诉讼模式下,遵循谁先主张,谁先本证,接着由其对方反证的这种诉讼举证证明顺序。每一方对于其主张或反驳对方的主张未能完成举证义务,即可认为其所主张或反驳的事实真伪不明,需承担举证不能的不利后果。实体法上对于举证责任作出特殊的规定,即立法者发现在特定情况下完全遵循以上诉讼举证证明规则对于某一方非常不利,可能会出现有权利而无救济的法律不公。因此,为了减轻弱势原告的举证责任,立法者将弱势一方承担某一积极要件事实的举证责任改为强势一方来承担反向消极要件事实的举证责任。这一要件事实通常为因果关系要件事实,即因果关系举证责任倒置。

(二)关于举证责任倒置的问题

时至今日,我国学术界对于"举证责任倒置"这一术语的理解仍分歧严重,可

---

[1] 参见于飞:《论民事举证责任的本质及分担规则》,载《商丘师专学报》2000年第1期。

可以简单分为两派：肯定派和否定派。肯定派，即认为举证责任倒置存在的一类学者。他们多数认为举证责任倒置是"谁主张,谁举证"这一举证责任分配基本原则的例外,一般适用于特殊民事案件的场合。否定派,即不承认举证责任倒置存在的学者,他们关于举证责任倒置不存在的理由也不尽相同。张卫平教授认为我国不存在一个举证责任分配"正置"的基本原则,就谈不上其例外的"倒置"问题。李秀芬教授认为因民事诉讼存在对抗性,不太可能出现举证责任倒置。裴苍龄教授认为举证责任倒置有违诉讼证明规律。

应当看到,诉讼中举证责任的承担与启动是有其先后顺序的。《民事诉讼法》第67条第1款规定："当事人对自己提出的主张,有责任提供证据。"该法第68条第1款规定："当事人对自己提出的主张应当及时提供证据。"可以认为,我国民事诉讼实行的是"谁主张,谁举证"的举证责任分配基本原则。该原则可以解读为"谁先主张,谁先举证"和"谁后主张,谁后举证"。就证明属性而言,当事人对自己提出的主张从正面加以证立的证明为本证,而另一方当事人对于该主张从反面加以证伪的证明为反证。"谁主张,谁举证"这一规则,其实就是"谁主张,谁先本证",此时的举证责任即为本证责任。举证责任倒置肯定派的主流观点认为,在一些特殊案件中,按"谁主张,谁举证"的原则,根据法律要件分类说某项或某些法律要件事实本来应由原告承担举证责任,因案件的特殊性,法律规定由被告先行承担反向证明的举证责任。这种先行反向证明实际上要求被告先行主张并进行证明,实为一种反向本证责任。举证责任倒置肯定派认为这是案件部分要件事实的举证责任倒置,而不是全案事实的举证责任倒置,原告仍然承担着部分要件事实的本证责任。那么,法律规定某一要件事实举证责任倒置,是否意味着原告对该要件事实免于承担本证的举证责任而直接由被告承担反证的举证责任？如果原告免于承担本证责任,那就存在肯定派所谓的举证责任倒置,因为此时被告承担反向本证的举证责任。如果原告仍然承担着正向本证的举证责任,只有在本证举证责任卸除之后反证的举证责任才会出现,即原告本证的举证责任没有得以卸除则被告反证的举证责任不会出现,那就不存在所谓的举证责任倒置。

反观我国环境实体法上关于环境侵权案件实体要件举证责任的分配规定可知,《水污染防治法》第98条和《民法典》第1230条都规定在环境污染侵权诉讼中,被告污染者就排污行为与损害后果之间不存在因果关系承担举证责任。就法条内容而言，这些属于环境污染侵权案件实体要件举证责任分配的特殊规定，法律要求构成环境侵权责任成立的必要条件之一——损害后果与加害行为之间的因果关系由被告污染者承担先行反向本证的责任，而受害者原告就此要件免于承担正向本证的举证责任，或者可以在被告承担反向本证举证责任之后承担反证的举证责任。这就是理论界与实务界所言的因果关系举证责任倒置之规定。有必要指出的是，因果关系要件是排污行为与损害后果之间的因果关系，对该要件的证明从属于排污行为和损害后果的证明。诉讼中污染者承担不存在因果关系的举证责任，需要受害者先行完成对排污行为、损害后果两要件的举证证明并达到法定的证明标准。如果受害者未能全部完成该两要件的举证责任，那么污染者所承担的因果关系反向本证责任就仍处于待启动阶段。虽然实体法上对于因果关系举证责任承担有着倒置的规定，但是实践中法院发现该举证责任分配规则对于污染者被告而言并不公平，多数法院并不直接适用这一规定，而是按照自己对举证责任倒置规则的理解来分配举证责任，出现环境污染侵权案中因果关系举证责任分配混乱现象。在总结实践经验的基础上，最高人民法院《关于审理环境侵权责任纠纷案件适用法律若干问题的解释》第6条①的出台力图对因果关系举证责任分配进行再平衡并统一这种混乱局面。然而，司法解释只能是具体应用法律的问题的解释，这种增加受害者举证责任的规定显然是对《民法典》第1230条的含义进行的变通性解释。根据该司法解释，受害者需承担"污染者排放的污染物或者其次生污染物、破坏生态行为与损害之间具有关联性"的举证责任。法院并不要求污染者即侵权人直接承担因果关系反向本证责任，而要求受害者对于关联性先行承担正向本证责任。我们认为这属于因果关系事实推定，受害者对于损害后果与排污行为之间的关联性先行本证，由法院根据受害者的证明情况来推定因果关系存在，然后由被告承担因果关系不存在的反证责任。此时，原告承担的是因果关系存在的先行本证责任，而被告承担的则是因果关系不存在的反证责任，即又恢复到因果关系举证责任正置。据此，在司法实务中环境污染侵权诉讼就不再适用实体法上规定的因果关系"举证责任倒置"。

---

① 现为最高人民法院《关于生态环境侵权民事诉讼证据的若干规定》第5条第1款："原告起诉请求被告承担环境污染、生态破坏责任的，应当提供被告行为与损害之间具有关联性的证据。"

(三)关于证明程度

1.关于排污行为与损害后果的证明

由于证据偏在,原告对于被告排污行为取证困难,法院在审查证据时更应注重其内容的真实性而非形式的契合性。环境污染侵权诉讼中,受害者即原告多为村民,他们最常用的证明手段就是找知情者证明,多提供书面证言和口头证词。农村属于熟人社会,很多知情人并不愿意作证,证人出庭尤为不易,出庭作证的多与当事人之间有一定的利害关系,因此,法院对证人证言需要查证是否属实,而不能仅以证人与当事人有利害关系为由直接否决其证明资格。对于证人所描述的排污事实,有的证人证明被告有排放浓烟、刺鼻的气味、黄色的废水等行为,已经表明被告存在排污行为,法院不能以他们并非专业人员无法判断被告是否存在排污或超标排污行为为由否定其证明力。对于对方无异议的证人证言,法院也不应审查太过严格而将之排除。原告取证的另一个常见手段是拍照,有的原告举示被告有排污行为的照片,法院不能以照片不能证明被告排污是否超标或仅能证明当时有排污行为为由否定其对排污行为的证明力。2019年最高人民法院《关于民事诉讼证据的若干规定》第10条列举了当事人无须举证的情形,其中包括法院已经推定的事实。因此,在一些类型的案件中,法院可以主动推定排污行为的存在,无须原告过多举证。至少在以下情况下法院可以"根据已知的事实和日常生活经验法则"推定被告存在排污行为:发生环境污染事故后,官方媒体已经有报道;被告未建设或未运行相关污染处理设施而运营具有高污染性的企业;主管部门已经对被告的违法排污行为实施过行政处罚;当事人就污染损害达成过赔偿协议;排污者与第三人签订污染物无害化处理协议而未能证明协议获得履行;排污者施用具有污染属性的化学品;特定设施或活动产生特定污染物排放,如电信发射塔产生电磁辐射、锅炉烟囱产生粉尘排放、水泥厂产生粉尘排放、供暖管道吹管产生噪声排放、建筑施工产生噪声排放、牲畜养殖厂产生恶臭排放;等等。

原告对损害后果证明难的原因之一是法院过于注重证据的形式要件审查,原告所出示的有关证据因为存在形式上的某种缺陷而被法院拒绝认证。在农村,村民对于村委会等基层组织的归属感较强,遇到污染纠纷一般首先向本地村委会寻求帮助;村干部会及时参与污染纠纷的调查与调解工作,掌握着本村内部发生的一些污染纠纷情况。在诉讼程序中,村民有要求村委会在其职权范围内出具有关承包关系、受损财产归属、受损财产数量等损害情况证明的习惯。基层组织所出具的书面证言并非行政机关的公文书证,法院应核查是否属实,而不能仅以存在形式上的瑕疵而否定其证据资格。农村交易习惯一般是一手交钱、一手交货,村民间买卖商品很少签订书面合同或索要正式发票,卖家出具收据的情形都不常见。面对原告举示的收据,被告常以不是正式发票为由不予认可,法院此时应结合农村交易的习惯来判断该收据所反映事实的真实性,而不能仅以其不符合形式要件为由直接予以排除。诉讼证据是为了帮助法院查明案件事实,经核实的收据可以证明交易事实的存在,并非一定需要发票,毕竟不是为了财务报销。因此,对于原告所举示的销售单、送货单、收据等证据,法院不应仅以不符合形式要件为由一律予以排除。一方面,这些证据符合农村日常交易习惯,有的证据瑕疵可能为原告缺少取证经验所致,而且这些缺陷可以通过一定的方式予以补正;另一方面,虽然有的证据不能直接采信,但可以作为发现案件事实的线索,转化为其他证据形式来使用。例如,有的收据虽然不是正式发票,但可以通过其记载的开具人等信息,要求开具人出庭证明实际交易的对象、商品、价格、时间和地点等事实,用以弥补该收据的形式要件缺陷。申言之,即使有些收据不能作为书证使用,也可以作为书面证言使用,法院可以通过要求出具人出庭作证的方式主动向出具人核实该收据所反映交易的真实性,而不应直接予以排除。另外,农村实践中统计死鱼重量时并不会全部上秤称重,而是先称出单桶死鱼的重量,然后一桶一桶地来量死鱼,记下所量桶数,最后以桶数与单桶重量之积来计算总重量。这样的称重方式虽然并不准确,但是快速简便,符合存在大量死鱼时的称重习惯,如此取得死鱼数量的证据虽非出自第三方机构之手但仍然是可信的。总之,有关损害后果方面的证据,法院在审核时不应过分关注其形式要件,而应结合农村纠纷的实际,尊重农村存在的本地习惯,实事求是地核实有关证据所反映的事实是否具有真实性、关联性,而非仅因形式要件不合法而直接拒绝认证。

2. 关于关联性的证明

排污行为与损害后果之间具有的关联性是指排污行为与损害后果之间可能存在的一种引起与被引起的关系,即可能存在的因果关系,属于一种自然的、逻辑上的事实联系。这种关联性可以理解为被告排放的涉案污染物或次生污染物引起原告所诉称损害后果的可能性。由此,这种关联性由三个方面的条件组成:一是危害性条件,即被告所排放的污染物或次生污染物具有危害性;二是暴露条件,即受害者的人身或财产有在受涉案污染物或次生污染物及其污染的环境中暴露的情形;三是可能的对应关系条件,即被告所排放的污染物或次生污染的危害性与原告所遭受的损害具有可能的对应关系。在证明标准上,危害性条件与暴露条件属确定性事实范畴,原告的证明必须达到高度盖然性标准,而可能的对应关系条件则属可能性事实范畴,原告的证明只需达到引起合理怀疑的程度,为被告反证因果关系或关联性不存在提供排除范围即可。

四、环境司法鉴定

在环境侵权诉讼中,对一些专门性问题经常借由专门的机构或人员鉴定、评估、检测或化验形成具有科学技术性的报告、意见等形式的证据来加以证明,学理上称为科学证据。科学证据的类型多种多样,这里主要是指在环境污染侵权诉讼中由专门机构或人员对于排污是否超标或造成污染、关联性或因果关系是否存在、具体的损害等级或损害数额是多少等实体性证明主题所作的鉴定意见、评估报告、检测报告或专家意见等,或称为环境损害鉴定。此处的"鉴定"一词统一指代环境民事诉前或诉中通过专门机构或专家开展鉴定、评估、检测、化验等手段获取有关待证事实证据的活动。从鉴定主体来看,有机构鉴定,也有专家鉴定。从鉴定主体的资质来看,有获得特定资质的环境鉴定机构和人员的鉴定,也有未获得特定资质的机构和人员的鉴定。从适用对象来看,狭义的环境损害鉴定只是对环境损害,即环境公益损害的鉴定;而广义的环境损害鉴定除了对环境公益损害的鉴定外,还包括对民事主体因排污行为造成的人身、财产等损害,即私益损害的鉴定。从鉴定事项来看,环境损害鉴定主要包括污染物的属性、污染物的数量、是否构成污染、排污是否超标、排污与损害间是否具有因果关系、损害的原因、损害的等级、损害的数额等鉴定。从适用程序来看,环境损害鉴定既包括适用于诉讼程序的鉴定,又包括适用于非诉程序的鉴定。在环境污染侵权诉讼中,对于案件事实的证明人们青睐科学证据,科学证据被奉为"证据之王",胜诉的动机驱使着诉讼双方寻求获取对自己有利的科学证据。然而,环境污染侵权案件中科学证据适用也存在一些突出问题:案件事实证明过于依赖科学证据;各诉讼主体对科学证据的认可率悬殊;科学证据在适用时广受质疑;科学证据适用在立法上鉴定程序启动权不明、资质门槛设置过高、鉴定主体的基本权利和义务不甚明晰、鉴定意见缺少明确的审查认证原则等。在不少环境污染侵权案件中,适用科学证据出现不经济、不平等、"证据霸凌"等问题,甚至人们对于科学证据本身的科学性存有疑问。

五、当事人的诉讼策略

（一）牢记证据"三性"标准

不同于法院、行政机关、检察机关或鉴定机构等在取证时都有相应的取证规则或指引，当事人自行取证时缺少相应的规则或指引。但无论如何，当事人自行取证都应以证据"三性"为标准，保证自行获取的每一项证据材料不存在"三性"方面的瑕疵。实践中，当事人自行取证之所以不被法院支持，主要是因为这些不被支持的证据或多或少存在证据"三性"方面的瑕疵。当事人须知，在法庭上法官和对方当事人对证据的质证、审核是非常专业和用心的。在自行取证时，当事人应坚持高标准和严要求，严守证据"三性"标准，即合法性、真实性和关联性标准。在证据合法性问题上，当事人自行取证一定要遵守各种实体规范和程序规范，不得以触犯法律规范或损害别人合法权利的非法手段或方式来获取证据。在证据真实性问题上，当事人一定要严守客观事实，不要妄想获得额外的更大利益而故意捏造有关损失的事实。在证据关联性问题上，当事人自行取证一定要找到证据材料与待证案件事实之间的客观联结点，而不能主观判断相关性。

（二）参考借鉴既有取证规则

相对于行政机关执法取证，当事人能够自行取证的范围要小得多。在缺少专门取证指引规则的情况下，当事人自行取证可以参考借鉴行政机关行政执法取证中所遵循的一些成熟的可用规则。当事人自行取证与行政执法取证虽不可相提并论，但是，若欲使所取证据达到证据"三性"标准，所循规则必然有其共同之处。2011年5月，原环境保护部发布《环境行政处罚证据指南》，将其作为环境行政执法取证指引规则。从内容上看，该指南较多参考有关诉讼证据规则而制定，其中一些规则可供环境侵权诉讼当事人自行取证借鉴参考。在证据保全方面，当事人可申请公证机构进行证据保全。在收集书证方面，当事人应尽可能地收集书证的原本、正本和副本等书证原件；收集原件确有困难的，可以对原件进行复印、扫描、照相、抄录，经提供人和当事人核对后，在复制件、影印件、抄录件或者节录本上注明"原件存××处，经核对与原件无误"等。对于物证，当事人应尽可能地收集物证原物，并附有对该物证的来源、获取时间、提供人和收集人员姓名、证明对象的说明，并由提供人、当事人签名或者盖章；收集原物有困难的，可以对原物进行拍照、录像、复制等。对于视听资料，当事人应提取原始载体；无法提取原始载体或者提取原始载体有困难的，可以采取打印、拷贝、拍照、录像等方式复制，制作笔录记载收集时间、地点、参与人员、技术方法、过程、事项名称、内容、规格、类别等信息;声音资料还要附有该声音内容的文字记录等。对于证人证言,当事人应写明证人的姓名、年龄、性别、职业、住址、与本案关系等基本信息,注明出具日期,由证人签名、盖章或者按指印,并附居民身份证复印件、工作证复印件等证明证人身份的材料;证人证言中的添加、删除、改正文字之处,要有证人的签名、盖章或者按指印等。询问笔录属证人证言类证据,当事人采集时应遵循与证人证言相同的取证规则。在环境污染侵权案件中,原告以农村村民为主,其财产损失主要为农、牧、渔业等方面的损失,这些损失具有季节性、分散性、鲜活性等特点,需要及时取证。当事人自行取证确有困难的,应及时申请公证机构进行证据保全。在污染所致渔业损失取证方面,当事人可参考适用1996年10月原农业部发布的《水域污染事故渔业损失计算方法规定》等。

若不能委托中介机构取证,当事人自力取证应遵循一些不言自明的规则:应注意有其他证据佐证;使用拍照方式取证,应注意留下原始拍照时间、地点和参照物;使用录音录像取证要注意摄录周围的参照环境,不要随意转移载体,更不能随意编辑;使用证人证言,一定要请求证人出庭作证,不能出庭的也可申请法庭允许以视频连线方式作证;证据要形成链条。当事人委托中介机构取证的,首选具有相应资质的机构,签订委托服务合同,并要求受托方提供相应的资质证明和正规的服务费用发票。中介机构应遵守相应的服务操作规范并在合同中约定中介服务机构违规操作导致其所出示的证据不被采信的责任问题。若委托其他虽不具有法定资质但具有相应专业能力、经过注册核准的从业机构和人员取证,当事人也应与之签订正规的书面合同,要求受托人谨守从业规范和标准,尽可能地对其取证工作做到可回溯和可验证,并有多种形式证据形成链条相互佐证。

―――― 思 考 题 ――――

[1]当事人逾期提交证据可能面临哪些法律后果?
[2]环境污染侵权中关联性与因果关系的证明有何异同?
[3]司法实践中举证责任倒置规则是如何被弱化的?

———— 推荐阅读 ————

[1] 李庆保主编:《环境司法概论》,法律出版社 2023 年版。
[2] 李庆保:《环境民事诉讼证据制度研究》,法律出版社 2021 年版。
[3] [德]莱奥·罗森贝克:《证明责任论》(第 5 版),庄敬华译,中国法制出版社 2018 年版。
[4] 唐忠辉:《环境共同侵权研究》,中国社会科学出版社 2018 年版。
[5] 张宝:《环境侵权责任构成的适用争议及其消解——基于 4328 份裁判文书的实证分析》,载《湘潭大学学报(哲学社会科学版)》2018 年第 2 期。
[6] 陈伟:《环境质量标准的侵权法适用研究》,载《中国法学》2017 年第 1 期。
[7] 杨素娟:《论环境侵权诉讼中的因果关系推定》,载《法学评论》2003 年第 4 期。

5.5 环境公益侵权责任

☐ 理论导读

传统的侵权责任法主要对私益侵害予以救济,而《民法典》将侵权责任法扩展适用到公共利益损害的救济上,出现了侵权责任包括私益侵权责任与公益侵权责任的制度创新。《民法典》颁布之前,我国环境民事公益诉讼已经开始推行。环境民事公益诉讼在诉讼程序部分通过最高人民法院发布司法解释提供相应的程序规则供给,其中有一些规则出自环境私益侵权诉讼中对于受害者相对有利的规则。由于缺少实体法律规定,环境民事公益诉讼最初只能援引原《侵权责任法》的规定来演绎相应的规则,特别是关于责任的实体构成要件部分。经过几年的实践探索,《民法典》提供了环境公益侵权责任的实体规则。《民法典》对环境公益侵权责任规定了与环境私益侵权责任不同的构成规则,即环境公益侵权采过错责任(推定过错)原则,而不同于环境私益侵权中的无过错责任原则。尽管环境民事公益诉讼在保护环境公共利益方面发挥了重要作用,但仍面临一些挑战。例如,起诉主体资格扩展、预防性环境公益诉讼的启动、惩罚性赔偿制度的适用、举证责任分配、生态环境损害赔偿金的管理使用等方面仍存在争议;同时,诉讼风险和成本也限制了部分主体提起环境民事公益诉讼的积极性。期待"生态环境法"的编撰使环境公益诉讼的有些规则得到进一步的完善。

环友研究中心与壶镇精饰厂环境污染责任纠纷民事公益诉讼案

摘要：环境公益侵权的责任实体构建要件、举证责任分配及证明程度等问题不仅困扰着理论工作者，还困扰着实务工作者。环境公益侵权要不要实行与环境私益侵权一样的诉讼时效，环境公益侵权案件有哪些特殊的程序规则，也是值得探讨的问题。本案例在《民法典》实施后作出裁判，反映出原告社会组织针对环境违法企业提起的环境民事公益诉讼所遇到的典型障碍。

关键词：环境公益侵权；诉讼时效；举证责任；证明程度

一、案件当事人

原告：北京市朝阳区环友科学技术研究中心（以下简称环友研究中心）

被告：缙云县壶镇表面精饰厂（以下简称壶镇精饰厂）

二、案情简介

壶镇精饰厂是一家普通合伙企业，成立于2005年，是一家主要经营铝氧化、电解、电镀生产、有色金属表面精饰、五金加工销售以及气缸体生产销售的企业。该厂2013年因生产过程中酸雾净化塔未运行，车间酸雾收集后未处理直接排放，总排污口水样主要污染物pH超标，总铜、总锌、总铬、总镍均超标排放等违法行为，先后被环保部门作出行政处罚，责令整改并罚款。壶镇精饰厂经过整改，于2013年6月14日通过了环保部门的验收，恢复生产。2016年壶镇精饰厂污泥堆放场地不符合危险废物贮存标准，被缙云县环保部门行政处罚，2016年6月28日，缙云县环保部门进行了环境执法后督察，发现该厂已经整改到位。2017年8月1日，壶镇精饰厂因涉嫌违反环评制度和建设项目"三同时"制度行为被缙云县环保部门立案调查，2017年8月18日，受到责令停止生产或使用并处罚款的行政处罚，而后缴纳了罚款并拆除了超规模生产线。2017年8月9日，缙云县环保部门对壶镇精饰厂涉嫌未按规定进行突发环境事件应急预案备案行为进行立案调查，并对其作出罚款行政处罚。2017年8月9日，该厂因涉嫌随意堆放危险废物行为被缙云县环保部门立案调查，并受到罚款的行政处罚。2019年6月13日，该厂因涉嫌违反建设项目"三同时"制度行为和涉嫌违反环评制度行为被缙云县环保部门立案调查,并分别受到罚款。

环友研究中心是北京一家从事环境保护公益活动的社会组织,认为自己依法具有提起环境民事公益诉讼的主体资格。2019年10月30日,环友研究中心以壶镇精饰厂为被告向被告所在地的中级人民法院提起环境民事公益诉讼并获得立案。环友研究中心请求法院依法判令被告壶镇精饰厂:停止侵权,立即停止超标排放废水、废气、随意堆放危险废物等损害环境公益的违法行为;赔礼道歉,对其损害环境公益的行为在全国主流媒体向社会公众赔礼道歉;消除危险,即采取有效措施消除废水、废气等有害物对环境公益的危害风险;采取有效环保措施消除危险废物对土壤和地下水造成的损害;被告赔偿损失,即赔偿环境受到的损失以及环境受损至恢复原状期间服务功能的损失150万元(最终以评估确定的数额为准);承担本案检验、鉴定费用,合理的律师费以及原告为诉讼支出的差旅费等费用12万元(最终以确定的数额为准);等等。庭审期间,环友研究中心向法院申请就被告环境侵权行为对环境公益造成的损害和环境服务功能损失进行司法鉴定,并申请调取相关证据材料;法院认为本案无须委托鉴定或调取证据材料,未予准许。

三、案件审理情况

(一)一审案件的审理情况

1. 原告环友研究中心认为被告构成环境公益侵权的理由

第一,2013年,被告不正常使用大气污染处理设施,镀硬铬线车间的铬酸雾净化塔未运行,车间酸雾收集后未通过大气污染防治设施处理直接排放;总排污口主要污染物(pH、总铜、总锌、总铬、总镍)均超标排放,对环境公益造成了损害,被环保部门处罚。原告提供2013年环保部门出具的行政处罚决定书2份。

第二,2016年,被告将大量电镀及铝氧化污泥分别堆放在厂区废弃采石岩宕内、原海龙锅炉厂内、浙江罗森博格有限公司内和下项村某厂房内,堆放场地均不符合危险废物贮存标准,对环境公益造成了损害,受到环保部门的处罚。原告提供2016年环保部门出具的行政处罚决定书1份。

第三,2017年,被告超规模扩大生产线,包括半自动滚镀锌线1条、自动镀硬铬线1条、全自动镀铜线1条、酸洗槽13个、电解台37台、电解槽65个、蚀刻线1条,于2015年9月建成投产,无环保审批手续,违反环评制度和建设项目"三同时"制度;未按规定进行突发环境事件应急预案备案;随意堆放危险废物,危险废物堆放场所存在生活垃圾和危险废物共同贮存情况。该厂库存4200多吨危险废物，其中约2800吨存在厂里，另外约1400吨贮存在壶镇镇青川路123号厂房里，危险废物贮存场所未采取防渗漏措施，未进行封闭管理，对环境公益造成了损害，受到环保部门处罚。原告提供2017年环保部门出具的行政处罚决定书3份。

第四，2019年，被告扩大生产规模违反了建设项目"三同时"制度和环评制度，对环境公益造成了损害，受到环保部门处罚。原告提供2019年环保部门出具的行政处罚决定书1份。

2. 被告壶镇精饰厂认为没有构成环境公益侵权的理由

第一，壶镇精饰厂曾存在的环境违法行为已经过行政部门的处罚，主动履行缴纳罚款的义务，违法违规行为均整改到位，并提交环保部门行政执法后监督笔录4份。

第二，壶镇精饰厂所处厂区的地下水及土壤检测结果均符合《缙云项目土壤自行监测执行标准》，已尽到环境修复责任，不存在超标排放、堆放污泥等造成污染环境的违法行为，并提交《缙云项目土壤自行检测执行标准》《技术咨询合同》《检测报告》等材料作为证据。

第三，壶镇精饰厂排气、排水等情形均符合相关规定，通过对地下水、土壤、大气的检测，没有造成环境污染，并提交检测报告3份。

第四，壶镇精饰厂已经于2019年11月7日启动破产重整程序，原告如果认为被告造成环境侵权，应该进行债权申报，然后经过破产管理人团队认定，再按照《企业破产法》的相关规定进行债权分配。原告提交《破产申请书》及《缙云县企业风险化解处置协调小组办公室关于缙云县壶镇表面精饰厂（普通合伙）破产重整方案的报告》等证据材料。

3. 一审法院关于被告不存在环境公益侵权的认定理由

首先，原告针对被告2013年不正常使用大气污染治理设施和废水超标排放的违法行为提起诉讼，该违法行为已经被责令限期治理整改，被告壶镇精饰厂对该环境侵权请求权提出诉讼时效抗辩，符合法律规定。

其次，原告提交的几份被告因违反环境保护法律法规的管理性规定而受到行政处罚的决定书，并不能证明被告壶镇精饰厂有环境污染行为以及该污染行为造成了环境损害。原告并未完成被告存在环境污染行为和造成环境污染损害后果两个实体要件事实的证明。

再次，因为本案未发生委托鉴定，所以不存在鉴定费用由被告承担的问题，原告的诉讼请求未获支持，其要求被告支付相关的诉讼费用也不予支持。

最后，一审法院判决驳回原告的诉讼请求，并由原告承担本案的案件受理费19,380元。

(二)二审法院的审理情况

1. 上诉人(一审原告)的上诉请求及理由

上诉人请求二审法院撤销一审法院判决，发回重审或者查清事实后依法改判支持其一审诉讼请求，并提出以下几点理由。

第一，环友研究中心一审立案提交的6份行政处罚决定书是壶镇精饰厂已经损害社会公共利益或者具有损害社会公共利益重大风险的初步证明材料，当然不能够仅凭6份处罚决定书就实现全部诉讼请求。事实上，环友研究中心依据最高人民法院《关于审理环境民事公益诉讼案件适用法律若干问题的解释》的规定，在一审期间明确要求法庭依法责令壶镇精饰厂提供与本案密切相关的证据材料，提出鉴定申请等，法庭未予许可。环友研究中心多次提示法庭，应当依职权主动调取与本案诉讼请求密切相关的证据材料，可是一审法院毫无作为。一审法院以所谓证据不足为由驳回环友研究中心的一审诉讼请求，无论依据基本逻辑还是法律常识，都是错误的。一审判决错误地适用了最高人民法院《关于审理环境侵权责任纠纷案件适用法律若干问题的解释》，要求环友研究中心承担普通环境侵权责任纠纷案件的举证责任，而不是按照相比普通环境侵权责任纠纷更为特殊的最高人民法院《关于审理环境公益诉讼案件适用法律若干问题的解释》适用本案。

第二，环友研究中心的初步证据已经能够证明壶镇精饰厂有环境污染行为以及该行为造成了环境损害，环境损害的具体损失数额需要在调取相关证据的基础上进行司法鉴定与评估。壶镇精饰厂作为重污染电镀企业，其实际投入的产能是获批产能的3倍以上，严重超规模的生产导致大量污染物严重危害生态环境，未经批准的超规模产生的污染物均未经过任何处理直接排放于外部环境，这些是行政处罚决定书所反映的客观事实；壶镇精饰厂擅自新增生产设备，没有同步建设的环保设施，投产运行过程中排放的各类污染物中大量富含重金属的废水、废气以及电镀污泥等危险废物，均没有作任何环保处理就直接排放于外部环境；壶镇精饰厂增加的生产线不仅未办理环评手续，其环保设施也依然未落实，超规模的生产设备仍在违法生产，污染物仍然直接排放于外部环境。2012年至2013年，壶镇精饰厂虽有相应的环保设施处理废水、废气,但其生产产生的酸雾及挥发气体仍时常超标,其排放的含镍、铬、锌等重金属废水则超标直排紧邻厂区的好溪,正常生产情况下尚且超标排放;自 2015 年 9 月起,超原批准数量 3 倍以上的规模设备同时违法生产,对环境造成污染和损害。壶镇精饰厂长期不正常使用大气污染设施、超标排放废水且未整改,一审法院认为这些不能证明壶镇精饰厂有环境污染行为以及该行为造成了环境损害,显然错误。在一审阶段,环友研究中心代理人一再申请调取证据,壶镇精饰厂在法院的支持下,始终不肯提供。

第三,按照最高人民法院在(2015)德中环公民初字第 1 号判决中确立的裁判要旨,企业超标排放污染物的行为导致大气环境的生态附加值功能受到损害的,应当承担赔偿责任;最高人民法院在(2014)苏环公民终字第 1 号、(2015)民申字第 1366 号裁判中也就排放水污染物的行为人应当承担赔偿责任作了规定。以上为初步证据即能够证明环境污染行为,以及对环境损害后果定性的案例。

第四,虽然环友研究中心的初步证据并不能证明环境损害的具体损失数额,但是环友研究中心在初步证明壶镇精饰厂已经损害社会公共利益或者具有损害社会公共利益重大风险后,反复向法庭提出申请,包括取证申请和鉴定申请。法院应当依职权向有关政府部门调取证据、责令壶镇精饰厂提交相关证据,并通过司法鉴定等方式查明壶镇精饰厂侵权行为给环境造成的具体损害后果。一审法院错误地把案件事实查明的责任全部归结到环友研究中心的初步证据上,实质是怠于履行法院在环境公益诉讼案件中的能动性作用,根本违背了国家建立的环境公益诉讼制度。综上,现有的初步证据已经能够证明壶镇精饰厂侵权行为成立,环境损害后果定性成立。至于侵权行为对环境造成损害后果的量化,需要依据调取的其他证据材料,按照环境公益诉讼相关司法解释规定进行司法鉴定等。即便环境损害结果数量没有量化,也并不意味着环友研究中心的诉讼请求不能被支持。

2. 被上诉人(一审被告)在上诉审的辩解理由

第一,环友研究中心对一审判决认定的壶镇精饰厂的行为没有造成损害事实有异议,但环友研究中心一审提供的证据不能当然证明存在损害的事实和后果。

第二,壶镇精饰厂举证的证据能够证明其已经整改并缴纳罚款,没有造成损害后果。壶镇精饰厂每年都会对土壤和地下水进行检测,结果都是合格的,没有造成环境污染的事实。

第三,关于启动鉴定和举证责任的问题,环友研究中心要求提供的材料多且不具体,也没有针对性,壶镇精饰厂无法提供。环友研究中心一审开庭前没有提出鉴定申请,鉴定也没有必要性。

3. 二审法院的裁判理由及结果

二审法院认为,环友研究中心提供的初步证据未能证明壶镇精饰厂存在损害社会公共利益或具有损害社会公共利益重大风险的污染环境行为,环友研究中心要求壶镇精饰厂承担环境侵权责任的主张不能成立,原审据此驳回环友研究中心的诉讼请求,并无不当。二审法院判决驳回上诉,维持原判,二审案件受理费人民币 19,380 元由上诉人环友研究中心负担。

四、附录

浙江省丽水市中级人民法院民事判决书,(2019)浙 11 民初 171 号。

浙江省高级人民法院民事判决书,(2020)浙民终 847 号。

环友研究中心与壶镇精饰厂环境污染责任纠纷民事公益诉讼案 教学指导手册

☐ 教学具体目标

在民事诉讼法上,本案例将重点讲授以下问题:(1)诉权;(2)环境公益诉权;(3)环境公益侵权案件中实体要件举证责任分配规则;(4)环境民事公益诉讼特殊证据规则;(5)环境民事公益诉讼时效或起诉期限;(6)环境民事公益诉讼中的特殊程序制度。

在民事实体法上,本案例将就环境公益侵权责任实体构成的理解与证明进行讲授。

☐ 教学内容

一、环境公益诉权

(一)诉权及其分类

诉,即请求或诉求。诉权,即诉讼请求权,是权利人得以向国家(以法院为代表)提起的请求对民事争议进行裁判并保护其合法权利的一种司法保护请求权。民事诉权具有双重所指:一是程序意义上的诉权,即权利人依据《民事诉讼法》的规定向法院提出的保护其合法权益的审判程序上的请求,内容涵盖起诉权、答辩权、委托诉讼代理人权、申请回避权、辩论权、反诉权、质证权、撤诉权等权利,这些权利体现了权利人与法院之间的民事程序上的权利义务关系;二是实体意义上的诉权,权利人依据实体法的规定可通过法院向义务人提出实体权利请求,亦称胜诉权,体现了权利人与义务人之间民事实体上的权利义务关系。权利人行使程序意义上的诉权旨在保护并实现其实体意义上的诉权:若无程序意义上的诉权,实体意义上的诉权就无从实现,无救济即无权利;若无实体意义上的诉权,权利人程序意义上的诉权也无行使的必要,无权利即无救济。二者之间是形式与内容、手段与目的的关系。

(二)私益诉权与公益诉权

传统的民事诉讼属于私益保护诉讼。民事诉权是为了保护权利人的民事实体权利而设置的,实体权利之存在是诉权存在的基础。法律规定,权利人向法院提起民事诉讼必须"与本案有直接利害关系",即对本案被告享有实体权利。原告向法院起诉是为了保护自己的民事实体权利,并且要以与被告之间存在民事实体法律关系争议为基础。因此,这种民事诉权属于私益诉权。在环境民事公益诉讼中,起诉者要保护的是环境社会公共利益,这种环境社会公共利益并不是起诉者自己的民事实体权利,而是不特定多数的社会公众共享的利益。此时,起诉者所行使的诉权是一种公益诉权。虽然起诉者可以归入社会公众的一员,但是这种环境社会公共利益并不专属于起诉者,甚至被诉者也是社会公众的一员,也享有环境社会公共利益,因为这种由社会公众"共享"的利益并不具有排他性。谁享有公益诉权谁就具有公益诉讼起诉主体资格,换言之,谁具有公益诉讼起诉主体资格谁才可能享有公益诉权。

(三)公共信托理论下的公益诉权说

我国《环境保护法》第6条第1款规定:"一切单位和个人都有保护环境的义务。"这种普遍环保义务所对应的权利主体是谁?遗憾的是,法律并未对之作一步的明确规定。为了解决谁有权利保护环境社会公共利益,还需另辟蹊径,这种情况下,公共信托理论进入人们的视野。信托,指基于委托人的信任和委托,受托人按委托人的意愿以自己的名义,为受益人的利益或者特定目的进行管理或者处分的行为。盛行于英国普通法上的信托理论可追溯至罗马法：罗马法认为基于自然法，空气、流水、海洋都是属于所有人的公共财产。1970年，美国学者萨克斯（Sax）认为，阳光、水、野生动植物等环境要素是全体公民的共有财产；公民为了管理他们的共有财产，而将其委托给政府，政府与公民从而建立起信托关系。根据公共信托理论，国家对生态环境的管理权只不过是为保护社会公共利益，国家是全体国民公益代表人而且负责监督生态环境公益的实现。以公共信托理论为基础，诉讼信托是当全体国民交给国家信托管理的财产受到侵害时，国家就有义务保护信托的财产不受损害，为此，国民又将自己的一部分诉权托付给国家，这就是诉讼信托。此时，国家获得的诉权是一种公益诉权。国家不可能亲自出庭起诉、应诉，故又通过立法将这种公益诉权分配给值得信任的主体，由立法者决定谁享有公益诉讼的起诉主体资格。

（四）我国享有环境民事公益诉权的主体

2012年修正的《民事诉讼法》第55条规定："对污染环境、侵害众多消费者合法权益等损害社会公共利益的行为，法律规定的机关和有关组织可以向人民法院提起诉讼。"该条将我国环境公益诉权授予了"法律规定的机关和有关组织"。从公共信托的角度来看，能够被授予环境公益诉权的主体需具备以下条件：一是值得信托；二是有能力；三是有意愿。早在1999年，修订后的《海洋环境保护法》第90条第2款就赋予海洋环境监督管理部门代表国家对破坏海洋生态、海洋水产资源、海洋保护区，给国家造成重大损失的责任者提出损害赔偿的权利。随着立法实践的推进，2014年修订的《环境保护法》进一步明确了社会组织享有环境民事公益诉权的具体条件。2017年修正的《民事诉讼法》又授予检察机关以民事公益诉权。同年，在总结试点经验的基础上，中共中央办公厅、国务院办公厅印发《生态环境损害赔偿制度改革方案》，规定省级、市地级政府及其指定的部门或机构有权提起生态环境损害赔偿诉讼。至此，我国享有环境民事公益诉权的主体包括以下几类：一是符合条件的环境保护社会公益组织；二是检察机关；三是行政机关（包括省级、市地级政府及其指定的部门或机构、海洋环境监督管理部门等）。

二、环境公益侵权责任实体构成要件

环境污染、生态破坏，首先损害的是生态环境，而生态环境则属于公共利益的范畴。我国的环境民事公益诉讼制度是为了解决生态环境公共利益受到侵害的民事赔偿或救济问题而建立的。与环境私益侵权中环境污染或生态破坏对于私人利益的侵害多属间接侵害不同，环境污染或生态破坏行为对于环境公共利益的侵害属于直接侵害。《民法典》第 1234 条规定："违反国家规定造成生态环境损害，生态环境能够修复的，国家规定的机关或者法律规定的组织有权请求侵权人在合理期限内承担修复责任。侵权人在期限内未修复的，国家规定的机关或者法律规定的组织可以自行或者委托他人进行修复，所需费用由侵权人负担。"该法第 1235 条规定："违反国家规定造成生态环境损害的，国家规定的机关或者法律规定的组织有权请求侵权人赔偿下列损失和费用：（一）生态环境受到损害至修复完成期间服务功能丧失导致的损失；（二）生态环境功能永久性损害造成的损失；（三）生态环境损害调查、鉴定评估等费用；（四）清除污染、修复生态环境费用；（五）防止损害的发生和扩大所支出的合理费用。"2014 年修订的《环境保护法》第 58 条规定："对污染环境、破坏生态，损害社会公共利益的行为，符合下列条件的社会组织可以向人民法院提起诉讼：（一）依法在设区的市级以上人民政府民政部门登记；（二）专门从事环境保护公益活动连续五年以上且无违法记录。符合前款规定的社会组织向人民法院提起诉讼，人民法院应当依法受理。提起诉讼的社会组织不得通过诉讼牟取经济利益。"2023 年修正的《民事诉讼法》第 58 条规定："对污染环境、侵害众多消费者合法权益等损害社会公共利益的行为，法律规定的机关和有关组织可以向人民法院提起诉讼。人民检察院在履行职责中发现破坏生态环境和资源保护、食品药品安全领域侵害众多消费者合法权益等损害社会公共利益的行为，在没有前款规定的机关和组织或者前款规定的机关和组织不提起诉讼的情况下，可以向人民法院提起诉讼。前款规定的机关或者组织提起诉讼的，人民检察院可以支持起诉。"据此，符合法律规定条件的社会组织和检察机关可以就环境违法行为造成环境社会公共利益损害的提起环境民事公益诉讼，追究违法行为人的环境公益侵权责任。然而，法律对于环境公益侵权责任的构成要件并未直接明确规定，环境公益侵害民事责任的构成要件也应分别从加害行为、损害后果、因果关系和主观过错这几个方面进行考察。

（一）加害行为

损害环境公益的行为显然就是排污行为或生态破坏行为。加害行为这一要件，除了有关行为本身，还涉及加害行为人。理论上，环境公益侵权中环境公益侵害的行为人与环境私益侵权中通过损害环境公益进而损害他人私益的行为人并没有多大差异。从法条规定来看，只要排污行为或破坏生态行为侵害了环境公益,似乎无论是合法的行为还是非法的行为都有可能成为环境民事侵权的侵权人。但实践中,环境民事公益诉讼似乎都集中针对的是非法排污或破坏生态的行为。从环境公益受侵害的链条来看,排污行为或生态行为属于直接侵害环境公益的行为,排放的污染物或破坏生态的行为直接作用于生态环境要素,致生态环境要素产生损害后果或具有损害后果的危险。

(二)损害后果

环境公益损害后果分为两种:一种是发生实际损害后果;另一种是并未发生实际损害后果,但存有产生损害后果的风险。环境民事公益诉讼旨在对于环境公益损害进行救济或预防,社会组织或检察机关通过司法诉讼途径迫使行为人对其损害环境的行为负责,修复并赔偿相应的环境公益损失或费用损失。这些环境公益或费用损失,是指加害行为所造成的环境公益本身的减损和由此给社会公众造成的精神困扰,消除该损害或损害风险的成本,以及将环境修复到损害发生之前状态的所有成本,包括民事公益诉讼本身的成本。司法实践中,环境公益损害可涵盖以下范围:生态环境服务功能损失;生态环境修复费用;为防止损害扩大而支出的应急处置费用;消除危险或处置危害物质的费用;社会公众因环境公益损害而遭受的精神利益损失;诉讼费、鉴定评估费、律师费等其他合理费用等。损害风险是指可能发生但尚未发生的损害威胁。环境公益属于社会公众的利益,一旦受到损害很难完全恢复原状,环境法上坚持风险预防原则,对于环境公益受到的损害风险,行为人应采取兼顾成本与效益的措施及时加以预防。在环境公益损害的判断上,应以环境质量标准来衡量。有些有毒有害物质一旦不适当地进入环境,造成环境质量下降,那么该物质进入环境本身就是对环境公益的损害,不能以公众尚未接触该物质或未发生可以察觉的损害后果就认为环境公益未受到损害。有时候,利用环境的行为虽未产生环境公益损害,但可能使环境公益处于损害风险之中,这种环境损害风险本身也可作为一种损害后果。在证据方面,环境民事公益诉讼的起诉者是为了保护环境公益而诉,有关环境公益的损害后果的证据不像环境私益诉讼那样在起诉者一方。对于环境公益损害后果的证明,公益起诉者更多的是借助第三方评估、鉴定机构或有关专家等帮助提出证据,这也是环境民事公益诉讼中科学证据常见的重要原因。

(三)因果关系

环境公益损害是环境自身因受到污染或破坏而遭受的损害,因此,环境污染与生态破坏的行为与结果之间没有中间环节,环境公益侵权构成的实体要件中的因果关系为直接因果关系。环境民事公益诉讼中,因果关系的证明明显比环境私益侵权诉讼中的证明要相对简单。环境民事公益诉讼实践中,对因果关系这一要件的证明也呈现出多种情形。一是因果关系在庭审中未涉及或予以免证。个中原因可能有公益诉讼的诉请不是要求被告承担损害赔偿责任而是迫使其遵守有关环境行政管理规定以消除环境损害风险,因未涉及环境公益损害的赔偿问题而未涉及因果关系;鉴定机构出具的生态环境损害鉴定评估报告被法院直接采用致因果关系免证;法院直接对生态环境修复费数额进行酌定致因果关系免证;对于历史累积下来的环境公益损害,因未追溯既往而未涉及因果关系证明;在刑事附带环境民事公益诉讼案件中刑事部分已作判决,在追究环境公益损害赔偿责任时,因果关系免证;被告自认而无须证明因果关系;被告证明其不是适格主体,亦未涉及因果关系证明;等等。二是因果关系清晰较为明了。不少案件中环境公益损害责任主体单一,因果关系明了,法院经过一般逻辑推理即能认定存在因果关系等。三是环境共同侵权案件中,某被告的行为是否构成共同侵权行为一般会涉及因果关系证明。在一些环境共同侵权案件中,有的被告认为其行为与其他被告的行为并未构成共同侵权,辩解理由是其行为与案涉环境损害后果之间缺少因果关系等。四是适用举证责任倒置,被告未能证明不存在因果关系而推定因果关系成立。五是起诉者拿出确定因果关系存在的鉴定报告,被告未能反驳成功而被认定存在因果关系。以上情形虽不能涵盖所有环境民事公益诉讼中因果关系证明上的情形,但是,以上情形也反映出环境民事公益诉讼实践中加害行为与损害后果或损害风险的因果关系证明并不像环境民事私益诉讼那样争议激烈。究其原因有二:一是环境公益损害后果与加害行为之间一般为直接因果关系,只要受到法律规制的加害行为进入环境或作用于环境要素,这种加害行为与损害后果之间的事实因果关系即可推定成立,被告往往难以辩解,因果关系争议较少;二是环境民事公益诉讼案件中,确定环境公益损害时经常会涉及鉴定,鉴定机构在鉴定损害后果时往往一并将因果关系加以鉴定,被告一般难以推翻鉴定意见,则因果关系自然也就被认定存在。

(四)主观过错

《民法典》颁布之前,对于环境公益侵权采过错责任原则还是无过错责任原则,立法与法律解释中未见明确规定。环境民事公益诉讼中,在追究被告环境公益侵权责任时因缺少特定的针对性规则,有的法院会套用环境私益侵权中的无过错责任原则,即不要求被告具有主观过错。《民事诉讼法》第 58 条并未将损害社会公共利益的行为限定为违法行为或有过错的行为;《环境保护法》第 58 条未将污染环境、破坏生态,损害社会公共利益的行为限定为违法行为或有过错的行为;《土壤污染防治法》第 97 条未将损害社会公共利益的土壤污染行为限定为违法行为或有过错的行为。同时,2020 年修正的最高人民法院《关于审理环境民事公益诉讼案件适用法律若干问题的解释》中由社会组织发起的环境民事公益诉讼和 2020 年修正的最高人民法院、最高人民检察院《关于检察公益诉讼案件适用法律若干问题的解释》中有关检察机关提起环境民事公益诉讼所针对的"损害社会公共利益的行为"都未限定为违法行为或有过错的行为。但是,2020 年颁布的《民法典》第 1234 条和第 1235 条将环境公益诉讼所针对的行为限定为"违反国家规定造成生态环境损害"的行为。不同于《刑法》第 96 条的规定,此处的"违反国家规定"包括违反法律、行政法规的规定,也可以包括违反部门规章和地方法规的规定,以及违反司法解释的规定等。因此,环境公益侵权责任应以环境利用行为违反法律为必要,要求行为人主观上有过错,即采过错责任或违法责任原则。在性质上,这里的违法行为一般属于违反行政法律规定且应受行政处罚的行为,所以,环境公益侵权责任中的主观过错应从行政法的角度来判断。《行政处罚法》第 33 条第 2 款规定:"当事人有证据足以证明没有主观过错的,不予行政处罚。法律、行政法规另有规定的,从其规定。"行政法上要求行政机关对于环境利用行为进行规制,一般情况下,行政相对人被发现有违反法律的行为时即推定其主观上有过错,而行政相对人能证明其主观上无过错的则可以免于处罚,换句话说,此时行政相对人并未构成行政违法行为。这种主观过错的举证负担非常关键,如果由行政相对人来负担,就属于推定过错责任;如果由行政主体来负担,就属于一般过错责任。从现行环境民事公益诉讼实践来看,在被告被追究公益损害民事责任的情形中,绝大多数被告存在违法行为,而且采推定过错责任原则。

  在特定情形下,环境公益侵权责任采过错责任原则对于环境公益的保护而言也存在缺陷。现代社会中存在诸多高风险行业,其中一些行业对于环境公益损害的风险比其他行业更高。如果这些更高风险行业中的环境利用行为对于环境公益侵权采过错责任,就会放纵行为人对其环境利用行为可能给环境公益造成的损害风险麻痹大意,使其认为只要遵守了相关要求即使造成环境公益损害也会免责,这显然不利于环境公益保护。因此,为了避免适用过错责任原则使这些环境公益损害高风险行业中合法利用环境的行为给环境公益造成实际损害出现无法救济的现象,应对于那些更高风险的环境利用行为设定比普通环境利用行为更严格的注意义务,即要求其承担严格责任或无过错责任。如此,在适用严格责任或无过错责任时,可能对于责任人造成过重的经济负担,立法者可以考虑采用风险分担社会化机制予以化解,即强制性要求行为人在开展特定的环境利用行为之前为其可能造成的环境公益损害投保环境险。这样,行为人在完全无过错的情况下造成环境公益损害的,可以由保险公司在保额限度内予以赔偿。此时,行为人对其损害环境公益的行为承担无过错责任,并通过保险机制予以社会化分担。比如,在储存、运输或处置危险化学品时,应强制要求相关的化学品所有权人、保管人、承运人或处置人投保环境公益损害意外险;行为人未投保险而开展相关行为或投保后对于造成环境公益损害有过错的,应在其过错范围内承担过错责任。因此,对于一般环境利用行为所造成的环境公益侵权应以过错责任为原则,要求造成环境公益损害的行为人主观上有过错,无过错则不承担责任;对于那些对环境公益损害风险更高的行业,强制性要求行为人投保环境损害意外险,行为人对于其无任何过错的行为所造成的环境公益损害应承担无过错责任或严格责任,但可通过保险机制予以分担。当然,这种需要执行强制性保险的行业范围应由法律加以明确规定。一旦环境公益侵权责任成立,被告承担无过错责任时应先由保险公司在其保额限度内承担合同替代赔偿责任,在保额限度外仍未清偿的部分由被告自己承担。当被告对于环境公益侵权具有明显过错时,仍应由被告自行承担损害赔偿,保险公司可以免责。概括而言,无论是普通环境利用行业还是法定的高风险行业,只要损害者具有主观过错,一旦责任成立,则损害者都应承担责任;法定高风险行业的损害者无过错时也要承担责任,并可通过保险进行成本社会化分担,一般领域的损害者无过错则不承担责任。对于法定高风险行业范围及其环境强制保险义务的确定,《民法典》在未来修改时应作出回应。

三、环境公益侵权案件中实体要件举证责任分配及特殊证据规则

(一)环境公益侵权实体举证责任分配

在环境公益侵权责任构成上,一般行业领域实行过错责任,法定特殊行业领域则实行严格责任或无过错责任,而且多数情况下被告与有公权机关支持的社会组织起诉者或检察机关法庭对抗时是处于相对弱势的一方。这些与环境民事私

益侵权诉讼存在明显差异,因此,环境民事公益诉讼案件难以直接援引环境私益侵权诉讼的有关规定来处理其实体证明对象的举证责任分配问题,环境民事公益侵权案件应建立专属的举证责任分配规则。当前,虽然法律和司法解释对于环境民事公益诉讼作出规定,但是这些规定仍不够完善。就起诉权而言,对于社会组织的诉权既有《民事诉讼法》在程序法上作出规定,又有《环境保护法》在实体上作出规定,而检察机关提起环境民事公益诉讼的诉权却只在《民事诉讼法》上作出规定。因此,有必要在《环境保护法》上对检察机关的公益诉权以及公益诉讼举证责任分配规则作出补充规定。就检察机关的公益诉权而言,可在《环境保护法》第58条后面再补加一款作为第3款来规定检察机关公益诉权:人民检察院在履行职责中发现前款规定的损害社会公共利益的行为,在没有前款规定的社会组织或者前款规定的社会组织不提起诉讼的情况下,可以向人民法院提起诉讼。前款规定的社会组织提起诉讼的,人民检察院可以支持起诉。就公益诉讼举证责任分配而言,可以再在以上第3款之后补充一款作为第4款,其内容为,提起诉讼的社会组织或人民检察院需就被告有污染或破坏生态环境的行为、社会公共利益遭受损害或损害的威胁、行为与损害或损害的威胁之间存在因果关系以及行为违反国家规定承担举证责任,法律另有规定的除外。社会组织在无国家机关支持起诉时,可只对行为与损害或损害的威胁之间存在因果关系承担初步的举证责任。据此,一般领域里的环境公益侵权采四要件,即加害行为、损害后果、因果关系和主观过错,法律规定采无过错责任的则采三要件。在举证责任分配上,实行"谁主张,谁举证"的原则,这不同于环境私益侵权中对因果关系存在实行事实推定。同时需要指出的是,2020年修正的最高人民法院《关于审理环境民事公益诉讼案件适用法律若干问题的解释》第8条第2项并不表明该司法解释认为原告只需对因果关系承担初步举证责任,而只是表明案件可诉性或可立案性的条件之一。当然,对于由社会组织发起的环境民事公益诉讼,如果社会组织在起诉时缺少公权机关的支持起诉,其在诉讼中举证能力相对而言并不处于优势,则可适当减轻原告社会组织的举证负担。社会组织在承担因果关系举证责任时,可以比照环境私益侵权诉讼中原告所承担的关联性举证责任,只需对因果关系进行初步的证明。

(二)特殊证据规则

环境民事诉讼证据规则可因起诉主体不同而有所不同。社会组织发起的环境民事公益诉讼案件中,所应遵循特殊的证据规则如下。一是无国家机关支持起诉的原告承担因果关系存在的初步举证责任。此时，社会组织提起环境民事公益诉讼时，应向法院提交被告的行为已经损害社会公共利益或者具有损害社会公共利益重大风险的初步证明材料。这既是对原告起诉形式要件的规定，也是对其承担因果关系举证责任的规定。二是对被告持有而拒不提交的证据材料作对其不利的推定。在环境民事公益诉讼中，原告只是环境公益保护的信托起诉人，并非案涉利益的实际权利人，也不像被告那样是案涉环境利用行为的行为主体。因此，就证据分布而言，在环境民事公益诉讼中证据明显偏向于被告。被告对排放的污染物种类、方式、时间、地点、浓度、总量、超标情况以及防治污染设施的建设和运行情况等环境信息掌握或应该掌握，而这些环境信息又对证明案涉排污行为与环境损害后果的事实非常必要。根据《民诉法司法解释》第112条、2020年修正的最高人民法院《关于审理环境民事公益诉讼案件适用法律若干问题的解释》第13条以及2019年修正的最高人民法院《关于民事诉讼证据的若干规定》第45条至第48条的规定，原告可以就此类证据材料向法院申请书证提取命令，要求被告提交相应证据；被告无正当理由拒不提交的，如果原告主张相关事实不利于被告，法院可以推定该主张成立。三是法院的查证职权。环境民事公益诉讼是为了保护公共利益，原告社会组织收集证据能力明显不足。根据《民诉法司法解释》第96条第1款第1项以及最高人民法院《关于审理环境民事公益诉讼案件适用法律若干问题的解释》第14条的规定，法院在审理环境民事公益诉讼案件时认为有必要可以自行调查收集证据。此处法院自行查证是为了查清案件事实，维护公共利益，主要是辅助原告取证，一般不会辅助被告取证。对于应当由原告承担举证责任且为维护社会公共利益所必要的专门性问题，法院可以委托鉴定。四是专家意见具有可采性。出庭专家的意见在环境民事公益诉讼中被赋予特殊的地位。根据相关司法解释的规定，专家意见经质证，可以采信为定案证据。五是原告自认可不被法院认可。一般情况下，民事私益诉讼中一方当事人可自认对方当事人主张的事实，如此可免去对方当事人就此事实的举证负担。但在环境民事公益诉讼中，作为环境公益保护的信托诉权人，如果原告社会组织在诉讼中自认对其不利的事实可能损害环境社会公益，而此时法院可不予认可。此时，被告仍需承担原告所谓自认事实的举证责任。六是法院对生态环境修复费用数额的合理确定。在民事私益诉讼中，对于主张赔偿的数额，应由受害者举证证明，而生态环境修复所需费用问题是非常专业的，其数额最好通过鉴定意见来确定。然而，在不少案件中生态环境修复费用具体数额难以确定或者所需鉴定费用明显过高,此时,法官应充分发挥能动性来解决。根据相关司法解释的规定,此时法院可以结合污染环境、破坏生态的范围和程度,生态环境的稀缺性,生态环境恢复的难易程度,防治污染设备的运行成本,被告因侵害行为所获得的利益以及过错程度等因素,并可以参考环境监管部门以及专家的意见等,酌情合理确定。七是对私益诉讼的既判力规则。根据2019年修正的最高人民法院《关于民事诉讼证据的若干规定》第10条的规定,一般情况下已为法院生效裁判文书所确认的事实,除非有相反证据足以推翻,当事人可以免证。然而,在环境民事公益诉讼中,前案生效裁判文书所确定的事实对后案的既判效力对原告、被告而言则有所不同。根据相关司法解释的规定,当前案生效裁判就被告是否存在法律规定的不承担责任或者减轻责任的情形、行为与损害之间是否存在因果关系、被告承担责任的大小等事实作出认定,原告主张适用时,法院应予支持,但被告有相反证据足以推翻的除外;而被告主张直接适用前案生效裁判中对其有利的认定的,法院不予支持,被告不得免证。换句话说,前案生效裁判中认定被告存在减免责事由、不存在因果关系以及被告承担责任小等对被告来说有利的事实,在后案中被告主张此类事实存在的,被告仍需承担举证责任。究其原因,是原告在本案中主张前案生效裁判中认定对其有利的事实,如果被告无法推翻,则可以减轻原告的举证负担,有利于维护环境社会公共利益。被告作为环境社会公共利益的损害者,在本案中主张前案生效裁判中认定对其有利的事实,如果原告无法推翻则被告可免证,一方面会增加原告的举证负担,另一方面可能导致被告轻易逃避责任承担。法院对前案生效裁判中所认定事实要求被告再行举证证明,主要目的是防止前案生效裁判中所认定的事实证据不足。毕竟环境民事公益诉讼的诉权属于信托诉权,如果前案裁判中原告维护环境社会公共利益不力且裁判已生效,在后案中被告援引相关的裁判会导致环境社会公共利益维护继续不力,故法院不允许被告免证,则可以再一次审核证据以确定有关事实的认定是否准确。

四、环境民事公益诉讼时效或起诉期限

(一)我国环境民事公益诉讼之诉权基础

环境污染和生态破坏行为一般首先直接作用于生态环境,损害环境公益,再通过受损害的生态环境危害他人人身、财产权益等私益,造成环境私益侵权。针对环境私益侵权行为提起环境私益侵权诉讼适用3年的民事诉讼时效。

针对损害环境公益的行为,2012年修正的《民事诉讼法》第55条建立起由法定的机关和有关组织提起民事公益诉讼的制度。之后,我国司法实践中发展出社会组织和检察机关两种提起环境民事公益诉讼的主体。在环境民事私益诉讼中,起诉者一般是自身权益被侵害者,其起诉是为了保护自己的合法权益;而在环境民事公益诉讼中,起诉者与环境公益并无直接利害关系,其起诉是为了保护环境公益。这种环境公益不同于民事主体的人身、财产权益或其他合法权益等私益,准确地说它并不是一种法律明确界定的权利,而是一种受法律保护的公共利益。这种公共利益在性质上也不同于"国家财产",而国家财产即国家所有的财产在本质上属于有主物,可以通过物权法中有关民事请求权规则加以保护。因环境公益保护缺少民事实体请求权作为基础,因此,法律对这种利益保护设置了一种诉权,并授权符合法定条件的适格主体或确定由某类国家机关来行使该诉权。此种诉权在理论上被认为是一种公共信托诉权,有权行使此类诉权的起诉者则是一种信托诉讼主体,并非实体法上的民事权利主体。因此,建立在民事实体请求权基础之上的民事私益诉讼时效制度与建立在信托诉权之上的公益诉讼时效制度之间诉权基础不同。环境民事公益诉讼的样态和诉权基础与环境民事私益诉讼差异较大,实体法上为了保护环境私益所作的有关环境诉讼时效的规定很难满足环境公益保护的需要。究其原因,环境民事私益诉讼与环境民事公益诉讼在起诉主体属性及其诉权基础上存在显著不同。但是,当前我国法律与司法解释并未就环境民事公益诉讼的诉讼时效或起诉期限制度作出单独的规定,似乎可以援引环境民事私益诉讼中3年诉讼时效的有关规定。

(二)完善我国环境民事公益诉讼的起诉期限制度

有不少学者主张取消环境民事公益诉讼的时效限制,我们认为对此应分情况讨论。一方面,对社会组织发起的环境民事公益诉讼应该取消时效限制。环境公益是一种受法律保护的利益,其保护关乎社会公平正义。相较于其他维权方式而言,诉讼是一种高成本的维权方式,社会组织为保护环境公益动用自己可用的资源向法院起诉是一种"学雷锋、做好事"的慈善行为。法律对这种做好事的行为主体本身设置了严格的资格条件,要求行为人自己承担诉讼成本并且"不得通过诉讼牟取经济利益"。就社会组织发起的公益诉讼而言,立法者若设置时效制度,除利于法院审判外,并不存在其他目的。法院不能因为社会组织发起环境民事公益诉讼相对较晚导致审判困难而拒绝给环境公益提供司法保护,毕竟法院也具有

"维护社会公平正义"之使命,而环境公益无论在何时何地都关乎社会公平正义。社会组织作为环境公益诉讼原告,除了符合法定的起诉资格条件和遵守相关的诉讼程序,就保护环境公益或监督法律的正确实施而言其本身并不承担额外的法定义务,因此,不宜对社会组织发起诉讼保护环境公益的慈善行为施加时效限制,除非这种环境公益不应再受到法律保护。无论环境损害发生多久,只要有责任者存在,社会组织就可以作为适格的原告针对责任者发起环境民事公益诉讼。如此设置,无论时间经过多久,那些损害环境公益的责任者都可能被适格社会组织诉至法院,最终逃脱法律责任。这体现了环境法上的损害担责原则,而且该责任可能成为一种终生之责。当然,根据法不溯及既往的原理,对于环境民事公益诉讼制度实施之前的环境公益损害,社会组织无权进行追诉。

另一方面,对于检察机关发起环境民事公益诉讼应设置起诉期限。与社会组织不同,检察机关是法律监督机关,依据2018年修订的《人民检察院组织法》第20条第4项的规定具有"依照法律规定提起公益诉讼"的法定职能。检察机关在履行公益诉讼职能时,必须遵循及时恰当的原则,因此,对于检察机关提起的环境民事公益诉讼应设置相应的起诉期限。因为检察机关具有这种公益诉讼的职能属性,检察机关在提起环境民事公益诉讼时具有与社会组织所不具有的权力和责任。根据相关司法解释,检察机关在公益诉讼中有权行使和利用社会组织所不具有的多种公共权力资源:调查取证权、检察建议权、诉讼费免除权等,并且其他主体有配合检察机关依法履行职能的义务。根据权责相匹配原则,享有公权力的检察机关在办理环境民事公益诉讼案件时应承担对应的义务。首先,检察机关必须及时恰当履行职能的义务。当发现环境公益受到侵害或侵害威胁之线索时,检察机关就应当及时恰当地履行相应的职能,如应当及时发布公告提请社会组织发起公益诉讼。如果公告期满后仍无社会组织起诉,检察机关应该在一定的期限内发起环境民事公益诉讼,逾期不起诉的应视为决定不起诉。如无正当理由,检察机关任由环境公益受到损害而不通过公益诉讼加以维护保护,则属于检察不作为。其次,公共利益保护应遵循时效原则。环境公益作为一种社会公共利益,对其保护必须遵循时效原则,即当环境公益正在遭受侵害或侵害威胁时,承担相关保护职责的法定主体应该及时提供保护,不得懈怠。毕竟,环境受损后很难恢复原样,环境公益损害一旦发生就应该及时得到制止或修复,将损害限定在最低限度而不能放任扩大。针对环境公益受到不法损害的情形,检察机关作为法律监督机关通过积极履行公益诉前程序和公益诉讼程序启动对环境公益的司法保护。一旦发现环境公益受到损害的违法线索,检察机关应该在法定期限内启动相应的司法保护程序。最后,即便检察机关因超过法定起诉期限而无法再诉,因社会组织提起环境民事公益诉讼不受起诉期限的限制,检察机关也可以继续支持有关社会组织发起环境民事公益诉讼,受损害的环境公益仍存在司法救济的途径。

那么,如何设置检察机关环境民事公益诉讼的起诉期限呢?有别于普通的形成诉权,环境民事公益诉讼的诉权属于一种信托诉权,在时效限制上应采用起诉期限而不是诉讼时效这一术语。检察机关发起环境民事公益诉讼之前,需要时间寻找侵害者和收集证据,可以规定一年的起诉期限;主要理由是检察机关履行公益诉讼职能应遵循时效原则,所以期限不能太长,同时其需要适当的时间来收集证据和准备材料。如果起诉期限太短,检察机关可能准备办案的时间不足;如果起诉期限过长,检察机关可能办案漫不经心而放任环境公益继续受到侵害,故一年的准备期限是相对合理的。民事私益诉讼有最长时效,那么,检察机关发起环境民事公益诉讼是否需要设置最长起诉期限呢?因为诉前程序未规定截止时间,如果规定环境损害发生数十年后检察机关仍然可以通过履行诉前程序而提起环境民事公益诉讼,那就意味着检察机关提起环境民事公益诉讼没有起诉期限限制。若如此就可能出现环境公益长期遭受损害而得不到救济的情形,检察机关之法律监督将形同虚设。所以,检察机关发起环境民事公益诉讼应有一个截止期限,即损害生态环境的违法行为发生之后经过一定时期,检察机关无权再对之发起民事公益诉讼。环境公益发生损害后经过较长期限,检察机关未发起公益诉讼,如无正当理由则说明法律监督失效,此时检察机关不再适合担当该案件的信托诉权主体。自然生态环境是一个整体,可将其视为一种特殊类型的不动产,因而可以借鉴我国《民事诉讼法》中关于不动产诉讼的最长诉讼时效20年的规定。环境公益损害发生有加害行为发生和损害结果发生的不同情形,多数情况下二者并非同时发生,损害结果一般会滞后于加害行为。起诉期限既可从加害行为发生之日起算,又可从损害结果出现之日起算,受诉法院有权根据哪一种起算时间更有利于保护环境公益来确定起诉是否超期。预防性环境民事公益诉讼必须在损害结果出现前就发起,因此,该类民事公益诉讼的起诉期限应从加害行为发生之日计算;而损害结果明显滞后于加害行为的,则以损害结果出现之日起算为宜。

可见,检察机关发起环境民事公益诉讼的起诉期限有两种情形:一种是普通起诉期限,即从检察机关履行诉前程序终了之后起算一年;另一种是最长起诉期限,即从生态环境损害结果发生之后起算最长20年,对于预防性环境民事公益诉讼则从加害行为发生之日起算最长20年。对于起诉期限,如出现法定的正当事由,可以由法院决定中断、延长。

---- 思 考 题 ----

[1]私益侵权与公益侵权有何异同?
[2]环境公益侵权的实体构成要件举证责任应如何分配?
[3]社会组织发起的环境民事公益诉讼与检察机关发起的环境民事公益诉讼有何异同?

---- 推荐阅读 ----

[1]李庆保主编:《环境司法概论》,法律出版社2023年版。
[2]李庆保:《环境民事诉讼证据制度研究》,法律出版社2021年版。
[3]李庆保:《论环境公益诉讼的起诉期限》,载《中国政法大学学报》2020年第2期。
[4]胡学军:《环境侵权中的因果关系及其证明问题评析》,载《中国法学》2013年第5期。
[5]吕忠梅:《环境侵权诉讼证明标准初探》,载《政法论坛》2003年第5期。